贯彻十八届四中全会精神系列专题研究丛书

黄　进 总主编

中国特色社会主义法治理论研究

ZHONGGUO TESESHEHUIZHUYI
FAZHI LILUN YANJIU

王人博　主编

中国政法大学出版社

2016·北京

图书在版编目（ＣＩＰ）数据

中国特色社会主义法治理论研究/王人博主编. —北京：中国政法大学出版社，2016. 10
ISBN 978-7-5620-7100-6

Ⅰ. ①中… Ⅱ. ①王… Ⅲ. ①社会主义法制－研究－中国 Ⅳ. ①D920. 0

中国版本图书馆CIP数据核字(2016)第263764号

出　版　者　中国政法大学出版社

地　　　址　北京市海淀区西土城路25号

邮寄地址　北京 100088 信箱 8034 分箱　邮编 100088

网　　　址　http://www.cuplpress.com（网络实名：中国政法大学出版社)

电　　　话　010-58908437(编辑室)　58908334(邮购部)

承　　　印　固安华明印业有限公司

开　　　本　720mm×960mm　1/16

印　　　张　22.5

字　　　数　350千字

版　　　次　2016 年 11 月第 1 版

印　　　次　2016 年 11 月第 1 次印刷

定　　　价　89.00元

全面推进依法治国
走中国特色社会主义法治道路
（总序）

黄　进

　　党的十八届四中全会审议通过的《中共中央关于全面推进依法治国若干重大问题的决定》（以下简称《决定》），指明了中国特色社会主义法治道路，进一步丰富了中国特色社会主义法治理论，而且强调要完善以宪法为核心的中国特色社会主义法治制度，加快建设中国特色社会主义法治文化，从而坚定了我们的道路自信、理论自信、制度自信、文化自信。

一、明确中国特色社会主义法治道路

　　坚定不移走中国特色的社会主义法治道路，是十八届四中全会《决定》释放出来的最明确的信号。在一个有着十三亿人口的超大规模国家里，如何完成社会转型的法律治理、如何实现法治自身的现代化，世界上尚无成功先例可资借鉴。为此，中国共产党在治理中国的伟大实践中开创了中国特色社会主义法治道路。

　　准确理解"中国特色社会主义法治道路"的科学内涵。十八届四中全会《决定》强调，中国特色社会主义法治道路，是社会主义法治建设成就和经验的集中体现，是建设社会主义法治国家的唯一正确道路。中国特色社会主义法治道路，核心要义包括三个方面：一是坚持党的领导；二是坚持中国特色社会主义制度；三是贯彻中国特色社会主义法治理论。党的领导是中国特色社会主义最本质的特征，是社会主义法治最根本的保证；中国特色社会主义制度是中国特色社会主义法治体系的根本制度基础，是全面推进依法治国的根本制度保障；中国特色社会主义法治理论是中国特色社会主义法治体系的理论指导和学理支撑，是全面推进依法治国的行动指南。只有牢牢把握住这三个方面，才能确保中国特色社会主义法治体系的制度属性和前进方向，才能立足中国实际建设好社会主义法治国家。

必须坚持中国共产党的领导。党的领导是社会主义法治最根本的保证。宪法确立了中国共产党的领导地位，要把党的领导贯彻到社会主义法治建设的全过程和各方面。在全面推进依法治国、加快建设社会主义法治国家的历史进程中，党是最坚强的领导核心，党的领导是最根本的保证，党的作用是最大的法治优势，党领导下的人民群众法治实践是最大的法治本土资源。党的领导地位由宪法确立，这是历史和人民的选择，反映了党带领人民进行革命、建设、改革取得的成功。党是社会主义现代化建设的领导核心，也是建设社会主义法治国家的根本政治保证。从形成中国特色社会主义法律体系到建设中国特色社会主义法治体系，从贯彻依法治国基本方略到把法治作为治国理政的基本方式，建设法治中国的历史经验充分证明，只有在党的领导下依法治国、厉行法治，人民当家作主才能充分实现，国家和社会生活法治化才能有序推进，我们国家作为世界政治文明大国的最终崛起才有政治保障。一方面，要坚持党的领导核心作用，统筹依法治国各领域工作；另一方面，要改善党对依法治国的领导，党员干部要提高法治思维和依法办事能力，不得违法行使权力，更不能以言代法、以权压法、徇私枉法。

必须坚持人民主体地位。坚持人民主体地位的实质是人民当家作主，即人民是国家的主人，国家的一切权力属于人民，人民依法管理国家事务，管理经济和文化事业，管理社会事务。人民当家作主，决定社会主义法治的性质、方向与内涵，社会主义法治是人民当家作主的重要实现方式和手段。要以提高立法质量为重点，在立法过程中，要充分发扬人民民主，拓展人民有序参与立法途径，强化面向人民群众的立法论证、调研和评估，切实增强法律的可执行性和可操作性，坚持科学立法，民主立法。在法律实施过程中，要坚持法律面前人人平等的基本原则，严格执法、公正司法、依法行政，切实尊重人民群众权利，保护人民群众合法财产；加强对法律实施情况的监督，坚决纠正违反宪法和法律的行为；要坚持公正司法，增强司法公信力，让人民群众在每一个司法案件中都感受到公平正义。

必须坚持从中国实际出发。中国特色社会主义法治道路不同于西方资本主义法治道路，这是中国的客观实际所决定的。依法治国，蕴含着基于当代人类法律治理经验的普遍性和基于各国不同国情的特殊性的辩证统一。从中国实际出发全面推进依法治国，就是从中国的历史文化出发、从中国的具体国情出发、从中国革命建设实践出发，创造性地完成中国所面临的法治任务。扎根中国土壤、立足中国实际，吸收和借鉴包括西方文明在内的世界各民族文明的法治思想和法治体系成果，以高度的历史责任感和政治自觉性，坚持依法治国和以德治国相结合，走出了一条中国特色社会主义法治道路，同时也是实现中国特色社会主义现代化和中华民族伟大复兴的必由之路。

二、丰富中国特色社会主义法治理论

十八届四中全会《决定》指出，中国特色社会主义道路、理论体系、制度是全面推进依法治国的根本遵循。必须从我国基本国情出发，同改革开放不断深化相适应，总结和运用党领导人民实行法治的成功经验，围绕社会主义法治建设重大理论和实践问题，推进法治理论创新，发展符合中国实际、具有中国特色、体现社会发展规律的社会主义法治理论，为依法治国提供理论指导和学理支撑。汲取中华法律文化精华，借鉴国外法治有益经验，但决不照搬照抄外国法治理念和模式。可以说十八届四中全会《决定》为进一步丰富中国特色社会主义法治理论指明了新的前进方向，更应成为中国特色社会主义法治理论发展的强劲动力。

首先，丰富中国特色社会主义法治理论，必须从我国的基本国情出发。党的十八大报告指出，我们必须清醒认识到，我国仍处于并将长期处于社会主义初级阶段的基本国情没有变，人民日益增长的物质文化需要同落后的社会生产之间的矛盾这一社会主要矛盾没有变，我国是世界最大发展中国家的国际地位没有变。在任何情况下都要牢牢把握社会主义初级阶段这个最大国情，推进任何方面的改革发展都要牢牢立足社会主义初级阶段这个最大实际。同样，丰富和发展我国的法治理论也离不开这一基本国情，必须立足于社会主义性质和社会主义初级阶段这一最大的实际，认真总结和研究党领导人民建设社会主义法治理论已经取得的经验和成果，并且同改革开放的进程相呼应，不断深化和解决新时期遇到的各种法治建设难题。

其次，丰富中国特色社会主义法治理论，必须推进法治理论的创新。党的十八大报告指出，解放思想、实事求是、与时俱进、求真务实，是科学发展观最鲜明的精神实质。实践发展永无止境，认识真理永无止境，理论创新永无止境。因此，与时俱进、理论创新是我们党一以贯之的优良传统。在法治建设方面，十八届四中全会《决定》更是明确提出了创新社会主义法治理论的要求。所谓创新，就是在法治建设方面有所发现，有所发明，有所创造，有所前进，就是在法治建设方面发现问题、筛选问题、分析问题、研究问题，最终解决问题的过程。但创新不能脱离中国的实际，要围绕社会主义法治建设重大理论和实践问题进行创新。

再次，丰富中国特色社会主义法治理论，必须古为今用、洋为中用。习近平总书记多次深情地指出："博大精深的中华优秀传统文化是我们在世界文化激荡中站稳脚跟的根基。抛弃传统、丢掉根本，就等于割断了自己的精神命脉……我们不仅要了解中国的历史文化，还要睁眼看世界，了解世界上不同民族的历史文化，去其糟粕，取其精华，从中获得启发，为我所用。"可以说，总书记的真情告白，也为我们丰富中国特色社会主义法治理论提供了最为基本的目标模式，即坚持"古为今用、洋为中用"。我国古代文化蕴含丰厚的法治思想和治国理念，从国家与法最初产生于夏朝，后经商周时期逐渐完备，再经春秋战国时期法律制度的大变革，到秦朝时法律体系有了雏形，直至隋唐时期发展成熟，从而最终形成了闻名于世的中华法系，代表着人类农业社会时代法律文明的最高成就，其在历史上不但影响了中国古代社会，而且对古代日本、朝鲜和越南的法制也产生了重要影响。因此，丰富中国特色社会主义法治理论必须先从我国古代法律的传统中汲取优秀的素养。同时，我们也要清醒地看到，近代以来，我国在法治建设方面落后了，我们是在学习、借鉴西方法治文明过程中逐渐成长起来的。我们要构建中国特色社会主义法治理论，我们要复兴中华法系，必须立足中国，放眼世界，勇于并善于对世界一切法治文明成果兼收并蓄，借鉴扬弃。令人欣喜的是，经过近代以来百年激荡，今天的中国重新走上了文明发展的追赶路程。

最后，丰富中国特色社会主义法治理论，必须形成中国自己的特色。习近平总书记指出，中华民族创造了源远流长的中华文化，中华民族也一定能够创造出中华文化新的辉煌。独特的文化传统，独特的历史命运，独特的基本国情，注定了我们必然要走适合自己特点的发展道路。因此，在社会主义法治理论建设方面也不例外，我们既不能走封闭僵化的老路，更不能走改旗易帜的邪路，必须走出一条符合中国实际和中国未来发展的特色之路。具体而言，中国特色社会主义法治理论的形成，必须从坚持我国的基本国情出发，推进法治理论的创新，坚持古为今用、洋为中用的基本思路，只有将这三方面有机结合起来，通过"不断学习他人的好东西，把他人的好东西化成我们自己的东西，这才形成我们的民族特色"。

三、完善中国特色社会主义法治制度

中国特色社会主义法治制度是坚定不移走中国特色社会主义法治道路的物质基础、制度基础，是实现全面推进依法治国的基本前提之一。对中国特色社会主义法治制度应当从多维度、立体的视觉来理解：第一，中国特色社会主义法治制度应当是以坚持中国共产党领导为首要原则的法治制度。十八届四中全会《决定》明确指出党在立法和制度建设中的领导地位："加强党对立法工作的领导，完善党对立法工作中重大问题决策的程序。凡立法涉及重大体制和重大政策调整的，必须报党中央讨论决定。"第二，中国特色社会主义法治制度是以宪法制度为核心建立起来的法治制度。十八届四中全会《决定》指出，要"完善以宪法为核心的中国特色社会主义法律体系"，"健全宪法实施和监督制度"，并强调坚持依法治国首先要坚持依宪治国，坚持依法执政首先要坚持依宪执政。这对全国各族人民、一切国家机关和武装力量、各政党和各社会团体、各企业事业组织均提出了明确要求，坚决维护宪法尊严，保护宪法的实施。因此，在完善中国特色社会主义法治制度的进程中处于核心地位的，当属完善我国的宪法制度，包括宪法的修改、实施和监督制度。同时，十八届四中全会《决定》确定以12月4日为国家宪法日、建立"宪法宣誓制度"，都是维护宪法尊严、完善宪法制度建设、推进宪法实施的重要举措。第三，完善中国特色社会主义法治制度应当是以法律为载体的制度建设完善，有法可依是有法必依的前提，只有不断加强重点领域的立法，实现科学立法、民主立法，才能真正实现良法善治。

中国特色社会主义法治制度是一个适应依法治国需要的制度群概念。从十八届四中全会精神来看，在全面开展完善中国特色社会主义法治制度的同时，应当重点推进以下基础性制度建设。第一，应当在法律层面上完善确保中国共产党在立法、重大事项决策中领导地位的制度，坚持"依法执政"是坚持党的领导的首要原则，完善相关法律制度，可以确保党在领导、参与立法和决策工作时有法可依，带头依法办事。第二，应当完善、落实宪法实施和监督等制度，强调依宪治国是依法治国的前提是十八届四中全会的重要精神，如何将宪法从纸面上落实到党政机关的工作中，深入到人民群众的生活中，则需要依靠切实可行的宪法实施和监督制度以及坚定不移的宪法实践。第三，完善法治政府建设各项工作制度。十八届四中全会《决定》提出"深入推进依法行政，加快建设法治政府"，其中明确提出了依法全面履行政府职能，完善行政组织和行政程序法律制度，推进机构、职能、权限、程序、责任法定化的要求。健全依法决策机制是十八届四中全会《决定》的明确要求，公众参与、专家论证、风险评估、合法性审查、集体讨论决定等重大行政决策程序的制度化是实现依法决策的必然路径。同时，责任追究制度是法治政府建设和依法行政的制度保障，行政决策责任制和行政执法责任制的完善、落实同样是十八届四中全会提出的重要要求之一。

完善中国特色社会主义法治制度绝非仅仅停留在上面提出的几点之中，而是应当深入依法治国、依法执政、依法行政的方方面面，是在依法治国实践中不断发展、完善的过程性努力。十八届四中全会《决定》为中国今后的法治实践指明了一条由点及面，从重点推进到全面开展的完善中国特色社会主义法治制度的道路。

四、建设中国特色社会主义法治文化

中国特色社会主义法治文化意指与中国特色社会主义法治紧密关联的，充分体现中国特色社会主义法治精神和理念、原则和制度、运作实践和生活方式，与传统人治文化相对立而存在的一种与时俱进的进步文化形态，其实质和核心是一种在中国共产党领导下、在建设中国特色社会主义法治实践中形成的当代中国人的法治文化共识、价值取向和行为方式。习近平总书记早在召开中央全面深化改革领导小组第六次会议时就强调，"全面深化改革需要法治保障，全面推进依法治国也需要深化改革"，而法治离不开与其相适应的法治文化。中国特色社会主义法治文化既是具有人类法治文化共有属性的法治文化，又是从中国国情实际出发，具有中国特殊个性特点的法治文化，必须将其放在与中国特色社会主义法治理念、世界法治文明成果、中华传统文化、五位一体的建设实践、社会主义初级阶段的具体关联中来加以确定。中国特色社会主义法治文化在法治实践中，坚持在党的领导下全面推进依法治国战略，努力构建完善的中国特色社会主义法治体系；坚持依法治国，落实依宪治国；坚持依法执政，特别是依宪执政；应坚定不移地坚持文化自觉与创新的理念，务求实效地继续推进全民法治宣传教育；保障公民人身权、财产权、基本政治权利等各项权利不受侵犯，保障公民经济、文化、社会等各方面权利得到落实。"法治"的本意是法的统治，而不是"使用法律手段进行统治"，它不只是一种形式、一套法律规定，更是一种精神，一种文明的精神，一种现代文明的生活方式，体现着人们追求的社会规范和理想。从某种意义上说，十八届四中全会提出全面推进依法治国，就是要遵照公民的共同利益和意志，遵照全体人民共同认定的规则和程序来管理国家，而不是将"法治"作为管理者的工具、手段，甚至是特权。

文化来源于生活，在生活中提炼浓缩；文化也是一个民族精神的皈依。只有当一国国民的生活方式日积月累，积淀为该国国民的一定传统和生活习惯时，才能称之为真正的文化，才能成为一个民族精神特质的组成部分。中国特色社会主义法治文化的形成，必然会是一个长期的、艰难的过程，而不是几条宣言、几个命令就可以完成的。法治文化的打造，必然最终依赖、表现于法治精神在生活实践的方方面面、事事处处的贯彻和体现。全面推行依法治国，就是坚持法治国家、法治政府、法治社会一体建设，实现科学立法、严格执法、公正司法、全民守法，促进国家治理体系和治理能力现代化。每一个公民都应该做社会主义法治的忠实崇尚者、自觉遵守者、坚定捍卫者，使法律成为每一个普通公民的精神支柱，从而崇尚法律，懂得法律的神圣；遵守法律，懂得用法律来维护自己的权益；捍卫法律，监督政府和公职部门，依法参与公共管理。

法治文化作为一种先进文化形态，在追求法治价值目标的过程中，其价值目标是与时俱进的，其内容也会随着时代的发展变化而变化。但只要我们始终如一地坚持在党的领导下，弘扬社会主义法治精神，高扬社会主义的法治理念，在全社会形成尊重法律、遵守法律、严格依法办事的法律意识，那么法治国家的坚实根基必将牢固树立，法治文化的良好氛围，也将在润物无声中细细内化为我们每一个公民的自觉行动。

序　言　法治的中国特性

　　我从事法治问题的教学研究已经三十余年了。这三十多年的时间里，我曾反反复复地考虑一个问题：什么是中国的法治以及如何研究中国的法治问题。随着岁月的流逝，个体的经验在增加，我对社会政治的思考也不断地趋于真切。我想，这些东西应该是有效观察中国法治的主观条件。

　　在改革开放初期，中国虽然实行计划经济体制，但同时允许发展一定程度的私营经济，私营经济在国家计划的框架内进行。有领导人把这种经济模式称为"鸟笼经济"。鸟儿可以活动，但必须在笼子之内。据我对中国法治的观察，中国政治体制与法治的关系，基本也是"笼子"和"鸟"的关系，也可以叫作"鸟笼法治"。

一、法治之"笼"

　　我们先从"民主集中"这个概念说起。

　　在通常语境下，"民主集中"是指中国当代各级领导人的工作方式。但是，我们这里老词新用，用它来描述中国政治体制的基本特征。

　　"民主集中"包含两个方面，一是"集中"，二是"民主"。二者均拥有丰富的内涵。

　　我们先说说什么是政治体制的"集中"。

　　西周封建制瓦解以后，秦始皇采用法家学说，塑造了自上而下、一体贯通的中央集权体制。在这种体制中，政治运行的基本动力来自皇帝和中央。当皇帝和中央有足够的权威时，就会国家统一、政令畅通；相反，当皇帝和中央的权威不足时，地方势力就会挑战整体秩序，从而导致军阀割据、战争叛乱，甚至改朝换代。

为此，中央拥有足够的权威、政制保持"集中"的状态，就成了中国政治追求的一个基本目标。这是两千多年的历史经验。及至当代，中国政治依然遵循着这样的节奏。中央具有充分的权威，始终是中国政治健康的一个基本标志。中国的政治改革和政治发展，也无法脱离"中央权威"这一前提条件。一旦中央权威失堕，改革和发展就会出现严重障碍。

然后我们说说什么是政治体制的"民主"。

秦始皇创设了自上而下的"集中"政制，但二世而亡。秦代之后的历代政治家和思想家总结经验，认为"秦制"需要配以"德政"，方能国祚绵长。所谓"德政"，主要来自于儒家学说。它的核心要素就是，皇帝和各级官员需要有善于纳谏、兼听则明的德性。统治者只有开放言路、虚心听取意见，才能做出有质量的政治决策，从而拥有优良的统治效果。秦始皇、隋炀帝这些"暴君"与唐太宗、宋太祖这些"贤君"的本质差别，就在于前者独断专行、不能纳谏，而后者广开言路、从善如流。后者的这种德性，也就是我们今日语境中的"民主"。

从历代王朝到当下，在"民主"的方面，我们仅仅向前迈进了一小步。古时候，统治者虚怀若谷、虚心纳谏的"民主"，主要以个体德性的形式存在；只有德性卓越者才能践行这种"民主"。但是，到了当代，"民主"被外化为一种制度形态，各级党委会、政府、人大、政协和职能机构在做决策时，都被要求进行广泛地协商并认真地听取意见。

当我们用"民主集中"这个概念审视两千多年的中国政治时，发现在"集中"的方面，古今皆然；在"民主"的方面，略有进步，德性要求被转化成一种制度化要求。

"民主集中"的政治，实质就是一种"开明的中央集权"政治。这是中国政治文明自身逻辑演进的结果，也是当代中国法治发展的约束性条件。法治的发展，就是在这样一个"民主集中"的制度之"笼"里展开的。

我们这里描述古今政治的延续性，除了说明中国政治的基本体制之外，还要思考当代中国法治问题，要关注它的中国语境——中国法治是在如此的中国语境中生成的。

二、法治的基本内涵

西方法学对于法治，有着独立的学科叙事；政治与法治的分离，是法治叙事的一个基本特征。然而，在中国语境下，政治则成了法治叙事的前提。所谓"鸟笼法治"，就是指在政治的"笼子"中展开法治。

细细观察，中国法治有两项基本内容：一是权力体系自身的规范化，二是对国民的赋权。

"文化大革命"使新中国成立初期形成的政治体系受到严重破坏。改革开放以来，"法治"面临的第一个任务就是"建章立制"，以规范的方式重建权力体系。过去的30多年里，通过颁布各种组织法，中国政治具有了相对完备的体系。

"法治"成为政治体制重塑的手段，它与权力体系的建设同步展开。权力体系的完备与规范，成为中国法治发展的一个基本目标。

另外，法治发展过程也是中央权威对国民赋权的过程。在中国的政治脉络中，自古及今，官民关系的变化不大。政府与国民基本上是"治者"与"被治者"的关系。两千多年的历史经验告诉我们，一旦最高统治者想有所作为，他就必须对官僚系统加压，使之积极治事。但其中存在着风险，最高统治者的加压会导致官僚系统滥用民力和滥用权力，从而官逼民反，最后危及整个统治秩序。所以，历代最高统治者总是面临一种悖论性困境——不作为会积重难返，面临颠覆的危险；积极作为会打开社会动荡的"潘多拉盒子"，同样面临颠覆的危险。这其实也是中央集权体制特有的悖论性困境。

那么，当代中国是怎么解决这个问题的呢？概括说来，一方面，由于中央政权面临国际竞争压力，它通过对下级政权制定考核标准、实施政治上的奖惩，敦促其积极作为、发展社会经济；另一方面，为了防止下级政权滥用民力和滥用权力，中央政权又通过各种立法，赋予国民相当的权利来抵制地方政权的不合理行为。

中央政权对国民的赋权，构成了中央政权约束地方政权的一个基本手段。地方政权在中央政绩压力和国民权利的双重压力下大体维持了均衡，既积极作为，又有所节制，从而避免了像秦朝、隋朝那样滥用民力、官逼民反的消极后果。

审视当代中国法治的内涵，我们会发现它的发展道路是独特的。这是由"民主集中"的政治体制所决定的。中央主导下的权力体系规范化和对国民的赋权，构成了中国法治的基本内涵。中国法治的内涵不是由民主、自由等先验理念决定的，而是由古今延续的中国政治精神和政治体制决定的。

因此，当代中国法治是一种政治约束下的法治，也是一种历史精神笼罩下的法治。

三、中国法治的研究

如果排除那些既有命题的干扰，会心细味，我们会发现中国法治呈现出来的样态和欧美法治的样态，有着非常大的差别。这种差别的缘起，就在于它们是在不同的历史渊源和政治体制中生成的。

中国法治的发展，是一项未竟的工程；而中国法治的研究，也需要持续的探索。就我自己的研究感受来说，以下几个方面应当被注意到。

首先，当代中国法治是政治发展的一个部分。西方法理学有一个基本命题，就是政治与法律的分离，这在西方法治语境中是对的。但是，对于中国法治来说，如果我们坚持政治与法治的分离，既会从法治的缘起上造成割裂，也会从法治的运行机制上造成割裂。这种强行割裂或许能在实践层面上对法治运转有某种益处，但对于法治的理论研究，则会造成根本性的遮蔽。理论研究的直接目的就是透视问题，寻求真相，这种遮蔽对于理论研究来说是致命的。

其次，当代中国的政治体制和官民结构决定了中国法治的独特内涵。我国30多年的法治发展，其根本就是政治实用主义——因为它符合政治发展的利益，所以具有了存在和成长的空间。古代中国有自己的"自然法"，即儒家礼法学说。政治的运行在相当程度上还包含着纯粹价值追求的要素，皇帝和官员们还会直接根据儒家价值原则展开行动。但对于处在转型过程中的当代中国来说，政治的运行仍是实用主义，中国政治的纯粹价值体系、"自然法"尚未形成。中国政治采用法治就注定了它是以一种实用主义的方式进行的。具体说来，法治的采用能推进政治体系的优化、能消解中央集权体制的悖论性困境，因此法治才具有了存在和发展的必要。

最后，法治问题的研究，首先应当是一种价值中立的阐释性研究。作为现代学术工作者，中国法学者应当将"求真"作为自己的首要职责。如果不能提供真实的知识，不能提供有深度的阐释，法学者就有违自己的本分了。事实上，也只有有了真实的知识和深度的阐释，法治演进中的问题才能被发现，法治问题的研究才能更加顺利。

如上这些，算是我的一点初步但真切的体验吧。

本书写作分工如下：

序言：王人博

第一章：张劲

第二章：孙德鹏

第三章：刘宗珍

第四章：周睿志

第五章：汪栋

第六章：周睿志

第七章：田艳、周真刚

第八章：徐爽、王博文

除了周真刚同志和王博文同志外，本书的其他撰写者都是我的学生。他们分布在不同的岗位上，均从事着与法学相关的工作。对于我的这些体验，我相信他们是认真对待的。他们在多大程度上接受和同意我的观点，每个人的情况又有所不同。这本书，就当作是对中国法治研究的一份尝试性努力吧。

是为序。

王人博

2016 年 6 月

目录

下　编

上　编

第一章
面向中国：中国特色社会主义法治理论研究的立场与方法

引　言

> "国无常强，无常弱。奉法者强，则国强；奉法者弱，则国弱……能去私曲就公法者，民安而国治；能去私行行公法者，则兵强而敌弱。"
>
> ——《韩非子·有度》

"法治"成了时下中国的热词，尤其是在十八届四中全会发布《中共中央关于全面推进依法治国若干重大问题的决定》（以下简称《决定》）以来。但是，如同"民主""人权""自由"这些大词一样，"法治"概念亦不免众说纷纭之扰。这也许是因为内涵的"模糊性"可以增加语词本身的"可接受性"。当然，这并不是说人们无法达成关乎法治的任何共识，"法治被反复提及这一单纯的事实就是强有力的证据，说明遵循法治是全世界范围内政府正统性的公认标尺"。[1]至少，人治已经被否定，专制已经彻底失去正当性依据，即使存在某种名义上推行"法治"而实际推行"人治"的体制，那

---

〔1〕 ［美］布莱恩·Z. 塔玛那哈：《论法治：历史、政治和理论》，李桂林译，武汉大学出版社 2010 年版，第 3 页。

也是"伪善"对"善"表达的敬意。毋庸置疑，法治已成为人类达致"共同的善"所不可或缺的构成单元。

然而，恰如勒庞所说："各种制度是观念、感情和习俗的产物，而观念、感情和习俗并不会随着改写法典而被一并改写。一个民族并不能随意选择自己的制度，就像它不能随意选择自己的头发和眼睛的颜色一样。"〔1〕因此，"法治"并不是一个可以简单概括的概念，就如同"治理"并不存在一个四海皆准的模板一样。无论法学家如何殚精竭虑地堆砌语词，都无法周延地概括各国法治实践的全部。这不是要让我们陷入不可知论的误区，也不是要让"一个名词、各自表述"而最终使得"法治"面目全非，而仅仅是因为"法治"的理解和实际运行是建立在地方性知识和经验基础上的。一方面，法治作为文明的成果，文明的多元性本身决定了法治的多元样式；另一方面，各国社会发展阶段、问题背景的差异都决定了法治的不同运用。因此，关于法治，人类有可通约的追求，但不存在单一的标准；有共通的价值，但不存在唯一的路径。承认法治价值的普遍性意义，但又强调法治运行带有明显"地方性"特质，是本章的基本立场。

据此，"中国特色社会主义法治"是在中国独特的社会政治体系中发展起来的，它有自己独特的政治社会背景和问题。这种语境和问题的独特性期待我们有理论上的自觉和自主。这种"自觉"和"自主"意味着现今中国的法治理论研究必须立足于中国基体，尤其应针对社会主义初级阶段国情、社情所面临的实际问题展开研究，否则，法治在中国的言说或沦为镜花水月的虚幻，或沦为西方话语的描摹。

在《决定》的大背景下，这一立场或被指为政治话语的诠释者、尾随者，一如邓正来对"政治法学"分析路径的评价，"它相当深刻地揭示了中国法学所隐含的一种对政治或意识形态的依附品格"。在邓正来看来，这种欠缺"学术自主性"的品格，使得中国法学理

〔1〕［法］古斯塔夫·勒庞：《乌合之众》，冯克利译，中央编译出版社2005年版，第55页。

论研究在本质上沦为社会变迁的解释者、政治进步的诠释者，不能够以自己周延的知识和价值谱系去引领社会变迁，更无以形塑政治品格，本身并不意味着太多的知识增量。[1]中国法治理论研究的"政治化"色彩颇受诟病，邓正来之论不无道理，但亦有欠公允。笔者认为，对《决定》进行诠释并非没有学术上的必要和意义。其一，十八届四中全会公布的《决定》对中国社会生活的实际影响力、构造力是不可能也不应该被忽略的，如果法学家致力于中国法治的推进，对《决定》的研究其实是绕不过去的。其二，在事实上，我们不能把《决定》看作是单向度的过程，它本身是在执政党吸收法学界理论研究成果基础上形成的，是政学两界互动的结果。可以说，《决定》的内容本身就内含了法学界"形塑政治"的努力。其三，即使作为诠释者，在学习、领悟、解释《决定》的过程中，并不可能真的和《决定》保持绝对的一致，学理解释的"溢出"效应不可避免，而"溢出"的部分则有可能为下一个中央决定提供知识增量。

综上，中国法治理论研究必须坚持"中国主体性立场"。所谓"中国主体性立场"，就是指中国法治理论研究必须"面向中国"。如何"面向中国"？本章从三个层次展开。第一，"面向中国"，需要我们对一直以来的"追仿型法治"进行深切反思。这也涉及到对西方法治文明的态度，"拒斥""因循""借鉴"固然都是选项，但"拒斥"在全球化背景下既无可能，也不是理性的态度；"因循"则实在难以复制其"土壤"，也鲜有成功范例，因此剩余的选项其实并不多。对西方法治的审视，其目的是建立属于我们自己的法治确信。第二，"面向中国"，还需要我们在研究中确立自己的方法论基础，运用普遍性与特殊性原理、理论和实践相结合的原理、法治的系统推进理论等确立关乎我们自身的认知基础。第三，"面向中国"具体来说包括三个面向：①面向过去——中国法治研究必须理性审视自身的法治传统。今人可以按己意褒贬，但不可能对自己的传统转过

---

[1]　参见邓正来："中国法学向何处去（上）——建构'中国法律理想图景'时代的论纲"，载《政法论坛》2005年第1期。

身去。②面向现实——中国法治研究必须建立在对"国本""国情"足够了解的基础上。法治理论需要对中国社会实践有深切体会和洞察，需要我们的目光由外及内，法治理论研究必须以现实为基础并坚持"问题导向"。③面向未来——中国的法治理论要服从国家未来发展目标，能够和世界对话，"中国特色"不是让中国成为"世界的孤岛"，而是最终让我们的法治话语成为对世界的贡献。

第一节 面向中国："追仿型法治"批判兼及西方法治"除魅"

"每一个民族都有适合于它本身而属于它的国家制度。"

——黑格尔《法哲学原理》[1]

"真正的贡献，只能产生于一种对中国的昔日和现实的真切且真诚的关怀和信任；相信并假定：过去和今天的任何人（包括西方学者）都大致和我们一样具有理性，他们的选择也同样具有语境下的合理性。" ——苏力《法治及其本土资源》[2]

一、"追仿型法治"的迷误

自 16 世纪地理大发现以来，世界已经由各区域文明各自发展逐步演变为全球文明的一体化发展。经由工业化、资本原始积累，西方文明迅速向外扩张，从而对非西方文明产生了巨大压力。在法治的问题上也是如此，先发的西方法治文明经过几百年的发展，以其较为成熟的理论和制度体系在现今世界获得几乎不受挑战的话语权。当然，这一支配性地位的确立并不仅仅是因为他们的法治"理论"和"模型"多么周延而精妙，更取决于西方压倒性的经济、军事实

---

[1] [德] 黑格尔：《法哲学原理》，范扬、张企泰译，商务印书馆 1961 年版，第291 页。

[2] 苏力：《法治及其本土资源》，北京大学出版社 2015 年版，自序。

力。简言之，"力量"提供了最直接的判断标准。[1]在这一格局之下，非西方文明无一例外地成为历史卑微的卷入者，"追仿"几乎成为所有非西方国家无可选择的选择。对于尚处于"摸着石头过河"经验累积阶段而欠缺理论化过程的中国来说，面对西方提供的一整套法治理论、标准和实践模型，不由自主的"追仿"也是可以理解的。作为"追仿"的结果，我们的法学理论体系是建立在西方理论基础上的，我们的立法除了西方几乎无可参照，我们的司法逐渐大量借鉴西方。

这时，人们已经忘记了勒庞的劝诫："各民族是受着它们自己的性格支配，凡是与这种性格不合的模式，都不过是一件借来的外套，一件暂时的伪装。"[2]而且，在"追仿"的过程中，我们对西方法治的认知并不真切。就像有学者提出的："过去乃至今天，我国社会中始终存在着一种依恋和崇尚西方法治模式的思维偏向。这种'西方法治模式'，并不是一个单一、确定的实体形态，也不是某一具体的西方国家的特定实践，它更主要是人们对其所接受的有关西方法治理论与实践的各种信息（甚至包括文学和文艺作品中的种种描述），进行理想化的提炼、筛选甚而推测后所形成的某种总体印象。"[3]也就是说，我们头脑中的西方法治并不是特定历史时空维度下的西方法治，不是转型期的西方法治，也不是法治并不十分成功的意大利、罗马尼亚、希腊法治，而是英美法治。概言之，我们所谓之"西方法治"，其实是经过优选、定型的法治印象。于是，在随后的中西法治比较中，我们忽略了发展阶段的差异，以西方法治的"完成时"来比对中国法治的"进行时"；我们忽略了路径差异，以己之短丈量英美之长；我们习惯于称道英美法治的成功，而并不去追

---

[1] 亨廷顿曾引用库恩的观点："一种理论要想被接受为一个范式，必须看上去强于其竞争对手，但它不需要解释，事实上也从来没有解释所有它可能遇到的事实。"也就是说，没有一种理论可以周延地解释所有事实，但看上去更像提供了最好的解释。参见[美] 塞缪尔·亨廷顿：《文明的冲突与世界秩序的重建》，周琪等译，新华出版社 2014 年版，第 8 页。

[2] [法] 古斯塔夫·勒庞：《乌合之众》，冯克利译，中央编译出版社 2005 年版，第 58 页。

[3] 顾培东："中国法治的自主型进路"，载《法学研究》2010 年第 1 期。

问借鉴英美法治的其他国家，如一些拉美国家、亚洲国家的法治为什么不甚成功。

因此，中国的法治理论研究需要真正面向中国。这种"面向中国的法治理论"，其基本对立面就是：在理论上对西方法治话语的"描摹"，在实践上对西方法治路径的"追仿"。

二、"追仿型法治"的三个关联性问题

究其实质，非西方国家的法治"追仿"和西方输出的三个命题相关：①西方法治是先进的、现代的，非西方是落后的、传统的；②西方的法治经验具有普世意义，是可以被普遍移植的；③经济、社会发展水平统统不是障碍，法治的标准不应有"时空差"。这三个命题分别对应着三个需要认真思考的问题，即"中西古今"框架下法治的"先进——落后"的二元范式问题；法律的移植与本土资源问题；法治的"历时性"与"共时性"问题。笔者认为，只有对这三个问题更进一步地追问，我们才可能在"追仿"的路上回过头来。以下分而述之。

（一）"中西古今"与"先进——落后"二元范式

在欧洲人以自己为中心把世界分为近东、中东和远东的时候，西方与东方就不单单是一种地理的空间区隔了，它代表着文明和开化的程度。于是，东方的"落后"就成了西方借以映照自身"进步"的参照物，这种西方中心观发展到今天就是以弗朗西斯·福山为代表的"历史终结论"。

在中国和欧洲的近代相遇中，一次次的惨败摧毁了中国的理论和制度自信，及至新文化运动，更进一步导致了中国文化自信的轰然坍塌。"在由地球仪直观地标示出来的'世界'上，凭借廉价商品和坚船利炮'横决天下'的是西方文明，中国只是位于东亚的一个长期积弱积贫的大国，面临着闹不好就会被开除'球籍'的危险。这对中国人来说简直称得上是颠覆性的经验事实。"[1]随后，中国

---

[1] 张曙光："从'中西古今'到新的思想'四重奏'——对现代思想框架及其坐标的再探讨"，载《天津社会科学》2015年第1期。

的悠久历史不再是荣耀而是负担，"今"代表"现代"，而中国之
"古"则属于"反现代"，西方也渐渐成为中国人自省的镜子。这一
"'中西古今'的思想框架几乎支配了整个 20 世纪的中国"，也许，
"贯穿于这个框架中的进步论，却存在着简单化和功利化的问题，既
无力防止激进主义和物质主义，又相当轻视民族文化的差异性和传
统的重要性"，[1]但在丧师失地、节节败退中，中国的"落后"与
西方的"先进"逐渐定格：西方是现代社会，中国是传统社会；西
方是进取的，中国是保守的；西方是进步的，中国是落后的；西方
是文明的，中国是未开化的。且不论西方的制度和文化，即使是西
点、西服、西语都象征着文明与进步。

　　然而，"落后"并不是中国在西方的固有印象。托克维尔在
《旧制度与大革命》中指出：在整个漫长的 18 世纪，对于法国的启
蒙思想家们而言，"没有一个人在他们著作的某一部分中，不对中国
倍加赞扬。只要读他们的书，就一定会看到对中国的赞美……他们
心目中的中国政府好比是后来全体法国人心目中的英国和美国。在
中国，专制君主不持偏见，一年一度举行亲耕礼，以奖掖有用之术；
一切官职均经科举考试获得；国家只把哲学作为宗教，把文人和知
识分子奉为贵族。看到这样的国家，他们叹为观止，心往神驰。"[2]
事实上，"关于中华帝国'从来闭关自守'的看法，不过是 19 世纪
中后期才在欧洲产生的。在《一四二一，中国发现美洲》这部登上
纽约图书排行榜的杰作中，孟席斯（Gavin Menzies）通过对大量航
海图的历史整理和考辨，揭示了 16 世纪以郑和大航海为先导，由中
国所缔造的世界经济贸易体系的形成。"法国历史学家布罗代尔把
1350 年至 1650 年视为"漫长的 16 世纪"。这一长时段的划分，就是
为了对应当时世界经济的火车头——中国明朝。与此相对应，意大
利社会史学家阿瑞基（G. Arrighi）则提出了另一个长时段的分期概
念——"漫长的 19 世纪"（1650～1915 年）。"它标志着中国与欧洲

---

〔1〕　张曙光："从'中西古今'到新的思想'四重奏'——对现代思想框架及其坐
标的再探讨"，载《天津社会科学》2015 年第 1 期。

〔2〕　［法］托克维尔：《旧制度与大革命》，冯棠译，商务印书馆 2012 年版，第 203
页。

之经济社会开始走向分道扬镳的道路，随之而来的就是：中国形象在欧洲中心主义的'世界史叙述中'的全面贬值，中国由'普遍的世界史'所指示的前进方向，由世界历史和世界经济的'火车头'，沦落为世界体系的边缘和东方，甚至远东。"〔1〕到了 20 世纪，西方进一步陷入不可自拔的自负中。1946 年 4 月《中国报道》的编者是这样表达的："我们提供给中国的是一种在真实体验的砧板上反复锤炼的生活方式。从普利茅斯石登陆到现在作为世界第一强国的地位，我们的生活方式已成为经得起任何人检验的常识。"〔2〕这是怎样的一种美国自负！

　　正如有学者指出的："如果把中国持续千年的世界领先地位与今天的重新崛起联系起来考虑，那么中国在 19 世纪后约一百年的落伍不过是一个偶然插曲。"〔3〕因而，即使存在所谓"先进"或者"落后"，也需要用更长的时间轴来衡量，因为，"文明，也包括法治文明，是一个长时段的存在，我们无法用短期的时间标准去衡量它，也不能以单一的核心地区的文明标准来评价其他文明的短长优劣。尽管西方法治长期以来在时间上居于领先的位置，但这种领先也只不过是近代数个世纪以来的事，我们很难将在某个短时间或时期内占据优势的法治文明视为整个人类社会统一的精神或唯一的选择。"〔4〕

　　更为重要的是，在"先进——落后"二元范式下呈现出来的所谓"中国问题"，未必是我们的真问题。因为"落后"并不是来自我们对自身的体认，而是来自于西方的观照和比附。或者说，中国的社会发展模式、政法体制为什么是存在"问题"的，并不是我们真的发现了什么，而是因为"挨打"本身就很能说明"问题"。这

----

　　〔1〕 参见韩毓海："重新思考十九世纪"，载共识网 http://www.21ccom.net/articles/lsjd/article_ 201001204733.html，最后访问日期：2015 年 9 月 3 日。

　　〔2〕 ［美］T. 克里斯托弗·杰斯普森：《美国的中国形象》，姜智芹译，江苏人民出版社 2010 年版，第 159 页。

　　〔3〕 参见韩毓海："重新思考十九世纪"，载共识网 http://www.21ccom.net/articles/lsjd/article_ 201001204733.html，最后访问日期：2015 年 9 月 3 日。

　　〔4〕 舒国滢、冯洁："作为文明过程的法治"，载《中共中央党校学报》2015 年第 1 期。

一"冲击——示范——接受"〔1〕框架下的言说使我们失去了真正的自省能力，既可能导致我们对法治传统不加区分的否定，也可能导致我们对西方法治经验不加辨别的接纳。

学习西方是必要的，但盲从是不可取的。"对西方理论的盲从最易形成的研究模式是'理论先行'，造成了理论与现实的脱节。理论先行的危害就在于，在进入具体的材料之前，在研究本身并未呈现一种理论体系之时，就已经用一套理论的话语将结论本身包含在前提之中。而这种方式在中西比较研究中尤为普遍，最常见的做法是将西方的理论直接放在和中国问题同等的层次进行比较。这首先忽视了西方的理论都是有其知识谱系的，有其问题意识，也就是有着具体的前提的。"〔2〕现今西方主要发达国家的政治文明成就、社会发育成熟度、经济发展水平等方面确实领先世界大多数国家，值得后发国家学习、借鉴。但是，"现代化"不等于"西方化"。"西方率先实现了自身的现代化，但其主导的国际秩序却并未将广大发展中国家带往西方式的'现代化'，反倒加诸了种种妨害其现代化发展的障碍。诚如日本史学家酒井直树所言：'假如东方不曾抵抗，它永

---

〔1〕 邓正来先生认为："关于中国论者在中国问题研究中为什么固执且持续地寻求西方经验和知识之支援的问题，从一般的角度上来看，大体上有两种解释。第一种解释侧重于认为，这种情形在很大程度上是西方外力强设于中国而导致的结果。因此，这一解释模式的内在逻辑的展开便是：既然中国内部不具有发生从'传统'向'现代'的变化的动力和图景，那么这种动力和图景也就只能来自西方现代社会。第二种解释则侧重于中国学者因西方冲击而做出的以富强、救亡图存或完成'传统'社会向'现代'社会转型为依归的追比西方的回应。尽管上述两种解释的侧重面不尽相同，但基本上是在'冲击——示范——接受'框架下的言说，而这种框架的理论形式便是众所周知的以费正清为首的哈佛学派所主张的'西方冲击——中国回应'模式。这种模式主要是以源自西方现代化理论（最为典型的是马克斯·韦伯的'中华帝国静止'观）的'传统'中国与'现代'西方的对立模式为基础的。"参见邓正来："中国法学向何处去（中）——建构'中国法律理想图景'时代的论纲"，载《政法论坛》2005年第2期。当然，这种"挑战——回应"范式也不是唯一的分析进路，美国学者柯文、日本学者沟口雄三等为代表的"中国中心观"即是另一进路，他们认为，近代中国已经具备了变革的某些内部动力，西方不过是催化剂而已，不过这种进路在中国学研究中并不占主流。

〔2〕 刘毅青："如何构建中国的理论——西方汉学家的思考与启示"，载《哲学研究》2014年第11期。

远不会现代化。'"〔1〕因此，现今中国的法治理论研究，需要跳出"先进——落后"的范式，找到符合自身特点的法治现代化道路。

(二) 法律的"移植"与"本土资源"

法律移植的问题，是法学理论研究的一个重要领域。法律可不可能被移植？可以在多大程度上被移植？学者们经常各执一端。不过在笔者看来，分歧大多是因为对"移植"一词的语境界定不同。如果把"移植"视为一国法律制度在另一国的"复制"，那移植是不可能的，因为法治是关涉"文明秩序"的概念，这也就决定了法律不可能像物质产品那样简单地"进出口"。如果把"移植"界定为一国对另一国法律制度有选择的借鉴和吸收，那么"移植"就是可能的，因为人类毕竟有许多共通的价值和追求。

综合来说，法律的移植是可能的，也是附条件的。法律不仅仅是一个规则系统，如同弗里德曼在《美国法律史》中宣称的，不是把法律"作为一个独立的王国、一套规则或概念以及法律职业者的领地，而是作为社会的镜像"。〔2〕这说明法律和特定的社会相联系。高鸿钧教授研究了以法国的罗格朗和美国的赛德曼夫妇为主要代表的法律移植否定论者的理论，认为法律具有不可移植的性质，其主要理由是：①法律是文化中不可分割的组成部分，文化构成法律规则的语境，规则一旦脱离语境就失去了其赖以存在的环境；②法律的基本单位是规则，规则由词语形式和内在意义两个要素构成，规则的词语形式可以移植，但规则的内在意义是特定文化的产物，不可移植，因为规则离开意义之维就不成其为规则；③不同文化对于同样的规则会赋予不同的含义，在规则的适用中也会作出不同的解释，因此规则一旦移植到异质文化中，含义就会发生变化，而这就使得该规则成为一个不同的规则；④规则的意义之维决定了规则的目标、价值和效果，规则一旦移植到新的情境，其目标、价值和效

---

〔1〕 姚遥："如何看待依法治国的中国特色"，载《国家治理周刊》2014 年第 17 期。

〔2〕 L. Friedman, *A History of American Law*, 2nd ed., New York: Simon & Schuster US, 1985, p. 12. 转引自高鸿钧："法律移植：隐喻、范式与全球化时代的新趋向"，载《中国社会科学》2007 年第 4 期。

果都会发生变化，而这意味着移植失败。所以，罗格朗特别警惕法律移植在普遍主义信念的支配下制造出一种关于法律变迁的"人造景观"。[1]因此，孟德斯鸠才说："这些法律是为某国的人民而制定的，所以理应十分贴切地适用于该国民众；如果这些法律适用于另一个国家，那只是极其偶然的事。"[2]

　　一国的法律制度包含它特定的社会价值、信仰体系和历史文化延续，所以，法律移植通常只能在文化背景、政治经济条件、社会发展阶段更接近的国家之间才可能获得成功。"法律移植"的困难本身就从反向验证了法治的有效运行依赖于本土资源的契合。本土资源的差异也就决定了每一个国家的法治运行都各有其特色。比如，"19世纪初，边沁曾在英国大力倡导法典化，尽管他的努力产生了相当影响，然而英国却坚持和保持了其普通法传统。欧洲大陆各国之所以能够法典化，重要原因之一就在于其历史久远的罗马法传统和其哲学的理性主义倾向……20世纪以来，尽管几乎每个西欧国家都曾不止一次地试图引进美国的司法审查，相反倒是出现了一种欧洲式的司法审查。"[3]这说明，同属西方的各个国家，法治的运用也各有不同。再比如，传统中国的纠纷解决机制，主要并不依靠"官府"提供的司法，而是乡村的"长者"。这是因为传统中国社会是一个高度熟人化的社会。时间累积的"经验"，事实堆积的"人望"以及生于斯、长于斯添加给他们的无可逃离的"道德责任"，是裁判者获得信服的根据，而不是他们保持着什么"外观上的中立"或者拥有"法律的娴熟技艺"。所以，这样的社会结构决定了中国法治传统和儒家伦理秩序紧密相连，法德并举就成为社会治理的一体两面。确实，这可能并不适用于欧洲法治得以滋养的那种商业化、流动性的社会。这没有什么对错，乃经济模式、社会结构的差异使然，如同不能根据使用筷子或是刀叉判别文明的高下一样。

---

〔1〕 高鸿钧："法律移植：隐喻、范式与全球化时代的新趋向"，载《中国社会科学》2007年第4期。

〔2〕 [法]孟德斯鸠：《论法的精神》（上），孙立坚、孙丕强、樊瑞庆译，陕西人民出版社2001年版，第11页。

〔3〕 苏力：《法治及其本土资源》，北京大学出版社2015年版，第5页。

在这里叙说法律的"地方性"并不是要阻却现代法治文明成果的彼此汲取，而是要提醒我们，无论是法律的"移植"还是"借鉴"，都是附条件的，忽略了条件的轻率"移植"，可能导致法治空转，甚至可能让"一个人的佳肴，成为另一个人的毒药"。关注法治的本土资源是要我们明白，法律之所以有效，不仅取决于法律的理性、可预期、公平、正义等普遍价值，它还和法律的"可接受性""身边性"相关。人们尊崇的规则是特定社会行之久远的道德律令，我们遵守它是因为我们熟悉它。在这个意义上，法律不是"制定"出来的，更不可能是"设计"的结果，而是社会生活实际的不断归纳和呈现。这也是我们坚持法治必须面向中国的原因。也许，中国的某些做法和法律的具体规定是西方法治理论不能够解释的，但这不甚重要，因为应该怎么做，我们需要说服的不是别人而是我们自己。

(三) 法治的"历时性"与"共时性"

西方用数百年时间完成的工业化、现代化，以及其现代法律理念和体系本身是一个逐步发展的过程。同样，从农业化的中国到工业化的中国，从初级阶段的中国到现代化的中国本身也是一个过程，中国的法治现代化也将受制于整个国家和社会的现代化进程，中国法治的指导思想、价值、目标、手段以及制度也都需要在这一过程中不断丰富、发展、完善。这是法治的"历时性"问题，也即是说，"法治内在地包含时间要素"，[1]如果我们忽略历时性的问题，而将社会主义初级阶段中国的法治面目和后工业时代的西方法治指标进行比对，我国法治的差强人意就成为我们不自信的根源。

然而，不可避免的是，近代以来，"全球各地被以西方为中心的文明卷入了统一的世界时间……在近现代法治的发展历史中，似乎西方推动着世界的时间，甚至主导和控制着世界的时间，而非西方国家则无奈地表现出某种'滞后'或'脱节'。"[2]各国家和地区

〔1〕 舒国滢、冯洁："作为文明过程的法治"，载《中共中央党校学报》2015年第1期。

〔2〕 舒国滢、冯洁："作为文明过程的法治"，载《中共中央党校学报》2015年第1期。

之间在法治发展阶段上的"时间距离"，以及由于交通、通讯、互联网技术的发展而迅速缩短的"空间距离"被彻底湮没，所有的国家都被强行纳入同一个世界舞台接受检视，所有非西方世界的法治都不再是"自在"的，而是被抽离了文化背景、社会条件、经济水平而纳入一个相同的考核标准的法治。这就是法治的共时性结构。渐渐的，在"取法乎上"的指引下，西方的价值不仅仅属于西方，它不经意地成了普世价值；西方的法治模板也隐隐然成为我们这个地球村的"村约"。

这种共时性结构给包括中国在内的发展中国家带来了极大的困扰，似乎我们永远不能和西方发达国家合拍。当我们在专制帝国体制下清醒过来，开始发展民族资本主义的时候，西方的资本主义因陷入垄断等难以消解的困境而生发了社会主义思潮；当我们接受了社会主义的时候，自由主义又成为西方的主旋律；当我们刚刚从革命思维转变过来提出"四个现代化"的时候，西方又已经进入后现代的批判；当我们好不容易加入WTO，融入全球化的时候，全球化又开始受到广泛的质疑。中国和发达国家的"时差"，"历时性"和"共时性"彼此纠缠的难题，是我们找不到方向的原因。其实，这些问题都是不在一个"节奏"上造成的。缓过神来，我们其实不必追赶得如此辛苦，因为后现代的反思对还没有实现现代化的国家没有太大价值。就如同跟一个没有体验过婚姻的人大谈婚姻的痛苦，其实是无甚意义的。

关注法治的"历时性"意在提醒我们，每一个国家在通往法治的路途上，都需要经历一个不断完善的过程；法治有某些共通的"到达点"，但不能忽略法治不同的"出发点"。一些对中国法治的批判本质上源自于"共时性"提供的西方参照；一些法治理想主义者"多情却被无情恼"的原因在于轻忽了中西之间的"历时性"差距。因此，关注"历时性"，就是要认识到作为发展中国家和处于社会主义初级阶段是我们最大的法治国情，只有这样，我们才不至于迷失自我和失去耐心。关注"共时性"的意义在于，我们不可能关起门来搞法治建设，我们需要勇于承认自己在某些方面的差距，大胆学习借鉴，以开放的态度兼收并蓄，建立起能够和世界对话也能够契合自身要求的中国法治。

三、"除魅"——西方法治的再审视

没有西方法治的"除魅",我们依然无法摆脱不由自主的"追仿",也无以建立中国法治的道路自信。"除魅"不是否定,只是拒绝盲从。

首先,西方的法治路径是先发的,历史的时空条件决定了它不可能被复制,然而西方法治的发展过程中也并不总是光鲜。

法治(rule of Law),被有的学者认为是英国的"专利",它是英国文化的一个重要组成部分,就像筷子是中国文化的组成部分一样。[1]英国人是否拥有这项专利姑且不论,但法治首先从英国发展起来是不争的事实。"王在法下""普通法""司法独立""高贵的自由"这些语词勾得我们心向往之。然而,在法治起步阶段,英国把发展中的问题"转移呼叫",比如将罪犯出口到澳洲,将失业者出口到非洲,将持不同政见者出口到美洲,这些问题都被遮蔽了。[2]翻历史旧账,不是要否定英国法治的成就,而是用来说明历史是无法复制的,法治的后发国家没有这样的历史条件(当然也不应该这样做),只能把发展的问题内部消化。

追根溯源,希腊文明无疑是西方文明的摇篮,但如果欠缺了奴隶制,希腊文明是不可能发生的。也即是说,雅典的公民大会盛开在更大规模的强制奴役基础上。近代以来,欧美文明实现了理性主义孕育、自由主义滥觞、法治精神建设,但这一切仅仅发生在欧美内部,它同样建立在(至少部分是)对亚洲、非洲、拉美的掠夺、奴役、征服的基础上。在全人类的角度上,欧洲的成就在一定意义上就是世界的苦难。在文艺复兴、宗教改革、契约自由这些代表文明、进步的标签后面,武力征服、殖民掠夺、经济文化霸权被遮蔽了,不仅仅是遮蔽,它们甚至在"强权即是真理""物竞天择,适

---

〔1〕 於兴中:《法治东西》,法律出版社 2015 年版,第 19 页。

〔2〕 参见张维为:《中国超越——一个"文明型国家"的光荣与梦想》,上海人民出版社 2014 年版,第 142 页。

者生存"的逻辑下实现了人类道德秩序的颠覆和重新书写。美国学者何伟亚认为："今日存在的以国际法为基础的国际关系是16世纪以来欧洲全球扩张的产物，并已成为一种自然化了的霸权话语（a naturalized hegemonic discourse）。"〔1〕凭借这种"自然化"了的话语霸权，欧洲正是用对外部的"不文明"成就了内部的"文明"。或者，按照亨廷顿的说法："西方赢得世界不是通过其思想、价值观或宗教的优越（其他文明中几乎没有多少人皈依它们），而是通过它运用有组织的暴力方面的优势。西方人常常忘记这一事实，非西方人却从未忘记。"〔2〕

其次，虽然今天的西方法治存在某种优势，但至多只是一种"相对优势"，实际上，也不存在所谓"完美法治"。所有国家的法治都存在某些难以克服的问题。"美国具有世界上差不多最完善的法律制度"，但是美国"宪法解释中的政治倾向、司法程序中种族间的不平等、法律职业的商业化以及法律教育造成的社会分层，凡此种种都是人所共知的弊病"。〔3〕不仅如此，为了"宣传"的需要，欧美国家习惯于把他们的成功更多地归因于法治、人权、自由，但这也是可疑的。"事实上，使美国成为一个强盛国家的或许并不在于它是否以法治为依归，而恰恰是那些被法治人权的口号所淹没了的另一些更重要的因素，如深厚的人文传统、坚固的宗教基础、高度的个人自觉、诚实的生活态度以及精明的社会政策（比如，保护国内资源，最大限度地利用国际资源及大规模吸引外来人才）。"〔4〕

最后，除魅西方，才能让我们更理性地看待自身，尤其是中国近30多年的发展成果。一个超大人口规模、地区差异巨大的国家取得这样的成就并不容易。按照一些学者的说法，今天中国30多年高速发展的成就是建立在低起点优势和破坏环境基础上的。这确实有

〔1〕　参见罗志田："后现代主义与中国研究：《怀柔远人》的史学启示"，载《历史研究》1999年第1期。

〔2〕　［美］塞缪尔·亨廷顿：《文明的冲突与世界秩序的重建》，周琪等译，新华出版社2014年版，第30页。

〔3〕　於兴中：《法治东西》，法律出版社2015年版，第68页。

〔4〕　於兴中：《法治东西》，法律出版社2015年版，第68页。

几分道理，近些年中国提出的转变发展方式，强调以人为本，遵循法治的轨道，都是对这些问题的自我反思。但反过来，把改革开放以来的经济、社会发展成就完全归结为"低起点优势""以环境为代价换得的优势"也并不客观。因为这回答不了为什么某些同样低起点的国家没有这样的持续几十年的高速发展期？"中国经济从1979年到2009年的30年中增加了约18倍，而相同时间段，苏联和东欧的经济增长为一倍左右，当然，多数转型经济国家的起点比中国高。苏联解体前的经济规模比中国大，但现在中国经济的规模已是俄罗斯的4倍多。"[1]

事实上，并没有绝对的"先进"和"落后"之分，要不然怎会有返璞归真呢？各国的法治经验和路径很难说有绝对的好与坏，只有合不合适，就像鞋舒不舒服只有脚知道一样。西方法治经验的本身值得我们汲取，但不能将西方经验简单代入中国，否则就像邓正来批判的那样："第一，把西方国家发展过程中的问题及西方理论旨在回答的问题虚构为中国自己发展进程中的问题；第二，把西方论者迈入现代社会以后所抽象概括出来的种种现代性因素倒果为因地视作中国推进和实现现代化的前提性条件；第三，把中国传统视为中国向现代社会转型的基本障碍而进行整体性的批判和否定；第四，对西方因其发展的自生自发性而不构成问题，但对示范压力下的中国发展却构成问题的问题进行认真且仔细的研究；第五，在西方的理论和观念未经分析和批判以及其理论预设未经中国经验验证的情况下就把它们视作当然，进而对中国的种种问题做非彼即此的判断，等等。"[2]

总之，我们不能在西方现代法治图景的支配下，把中国是否可能，条件是否具备，发展阶段是否相同等问题都毋庸置疑地忽略掉，或者作为次级问题而湮没掉。因此，中国的法治理论研究要坚持"中体西用"，当然，这个"中体"不是以中学为体，而是以中国为

---

[1] 张维为：《中国超越——一个"文明型国家"的光荣与梦想》，上海人民出版社2014年版，第24页。

[2] 邓正来："中国法学向何处去（中）——建构'中国法律理想图景'时代的论纲"，载《政法论坛》2005年第2期。

体；"西用"，不是器物层面的借用，而是"以我为主，为我所用"。这一立场就是中国法学理论研究中的"中国定力"。

第二节　面向中国：中国特色社会主义法治理论研究的一般原理

在官方的法治话语中，"具有中国特色的""符合中国国情的""中国模式"等都是常见的高频词。这些法治的"限定词"表明了官方在使用"法治"这一西语语词时的警惕和担忧："法治"这个概念要用，但又不能落入西方的"语境绑架"中从而失去自己的话语能力。另一方面，此类"限定词"又时常引发自由主义者的另一种担忧，他们显然是在担忧"特色""国情"的浓墨重书使法治失去了它的本义，[1]在他们看来，如果欠缺了某些核心的指标，比如人权、分权、司法独立，那么请不要玷污了法治的名义。上述担忧有限地反映了我们所谓的"法治共识"。一个欠缺法治共识的社会不可能是真正的法治社会，因此，要扩大法治共识，尽可能消解前述两方面的担忧，是法治理论研究的使命，而实现这一目的离不开一些基本原理的展开。

一、普遍性与特殊性关系原理

普遍性和特殊性原理是哲学上的一个基本范畴。"在哲学史上，关于普遍性和特殊性含义及其关系的各种理解和阐释，形成了不同的观点和学派，分歧的根本以及划分的标准集中在对普遍性概念的理解上。对普遍性是客观的还是主观的不同回答，展示了唯物和唯心的两军对垒。普遍性是指抽象、单一的共同性还是包含特殊性在

---

〔1〕　如林来梵教授认为："'社会主义法治（国家、理念）'这一说法则更倾向于强调'法治的中国化'，即基于中国自身独特的历史文化、国情现状以及政治制度所形成的法治的独特内涵。长期以来，后者取向的诠释已被演绎到极致，以致损夺了'法治'应有的普遍内涵。"参见林来梵："法治的个别化模式"，载《环球法律评论》2014年第1期。

内的多样性统一，对此看法不同则暴露了辩证法与形而上学的界限。"〔1〕

哲学上的歧见并非本书讨论之主旨，本书将普遍性与特殊性的哲学范畴纳入法治的话语分析是在如下语境下展开的：①法治的普遍性是指各国法治具有"同一性"的一面，人类具有某些共通的价值追求，比如维护公平、正义、维护个人尊严等，这些普遍性价值不应该由于社会发展阶段不同、文化传统不同、国家发展目标不同而被否定。概言之，"国情"不是背离法治底线共识的挡箭牌。②法治的特殊性是指法治不存在一套绝对化的概念和规则系统，它和特定的社会问题背景、文化传承相联系，因而法治又带有多样性的一面。③普遍性主要涉及价值、目标层面，比如法治的目标首先应指向"公共权力控制"，而不是作为"御民之术"。特殊性则主要涉及法治的手段和途径，因为各自面临的问题不同，方法也就不同。

具体而言，法治遵循普遍性与特殊性的关系原理需要注意以下问题：

第一，承认普遍性，意味着中国的法治理论要接纳世界法治文明的基本共识，以开放的姿态学习、借鉴既有的世界法治文明成果，尤其是具有较大影响力的西方法治文明成果。

十八大提出"不走封闭僵化的老路"；十八届四中全会提出"借鉴国外法治有益经验"以及强调"社会主义市场经济本质上是法治经济。使市场在资源配置中起决定性作用……必须以保护产权、维护契约、统一市场、平等交换、公平竞争、有效监管为基本导向，完善社会主义市场经济法律制度"等，都是在表达对法治普遍价值的尊重，都表明中国和世界的法治普遍性共识的增加，中国的法治态度也愈加开放。

第二，承认普遍性，意味着我们不能将"中国国情""中国特色"过度诠释。所谓过度诠释，"就是把中国社会和实践的特殊性阐

---

〔1〕 张兴国："从反思普遍性与特殊性关系看普遍性范畴的意义"，载《哲学研究》2014 年第 2 期。

释成超越任何普遍理论制约的绝对的特殊性。……按照辩证法的理论，任何特殊性都蕴含着普遍性，世界上并不存在与任何普遍性相分离的绝对的特殊性。"[1]把"特殊性"发展到极致就可能演变成一种极"左"的对抗性思维，"凡是敌人赞成的我们就反对，凡是敌人反对的我们就赞成"即属此例。在法治领域，"过度诠释"也经常表现为把法治文化、历史传统绝对化，这种"把文化的特殊性理解为一个民族永远区别于其他民族的特殊本质"[2]的态度不是理性的精神。因为社会处于不断变动发展中，观念在持续更新，传统在不断变革，绝对化了的法治"特殊性"理解极可能成为抱残守缺的理据而妨碍我们与时俱进的能力。

第三，尊重特殊性，意味着法治不能脱离特定社会而概念性地存在。如果我们承认法治并不仅仅是一套规则系统，而和特定的社会结构、生产方式、道德观念相关，那么，法治的特殊性就是不可否认的。马克思在 1853 年致恩格斯的信中说："东方一切现象的基础是不存在土地私有制。这甚至是了解东方天国的一把真正的钥匙。"四天后，恩格斯在致马克思的回信中也表明："不存在土地私有制，的确是了解整个东方的一把钥匙。这是东方全部政治史和宗教史的基础。"[3]马克思和恩格斯关于亚细亚生产方式的洞见揭示了传统中国公法发达而欠缺民法精神的经济基础。正因为不存在土地私有制，个人缺乏自主、自立的经济凭借，才需要依赖家庭、家族庇佑，从而决定了传统中国社会的伦理秩序优先于法律秩序，马克思实际上也揭示了中国礼法秩序的根源。因此，只有了解到特定社会的政治、经济、社会结构，我们才能对它的法治为什么这样运行收获较为恰当的认知。

---

〔1〕 俞吾金："马克思主义的中国化和中国马克思主义的国际化——兼论普遍性与特殊性的辩证关系"，载《现代哲学》2009 年第 1 期。

〔2〕 顾乃忠："论文化的普遍性和特殊性——兼评孔汉思的'普遍伦理'和沟口雄三的'作为方法的中国学'"，载《浙江社会科学》2002 年第 5 期。

〔3〕《马克思恩格斯全集》（第 28 卷），人民出版社 1973 年版，第 256 页。转引自俞吾金："马克思主义的中国化和中国马克思主义的国际化——兼论普遍性与特殊性的辩证关系"，载《现代哲学》2009 年第 1 期。

邓小平说："世界上的问题不可能都用一个模式解决。"〔1〕习近平同志指出："每一种法治形态背后都有一套政治理论，每一种法治模式当中都有一种政治逻辑，每一条法治道路底下都有一种政治立场……我们有符合国情的一套理论、一套制度，同时我们也抱着开放的态度，无论是传统的还是外来的，都要取其精华、去其糟粕，但基本的东西必须是我们自己的，我们只能走自己的道路。"〔2〕因此，概念性地、抽象地谈论法治不是负责任的态度。

第四，尊重特殊性，意味着法治不仅是"理念"，更应关注"实效"。对于一个需要劳动力的农夫来说，温婉可人的李香君或许并不合适。这说明，品评女性，田地里的农夫和徘徊在秦淮河畔的读书人并不一定具有相同的标准。法治同样会因为具体条件、需求不同而存在路径差异。比如，每一个社会都应该培养法治信仰、树立法治权威，这是法治"普遍性"的要求，但如何培养、如何树立，不同社会的方法是不一样的，这就是"特殊性"。"在美国，它的权威象征包括自由女神、司法女神，以及法官的庭服等。虽然就一般意义而言，这些符号象征着自由、统一、正义、客观，但在美国人的心中，它们引起的激动、快感、虔诚，以及其他微妙的情感是任何一个异国人士都无法感受的。"〔3〕在欧风美雨的吹送下，中国的司法改革也引进了法槌、法袍，但并不能让诉讼参加者获得那份"激动、快感、虔诚"。这显然不是我们的法槌、法袍设计得不够漂亮、庄重，而是一个高度世俗化的国家缺乏美国那样的普遍宗教信念。如同"法治在别的国家生根发芽，并像在英国一样正常地运作，实际上是很困难的"。因为，特定国家的法治"是建立在经验基础上的，而经验是难以复制的"。〔4〕所以，"实效"而不是"理念"，是判别法治成功与否的最高标准，没有"特殊性"关怀的法治不大可能获得"实效"。

---

〔1〕《邓小平文选》（第3卷），人民出版社1993年版，第261页

〔2〕 中共中央文献研究室编：《习近平关于全面依法治国论述摘编》，中央文献出版社2015年版，第34~35页。

〔3〕 於兴中：《法治东西》，法律出版社2015年版，第62页。

〔4〕 於兴中：《法治东西》，法律出版社2015年版，第21页。

依据普遍性和特殊性关系原理，我们可以展开一点具体分析。比如，"三权分立"这一西方法治文明成熟的权力控制方法。经由法国《人权宣言》的经典表述，"凡权力无保障和分权未确立的社会，就没有宪法"，它已经成为欧美国家普遍的宪法（法治）原则。当然，它也成为批评中国的重要尺度，中国的一党领导制度、人民代表大会体制都在"分权未确立"的话语下成为靶子。但是，什么才是我们需要遵循的"普遍性"原则？应该说，真正的原则是，"权力应该得到控制，权力能够得到控制"。也就是说，"权力控制"才是法治普遍价值应当遵循的，而"三权分立"不过是其中一种方法，尽管它是影响最大的一种方法。因此，中国的法治理论研究应该在遵从"权力控制"这一普遍性原理的前提下，寻找符合中国实际的权力控制之道。十八届四中全会《决定》中关于"把党总揽全局、协调各方同人大、政府、政协、审判机关、检察机关依法依章程履行职能、开展工作统一起来，把党领导人民制定和实施宪法法律同党坚持在宪法法律范围内活动统一起来，善于使党的主张通过法定程序成为国家意志，善于使党组织推荐的人选通过法定程序成为国家政权机关的领导人员，善于通过国家政权机关实施党对国家和社会的领导，善于运用民主集中制原则维护中央权威、维护全党全国团结统一"等内容就是为此进行的积极探索。

二、理论和实践相结合原理

"实事求是是马克思主义的精髓。要提倡这个，不要提倡本本。我们改革开放的成功不是靠本本，而是靠实践，靠实事求是。"

——邓小平〔1〕

实践性是马克思主义哲学的显著特征，实践观点也是马克思主义理论中带有"元理论"性质的部分。"在理论与实践的关系上，实践是理论的基础，是理论的出发点和归宿。实践对理论起决定作用，理论必须与实践紧密结合，理论必须接受实践的检验，为实践

---

〔1〕《邓小平文选》（第3卷），人民出版社1993年版，第382页。

服务，随着实践的发展而发展。"〔1〕

　　"纸上得来终觉浅，绝知此事要躬行。"实践出真知，实践是检验真理的标准，理论从实践中来。理论不能是主观堆砌的话语系统，而是对社会实践活动的反映、抽象和概括。脱离了实践，理论就是无源之水；没有实践的检验，理论也无从得到验证。"理论是灰色的，唯有生活之树常青"，任何天才的理论家都不可能对社会生活洞察无遗，但脱离社会实践的理论带有不可避免的主观性。英国法治为什么比较成功，很大程度缘于他们崇尚经验的哲学；法国大革命为什么教训惨痛，很大程度是受革命理论家的美丽想象指引。因此，实践的基础地位不可动摇。

　　反过来，理论对实践具有指导作用。实践并不会自发地形成理论，因为"人不能完全地把握=反映=描绘整个自然界……人只能通过创立抽象、概念、规律、科学的世界图景等等永远地接近这一点。"〔2〕因此，我们也要反对"惟实践论"的倾向。片面强调实践可能得出结论，"工农兵"实践最丰富，比知识分子更有真知，此种教训我们已经得到了，不必赘述。对"理论"及其掌握者的矮化实际来源于两个误区：一是把知识分子所掌握的"理论"视为纯理论，而忘记了既有的"理论"是建立在前人的实践基础上的；另一个误区是把"实践出真知"绝对化，而忘记了"眼见未必为实"，"有图不一定有真相"。每一个具体的实践者并不能广延地了解事物的全部，他只是其中一个"样本"，而无数实践"样本"的汇集、归纳，才可能最终成为真知。这不是一个具体的实践者能够做到的。"认识不是直观地、消极被动地、机械地反映客观对象，而是能动地、间接地、创造性地理解客观对象的过程。认识过程的每一环节，从最初认识对象的选择，中途信息的加工制作，到最后认识的形成，都是

〔1〕 赵家祥："理论与实践关系的复杂性思考——兼评惟实践主义倾向"，载《北京大学学报（哲学社会科学版）》2005 年第 1 期。

〔2〕 列宁语，转引自赵家祥："理论与实践关系的复杂性思考——兼评惟实践主义倾向"，载《北京大学学报（哲学社会科学版）》2005 年第 1 期。

主体用自己的认知图式在头脑中再现、改造、建构对象的过程。"〔1〕因此，理论的指导作用不容忽视，有了理论的指导我们才可能"站在前人的肩膀上"，才可能少走弯路，才可能克服实践的盲目性。理论和实践结合的过程，就像德国学者伊耶说的："一个真理的获得，部分是通过对理念和对此时此刻生活情景之间的来回洞见；对理念已经获得充足洞见的人会转而用这一洞见去照亮生活。"〔2〕

　　在推进法治建设的过程中，遵循理论和实践相结合原理意味着法治理论研究必须充分重视中国的社会实践。"理论是对其所处社会内的自我理解，社会的问题意识是催生理论话语的土壤。离开了其生长的土壤，理论必定发生变异。"〔3〕中国丰富的法治实践，为理论研究提供了不竭的源泉，处于转型时期的中国大量的实践智慧也需要理论来实现体系化、制度化的建构。然而，今天法学理论界的问题是：我们对西方法治表现出盎然的兴趣，却常常对中国法治实践视而不见；或是以西方法治理论来剖析中国的问题，而对中西之间的问题背景差异不管不顾。"马为什么没有长角呢？人家牛都长着呢！而且牛角还有极端重要的功能。所以，马也应该长角！"类似的比附在中国法学学术话语中比比皆是。轻视中国本土实践是我们缺乏学术本土化根基的关键，也是"中国有故事，为什么讲不好？"的原因。

　　热衷于西方法治话语的诠释和中文复述恰恰说明我们缺乏理论的原创能力，中国的法学研究水平最终由"翻译"水平决定，这本质上是一种乐此不疲的学术惰性。当然，如此叙说中国法治理论研究的实况，不免有以偏概全之虞。比如，浏览"中国知网"，其中不乏关涉中国法治问题的著述，然而太多的所谓"学术论文"，要么是官方报告的剪辑、重组和消费，要么是遇到解释不了的问题概以

---

　　〔1〕　赵家祥："理论与实践关系的复杂性思考——兼评惟实践主义倾向"，载《北京大学学报（哲学社会科学版）》2005年第1期。

　　〔2〕　[挪] G. 希尔贝克、N. 伊耶：《西方哲学史——从古希腊到二十世纪》，童世骏、郁振华译，上海译文出版社2004年版，第96页。

　　〔3〕　刘毅青："如何构建中国的理论——西方汉学家的思考与启示"，载《哲学研究》2014年第11期。

"特色""国情"对之。前者，即使对官方话语都不能给出一个"知其所以然"的阐释，后者则鲜明地呈现出一种学术无力感。真正能够像费孝通先生《乡土中国》那样有着一种"中国问题"理论自觉，并富于现实关怀和洞见的文章实不多见。当知识界快意于品头论足的时候，我们却需要自问：我们究竟提供了多少知识增量？诚然，笔者也得坦率承认，这些问题也是自己需要解决的。

实际上，三十多年来，中国一直处于政治、经济、社会转型的过程中，每天变革都在发生，处于转型时期的中国尤其需要法学理论界的知识贡献。这一过程中凸显出来的若干问题，比如，法治传统的继承性和法治文明的现代性如何得到契合？改革和法治如何能够并行不悖？社会主义的平等主义追求与保护社会的创造动力之间如何兼顾？根深蒂固的基于"人治信赖"的上访如何在法治的轨道下破解？……类似的这些问题才是现今中国的法治理论研究应该关注的实践性问题，推动、促进这些问题的解决并汇集成属于我们自己的理论成果是中国法治理论研究的意义所在。理论界只有进行了深入的、有说服力的中国实践研究，才可能成为未来制度的某种"前见"，从而真正实现理论研究的指引和贡献。

针对现今中国法治理论研究的实践偏离，也许当年庞德对分析法学家的批判依然不失却现实意义，照录如下：

"分析法学家的这种自信武断，只是19世纪闭门造车学风导致不幸后果的又一个证明。毋庸赘言，分析法学家描绘的图景有这样一个优点，即在他们的图景中惟有法律而别无其他。但也正是因此，他们的图景才不如任何其他法学家的图景，因为被描绘的对象并不是一种会耐心地坐以待画的东西，而是一种在不断地发生变化的东西，因此当分析法学家进行描绘的时候，他们所做的图景也就成了一幅过去某种事物的理想图景了。分析法学家所具有的那种逻辑方案也许可以被用来指导微小的变化。但是，实在的法律却是由那些随时随地都在发生的重大变化决定的，而这些重大的变化又是由法律以外的观念所指导的；正是这些观念才是形而上学法学家的关注

之所在。"〔1〕

三、"有机法治"〔2〕——法治推进的系统理论

系统论，"是把握复杂事物的科学方法和认识方法，是指由若干相互联系和相互作用的要素组成的具有特定功能的统一整体"。〔3〕一般认为，系统论是美籍奥地利科学家贝塔朗菲（L. Von. Bertalanffy）率先提出的。1945 年贝塔朗菲在《德国哲学周刊》上发表的"关于普通系统论"一文是其针对"整体"和"整体性"的代表性研究成果。经过几十年的发展，系统论已经不仅仅止步于"整体性"的研究。现代系统论把系统概念与整体概念严格区分开来，视系统为整体和部分的统一。它认为，整体虽然是系统的核心属性，但它并不等于系统自身，系统论也不孤立地考察系统的整体性，而是在其与部分、层次、结构、功能、环境的相互关系中来考察其整体性的。因而作为一种方法，人们只是把握了事物的整体性，并不能达到把握事物系统的要求，而只有把整体与部分有机结合起来才能真正认识系统。现代系统论认为，系统的发展变化的总体机制是：最终通过整体的发展变化表现出来，而整体的发展变化则是要素、层次、结构、功能以及环境因素共同作用的结果。〔4〕由此，系统论也渐次确立起一些基本原则，包括整体性原则、结构功能原则、动态平衡原则、有序性原则等。

系统论既是理论研究的方法论，也是政治决策应遵循的准则。从习近平同志的多次讲话及中央全会决定中，都能够看到系统论原理的直接运用。中共十八大提出经济建设、政治建设、文化建设、社会建设、生态文明建设"五位一体"的社会主义现代化总体布局，

---

〔1〕［美］罗斯柯·庞德：《法律史解释》，邓正来译，中国法制出版社 2003 年版，第 48~49 页。

〔2〕"有机法治"这一概念，借用了支振峰研究员在中国社会科学院法学所举办的"习近平关于全面依法治国思想研讨会"上的发言。

〔3〕骆孟炎："用系统论方法把握法治理念"，载《当代法学》2000 年第 2 期。

〔4〕参见常绍舜："从经典系统论到现代系统论"，载《系统科学学报》2011 年第 3 期。

就是"中国共产党人对社会主义规律、现代化规律以及自然规律认识不断深化的重大成果，也显示中国在追赶西方发达国家的过程中超越了西方现代化的狭义概念"。[1]再比如，习近平总书记在首都各界纪念现行宪法公布施行30周年大会上的讲话中首次提出了"坚持依法治国、依法执政、依法行政共同推进，坚持法治国家、法治政府、法治社会一体建设"的系统法治思想。十八届四中全会提出的"法治体系"这一全新概念，包括了法律体系、法治实施体系、法治监督体系、法治保障体系和党内法规体系。这是对"法治体系"的全面升级，意味着"法治体系"不仅仅是法律体系的完备，而是将立法、执法、监督、保障纳入法治的系统工程。尤其是把党内法规体系，这一常常被法学界忘却但实际至为重要的部分也纳入法治体系范畴，是非常重要的突破。习近平同志提出的"四个全面"更是系统理论运用的极佳范例。习近平同志说："全面建成小康社会是我们的战略目标，到2002年实现这个目标，我们国家的发展水平就会迈上一个大台阶，我们所有奋斗都要聚焦于这个目标。全面深化改革、全面依法治国、全面从严治党是三大战略举措，对实现全面建成小康社会战略目标一个都不能缺。不全面深化改革，发展就缺少动力，社会就没有活力。不全面依法治国，国家生活和社会生活就不能有序运行，就难以实现社会稳定和谐。不全面从严治党，党就做不到'打铁还需自身硬'，也就难以发挥好领导核心作用。"[2]"全面建成小康社会"是总要求，而这一目标的实现需要全面深化改革，没有改革很难有更好更快的发展。法治保障改革就在于为改革提供稳定的法治秩序，但也要服从改革发展的大局，及时进行法律的"立、改、废、释"，同时法治也为"全面从严治党"提供了重要的制度基础。反过来，改革的成就又为法治发展提供了经济和社会基础，从严治党也为法治提供了良好的政治环境。法治正是

---

〔1〕 胡鞍钢："党中央大战略大布局：'三个全面'与'三个中国'"，载《中国高校社会科学》2014年第6期。

〔2〕 习近平："在省部级主要领导干部学习贯彻十八届四中全会精神全面推进依法治国专题研讨班上的讲话"，载《习近平全面依法治国论述摘编》，中央文献出版社2015年版，第14~15页。

在这一"相辅相成、相互促进、相得益彰"的大系统中实现其意义的。可以说，"四个全面"就是系统论的良好运用，也是中国特色社会主义法治理论研究的重要指针。

系统论同样为我们法学理论界提供了思考法治问题的重要方法论基础。按照系统论的基本原则，我们在思考中国法治推进的过程中，法治建设不能"就法治论法治"，要和中国的"民情"相契合，要和中国的政治体制相契合，法治理论的概念体系不能和制度设计发生冲突。中国的法治理论研究如果脱离了中国社会这一大系统，脱离了文化遗存、经济结构、社会风俗等若干子系统，法治就成了单兵突进，是不可能成功的。因此，思考中国的法治问题，必须首先从"整体性"的意义上来把握，要把法治运行的若干基础性、前提性条件搞清楚。比如，什么是法治的经济基础？毫无疑问，法治的经济基础是市场经济。没有在市场经济基础上的等价交换、契约自由、意思自治就难以生发现代法治意识，要认识到市场的发育程度极大地制约着法治本身的进步。再比如，什么是法治的政治基础，答案就是民主政治。没有民主政治的发展，法治就会成为统治的工具，而不可能成为权力的界碑。此外，我们还必须清楚，理论研究者头脑中的"法治共识"并不等于被公众普遍接纳的"法治常识"，将"共识"转化为"常识"本身需要时间来完成。法学是一个高度社会性的学科，我们的理论研究不应该仅仅热衷于法律的规范分析、法律的中西古今比对，我们更应该走进社会、走进生活，将法治研究纳入整个社会的实际运行中去系统考察。惟其如此，我们的法治研究才不只是书斋里的学问。

此外，还有一些值得关注的方法论本章没有提及，比如辩证法思维、两点论与重点论等，并非它们不重要，只是限于篇幅无法一一展开。本节讨论法治理论研究应遵循的普遍性和特殊性原理、理论和实践相结合原理、系统论原理，这些原理在哲学上都是常识，在法学研究中的运用也并不新鲜，笔者在这里的铺陈无意展示什么跨学科的研究成果，无非是给出一个提醒：越是我们熟悉的，我们越是容易忘记它对于我们的意义。

第三节 中国特色社会主义法治理论研究的 三个面向

首先，中国作为一个拥有超长历史和超强文化底蕴的"文明型国家"，法治不可避免地带有历史的基因。不知从何而来，遑论向何而去，因此法治的历史回望其实是绕不过去的。诚如习近平同志所言："治理国家和社会，今天遇到的很多事情都可以在历史上找到影子，历史上发生过的很多事情也都可以作为今天的镜鉴。中国的今天是从中国的昨天和前天发展而来的。要治理好今天的中国，需要对我国的历史和传统文化有深入了解，也需要对我国古代治国理政的探索和智慧进行积极总结。"[1]其次，即使是回望历史，也是为了启迪现在，因此，关注法治中国的现实才是重中之重。现今的中国是一个有近千万平方公里国土、十三亿人口的超级大国，这样的国家实际上不具有照搬任何国家或发展模式的可能性，中国只能沿着自己的轨迹和逻辑继续演变和发展，否则中国终将成为一个"无所适从"的国家。这并不是所谓的"民族自尊心"在作怪，而是我们的法治必须遵循"中国逻辑"，面对"中国问题"，服从中国现实的"规定性"。最后，面向过去、面向现实并非是要让我们特立独行于世界之外，也并不意味着我们拒绝汲取其他法治文明的一切长处，我们的法治理论研究终究要向未来敞开。"要使我们的法治既是人类共同的、一般的，也是中国特定的、具体的。我们需要的必然是立足国情、适应时代、着眼使命的法治理论。"[2]

一、面向过去——法治的历史文化之维

"一切产生于问题刺激，切志中国问题之解决，从而根追到其历史，其文化，不能不用番心，寻个明白。"

---

[1] 习近平："在十八届中央政治局第十八次集体学习时的讲话"，载 http://www.gov.cn/xinwen/2014-10/13/content_2764226.htm，最后访问日期：2015 年 9 月 3 日。

[2] 卓泽渊："法治理论要立足国情着眼使命"，载《法制日报》2014 年 11 月 10 日第 3 版。

——梁漱溟《乡村建设理论》[1]

"历史学不可能预告未来的事件，它只能解释过去。但是人类生活乃是一个有机体，在它之中所有的成分都是互相包含互相解释的。因此对过去的新的理解同时也就给予我们对未来的新的展望。而这种展望反过来成了推动理智生活和社会生活的一种动力。"

——恩斯特·卡西尔《人论》[2]

中华法治文明曾经是何等骄傲和自豪，谢振民先生这样写道："吾国伊古以还，文化遐被，声教远讫，四裔朝觐讼狱，航海梯山，咸来观光上国，如朝鲜、安南、缅甸、琉球、暹罗、日本，其一切法律制度，莫不渊源于我国。……故道德礼教与法令律例融而为一，尽善尽美，可经可久，吾中华法系，实较世界各法系为完备而精进。"[3]不过，这一良好的自我感觉在近代被击得粉碎。也许是近代的屈辱崩解了中国的文化和制度自信，也许是"人治"的某些不堪事实萦刻于怀，以致"往事不堪回首"。于是，本独具特色的中国法治文化传统成了"落后"的代名词，中国的传统法律制度即使被偶然提及，其经常的意义也就是为我们这些"现代人"提供批判的标靶。

在"先进——落后"二元范式的支配下，现代之"新"与传统之"旧"，从时间的先后序列，演变为一种价值上的优劣判准。然而，正如邓正来在解读施特劳斯的观点时指出的："现代人已经本末倒置。不是用'好'的标准去衡量某种新事物是否对，而是倒过来用'新'本身来判断一切是否好。"[4]这种"以逻辑合理性替代历

---

〔1〕梁漱溟：《乡村建设理论》，上海人民出版社 2006 年版，第 7 页。

〔2〕［德］恩斯特·卡西尔：《人论》，甘阳译，上海译文出版社 2004 年版，第 245~246 页。

〔3〕谢振民：《中华民国立法史》，正中书局 1937 年版，转引自闵钐编：《中国检察史资料选编》，中国检察出版社 2008 年版，第 914 页。

〔4〕邓正来："中国法学向何处去（中）——建构'中国法律理想图景'时代的论纲"，载《政法论坛》2005 年第 2 期。

史的真实性……在根本上忽视了经验中的繁复性"〔1〕的结果是，无视我们的文化底色，无视自身制度传承，热衷于制度引进，将大量异质性的元素粘贴在中国肌体上，却不能做到"皮毛一体"。如同托克维尔对法国大革命的洞察："1789 年，法国人以任何人民所从未尝试的最大努力，将自己的命运断为两截，把过去与将来用一道鸿沟隔开。为此，他们百般警惕，唯恐把过去的东西带进他们的新天地"，然而，"他们在不知不觉中从旧制度继承了大部分感情、习惯、思想，他们甚至是依靠这一切领导了这场摧毁旧制度的大革命"。〔2〕

中国的法治现代化不可能凭空"设计"出来，它深植于中国绵长的历史文化传统基础上。"一个全面否定或者全面肯定自己的历史、无法将自身相对化的人，也不可能客观地、相对地来看待他者。"〔3〕因此，面向过去，就不单单是敝帚自珍的情愫，也不是因为"繁华往昔"的执念，而是因为只有"传承文明"才可能"开拓创新"。

（一）现代法治的根基需要在文化传统的良性基因中奠定

余秋雨先生认为："文化，是一种包含精神价值和生活方式的生态共同体。它通过积累和引导，创建集体人格。"〔4〕这说明，文化中沉潜着特定社会的价值观。是故，钱穆先生才说："一切问题，由文化问题产生；一切问题，由文化问题解决。"〔5〕法治的问题亦不能外，因为，"人类社会所以需要规则，是因为社会存有冲突，包括身体、精神、利益和价值等冲突。然而，存在冲突仅仅是规则产生的动因，并不必然会导致规则的形成，只有人们对于如何解决冲突形成了应然的价值判断标准，规则才能形成。文化恰是这种应然价

〔1〕邓正来："中国法学向何处去（中）——建构'中国法律理想图景'时代的论纲"，载《政法论坛》2005 年第 2 期。

〔2〕[法]托克维尔：《旧制度与大革命》，冯棠译，商务印书馆 2013 年版，第 29 页。

〔3〕[日]沟口雄三：《作为方法的中国》，孙军悦译，生活·读书·新知三联书店 2011 年版，第 8 页。

〔4〕余秋雨：《何谓文化》，长江文艺出版社 2012 年版，第 6 页。

〔5〕钱穆：《文化学大义》，台北中正书局 1981 年版，第 3 页。

值判断标准得以形成的基础和源泉，在传统社会尤其如此。这样，作为规则的法律便与文化存有内在的关联。"[1]因此，法治不能摆脱文化的限定，法律制度本身就是文化的一部分，受文化的"精神价值"所规定。正是因为法律和文化之间的密切关联，美国学者劳伦斯·弗里德曼在《法律文化与社会发展》中提出了法律文化的概念。他认为，法律文化是"与法律体系密切关联的价值与态度，这种价值与态度决定了法律体系在整个社会文化中的地位"。[2]所以，法治，不只是表现为一种制度的外壳，它更是特定社会文化精神品格的表现，法治的信念之维需要从传统文化中汲取。

文化当然不是一个固定不变的系统，时间之河流淌，有些东西会随风飘散，人们的观念、行为方式也处于不断变动之中。但这并不代表我们无从感知文化的脉动。那些经由历史而历久弥新的部分，总是在不经意间顽强地构造着我们的生活态度。自负的现代人——尤其是过信"理性能力"的法律人——总是忽略了这一点。人们热切地规划着未来图景，设计着行动方案，却忘记了生活的态度和方式首先是"延续的"而不是"规划的"。其结果，恰如李宗盛《山丘》里唱的："还未如愿见着不朽／就把自己先搞丢。"

（二）传统法治的"扬"与"弃"

法治需要传承。中国是四大文明古国中唯一持久延续、留存的一个。几千年的历史积淀会深刻地影响中国的政治制度安排，会深刻地影响中国人的思维逻辑、行为方式。"个人的明智，来自于他记忆的连续性，团体的明智则需要其传统的延续。"[3]这是因为"社会组织就像一切生命有机体一样复杂，我们还不具备强迫它们在突然之间发生深刻变革的智力……只有时间具备这样的力量"。[4]所

---

[1] 高鸿钧："法律文化的语义、语境及其中国问题"，载《中国法学》2007 年第 4 期。

[2] L. Friedman, "Legal Culture and Social Development", *Law and Society Review*, 6 (1969), p. 34.

[3] ［美］威尔·杜兰特、阿里尔·杜兰特：《历史的教训》，倪玉平、张阅译，中国方正出版社、四川人民出版社 2015 年版，第 121、122 页

[4] ［法］古斯塔夫·勒庞：《乌合之众》，冯克利译，中央编译出版社 1998 年版，第 2 页。

以，现代法治不可避免地需要继承和发扬传统法治。新中国成立前后，革命思维的意气风发，使得我们专注于标"新中国"之新，立与"旧中国"之异，我们在"人民法治"极其不完备的情况下宣布废除包括国民党"六法全书"在内的一切旧法统，这种根据政治的需要隔断历史连续性的做法，加剧了法律虚无主义的蔓延，此诚不可不引以为戒。社会处于永不停歇的变动之中，人类的认识能力处于不断的发展之中，事事"上师尧舜禹三代"也不是理性的态度。因此，现代法治应善于吸收传统法治中的良性基因，但也不能因循旧制。尊重前人的智慧，其最终目的是使我们能够"站在前人肩膀上"。因此，"扬"与"弃"的结合才是我们面对传统法治文明的态度。

在中国漫长的历史中，古代哲学家、政治家对"法"这一治国重器有着深入的思考，形成了丰富的法治理论成果，也不乏相关的实践智慧。各家各说，缤彩纷呈，其见识或有偏狭，但亦不乏洞见，值得我们去挖掘。

儒家学说是传统中国的主流价值观，"他们主张一个社会应该要有许多不同性质的规范协同运作来维持秩序。在这些规范里，他们特别列出了道德、礼仪、法律和政令四类"。儒家对社会秩序维持的"整体性"思考值得我们借鉴，也是对"法律万能"的反思。另外，孔子、孟子、荀子都强调人有相近的甚至相同的性和情，由这共同的性情可以推展出一些"理"来，最易见的便是絜矩之道，用孔子的话说就是"己所不欲勿施于人"，和"己欲立而立人，己欲达而达人"。从这一个消极的和一个积极的原则出发，便可导引出各种规范。所以儒家将规范的基础从鬼神的意志转移到了人的心愿和理性，这是他们对中国法治文化的一个极大的贡献。儒家经典中也不乏公平正义观念。《书经》里的"无党无偏，王道平平；无反无侧，王道正直"，《书经》"大禹谟"里强调的"允执厥中"，《吕刑》里说司法官应该"咸庶中正"，都是公平正义观点的体现。

当然，儒家的秩序观、公平正义观都建立在"分"的基础上，强调各安其分，这种"差序格局"是对法律平等性原则的背离。或许，儒家的这方面欠缺恰恰可以被主张"壹刑""壹赏"的法家部分弥补。《商君书·赏刑篇》有云："所谓壹刑者，刑无等级，自卿相、将军以至大夫、庶人，有不从王令、犯国禁、乱上制者，罪死不赦。有功于前，有败于后，不为损刑。有善于前，有过于后，不为亏法。"此外，法家注重治理的实效，主张治国理政应该"对时俗、国本和民情有一深切的了解"，法家不为空名所累，认识到不同社会环境需要不同治理手段的运用，法家的这一立场是值得肯定的。

诚然，法家缺乏对最高权力控制的制度安排，把法治建立在"圣虑高远"的明君之治基础上，这本身并不可靠；法家为求功利主义的实效而欠缺了人权精神，不免严刑峻法之虞；法家把人视为国家机器上有效运转的部件而欠缺了人的目的性对待，如此种种，都值得我们深切反思。而法家的缺陷恰好凸显了道家主张的独特价值。庄子对社会规范不以为然，"认为将社会规范强加于人就像伯乐驯马一样，使人们失其本性，因而可能致死"。"在他的'至德之世'里，人与禽兽共游，与万物并存，居不知所为，行不知所至，随性适情，过着安乐的日子。"其主张虽有过于理想化的一面，但是正是这一理想，却表现出道家对人的自由和尊严的深切关怀。"他呼吁人们珍惜自己的自由和尊严，强调自由和尊严比财富和势位重要，人们不可贪得财富和势位而出卖自己的自由和尊严。"[1]

张晋藩先生认为，中华民族具有"重理性思维，求实务实的法律传统；重以德化民，德主刑辅的法律传统；重民为邦本，人本主义的法律传统；重以法治国，法为治具的法律传统；重伦常关系，孝亲亲伦的法律传统；重敦诚守信，赏信罚必的法律传统；重以法治官，明职课责的法律传统；重立法以时，代有兴革的法律传统；重社会和谐，调解息争的法律传统；重情法两平，法理情贯通的法律传统"[2]等。这些传统中不乏超越时空的普遍性价值，经过现代阐释，去芜存菁，完全可以和现代法治精神有机契合。

---

〔1〕关于儒家、法家、道家的主张，本文参考了张伟仁先生之梳理。参见张伟仁："中国法文化的起源、发展和特点（上）"，载《中外法学》2010 年第 6 期。

〔2〕参见张晋藩："中华民族的法律传统与史鉴价值"，载《国家行政学院学报》2014 年第 5 期。

所以，当我们孤立地审视儒、法、道任何一家的学说时，他们都不能尽合现代法治之要义，但今人如能取其精华、去其糟粕，自然会发现中华法治传统的"别开生面"。这并非选择性截取，历史之于我们，本就应该是："立足于现在来回顾，甚至于关照未来进行回复。"[1]历史既有兴替，制度也有变革。所以，对于传统，我们要有"占有"，也要有"挑选"，"要运用脑髓，放开眼光，自己来拿"。[2]

二、面向现实——"察国事本"与"问题导向"

"为国也，观俗立法则治，察国事本则宜。不观时俗，不察国本，则其法立而民乱，事剧而功寡。"全面推进依法治国，必须从我国实际出发，同推进国家治理体系和治理能力现代化相适应，既不能罔顾国情、超越阶段，也不能因循守旧、墨守成规。

——习近平《在党的十八届四中全会第二次全体会议上的讲话》

在习近平同志的这段讲话中，"国本"是一个极其重要的概念，也是我们思考现今中国法治问题应当遵循的基础性、前提性要素。厘清"国本"的基本方面，中国特色社会主义法治的理论研究才不至于偏离方向，才不至于"事剧而功寡"。第二个重要的概念是"国情"，这就意味着我们的社会主义法治理论研究必须根据中国的实际情况，针对实实在在的"中国问题"展开研究，而不是概念化地进行法治空谈。因此，所谓面向现实的中国法治理论研究，就是要"察国事本"和坚持"问题导向"。

（一）现今中国的"国本"

习近平同志在首都各界纪念现行宪法公布施行 30 周年大会上的讲话中强调："国家的根本制度和根本任务，国家的领导核心和指导思想，工人阶级领导的、以工农联盟为基础的人民民主专政的国体，人民代表大会制度的政体，中国共产党领导的多党合作和政治协商

---

[1] 何怀宏："观念的力量"，载《读书》2008 年第 1 期。
[2] 鲁迅："拿来主义"，选自《鲁迅全集》（第 6 卷），人民文学出版社 2005 年版。

制度、民族区域自治制度以及基层群众自治制度，爱国统一战线，社会主义法制原则，民主集中制原则，尊重和保障人权原则，等等，这些宪法确立的制度和原则，我们必须长期坚持、全面贯彻、不断发展。"[1]坚定基本信念，落实这些根本原则，就是在实施宪法，就是在落实"依宪治国"。可见，习近平同志强调的"依宪治国""宪法的实施"，"除了一般的立宪主义考量，也即强调制宪、崇宪、施宪、维宪的法治价值追求之外，还有宣示并强调必须坚持我国既往数十年改革探索成果和路向的复杂深远考量"，[2]它和一些宪政学者把目光主要投放在基本权利保障，主张落实宪法中的结社自由、言论自由的关注点是不一样的。习近平强调的这些原则，就是要求中国的法治道路必须"察国事本"，这些"国本"主要包括：党的领导体制必须得到坚持；社会主义道路不容怀疑；人民代表大会制度不容否定；人民民主专政的国体不容挑战；等等。

限于篇幅，对前述"国本"难以一一展开，然在笔者看来，现今中国之所谓"国本"，最要紧者无非"党的领导"和"社会主义"两端。以下就这两个方面试作阐释。

1. 坚持党的领导。在学术表达中，对"为什么要坚持党的领导"的回答，一般都不脱"历史选择、人民选择"两个范式。然而，"两个选择"仅仅是一种"政治正确"的言之凿凿式满足，而且它至多只能说明过去，并不能充分证明当下。笔者认为，党的领导体制是在中国社会环境中生长出来的，因为它契合了现实中国的某些需要：①国家认同的政治形塑需要；②转型社会的稳定秩序需要；③服务于国家长期发展战略的持久规划能力需要。也许，这三个"需要"的归纳未必完全，笔者的"解释"也可能并不周延，但总归好过囿于政治话语的复述。

第一，国家认同的政治形塑需要。一定意义上，承接"天下"

---

〔1〕习近平："在首都各界纪念现行宪法公布施行30周年大会上的讲话"（2012年12月4日），载 http://politics. people. com. cn/n/2012/1205/c1024-19793282. html。

〔2〕莫于川："公法视野中的依法治国、依法执政、依法行政共同推进——十八届四中全会决定的战略意义、重大任务和现实课题解读"，载《河南财经政法大学学报》2015年第2期。

观念的中国还没有完成现代民族国家的建构〔1〕，对于这样一个疆域广阔、民族众多、历史分合、关系复杂的国家来说，形成对国家的整体认同是一个急迫的问题。或许对于一个国家的主流群体（比如汉族）来说，"认同"并不是太大的问题，因为，"'我们'这个问题，对于那些对自己的身份超级自信并且十分忠诚于自己归属的个人来说，并不需要特别强调。这些人了解他们的基本'认同'，即便这种认知只是被反复告知的。他们也可能从未有过质疑这种认同的原因，在这个问题上也从未被允许有过其他选择。无争议的归属性（uncontested ascription）始终是并且依然是一种强有力的黏合剂。"〔2〕主流群体可以非常轻易地从血缘、肤色、宗教、语言等方面发现彼此之间太多的相似之处，但是，"对于国家的一些亚文化群体、少数族裔、移民群体来说，和这个国家的紧密联系并不容易找到"，〔3〕那么认同就可能成为一个问题。而"同文同种""炎黄子孙"等明显具有身份性质的概念并不具备足够的超然品格来统摄某些边疆地区，也不足以亲和某些（如维吾尔族、藏族等）少数族裔。一旦缺失国家认同之基础，自由之风吹过边疆就会播下分离主义的种子，民主也可能成为保持国家完整的噩梦。

"天命"在今天已经不可能成为共同体维系的凭借；作为一个高度世俗化的国家，中国也难以通过单一、普遍的宗教信仰来建立关于"我们"的联系；地缘、种族的纽带可以牢固某些小共同体的联系，但并不具备对整个中国的维系能力。在这一背景下，我们不能期待中国这一超大、多元共同体的"国家认同"意识的自发产生，

---

〔1〕 顾炎武有言："易姓改号，谓之亡国。仁义充塞，而至于率兽食人，人将相食，谓之亡天下。""是故知保天下，然后知保其国，保国者其君其臣，肉食者谋之；保天下者，匹夫之贱，与有责焉耳。"在传统中国，"国"其实就是朝廷，而"天下"这一富于道德性的概念才和万千生民相关，这和欧洲民族国家兴起后的"国家"概念是不可相提并论的。缺乏明白坚定的国家民族意识，也是孙中山认为中国人成为"一盘散沙"的原因。参见 ［日］沟口雄三：《作为方法的中国》，孙军悦译，生活·读书·新知三联书店2011年版，第119页。

〔2〕 ［美］大卫·霍林格："从认同到团结"，刘曙辉译，载李义天主编：《共同体与政治团结》，社会科学文献出版社2011年版，第182页。

〔3〕 张劲："团结宪章——宪法的中国意义"，载《政法论坛》2014年第1期。

它可能更加依赖政治力量的主动形塑。要具备这种形塑能力，这一政治力量必须拥有足够的力量，来防止因地区认同、民族认同而引发的分离主义；这一政治力量还必须具有普遍的代表性，具有超越地域分歧和种族界限的品格，还能够弥合阶层的冲突，这样它就能够成为维系共同体团结的纽带。今天的中国共产党是一个拥有 8000 万党员的全国性政党，所有的地区、每一个民族以及各个社会阶层都有无数的共产党员行动于其中。在这一意义上，"团结在共产党周围"就具有了牢固整个共同体联系的意义。邓小平说："事实上，离开中国共产党的领导，谁来组织社会主义的政治、经济、军事和文化？谁来组织中国的四个现代化？"[1]这个话在西方政治理论的立场上看，也许是不成立的，也显得有一些舍我其谁的味道。但是针对中国实际来说，确实不存在一种替代性的政治力量能够具备这样的力量和广泛代表性，能够维系共同体的团结和推进国家认同的逐步养成。

第二，转型社会的稳定秩序需要。中国的现代化并不是像西方那样自然演进的，而是一个相对加速和规划性的过程。在现代化加速的进程中，社会急剧转型，各种矛盾高发，利益冲突加剧。因为"现代性产生稳定，而现代化却会引起不稳定。"所以，"在亨廷顿看来，发展中国家大多发生政治动乱的原因，不是由于它们贫穷落后，而是由于它们力图实现现代化。高度传统的社会和高度现代化的社会都是十分安定的，恰恰是那种处在现代化过程中的社会最容易发生动乱。因为在这个过程中，社会的经济、政治等齿轮发生了断裂，经济的快速增长与政治制度的落后并存，造成贫富分化加剧、腐败丛生、阶级对立、价值观分裂等后果。这一点已经在诸多亚非拉国家的社会转型实践中得到证明。因此，如何确保相对平稳地渡过这一风险期，最终实现现代性目标，是任何发展中国家所要面临

---

〔1〕 邓小平："坚持四项基本原则"，载《邓小平文选》（1975～1982），人民出版社1983 年版，第 156 页。

的大问题。"〔1〕

因此,现代化加速的进程决定了中国的"安定秩序"不能依靠所谓的"自生秩序",而更需要政治力量的秩序维持能力。所以,对于后发现代化国家来说,真正应该关心的不是它们和发达世界在政府形式上的差别,而是"政府实行有效统治的程度"。〔2〕在现代化加速的背景下,为了急剧转型的社会不被各种尖锐的矛盾所崩解,为政者必须具有一定的"持续性"和"集权性"的力量。"轮流坐庄""多党执政"等看似更"民主"的做法在转型社会中更具有风险。党的领导体制确实需要完善,但中国共产党在几十年中积累起来的执政经验和执政能力为国家平稳度过矛盾高发期、转型风险期并抓住战略机遇期提供了令人信服的根据。

第三,服务于国家长期发展战略的持久规划能力需要。两党制、多党制在防止权力的过度集中和滥用方面确实发挥了积极的作用,"它虽不必然带来最好的结果,但它可以避免最坏的结果"。不过,这本身也说明了两党、多党体制并非没有代价。以"历史终结论"闻名,充满"西方自信"的福山先生也承认:"美国备受推崇的制约与平衡制度可以被看成一种'否决政体'——它使得代表少数人立场的各种政治派别可以阻止多数派的行动,并阻止政府采取任何行动……我们的政治制度令人更容易阻止行动,而不是做出具有前瞻性的决定。"〔3〕而"中国的模式依赖于政治上的威权主义和经济的自由开放。这个体制的优势是中国政府可以比其他民主国家的政府更快地作出重大决定,在投资和基础设施领域,这种优势表现得尤其明显。与美国相比,这种优势使中国能够突破一些瓶颈。因为它可以迅速地集中大量资源去突破瓶颈。"〔4〕

---

〔1〕 参见舒国滢、冯洁:"作为文明过程的法治",载《中共中央党校学报》2015年第1期。

〔2〕 〔美〕塞缪尔·P.亨廷顿:《变化社会中的政治秩序》,王冠华、刘为等译,沈宗美校,上海人民出版社 2008 年版,译者序言。

〔3〕 转引自张维为:《中国超越:一个"文明型国家"的光荣与梦想》,上海人民出版社 2014 年版,第 72 页。

〔4〕 陈家刚编:《危机与未来:福山中国演讲录》,中央编译出版社 2012 年版,第 31 页。

这说明一党长期执政具有它的某些优势。一方面，一党体制具有更强的规划能力。伯克说："一个代表对他的选民的义务是最好地去为他们最大的利益努力，而不是决定或听命于他们。"〔1〕共产党长期执政才可能对国家的发展进行较为长期的规划，而不必太受制于一时一地的"选情"。另一方面，一党体制还具有更强的资源调配能力，因而也更有效率。中国要迎头赶上，"不受牵扯"（邓小平语）的相对集权体制就具有一定的必要性。国家各项事业的发展不可能齐头并进，国家有国家的"急所"，所以就需要重点关注并解决发展瓶颈问题。比如，能源、交通、通讯、军工、基础设施等领域就可能被优先考虑，这是后发现代化国家不得已的选择。

当然，这并不是说一党体制没有任何风险，由于体制外制衡性力量的缺乏，一党体制下权力滥用的风险也更大，因此坚持党的领导和完善党的领导从来都不能偏废。

2. 社会主义。就"中国特色社会主义法治"这一语词来说，"特色"是它的修饰，"社会主义"才是它的底色。所以，面向中国现实的法治理论，当然是服务于社会主义本质属性的法治理论。

什么是社会主义？社会主义的本质属性是什么？现在似乎也有些含混不清了。通常人们按照所有制形式来区分资本主义和社会主义，不过也有不同看法，比如，福山先生就认为不存在纯粹的资本主义，也不存在纯粹的社会主义。他不按照所有制来定义社会主义，而是按照"国家干预在多大程度上能够真正促进社会平等"来定义社会主义。于是，斯堪的纳维亚半岛周边的那些北欧国家或许最符合社会主义。〔2〕一般来看，资本主义的核心是"自由竞争"，它通过尊重个人价值，强调个人财产相对于国家和社会的先在性意义，进而以产权节制政权，从而实现"有恒产，然后有恒心"，从而极大地激发了个人创造的潜力。因此，资本主义才会在几百年间创造了

〔1〕［美］路易斯·亨金：《宪政·民主·对外事务》，邓正来译，三联书店1996年版，转引自王人博："西方宪政的语境、目标和价值"，载高鸿钧主编：《清华法治论衡》（第1辑），清华大学出版社2000年版，第231页。

〔2〕陈家刚编：《危机与未来：福山中国演讲录》，中央编译出版社2012年版，第8页。

超过人类文明全部历史的财富。但是，自由竞争、优胜劣汰的结果势必造成社会分化的不断加剧，财富越来越向少数人集中，这是一切社会问题的根源。正是发现了资本主义的这一根本性痼疾，以"平等关怀"为中心的社会主义运动才蓬勃兴起。以资本为中心的个人竞争必须受到节制，国家必须具备修复财富过度集中、利益严重失衡的能力和功能。当然，传统的社会主义以公有制为基础，赋予了国家过多的管控权能，这也可能导致权力的失控和社会运行的僵化，从而扼杀社会的活力。因此，社会主义也需要开放吸收资本主义的有益成分，从这个意义上说，"有中国特色的社会主义""社会主义市场经济"等理论成就，就是在坚持社会主义道路前提下发展了的、现代的社会主义，即以"平等"来实现对"资本"的节制，以"市场"来完成对"僵化"的克服。

虽然资本主义、社会主义的相互借鉴多少有些模糊了彼此的界限，但并不意味着两者没有区别。没有了区别，我们就无以认知社会主义法治的底色。笔者认为，所谓社会主义法治"底色"有两点值得注意：一是社会主义既以"社会"为主义，其定位首先是"集体主义"而非"个人主义"，因此社会主义法治首先关注的是"秩序"的意义，然后才是"权利"的保障。二是社会主义法治的本质属性是"平等"，而非"自由"。当然，社会主义法治对"秩序""平等"价值的特别看重并不等于对"自由""权利"等价值的拒斥，而仅仅是说明价值冲突时的优先序列。就像我们说，美国宪法的核心价值是自由，但并不意味着他们毫不关心爱国、平等和秩序等价值。

首先，社会主义法治是一个关乎"秩序"的概念。在中国的传统语境中，我们并不是从"自由"或者"权利"出发来思考法治的。"治"和"乱"相对应，故有"治乱循环"之谓。"乱世"代表社会失序，而"治世"就是有序的社会。万物各得其所，众人各安其分就是理想的"大治"之境。既然"法为治具"，法治当然也得最终服从于"治"所规定的秩序目标。所以，中国语义下的"治"或"法治"都是一个关乎秩序的概念。

那么，中国传统法治关注的"秩序"是一种怎样的秩序？它不是以个人的"私"为中心的契约自由、意思自治的秩序，而是以社会整体和谐为终点的秩序，简言之，是一种以"公"为中心的集体秩序，一如《礼运》开篇之言："大道之行也，天下为公"。中国为什么最终走上社会主义道路？徐中约先生认为，社会主义吸引人的地方，在于能够提供摒弃"中国昔日传统和西方目前统治"的实践理想，因为社会主义的理想在当时的欧美都没有实现，中国接受社会主义，将可以在思想上领先于资本主义国家。这一微妙的心理满足感，来自于与西方打交道时的普遍失落感。[1]这一"心理满足"在近代多少可能是有一些的。不过，在笔者看来这并不主要，甚至，中国的社会主义选择不是摒弃"中国昔日传统"的结果，而是"昔日传统"的延续，尤其是"大同"思想的延续。对华夏文明而言，西方文明的那种个人竞争、弱肉强食、适者生存的逻辑是异质性的，是对"万物各得其所"的和谐共存价值的背离。儒家"万物一体归仁"的精神价值，宗族制内部相互扶助的集体主义机制，以及家国一体的同质性建构等都说明"社会主义机制对于中国来讲，它不是什么外来的东西，而是土生土长之物"。[2]外来的马克思主义不过是使这些土生土长之物得以理论化而已。

在这一秩序之下，"个人——社会——国家"并不被视为一组内在紧张甚至彼此冲突的关系，而是和谐共生的关系，个人也并不具备绝对的、相对于国家社会的先在性价值。相反，个人价值需要纳入集体的秩序中去衡量，个人的发展要置于国家、民族整体的目标下来获得实现。[3]因此，社会主义法治理念需要把国家、社会的发

---

〔1〕　参见［美］徐中约：《中国近代史：1600~2000，中国的奋斗》，计秋枫、朱庆葆译，世界图书出版公司2013年版，第389页。

〔2〕　［日］沟口雄三：《中国的冲击》，王瑞根译，生活·读书·新知三联书店2011年版，第124页。

〔3〕　这一社会主义立场在自由主义者眼中可能是不屑一顾的，"秩序"在自由主义者眼中很可能成为大一统高压统治的代名词。从个人自由出发，国家和社会二元分立、宗教和世俗的分立，这些我们经常提到的内容都是西方文明的特质，它们也是造就权力分立、思想多元、政治多元的决定性条件。不过，这一切其实都离不开一个更为决定性的制度基础，即封建制度，也即是说，西方文明立足于欠缺"大一统"的政治背景下。而今天的联邦制、地方自治都是封建制度在现代社会的演绎和变种。这本身也可以说明，权力最不具有绝对性的中国春秋战国时代是思想最多元的时代，并不是因为那个时代的人们更

展秩序置于一定优先性位置，个人则需要在与国家社会的发展目标相向而行的过程中获取其意义，从而实现从"小我"到"大我"的超越。

社会主义法治的本质属性是平等。老子云："天之道，损有余而补不足。人之道，则不然，损不足以奉有余。孰能有余以奉天下，唯有道者。"（《老子》七十七章）老子预见了人类社会不断分化和竞争而导致的"马太效应"，这本身是人类社会的正常表现，也符合"人之道"，因为"每个人的实际能力都不一样，这些能力多数是掌握在少数人的手中。财富的集中，是这种能力集中的自然结果。"[1]但是财富不断集中必将引发革命和动荡，因此，任由"人之道"不断发展，并不符合"天之道"，需要有道之人来主持并予以修复。老子的观点便是典型的平等主义主张。

这种平等主张并非道家的一家之言，在孔子的大同思想中，平等也是其核心价值。这一主张即使在历代的"抵抗者"中也是不可或缺的正当性旗帜，王小波、李顺起义的口号是"等贵贱、均贫富"；太平天国的主张是"有田同耕，有饭同食，有衣同穿，有钱同使，无处不均匀，无人不温饱"的理想社会；孙中山三民主义中提到："我们三民主义的意思……就是国家是人民所共有，政治是人民所共管，利益是人民所共享。……人民对于国家不只是共产。"[2]及至共产党领导的"打土豪分田地"和后来的人民公社化运动也是如此。如此种种，均可见"平等主义"在中国的一以贯之，而欧洲传

（接上页）富于智识和洞见，而仅仅是封建制度给那个时代的思想家提供了更加开放的平台。这也是饱受思想钳制的后世中国知识精英们对"百家争鸣"的春秋战国时代屡屡回望、恋恋不舍的原因。不过，有其利则有其弊。缺乏设身处地的后来者往往忽略了一点，即那是一个最美好的时代，但也是水深火热的时代，它是知识精英的天堂，也是普罗大众的地狱。封建的欧洲、封建的中国都不免深陷性坍塌并不能杜绝战乱，但是这种全面战争毕竟是周期性的，而不像春秋战国时代是毫无征兆的、极度频繁的。目光回到封建的欧洲，我们发现历史上欧洲的战争比中国要频繁得多，两次世界大战都肇端于欧洲。欧洲给世界提供了丰沛的现代思想、技术成就，也同时给世界带来了无穷战祸。

[1] [美]威尔·杜兰特、阿里尔·杜兰特：《历史的教训》，倪玉平、张闶译，中国方正出版社、四川人民出版社2015年版，第90页。

[2] 转引自[日]沟口雄三：《作为方法的中国》，孙军悦译，生活·读书·新知三联书店2011年版，第17~18页。

入的社会主义不过是一个催化剂或理论工具。

平等的追求，就是要反对任何基于身份、资本而确立的社会支配性地位。平等也是无产阶级革命的原动力，作为无产阶级革命的成果，"平等"必然成为社会主义制度最基本的诉求，也是社会主义法治必须满足的基本目标。就像卓泽渊先生说的："社会主义的本质就是解放生产力，发展生产力，消灭剥削，消除两极分化，最终达到共同富裕。社会主义的这一本质，就决定了平等是它的本质追求。其消灭剥削，消除两极分化，最终达到共同富裕，为法律平等提供了政治前提、社会基础和理想目标。"[1]

自由是个人主义的天然盟友，而平等是集体主义的合作伙伴。因此，面向中国的法治理论研究，不能偏离"平等"这一核心价值，也不能偏离对集体秩序的基本关切。

（二）研究中国"国情"，坚持"问题导向"

法国学者迪尔凯姆说："一切比较重要的社会过程的最初起源，应该到社会内部环境的构成中去寻找。"[2]无论是否喜欢"中国国情"这一语词，我们都不得不承认，中国确实是很特殊的。中国是一党体制的社会主义国家，但中国的一党领导下的多党合作制又不同于其他社会主义国家；中国是偏于中央集权型的单一制国家结构，但又存在较大范围的民族区域自治，"一国两制"下的中央与特别行政区之间的关系甚至超越了联邦国家的限度；中国地区差异巨大，历史分合关系复杂也是其他国家难以想象的。这些情况都不是既有西方概念体系可以完全解释的。当下中国更是面临"处于增长速度换档期、结构调整阵痛期和前期刺激政策消化期这'三期叠加'的新形势"，[3]这一独特的问题背景也不是今天的西方法治理论所需要面对的。事实上，也没有任何法治理论可以模板化地解决所有问

---

[1]　卓泽渊："平等是社会主义法律的基本属性"，载《光明日报》2015 年 3 月 1 日第 7 版。

[2]　[法] E. 迪尔凯姆：《社会学方法的准则》，狄玉明译，商务印书馆 1995 年版，第 127 页。

[3]　参见"把我们党治国理政的全部工作转到法治化轨道上来的又一次伟大历史转折——全国政协社会和法制委员会副主任施芝鸿谈十八届四中全会"，载《秘书工作》2014 年第 12 期。

题，也没有任何知识体系可以让世界各地的人们去按图索骥、演绎成章。因此，中国的法治理论研究，要着眼于中国的社会现实，要针对中国法治运行的病灶展开研究。这就是中国法治理论研究必须立足国情，坚持问题导向的原因。

首先，只有立足中国国情，法治理论研究才能真正"理解"中国。

笔者谨以颇受争议的"以德治国"为例来说明这一问题。也许从西方法治的立场看，"依法治国"和"以德治国"等量齐观可能冲淡了法治本身的意义。但是，假使我们都承认"徒法不足以自行"，那么，法治就离不开某些"超验之维"。西方法治文明与宗教信仰和自然法两大超验背景相关。在西方法治信仰确立或者法律神圣化的过程中，宗教提供的观念支撑、价值涵养作用是无论如何强调也不过分的。法律之所以神圣，原因在于其直接来源于宗教的信条。《摩西十诫》《圣经》本身直接转化为法律的许多具体原则，甚至法律本身也是来源于耶和华的神谕："耶和华是为我们设律法的，耶和华是审判我们的，耶和华是我们的王。"而"国王在所有人之上，但在法律和上帝之下"的英国法治理念直接将法律和上帝相提并论。近代以来，上帝作为法律的权威性来源虽然被"理性"部分取代了，但是宗教在法律信仰建立过程中发挥的作用不可或缺。因此，准备脱亚入欧，仿行欧洲宪政的伊藤博文在详尽考察欧洲之后，才会慨叹，日本学习欧洲什么都可以学，但是日本缺乏一个像欧洲一样人心归一的宗教。就自然法信仰来说，"西方法学——除了其他的知识贡献以外——所做出的最大贡献，……就是为人们评价、批判或捍卫立法或法律制度提供了作为判准的各种各样的西方自然法观点或图景，且完成了从立法哲学到法律哲学的转换。自然法学论者们正是根据诸种作为判准的自然法理想图景或立法哲学为西方现代社会秩序之性质的型构和强化提供了正当性基础"。[1] 这些背景都说明，法律并不是一种单单人为拟制的存在，它必须具有深厚的

---

[1] 邓正来："中国法学向何处去（上）——建构'中国法律理想图景'时代的论纲"，载《政法论坛》2005年第1期。

思想和观念基础，惟此，实在法才可能获得它的正当性安放以及法律自身演进的方法论基础。不过，这种人心归一的宗教和自然法信仰深植于西方社会环境及其土壤之中，非西方社会可以轻易移植西方法治的技术，但是很难置换各自的条件差异，这也是法律移植屡屡失败的原因。

中国推进法治同样需要一定的超验价值支撑。但今天的中国是一个以马克思主义无神论为主流意识形态的国家，中国社会也是一个高度世俗化的社会，我们也不可能让绝大多数中国人成为基督的信徒，中国只能从自身的社会条件中获取自己的法治信念之维。这一法治的超验基础就只能是道德。道德秩序就是中国法治的"高级法"背景，缺乏道德支撑的法治文明秩序"不利于人的秉性的全面发展。它充其量只能给人的智性的开发提供一片乐土，但却无助于或者忽视了人的心性和灵性的培养。……一个完全建立在智性和法律之上的社会，也就是一个法治社会，只能造就一大堆现世主义的个人主义者（presentist individualists），却孕育不出秉性健全的人来"。[1]德治和法治一定意义上就是正当性和合法性的关系，"德治强调的是正当性或政治学意义上的合法性（legitimacy），法治则强调依法办事或法学意义上的合法性（legality）"。[2]法治与德治就是在中国这样的世俗化社会条件下实现互补、共益的。所以，当我们质疑"德治"被置放于过高的位置时，实际上忘记了我们和西方法治的不一样的"超验背景"。中国经过30多年的改革开放，以经济建设为中心，实现了财富的极大增长，但也显现出一些严峻的社会问题，其中一个重要的问题就是物欲横流、道德滑坡。因此，对于现时的中国来说，道德重建具有相当的急迫性。因此，立足中国的现实需要，我们才能真正理解"德法并举"的必要。

其次，只有坚持问题导向，法治理论研究才能有针对性地展开。"理论的生产是以问题为导向的，一种理论总是隐含着它独特的

---

〔1〕 於兴中：《法治东西》，法律出版社2015年版，第70页。
〔2〕 俞可平："依法治国：良法善治的本土智慧与中国道路——深度解读十八届四中全会《决定》精神"，载《中国法律评论》2014年第4期。

问题意识，这种意识揭示着为什么会产生这样的理论的现实性原因并规定着理论的内容，因此，问题的产生直接决定了理论的性质、内容、对象与功能。"[1]在法治推进的过程中，不同国家面临的问题是不一样的，中国的理论研究需要针对中国的实际来展开。哪些是法治的中国问题？可能是一个宏大且见仁见智的问题。但是，有些问题显然不属于西方问题而是中国自己的。比如，党的领导如何纳入法治轨道的问题；如何使明显的"国家法治主义"色彩在现代人权、自由观念下获得调适的问题；人治路径下的"上访"如何克服并重塑司法公信力的问题；在经济发展、人民生活水平不断提高的同时如何涵养公众法治信仰的问题；人民代表大会制度下宪法监督制度如何得到落实的问题等。笔者认为，中国共产党十八届四中全会的《决定》提出了190多项改革措施，每一个措施都针对中国社会运行的病灶而提出，较好地体现了这样的中国问题导向。虽然这些措施的有效性还有待于实践检验，但是这种立足"中国基体"的路向是值得肯定的。

中国法治的目标、推进法治的手段和方法都必须立足于中国现实来展开。比如，明显的"国家主义"取向就是中国法治推进过程中面临的一个问题。但是，我们并不能简单地否定它，在社会科学领域，许多事情也很难以简单的是非对错来判断。中国将长期处于社会主义初级阶段，又处于民族复兴的关键时期，人民不希望有一个"专横"的政府，也不希望有一个"无能"的政府。历史的光荣、近代的屈辱和后发现代化国家的焦灼交织在一起。为了迎头赶上，就需要一个强有力的国家力量，这是中国偏于国家主义可理解的原因。但是，国家主义单方面强调国家和个人之间的"共生""共益"关系，忽略了其内在的紧张关系，这需要用法治主义来克服。所以我们真正的问题是如何实现国家主义和法治主义的调适，而不是非此即彼的否定，从而完成对国家单一主导型法治的自我更新。

---

[1] 付子堂、朱林方："中国特色社会主义法治理论的基本构成"，载《法制与社会发展》2015年第3期。

三、面向未来：构建向未来和世界敞开的法治理论

面向过去、面向现实，意味着我们的法治理论研究需要尊重历史的延续性，服从现实条件的规定性。但是，这并不等于我们不需要面向未来进行不断的自我更新。

在这一目标之下，法治传统虽然不应该被割裂，但并不等同于我们的现代法治完全受制于传统。"昂格尔通过对现代西方自由主义法律秩序的研究认为，现代西方法律在内容、机构、职业和方法论上都形成了自治，从而形成了一个形式主义的堡垒。关于现代法律的自治特征，卢曼基于生物系统论的观察所得出的结论更直截了当。他认为现代法律制度是一个自我指涉、自我维持、自我繁衍、自我复制和自我创生（autopoietic）的社会子系统。"〔1〕尽管对这种法律实证主义的趋向也不乏批评的声音，但在世俗化、理性化的涤荡之下，现代法律体系已经在一定程度上形成了一个自足、自治的系统，并不完全受制于传统或特定的社会价值。因此，现代法治理论就可能发挥积极的作用从而推动传统的变革。

在这一目标之下，法治的现实制约条件应该得到尊重，但并不等于我们不需要明确值得进取的方向。所谓的"条件"并不是一成不变的。如前文所述，中国的政府主导型法治、国家主义的法治底色虽然都是可以理解的，但是，既然马克思认为国家既不是从来就有的，也不会永远存在，国家就始终存在一个"还政于民，还政于社会"的过程。〔2〕国家只是人类社会的过客。本质上，我们应该逐步将国家建设转向社会建设。作为一种过渡性存在的国家，其天然的使命就是促进民间公共力量的生长，推进个体的自立、自觉。正是由于国家与社会的这种关系被普遍接纳，现今世界各国才实现了从"统治"到"治理"的转换。因此，中国的法治建设需要稳步推

---

〔1〕　高鸿钧："法律文化的语义、语境及其中国问题"，载《中国法学》2007 年第 4 期。

〔2〕　参见俞可平："让国家回归社会——马克思主义关于国家与社会的观点"，载《理论视野》2013 年第 9 期。

动社会的不断发育。十八届三中全会提出："鼓励和支持社会各方面参与，实现政府治理和社会自我调节、居民自治良性互动"，"正确处理政府和社会关系，加快实施政社分开，推进社会组织明确权责、依法自治、发挥作用。适合由社会组织提供的公共服务和解决的事项，交由社会组织承担"。这代表中国共产党在国家和社会关系问题上有了新的认识，改变了过去把社会只当作是"国家的社会"，是国家的附庸或两者对立的偏颇。"单讲建设法治国家，而不问建设什么样的法治国家，搞不好有可能造成对国家权力神圣性的过度崇拜，走向国家至上主义，导致实质的'不法国家'、专制国家。1920 年~1930 年，德国魏玛共和国实行的就是实证主义或国家主义，认为'法律就是法律'，只要是主权者（国家）制定的，不论其良恶，都是合法的，都必须无条件服从。这种国家至上的法制国为后来希特勒的法西斯主义专政开启了闸门。"[1]在公民与国家关系的问题上，如果个人仅仅沦为为国家、民族这些更高实体服务的工具，个人将在"皮之不存，毛将焉附"的逻辑下成为支配的对象。习近平同志提出："坚持人民主体地位，切实保障公民享有权利和履行义务。公民的基本权利和义务是宪法的核心内容，宪法是每个公民享有权利、履行义务的根本保证。宪法的根基在于人民发自内心的拥护，宪法的伟力在于人民出自真诚的信仰。只有保证公民在法律面前一律平等，尊重和保障人权，保证人民依法享有广泛的权利和自由，宪法才能深入人心，走入人民群众，宪法实施才能真正成为全体人民的自觉行动。"[2]此处，习近平同志把公民权利作为宪法的"核心内容"，这和彭真同志在作 1982 年修宪报告时，把公民的基本权利看作是"国家制度的延伸"是大不相同的。这代表中央对宪法精神的理解达到了一个新的高度。未来的中国法治需要进一步就公民个人尊严、自由选择、私有财产保障展开稳妥而积极的行动。

另一方面，现代通讯、交通的不断进步，地理上的距离不断被

---

〔1〕参见郭道晖："论法治社会及其与法治国家的关系"，载《中共中央党校学报》2015 年第 1 期。

〔2〕习近平："在首都各界纪念现行宪法公布施行 30 周年大会上的讲话"（2012 年12 月 4 日），载 http://politics.people.com.cn/n/2012/1205/c1204-19793282.html。

克服，跨越国界的交互往来越来越频繁，不同文明之间的碰撞、融合也将成为不可阻挡的趋势。中国的法治理论、法治实践都不可能外在于国际社会。联合国、世界贸易组织（WTO）等越来越多的国际组织在推动世界法治进程的同时，也必然导致法治标准、理解和运用的类同化。尤其是 WTO 规则使得加入的国家不得不向其靠拢，并遵循共通规则。"从 1996 年开始，世界银行连续推出年度《全球治理指数报告》，该报告成为衡量国家政府施政水平的一个重要依据。其中，对不同国家的法治状况进行评估并计算相应的法治指数，是世界银行全球治理指数（WGI）的重要内容。"[1]今日之中国，非中国之中国，亦非亚洲之中国，是世界之中国。这些事实都是全球化、信息化时代的一种必然结果，融入世界程度不断加深的中国也无可摆脱。中国需要开放胸怀，吸收世界法治文明成就，"西方法治文明积淀深厚，尤其是近代法治萌生于西方资本主义社会，有许多理念、原则和方法，反映了人类法治文明发展的一般规律。中国特色社会主义法治理论体系形成过程中，坚持以我为主、为我所用，认真鉴别、合理吸收，彰显了中国特色社会主义法治理论体系的开放性、包容性和科学性"。[2]"若一味拿'中国特色'或'特殊国情'说事，也只会消解法治，最终使社会走向非理性和无序，公平正义无法彰显……'社会主义法治理念'作为法治或法治理念的下位概念，必须分享法治概念的基本内涵，必须承认在法治概念认识上的可通约性，不能因中国特色而颠覆法治的普适性。我们在向法治理念中引入中国元素时应慎思是否会突破法治的底线。"[3]

总之，"中国学术的本土化自觉，并不等于拒绝承认中国现代学术的建构必不可少的西方参照，但是与那种简单地以西方理论范式加诸中国经验有所区别的是，本土化的学术自觉意识警惕任意套用

〔1〕 钱弘道等："法治评估及其中国应用"，载《中国社会科学》2012 年第 4 期。

〔2〕 王乐泉："坚持和发展中国特色社会主义法治理论——在第十届中国法学家论坛上的讲话"，载《民主与法制时报》2015 年 7 月 7 日第 1 版。

〔3〕 张志铭、徐媛媛："宣示法治：文本、立场与实践"，载《中州学刊》2014 年第 12 期。

西方理论概念的做法，以免遮蔽了真实和复杂的中国经验。一种以中国为本位的系统考察，有助于全面认识中国的独特性与主体性。从而能够如卜松山所说：'中国人应以新颖的手法坚守他们的立场，这不仅会给无知的西方人提供经由创造性诠释的丰富的中国文化遗产，而且还为纯粹以西方为中心的文化讨论增添全新的维度，从而对世界文化做出贡献。中国思想可以也应该像其他区域从柏拉图到海德格尔的思想家那样作为普遍的参照系。'"〔1〕因此，面向中国并向未来敞开的法治理论不是对历史的简单因循，也不是在现实条件面前的故步自封，更不是让中国的法治理论"例外化"。中国的"特色"不是缺乏任何世界意义的特例，而是寻找符合本国国情的法治发展道路。

结　语

中国的法治理论研究必须坚持"中国主体性立场"，需要对中国法治的背景性条件多一分"了解"，需要对中国的法治运行多一分"理解"，有了这样的"理解"和"了解"，才能真正有助于中国法治问题的"破解"。确实，这一立场多少有些接近中国的官方表达，这可能被视为一种学术的"犬儒化"，如此，那也是无可奈何的事情。不过，相对于西方来说，作为一个"文明型国家"，中国确实是非常特殊的，中国也不大可能成为一个西方化的国家。中国法治向何处去？如何去？这样的问题笔者并不确知，但有一点是可以肯定的，那就是：十三亿人口、五千年文明的中国不可能"一路向西"。

---

〔1〕 刘毅青："如何构建中国的理论——西方汉学家的思考与启示"，载《哲学研究》2014 年第 11 期。

第二章
中国特色社会主义法治理论的演进与发展机制

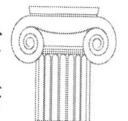

第一节　五四运动与劳工神圣

"某一制度之创立，绝不是凭空忽然地创立；它必有渊源，早在此项制度创立之先，已有此项制度之前身，渐渐地在创立。"

——钱穆《中国历代政治得失》

20世纪初的中国，整个社会无论是世俗层面抑或意识形态层面，都处于剧烈的动荡之中。帝国的终结，民国的成立，并未使中国走上设想中的国富民强之路，而与美好理想正相反的是无休止的派系斗争和军阀混战。如何制止这片乱局？如何让中华民族以自信的姿态跻身世界民族之林？诸如此类的问题，困扰着饱经磨难的近代中国。

一、五四运动的源起：近代中国的迷思

首先从政治层面上看，袁世凯死后，北京政府虽然保留了它的正统地位，在实质上，却被大大小小的军阀架空。《中华民国临时约法》的立法者有意将主要权力归于内阁，但因其措辞含混不清，导

致"大总统与国务院和国会之间接连不断地发生冲突"。[1]北洋各个军头之间逐渐白热化的矛盾，加上含混不清的宪法，民国初年的派系斗争便愈演愈烈。

麦迪逊认为："只要人类的理智继续发生错误，而且人们可以自由运用理智，就会形成不同意见。只要人们的理智和自爱之间存在联系，他们的意见和情感就会相互影响，前者就会成为后者依附的目标……党争的潜在原因，就这样深植于人性之中。"[2]中国古话也讲："物以类聚，人以群分。"结党是人的天性，但是如果没有一个有效的制度限制，那么党争将会成为政府运作的一道枷锁。民国初年在国会里便有安福系、交通系、政学系、研究系，更无须提直系、奉系、皖系这些军阀组织了。由于没有一个平衡与制约的机制，这些纷繁复杂的派系直接扰乱了从中央到地方的政治秩序，使得政府的权威和信誉跌至谷底。中央政府也逐渐成为空壳。

教育总长治理下大量的初、高等学校因为资金不足而关闭，教员的工资也时断时续；财政总长几乎无财可理，因为各省大部分税收皆被当地军阀所截留；交通总长主管全国交通，但全国的铁路也被军阀所截断；最令人惋惜的是陆军总长——袁世凯在位时炙手可热的职位——如今却成了光杆司令，各处的军队尽是各军阀的私人在控制。仅凭着中央政府的尊号，而无军阀的支持，政治家几乎做不了任何事。

其次，从经济层面看，由于中国当时还没有实现工业化，仍旧处于传统的农业社会，农业成为中国的支柱产业。工商业虽然处于国际市场环境较为有利的时期，但因为全国没有一个强有力的组织掌握和分配资金、资源、技术，所以民族资本只能停留在小打小闹的阶段，全部聚集在资本需求少、回报快的轻工业上。而国家的工业除了清朝洋务时期建立的企业外，并无增加，倒是一些军阀兴办了一些现代工厂，但由于缺乏中央政府的统一规划，难成气候。

---

[1] [美]费正清编：《剑桥中华民国史》（上卷），杨品泉等译，中国社会科学出版社2007年版，第257页。

[2] [美]亚历山大·汉密尔顿、约翰·杰伊、詹姆斯·麦迪逊：《联邦党人文集》，程逢如、舒逊、在汉译，商务印书馆2011年版，第47页。

仅仅是缺乏一个全国性组织的有效统筹，还不算糟糕，雪上加霜的是，军阀们为了在争霸中取得优势，往往会征收各式各样的捐税，甚至提前征收某些税种。例如，广东的当铺要征收额定税额的75%并提前两三年缴纳税款。甚至精明如阎锡山者，还"控制了面粉、火柴、盐和其他商品的生产"，[1]进行垄断经营，引得诸多军阀效仿。

阎锡山因为维护了山西的秩序，并且很少介入其他军阀的战争而获得广泛的赞誉，但对于其他地区的人民群众而言，恐怕运气就没有山西人这么好了。军阀混战常常有人落败，落败者在逃跑前往往会趁着尚未失败即将失败的空档勒索工商业者。比如，湘军于1920年迫近长沙时，湖南督军张敬尧扣留长沙商会的会长，勒令长沙商人交出80万元来换取整个长沙城与会长的安全，最后商人们勉强交出11万元，张氏为了逃命，也就只好接受了。

据一些经济学家统计，在1949年以前，中国本土的年投资总额从未超过国民收入的5%。[2]这足以说明民国时期的乱局对经济发展的阻滞。

最后，从社会层面看，辛亥革命打倒了在中国延续千年的皇帝制度，它被认为是一场不彻底的革命[3]。虽然破除了皇权的合法性，但随之而来的政权分散、社会重组等问题，革命党人却并未做好准备。

民国初年所谓的宪政制度，异化成了高官显贵的专利，普罗大众根本无法参与政权。一个号称人民主权的国家，却将自己的人民拒之门外！对这一奇特现象最深刻的讽刺，正如鲁迅在其小说《阿Q正传》中所描绘的那样：阿Q想参加革命，却被几位同样醉心革命的乡绅用棍子赶出门外。一方面，人民被拦阻于政权的门外；另

---

〔1〕［美］费正清编：《剑桥中华民国史》（上卷），杨品泉等译，中国社会科学出版社2007年版，第285页。

〔2〕［美］费正清编：《剑桥中华民国史》（上卷），杨品泉等译，中国社会科学出版社2007年版，第74页。

〔3〕毛泽东在《唯心历史观的破产》中指出：辛亥革命为什么没有成功，没有解决吃饭问题呢？是因为辛亥革命只推翻一个清朝政府，而没有推翻帝国主义和封建主义的压迫和剥削。参见《毛泽东选集》（第4卷），人民出版社2008年版，第1509~1518页。

一方面，传统家庭受到了民主思想与共和制度的双重夹击，开始解体。

新政府的考试以相关专业知识为主，儒家经典不再是出人头地的必经之路，整个社会思想一时处于混沌状态。一些遗老遗少为此便组织起了孔教会，试图将儒学捧为国家宗教，来恢复国人的信仰，但此举受到梁启超、张东荪等人的批评。

在这个混乱的时局下，不得不提一个特殊群体，那便是中国的知识分子。在过去，读书人地位尊贵，而且与政权结合紧密，但是当民国政府被军阀和派系所败坏，职位的分配以与当权者的私人关系亲疏为依据时，中国的知识分子被逐渐边缘化。年轻学者闻一多以"一沟绝望的死水"来指代当时的中国社会，便足以证明当时中国知识分子的落寞。知识分子越来越处于政治权力的主流之外，也越来越靠近中国的普罗大众。

中央政府的腐败无能，思想界的一片混沌，经济发展的停滞不前，人民对安稳生活的渴望，这种种乱象，急需解决的方法和出路。幸运的是，这些病症的药方即将来临，而一部分有远见的中国人已经做好了迎接它的准备。

二、五四运动的爆发：工农权利的苏醒

（一）《新青年》的崛起：先进知识分子的探索

1915 年 9 月，北京大学人文科学教授陈独秀主编的《新青年》杂志创刊。该刊的正式出版，开创了中国的新文化运动，它汇集了从早期改良运动至民国初年发展出来的各种思想。

不同于早年间的改良主义者运用儒家经典或乌托邦想象〔1〕，《新青年》的作者们，以科学语言而非儒家的语言去描述"进化"。与此同时，他们还认为"青年"本身的活力足以推动变革的进程。当然，这样的乐观主义精神并非一开始就明确，而是在这些知识分

---

〔1〕 如谭嗣同在维新变法前作《仁学》，康有为在流亡海外期间作《大同书》，其中皆有对儒家大同社会的构想。参见 ［美］费正清编：《剑桥中华民国史》（上卷），杨品泉等译，中国社会科学出版社 2007 年版，第 315~326 页。

子抵制当时政治和文化领域中的倒退时所产生的。

困顿的中国知识分子，本来作为防御性反击的冒险事业却取得了势头。至 1919 年，已有许多在清朝灭亡后受到教育的"新青年"聚集在《新青年》提倡的"德先生"和"赛先生"两面旗帜下，以文学革命和青年与妇女的反抗相号召。以北京大学等为首的现代化高校，已然成为先进思想的阵地。

有论者统计，民主一词出现在《新青年》中有 305 次，加上"德谟克拉西"和"德先生"的次数共有 513 次。[1]虽然当时有上百种刊物都不同程度地介绍了民主[2]，而且它们在对民主的认识上也趋于一致，但是《新青年》作为这些刊物中的翘楚，其影响十分广泛。

（二）巴黎和会召开：西式民主梦的破灭

一战结束，协约国取得世界大战的胜利，作为协约国一方的中国，深受美国总统威尔逊的民族自决提案的影响，期望着协约国胜利能改变近代帝国主义侵犯中国国家主权的态势。一切迹象似乎表明，一个光明的未来正在等待着中国。

直到 1919 年巴黎和会作出将原为德国享有的山东半岛权益划归日本的决议，才使得满怀期待的中国人从迷梦中惊醒。5 月 4 日下午，来自北京 12 所学校的 3000 名学生，在天安门前集会，反对《凡尔赛和约》，并抗议段祺瑞政府 1918 年与日本勾结，允许日本继续占据山东。激动的学生们提出了"誓死力争，还我青岛""外争主权，内诛国贼"等爱国主义口号，甚至出现了一些激愤之举，引来北京政府武力拘捕了数百名示威学生。

学生因此更为激动，民众也因此被唤醒。接下来的数周，学生运动在至少 200 个地区爆发，上海商人罢市一周，40 多家工厂的工

---

〔1〕　金观涛、刘青峰："《新青年》民主观念的演变"，载《二十一世纪》（双月刊）1999 年 12 月号。

〔2〕　比如，1919 年毛泽东在《湘江评论》的创刊号上，首先把 Democracy 翻译成"平民主义"，随后又列出"兑莫克拉西""民本主义""民主主义"和"庶民主义"四种译法。参见顾昕："五四激进思潮中的民粹主义和中国马克思主义的起源（1919～1922）"，载《当代中国研究》1999 年第 2 期。

人罢工。一场有妇女参加，得到广大民众支持的学生运动发动起来，拯救国家的责任使学生的组织行动达到空前的程度。

在五四运动中，工人通过结社、罢工等一系列活动来表达自己对学生的支持，成为运动的主要力量，令部分学生及学者切身体会到了工人阶级的力量强大，"劳工神圣"的语义与价值在这一系列的活动中急剧地凸显出来。[1]运动中的学生一面受到李大钊等人的影响，一面受到工人行为的影响，在思想上逐渐倾向于马列主义。最终，北京政府作出让步，约1150名学生最终走出监狱，而这1000多名学生中，也走出了一批早期的中共党员。

《凡尔赛和约》在各方面都成了催化剂，它激发了中国人对西方模式的重新评价——而这个模式曾强烈地影响了整整一代中国人对世界进步的看法。比如梁启超，在巴黎目睹了中国在和会上被出卖，加之民国后共和政治的创伤，使他"抛弃了对进化道德目的论的信仰"[2]；而陈独秀，曾在和会前满怀憧憬地将协约国的目标与公平正义的理想等同起来，结果和会决议一出，他一下子走到了反对《凡尔赛和约》和"五四"示威游行的最前面，还被北京政府判处监禁五个月。

所有这一切，使得马克思主义快步走进了大众的视野。

(三) 革命新思路出现：马克思列宁主义的传入

早在之前，当所有人都在预祝1919年成为新纪元的开端时，1917年爆发的十月革命却为中国的思想界送来了一股春风。[3]身在北京的李大钊，有感于十月革命不同寻常的胜利，当即写下了《庶

---

〔1〕时任北京大学校长的蔡元培在庆祝协约国胜利大会致辞中说："此后的世界，全是劳工的世界呵！我说的劳工，不但是金工、木工，等等，凡用自己的劳力作成有益他人的事业，不管他用的是体力，是脑力，都是劳工……我们要自己认识劳工的价值。劳工神圣！"参见蔡元培："劳工神圣"，载《蔡元培全集》(第3卷)，中华书局1981年版，第219页。

〔2〕[美]费正清编：《剑桥中华民国史》(上卷)，杨品泉等译，中国社会科学出版社2007年版，第393页。

〔3〕毛泽东的比喻更是精当，他说："十月革命一声炮响，给我们送来了马克思列宁主义。"毛泽东："论人民民主专政"，载《毛泽东选集》(第4卷)，人民出版社2008年版，第1476页。

民的胜利》一文，赞扬俄国民众通过自身的团结一致推翻了旧政府。并且随后大胆地指出："社会的结果，是资本主义失败，劳工主义战胜。……俄、德等国的劳工社会，首先看破他们（指资本家——引者注）的野心，不惜在大战的时候，起了社会革命。……这亘古未有的大战，便是这样告终。这新纪元的改造，就是这样开始的。"[1]

随后，他还富于前瞻性地在《新纪元》一文中提出："从今以后，生产制度起一种绝大的变动，劳工阶级要联合他们全世界的同胞，做一个合理的生产者的结合，去打破国界，去打倒全世界资本的阶级……这些消息，都是这新纪元的曙光。在这曙光中，多少个性的屈枉、人生的悲惨、人类的罪恶，都可望像春冰遇烈日一般，消灭渐净。多少历史上遗留的偶像，如那皇帝、军阀、贵族、资本家、军国主义，也都像枯叶经了秋风一样，飞落在地。"[2]

回顾起来，马列主义作为政治策略，其更为重要的似乎是军事领域的另一个方面——强调群众是政治力量的源泉。列宁真诚的相信，布尔什维克党体现了无产阶级的意志，了解到政治形势是阶级关系的反应，不断地把马克思主义和实际联系起来，便能获得人民和历史的青睐。

在1919年以前的中国，人们还不太注意动员起来的群众力量所蕴含的政治力量，早年的革命党人基本没有想到劳苦大众会成为政治力量的一个来源。在某种意义上讲，受辛亥革命影响的部分知识分子不但没有拉近和民众的距离，反而还进一步和民众疏远。另一些知识分子关于与群众直接接触的看法，有一定进步意义，如晏阳初、陶行知等人的尝试，但令人遗憾的是，未能深入群众，发动群众去推行社会革命。

在经历了鸦片战争、太平天国战争、甲午中日战争、戊戌维新、义和团运动、辛亥革命、五四运动之后，中国终于迎来了马克思列

---

〔1〕 李大钊："庶民的胜利"，载《李大钊文集》（第2卷），人民出版社2006年版，第254~256页。

〔2〕 李大钊："新纪元"，载《李大钊文集》（第2卷），人民出版社2006年版，第267~268页。

宁主义。无产阶级在五四运动中登上了历史舞台，并且开始在政治上争取自己的权利，一跃成为中国革命的主导力量。"劳工神圣""马克思主义""列宁主义"等观念在陈独秀、李大钊二人的作用下迅速传播，它们昭示了中国未来的革命方向，并将在未来中国共产党成立后的一切活动中起到指导作用。

三、五四运动的影响：为工农权利而奋斗

在马克思列宁主义传入之前，中国军事上的衰弱和经济上的穷困状况，对于中国的有志之士来讲，已是显而易见的事了。民国成立后的道德堕落、政局不稳、经济恶化、复辟的时而出现、外国的侵犯，刺激着中国的爱国者。

第一次世界大战暴露了备受赞赏的西方文明的弱点，而布尔什维克的胜利，则为中国的解放指明了一条新的道路、引入了一股新的力量。

正如20年后毛泽东在延安为纪念五四运动所写到的那样："五四运动成为文化革新运动，不过是中国反帝反封建的资产阶级民主革命的一种表现形式。由于那个时期新的社会力量的生长和发展，使中国反帝反封建的资产阶级民主革命出现一个壮大了的阵营，这就是中国的工人阶级、学生群众和新兴的民族资产阶级所组成的阵营。"[1]

五四运动后，中国的工人阶级登上了历史的舞台；马列主义引入，使得共产主义思想在中国生根发芽。以陈独秀和李大钊为代表的知识分子，在五四运动后，走上了为工农群众争取权利之路。虽然此时两人对西方民主思想仍有留恋，但是这时候两人认识的民主，已然与英美的民主不同了——较之英美，马列主义的民主则要求更多的民众参与。

到1919年底，陈独秀针对建立在私有制基础上的社会制度所出现的道德败坏，发动了猛烈的攻击："西洋的懒惰好利，女人奢侈

---

[1] 毛泽东："五四运动"，载《毛泽东选集》（第2卷），人民出版社2008年版，第558页。

卖淫，战争、罢工种种悲惨不安的事，哪一样不是私有制度造成的？"[1]六个月后，他开始以一种肯定的语气称，西方人所追求的利润是工人创造的，但被资本家盗走了剩余价值。这时，陈独秀便开始运用他独特的影响力号召青年关注劳工大众的生活。

当"阶级"定型化成为表达社会问题的"最终概念"时，平民主义的"德先生"临终前也就衍生出了两姓：一支姓"资"，另一支姓"无"。[2]只是在"资"姓民主的带领下，古老的中国似乎并未有所改变，因此，满怀愤懑的学者便将精力放到了"无"姓民主中来，并将目光转移到了工农群众身上。

从受压迫的青年和妇女（当年《新青年》创刊时所针对的对象），到受压迫的劳工大众，这些满怀愤懑的知识分子将注意力转移后，便形成了其对劳工大众新的认识。而且现在的他们视野更加广阔，将同情之心推及所有的穷苦之人。一些受陈李二人影响的年轻人，被告诫要到劳动人民中去工作，而且真的有人这样做了——彭湃去了海丰与农民共事，张国焘和邓中夏、毛泽东、恽代英分别在北方的铁路工人中、长沙的工人中、武汉的工人中活动。

在这样的现实环境激励下，李大钊将"德先生"的概念进一步推进："战后世界上新起的那劳工问题，也是 Democracy 的表现。因为 Democracy 的意义，就是人类生活上一切福利的机会均等。……应该要求一种 Democracy 的产业组织，使这些劳苦工作的人，也得一种均等机会去分配那生产结果。"[3]

陈独秀随后在文章里继续将这样的思想发散为"民治主义"，文中写道："我们政治的民治主义的解释：是由人民直接议定宪法，用宪法规定权限，用代表制照宪法的规定执行民意；换一句话说：就是打破治者与被治者的阶级，人民自身同时是治者又是被治者；老实说：就是消极的不要官治，积极的实行自动的人民自治；必须到

---

[1] 陈独秀："调和论与旧道德"，载《独秀文存》，安徽人民出版社 1987 年版，第 216~217 页。

[2] 王人博："庶民的胜利：中国民主话语考论"，载《中国法学》2006 年第 3 期。

[3] 李大钊："劳动教育问题"，载《李大钊文集》（第 2 卷），人民出版社 2006 年版，第 291~293 页。

了这个地步，才算得真正民治。"〔1〕在这里，陈独秀的主张已然出现了人民民主专政的萌芽。〔2〕

经过对马克思列宁主义的深入研究和学习，整个国家积贫积弱的罪魁祸首第一次被真正认清——帝国主义者、军阀、腐败官僚（后来被抽象成为帝国主义、封建主义、官僚主义），而对于由一个少数人贪欲所导致的不公平世界，已经觉悟的人都明白，仅仅"开几个公民大会"〔3〕是无法将权利交还到劳苦大众手中的。

于是，在1920年8月陈独秀创立社会主义青年团近一年后，在共产国际特派员马林的帮助下，12位年轻人在浙江嘉兴的一艘游船上经过热烈的讨论，中国共产党诞生了。

这个新成立的年轻党派，其党章的第一个章程便是规定党的任务——组织和教育群众，继续进行阶级斗争和社会主义革命，并最终实现无产阶级专政。党章同时还规定，党必须代表一个阶级的利益，即工人阶级的利益。尽管在组织原则上还不尽完备，但是党已开始计划建立一个系统的、纯洁的，从小组到中央的组织结构，以便领导工农群众来完成革命任务。待到1922年5月中共第二次代表大会，党在革命斗争中作为无产阶级先锋队的性质得到重申，而民主集中制也被奉为党章中的神圣原则，党的组织、纪律也得到了相应完善。

至此，年轻的中国共产党已然初具规模，并做好了将理想付诸实践的准备。

---

〔1〕 陈独秀："实行民治的基础"，载《独秀文存》，安徽人民出版社1987年版，第250~252页。

〔2〕 毛泽东在1949年道："中国人民在几十年中积累起来的一切经验，都叫我们实行人民民主专政，或曰人民民主独裁，总之是一样，就是剥夺反动派的发言权，只让人民有发言权。人民是什么？在中国，在现阶段，是工人阶级，农民阶级，城市小资产阶级和民族资产阶级。"参见毛泽东："论人民民主专政"，载《毛泽东选集》（第4卷），人民出版社2008年版，第1475页。

〔3〕 李大钊："秘密外交与强盗世界"，载《李大钊文集》（第2卷），人民出版社2006年版，第339页。

第二节　土地革命与政权建设

"这 150 年的历史可以更适当地详细解释为：脱出从旧政权控制的社会革命运动、新社会阶级的出现、政治关系的重新确定，以及新的国家结构与观念形态的创立。这是一个不平衡的、阵发性的和常常流血的过程。"

——［美］费正清等《剑桥中华民国史》（下卷）

1921 年到 1949 年这段时间，中国大地上各种势力盘根错节，中国共产党在一片混沌中诞生。虽处乱世，但人们对民主、平等、法治的追求却没有因战火而云消雾散，无论革命先驱者还是普通庶民，都在枯苗望雨，美好的希冀是他们前进的助力。这个时期的政治运动接替了"五四精神"的衣钵，虽一路践行得踉踉跄跄，但不断的尝试和探索为新中国成立后的法治建设积累了弥足珍贵的经验。

一、泯泯棼棼中的探索

在现实的黯淡和未来的迷茫中徘徊的中国人，耳畔突然传来了十月革命胜利的号角，在一片欢雀中，敏锐的革命家们看到了希望。随之而来的是各地共产主义小组和社会主义青年团如雨后春笋般成立了。这些小组和青年团汇聚了当时的仁人志士，虽然他们思想观念并不统一，[1]但是他们都秉承着荡涤浑浑恶水的信念。涓涓细流汇聚成海，中国共产党一大终于召开。

中共一大并不是在万全准备之下进行的，开会的地点由于被法租界巡捕发现而移至嘉兴游船上。中共一大更像是一次理念奔向现实的尝试，成员们并没有十足的把握确保眼前这条马克思主义道路就能通向光明的彼岸。

1922 年 7 月，中共二大召开，会上发表了《中国共产党第二次全国代表大会宣言》，其中包括了党的最低纲领和最高纲领。同年的

---

[1] 青年团人数比社会主义小组多，其成分要更加复杂，其中不乏无政府主义者。

6月，发布了《中国共产党第一次对于时局的主张》，规定了11项目标准则，包括采用无限制的普通选举制、实行义务教育、改良司法制度、废止死刑、男女平权等。尽管规定得不够完善，但是在20年代初期，能够提出这些纲领原则的，只有中国共产党。[1]

此时的毛泽东将主要工作集中在工人运动上。当时的湖南以农业为主，想群聚工人力量十分困难，于是毛泽东把目光投向了不远处的江西安源煤矿。一身豪情壮志的毛泽东风尘仆仆地坐上了通往安源的火车，以探亲的名义住进了同乡毛紫云的家中。毛泽东后来在矿工的带领下，进入了地下煤矿。矿井巷道极其低狭，只能猫着腰、低着头，一步步挪进去。伸手不见五指的巷道里还不时滴着水，原本就陡峭的巷道变得更加湿滑。工人工作的地方就像幕布裹着的牢笼，他们在快要窒息的地下每天挖十几个小时的煤，在冰冷潮湿的矿井里吃着残羹冷炙，满脸的煤灰，只能看到眼白。这般辛劳一天，受尽监工打骂，换来的只有极其微薄的收入。"少年进炭棚，老来背竹筒，病了赶你走，死了不如狗。"这是当时流传的打油诗，也是底层矿工生活最真实的写照。

想要组织这帮苦难的工人起来反抗当局并非易事，毛泽东、李立三为了获得信任，不仅深入他们的生活，还为他们创办平民学校。学校白天教小孩，晚上就给这些工人们"上课"。当地还有个黑社会组织洪帮，毒燎虐焰般盘踞地方，罢工如果受到他们打压，后果将不堪设想。李立三为了解决后顾之忧，亲自和洪帮头目谈判，望其能在罢工期间关闭妓院、鸦片烟馆，收掉赌场赌摊，不抢劫、不斗殴。利益衡量之下，洪帮答应了李立三的条件。安源路矿工人大罢工顺利开展。

1922年9月14日，潮水般的工人涌出矿口，一时间"罢工"的呐喊声和鸣笛声响彻矿区。罢工是无产阶级最基本的革命武器，安源路矿工人大罢工让这一武器开始显现威力。它引起了连锁反应的按钮，罢工浪潮此起彼伏。

---

[1] 张希坡、韩延龙主编：《中国革命法制史》，中国社会科学出版社2007年版，第21页。

共产党组织工人运动的同时，也逐渐侧目于农民问题，尤其是五四运动后。1926 年毛泽东被任命为农民部部长，此前代表大会中并没有农民代表。共产国际方面，鲍罗廷建议孙中山没收地主土地，但孙中山表示强烈反对，因为在孙中山眼里，没收土地在某种程度上意味着国民党对共产党的妥协。

农民问题在党内是有不小争议的，陈独秀认为农民没有纪律性，文化程度低，要求简单，不能形成有力的革命力量[1]。后来陈独秀虽然认识到了农民力量的强大，但是面临选择联盟利益还是农民利益时陷入了两难境地。在共产国际的指导下，陈独秀仍然做出了以限制农民运动来求得国共联合的决定。

农民问题亟待解决，共产党中有些革命家已经觉察到了这点。毛泽东在《湖南农民运动考察报告》中指出："1926 年 9 月是农民运动分水岭，前期为组织时期，农协从地下活动转为公开活动，后期是革命时期，会员猛增至 200 万。"[2]实际上从 1926 年 12 月长沙召开农代会后，农民就开始接收地主土地了，几千年中国最传统的也是最顽固的经济基础出现动摇。

在中国共产党建设的初期阶段，每一步的前进都可能陷入泥沼。摆在共产党初创者面前的是前所未有的复杂局面。国共合作虽然形成，共产党人以个人的身份加入了国民党，但国民党内部"左""右"势力仍相互牵制，彼此斗争。农民问题日益严重，流民暴增，随之而来的是各地军阀势力的不断扩大，同时外国帝国主义对中国也虎视眈眈。随着各方面势力的交织庞杂，共产党活动受到很大局限。在革命洪流之下，初出茅庐的共产党人全神贯注于夯实基台，同时也在不断吸取实践经验和教训，为后面政权建设和土地政策的颁布打下坚实的基础。

---

〔1〕　胡华主编：《中国革命史讲义》，中国人民大学出版社 1959 年版，第 135 页。

〔2〕　毛泽东："湖南农民运动考察报告"，载《毛泽东选集》（第 1 卷），人民出版社 2008 年版，第 13 页。

二、制宪的尝试与农民的觉醒

南昌起义失败后，"八七会议"紧急召开。瞿秋白成为党的领导人，指出了陈独秀的右倾机会主义错误。毛泽东被委派至长沙，领导湘赣边界的秋收起义运动。后来，秋收起义受挫，毛泽东不得已改变攻打长沙的策略，转战至井冈山。也正是在这个地势险峻、经济落后，甚至相对原始的地区，毛泽东开启了根据地建设的篇章。

革命时局风云变幻，根据地建设使共产党在组织革命的同时得以扎根土地，利用当地地形地势和自然资源，发展生产，充备军资。毛泽东曾经批判过李立三的单纯游击战战略，李立三怕农民力量不断扩大，影响无产阶级对革命的领导，一味强调城市起义是革命的正统方式，忽略了国情民情。红色政权建设的最直接目的是给革命注入更长久的生命力，而源源不竭的资金和人员的支持是革命斗争最重要的支撑。

1931 年的冬天，九一八事变后，国内环境愈加复杂。日寇肆意侵略，国民党坚持"围剿"，发展农民力量、发展党组织、扩大中国共产党的影响变得迫在眉睫。共产国际也在敦促中共建立政权、起草宪法。1931 年 11 月 7 日中华苏维埃共和国成立，并颁布了《中华苏维埃共和国宪法大纲》（以下简称《宪法大纲》）。

《宪法大纲》明确了中华苏维埃共和国政权的目的是驱除列强，统一中国，确立了工农民主专政政权，对工人、农民、红军士兵和一切劳苦大众实行民主，对剥削者和反革命者实行专政。全国工农兵苏维埃代表大会成为最高权力机关。《宪法大纲》还规定了公民基本权利，如选举权与被选举权、政治言论自由等政治权利；如制定劳动法和土地法来保障工人和农民的经济权利；如婚姻自由权、受教育权等社会权利。

《宪法大纲》共 17 条，带有强烈的政治色彩，其中有些规定受到了"左"倾路线的影响。1934 年，《宪法大纲》得以修改，增加了"同中农巩固的联合"的规定，及时纠正了错误。《宪法大纲》虽然笼罩着苏联模式的影子，但是略显稚嫩和粗制的法律条文恰是当时革命道路摸索的映射。它是共产党制定的第一部宪法性文件，其标杆意义毋庸置疑。

对于农民来说，土地是最重要的财产，党的土地政策的演变也可以看出党对农民问题认识广度和深度的递进。1928 年《井冈山土地法》中规定，没收一切土地归苏维埃政府所有，然后将土地再分配给农民。这种大刀阔斧的革命使得封建土地制度迅速瓦解，但也疏远了富农和拥有部分土地的中农。毛泽东指出，对于农民和城市下层小资产者以外的一切社会成分，执行"一切斗争"政策是错误的，[1]不符合当时的中国国情。

随后的 1929 年《兴国土地法》采取了更加温和的土地革命方式，将"没收一切土地"改为"没收一切公共土地及地主阶级的土地"。这一做法极大地激发了农民的生产积极性。

1931，《中华苏维埃共和国土地法》颁布，作为苏区第一部统一的土地革命纲领，它进一步吸收了各苏区土地纲领的实践经验，影响最为广泛。但是《中华苏维埃共和国土地法》仍旧没有摆脱"左"倾的影子，仍然规定将富农土地全部没收。这一情况到 1935 年才得以解决，《关于改变富农策略的决定》中承认了富农经营的土地。

上述一系列的土地革命条例让自发的农民运动转变为共产党领导下的根据地建设，这是农民运动的高级形式。一方面，以法令的强制规定让处在社会底层的农民阶层真正获得土地；另一方面，逐步温和的土地革命政策也使得更多阶级选择站在共产党的阵营里。

三、国难下的自由与人权

卢沟桥事变后，全民进入抗战阶段，国共两党开始了第二次合作。残酷的战争并没有打断民主政权建设的步伐，相反，民族存亡上升为首要问题后，根据地建设反而有了更加强烈的促因。

陕甘宁边区政府的前身是陕北省苏维埃政府。红军长征战略转

---

〔1〕 毛泽东："《农村调查》的序言和跋"，载《毛泽东选集》（第3卷），人民出版社 2008 年版，第 792 页。

移后，将陕北作为革命根据地中心，后因国共二次合作，经国共两党协商，将陕北省苏维埃政府改建为陕甘宁边区政府。除此之外还有晋察冀抗日根据地、晋冀豫抗日根据地等。其中只有陕甘宁边区在抗日战争前就作为根据地存在，其他的抗日根据地在新建阶段时时刻刻都可能触碰暗礁。根据地建设的每一步都是极其小心的，所以，为了根据地的稳固建设，必须要争取更多的中间力量的支持。

流民土匪等人员没有什么政治立场，在给予温饱的情况下，他们便愿意置于共产党的约束之下。而乡绅领导下的地方自卫组织相比之下显得更为顽固，他们有着农民阶级的封闭性和被动性，争取这部分人员成为根据地建设的症结所在。加之抗日战争相持阶段国民党不再给予财政拨款，陕甘宁边区陷入了经济困难，这一时期的经济政策就显得尤为重要，而经济政策中的土地制度又是重中之重。

洛川会议的《抗日救国十大纲领》正式决定了"减租减息"的土地政策，其后陕甘宁、晋察冀等边区都出台了相应的暂行条例。土地公有与土地私有并行，各抗日根据地都强调保障土地所有权。"减租减息"的土地政策在减轻农民负担的同时，也争取到一部分地主加入统一战线。毛泽东谈及抗日根据地的经济政策和生产活动时，评价其"形式上是落后的、倒退的，实质上是进步的，具有重大历史意义的"。[1]

抗日根据地建设中还有一个值得关注的地方，就是人权概念和婚姻自由观念的普及。

各根据地先后制定了《山东省人权保障条例》《冀鲁豫边区保障人民权利暂行条例》《陕甘宁边区保障人权财权条例》等法律。往前追溯，在《中华苏维埃共和国宪法大纲》中就可以看到保障人权的影子。抗战时期，根据地大量的人权保障立法表面上是为了团结各个阶级，巩固抗日统一战线，更深层次的考虑是为了加强党组织自身纪律建设，只有这样才能争取群众对共产党政权的支持，才能同国民党的独裁统治形成对比，才能让国际社会看到共产党政权

---

〔1〕 毛泽东："论军队生产自给，兼论整风和生产两大运动的重要性"，载《毛泽东选集》（第3卷），人民出版社2008年版，第1106~1107页。

的先进性。

谈及婚姻自由，就不得不说封芝琴案件。封芝琴出生前就被父亲封彦贵指腹为婚给了张柏，长到 4 岁时就定下婚约。虽是父母之命，但是二人从小青梅竹马，互生情愫。后来，封彦贵嫌弃张家穷，又把女儿先后许配给另两家，封芝琴坚决不同意。张家知道后把封彦贵告上县政府。根据当时《陕甘宁边区婚姻条例》，包办婚姻无效，三个婚约也就都没有了效力。封彦贵仍旧不死心，又给女儿定了门亲事，封芝琴无奈父亲蛮不讲理，只得与张柏商量，半夜抢亲。封彦贵一怒之下告了抢亲的张家，不仅张柏和其他抢亲的人被判了刑，而且二人的婚姻再次被判解除。封芝琴不能理解，他二人情投意合，为什么婚姻又不作数。她从亲戚那儿听得马锡五的大名，便一个人徒步走了80多里路，去找这个"马青天"申冤。马锡五听了控诉后，第二天就和封芝琴去了她家调查了解情况。弄清楚事情原委后，马锡五纠正了县政府的判决，给这对苦命鸳鸯颁发了结婚证。后来这个故事被搬上银幕，封芝琴正是家喻户晓的"刘巧儿"的原型。

自五四运动以来，男女平等、妇女解放、婚姻自由等观念开始广为传播，但影响多显现在城市里。如鲁迅的《伤逝》就描写了一对追求婚姻自由的男女，其悲剧结尾也说明，当时的婚姻自由只是新一代年轻人的追求，这种追求在现实社会中仍旧步履维艰。更不要说面朝黄土背朝天的农民了，他们仍旧守着陋习，包办婚姻、买卖婚姻等现象仍旧普遍。

随着土地革命的开展，农村的思想观念开始有了转变。曾经不会想也不敢想的"平等""自由"，似乎也成了可以企及的权利。"封芝琴案件"涉及到那个时代对婚约的态度，在农村社会，婚约就是"父母之命"的代名词。土地革命时期，共产党想清除陈规旧俗，解放妇女，直接否认了婚约的合法性。这种激进的做法与现实情况严重脱节，于是在抗日根据地建设时期，共产党开始承认不违反当事人意志的婚约，所以封芝琴与张柏的婚约是有效的。马锡五的英明审判很快便在苏区流传开来，这种田间地头、深入群众的审判方式被传为佳话，封芝琴也成了追求婚姻自由的代表。

四、晨曦的号角

抗日战争胜利前夕，中国共产党第七次代表大会召开，大会通过了毛泽东的《论联合政府报告》，主张以民主联合政府取代蒋介石领导的国民党专政，和平建设全新的新民主主义国家。同一时间在重庆，国民党拼命印刷着《中国之命运》，为一党专政找寻依托。蒋介石要求用最好的纸张印刷此书，卖价必须低，强制民众阅读，此举引来一阵口诛笔伐。

为了实现和平建国这个目标，1945 年 8 月，以毛泽东为首的共产党代表飞赴重庆与蒋介石进行谈判。毛泽东回忆起当时情形，感叹道："遍地哀鸿满城血，无非一念救苍生。"一切看似依照着和平的轨道按部就班地推动着，实际上平静协商的表面下政治军事较量暗流涌动。最终，内战还是不可避免地爆发了。

总体上看，解放战争前期的制度建设主要沿袭抗日战争时期的法令政策，1946 年 4 月 23 日陕甘宁边区制定通过了《陕甘宁边区宪法原则》。

为了进一步推动土地革命，1946 年 5 月 4 日，刘少奇主持起草的《关于清算减租及土地问题的指示》（即《五四指示》）将抗日战争时期的"减租减息"改为了"没收地主土地分配给农民"，这一改变进一步激发了农民投入生产的积极性。但由于当时内战还未全面爆发，考虑到建立广泛的统一战线的需要，《五四指示》仍旧不够彻底，具体表现为对富农土地的态度是"一般不变动"，对属于抗日军人、干部家属的豪绅地主和与共产党合作的绅士给予适当照顾。

随着和平建国理想的彻底破灭，共产党也及时调整着土地政策。1947 年 9 月 13 日，各解放区的代表围坐在西柏坡的一个打麦场上，有的坐着马扎，有的坐着石块，有的干脆席地而坐。一百多双眼睛注视着简易帐篷下的刘少奇，他消瘦但精神饱满，铿锵有力的话语中透露着革命胜利的自信。这便是中国共产党全国土地会议。会议上通过了《中国土地法大纲》，废除一切地主的土地所有权，征收富农多余的土地财产，实现耕者有其田。"耕者有其田"的主张是由孙中山提出的，却在共产党领导下一步步实现着，这等于是给了国民党一记响亮的耳光。对比之下的国民党统辖区，其经济已经濒临衰微，官员的腐败无能加之严重的通货膨胀，使人民生活日益困窘。

从影响上看，《五四指示》和《中国土地法大纲》的颁布都对共产党的壮大起到了推动的作用。1945 年，国民党的政府军人数超过了 250 万，而共产党军队不足其一半。土地改革的进行让原本在政治上占优势的中国共产党，争取到了其他阶级尤其是农民阶级的支持。从解放战争后期的三大战役可以看出，农民对共产党的支持已经不仅仅限于自愿积极参军，民工还直接支援前线。毛泽东在 1948 年宣布，已经动员了大约 160 万左右分得了土地的农民参加人民解放军。[1]

第三节　《共同纲领》与五四宪法

"要理解法律是什么，我们必须知道它以前是什么，以及它未来会成为什么样子。"

—— ［美］ 奥利弗·温德尔·霍姆斯

1949 年，中国人民解放军基本消灭了国民党的主力军，和平解放北平之后，共产党人便开始着手建立新的国家政权。到了 1954 年，中国共产党顺利地巩固了新生的政权。此时正处在冷战时代背景下，烽火还未完全销匿，世界动荡不安。中国共产党人却在这建设国家的关键时期，在民主建设和宪政发展的道路上，给了我们很多惊喜。中国共产党人在土地革命和国家统一的过程中积累的民主实践经验在这一时期得到了丰富的运用，播撒下的自由平等的种子也毅然开放出了鲜艳的花朵。

一、《共同纲领》：一面新时代的旗帜

《中国人民政治协商会议共同纲领》（以下简称《共同纲领》）

---

〔1〕毛泽东："中共中央关于九月会议的通知"，载《毛泽东选集》（第 4 卷），人民出版社 2008 年版，第 1344 页。

在 1954 年宪法还未颁布之前，一直起着临时宪法的作用。它的诞生，大约还是归功于新中国成立前的政治调和，然而其意义却远远不止于此，也不止于为开国大典前的各项准备工作服务。今日，笔者再次探求这部纲领，意在回望历史，品味其间的沧海桑田。

（一）社会背景：新时代的召唤

中华民族每每以红色来庆贺一切值得庆贺的事，对于 1949 年和平解放的北平城，亦复如是，满城的喜庆在红色的旗帜之下映衬得更加热烈。在这里，中共邀请了来自全国各地的各民主党派、人民团体、人民解放军以及国外华侨和各地区、各民族的代表共 635 名，由此召开了第一届中国人民政治协商会议。

《共同纲领》诞生于这样的背景下：

第一，国民党已经被打败，革命即将获得全国性的胜利。国民党一党专政的局面已经一去不复返，然而面对着一个人口众多的泱泱大国，革命的果实如何才能保存和固定下来，成为政治上一个亟待解决的现实问题。旧的制度显然是要被新民主主义革命所否定的，新的秩序亦需要新的法律来维护。

第二，阶级力量发生了变化，中共需要政治上的调和来为建国扫清障碍。政治协商会议召集了各阶级各党派的代表，坐在同一个会议厅，635 名代表各自发声，为建立一个新的国家而提出自己的想法。政治调和是顺应时势的需要，在此情况下，权利的保障和人民的福祉都应得到回应。鲜血之后未必是鲜花和掌声，饱受了抗日战争和内战之苦的中国人民急需安抚。当美国南北战争的战火落幕之时，代表南北方签署和平协议的两位将军，签下了一份促进美国发展的协议，使战火燃过的美洲大陆重新焕发勃勃生机。然而，中国呢？此时国民党不足为虑，但是还有诸如民盟、爱国华侨等政治团体值得尊重和仰仗，于是，635 名代表齐聚北平共同商讨建国之事。

第三，中国共产党不同于独裁的国民党。作为暴政的推翻者和终结者，中国工农阶级要推翻的并不是蒋介石及其官僚，而是要借此推翻他们所代表的政治制度和政治模式。最好的推翻不是推翻，而是重建，以开启一种新的政治模式。在这新的时代，如何促进社会安稳、民心稳定，使百姓过上幸福的生活，从而不会使前赴后继的革命者鲜血白流，使在奋斗者口中的理想与信念最终得到实现，成为亟须解决的问题。新中国成立伊始的法治发展道路，无疑是以鲜血为代价铺就的。

（二）宪政价值：工农权利与人民主权

众所周知，2004 年宪法修正案中写入了人权的概念，为今人所称道。然而中国人权发展的第一步却是《共同纲领》。"有多少人在捍卫法治，就有多少种法治观念。"而每一种法治观念的形成都有其独特的社会——政治环境。[1]《共同纲领》自身蕴涵着的各种信念与精神，也促进了不同政党之间的调和。中国共产党代表的中国工农阶级和广大的人民，呼喊国家宣示主权。人民，只要不是阶级敌人，皆是国家的主人。

这些理念，是数百万人民战士浴血奋战的目标，是从鸦片战争打开国门之后，饱受灾难的中华民族期盼已久的平等与自由。《共同纲领》成为一面旗帜，一面新时代的旗帜，昭告着世界，属于中国人民的民主自由时代已经开始了，从这一刻开始，我们 635 名代表所代表的全体中国人民将建立一个新的国家——中华人民共和国，在这里，我们追求民主、自由、人人平等。[2]

1949 年的中国，一方面面临战后崩溃的经济局面，特别是历经了国民党失败的经济政策以及腐败的官僚给经济带来的进一步创伤，普通民众在经济上渴望有所作为，这强烈要求政府来收拾残局。"任何民族……到了经济发展的不平衡性，有了各种社会阶层对立时，某一群人（或某一阶层）借着一种强制权力（后来演变为公权力或政权）来统治一群人的行为，就有了必要。"[3]

另一方面，多年革命战争实践和民主宪政运动，已使"人民"成为经过革命检验的中坚力量。因此，在《共同纲领》中便有了对

---

[1] Ronald Dworkin, "Political Judges and the Rule of Law", *Proceedings of the British Academy*, 64 (1978) p. 259. 转引自 [美] 布雷恩·Z. 塔玛纳哈：《论法治：历史、政治和理论》，李桂林译，武汉大学出版社 2010 年版，第 131 页。

[2] 中共中央文献研究室、中央档案馆编：《建国以来周恩来文稿》（第 1 册），中央文献出版社 2008 年版，第 392 页。

[3] 邓初民："民主政治与民主教育"，载《中国现代思想史资料简编》（第 5 卷），浙江人民出版社 1983 年版，第 10 页。

国家与人民权利关系的展示部分。据统计，在《共同纲领》起草过程中，"人民"在60条7000字的文本中共出现183次，是《共同纲领》文本的核心。《共同纲领》的宗旨是既要"建设新中国"，同时"又要解放全中国"，这种宗旨影响了"人民"话语在中国的实践路径，使文本中"人民"在"革命"与"秩序"两个维度同时出现。"革命"是纲领从制定到实施的背景，"人民"则是协商得以进行的关键。[1]

因此，"人民"成了这部纲领里举足轻重的词汇，也在实质中支撑起这部临时宪法。从某种程度上来讲，一部以人民为中心的宪法承载着保障人权的希望。

（三）临时宪法为五四宪法的制定奠定基础

作为临时宪法的《共同纲领》从1949年新中国成立便一直发挥作用，直到1954年中华人民共和国第一部宪法正式颁布（五四宪法），《共同纲领》才最终为其所取代。作为过渡时期的一部具有宪法性质的政治协商文件，《共同纲领》略显粗略，但是不能以此否认它对五四宪法的深刻影响。无论是诸多条款，还是它所追求的宪政思想、宪政精神，都在五四宪法中得到了传承。

《史记》中载，刘邦初入咸阳城，面对着满目疮痍，乃诏令三老乡绅等集合，约法三章，杀人者死，伤人及盗抵罪。言简意赅，却即刻稳定了秦都的局势。而临时宪法颇有约法三章的意味，传递着最基本的理念，简明意要，各方达成共识，于是使得才从战争中走过的中华民族，缓缓地登上了世界的舞台。

总的来讲，《共同纲领》的意义有三个方面：其一，暂时调和了政治局面，直接地促进了建国大业的完成，开国大典的顺利召开便是以此作为基础。在长期的战乱之后，新国家政权的建立是经济发展和保障人权的基础。其二，这部纲领是中国共产党领导下多党合作的重要成果，巩固了内战的成果，各党派各民族的合作促进了国家的成立，奠定了政治协商会议的基础。政治协商会议是一种政治

---

[1] 任懿：《〈中国人民政治协商会议共同纲领〉权利条款研究——以人民话语的实践为视角》，载《中国人权评论》2014年第1期。

上的协商，赋予了多党派以及无党派人士话语权。其三，《共同纲领》在新中国成立初期充当着临时宪法的作用，在保障人权、巩固社会稳定方面发挥了重要的作用，同时它的制定过程和篇章结构都对共和国正式的宪法制定和修改产生了重大影响。

二、五四宪法：中国第一部社会主义宪法

承接《共同纲领》，五四宪法带领中华民族走上了新的道路，同时也意味着在制定宪法，召开人民大会这些民主建设上，我们迈出了有力踏实的一步。这些民主建设上的"一小步"，对于一个饱经战乱的民族来说，却是民主宪政上的"一大步"。

（一）五四宪法制定背景概述

1954年宪法的制定是建立在新中国成立、政权稳固的基础上的，这是政治上的先决的条件。在经济方面，经过了接近5年的修正以及社会主义三大改造，社会新的基本经济制度已经逐步建立起来了。在这两个大前提下，制定宪法被提上了日程。具体可以从以下几方面来探讨：

第一，从宪政的发展上来看，《共同纲领》规定的某些制度和政策已不适应中国共产党人希望国家急速向社会主义过渡这一形势发展的需要。刘少奇在五四宪法草案的报告中详细作了说明。他说："在中国近代史中，人们长期争论过一个根本问题——中国的出路是什么？是资本主义还是社会主义？"[1]对于这个问题，五年来国家发生的巨大变化已作了生动解答，同时也充分证明由目前复杂的经济结构的社会，过渡到单一的社会主义结构的社会，即由目前的新民主主义社会过渡到社会主义社会，是我国应当走的唯一正确的道路。如果继续维持现状，中国就可能变成资本主义。刘少奇还指出，或许有人想走维持现状的道路，即既不走资本主义道路，也不走社会主义道路，将我们现在所处的状况维持下去。有些人希望永远保持这种状态，最好不要改变。但是道路明确地摆在眼前，共产党人

---

〔1〕 参见刘少奇在1954年9月15日在中华人民共和国第一届全国人民代表大会第1次会议上的报告第一部分"中华人民共和国宪法草案是历史经验的总结"。

当然是走向社会主义和共产主义，向着赶英超美的目标前进，既然现实的宪政发展已经不符合时下的发展，那么，便是往前一步，我们需要一部社会主义宪法来巩固革命和斗争的成果，也粉碎那些妄图把共和国政权扼杀在摇篮里的人的阴谋。

第二，新中国成立以后，中国开始逐步走上社会主义道路。在共产党的领导人看来，计划经济是社会主义的一个重要标志。因为从1953年起，中国已按照社会主义目标进入有计划的经济建设时期，因此，党的领导人认为，有必要在《共同纲领》上前进一步，制定一个宪法。另外，在建设社会主义时期需要制定宪法，因为我国实现社会主义工业化和社会主义改造，是一个十分艰巨复杂的任务，必须广泛动员全国人民的力量，充分发挥人民群众的积极性和创造性，要在正确的和高度统一的领导下，克服各种困难，才能实现这样的任务。因此，一方面，需要更加发扬人民民主，扩大国家民主制度的规模；另一方面，必须建立权力高度统一的中央政府。为了这样的目的，也有必要制定一个比《共同纲领》更为完备的宪法。

至于在宪法的制定条件方面，按毛泽东等领导人的解释，召开人民代表大会至少需要三个条件：全国基本解放，实现国内和平统一和安全；土地改革彻底实现；人民有充分的组织和人民觉悟水平提高。[1]中华人民共和国成立三年以来，这些条件已基本成熟。1952年9月24日，毛泽东在中央书记处会议上提出了从现在起开始向社会主义过渡的设想。自1953年起，国家开始按社会主义的目标，实行发展国民经济的第一个五年计划，并初步取得成就。这一切表明，按毛泽东的理论，新民主主义革命已经结束，开始向建设社会主义过渡。这个时期，政治上需要高度集中统一的政治领导体制；经济上要对农业、手工业和资本主义工商业进行社会主义改造，要进行大规模的、有计划的经济建设。因此，要开辟一个新的历史时期，需要召开人民代表大会，制定新时期的宪法。

第三，回望过去的那个时代，冷战背景下在美苏两国夹击下艰

---

[1] 参见蔡定剑："新中国宪法的制定背景"，载《学习时报》2004年9月20日。

难求生的诸多国家，比如沦为二等国家的西欧集体以及许多刚刚摆脱殖民统治而获得民族独立的新生国家，如印度、中国等，在外交政策上，要么选择投靠美国，要么选择投靠苏联。而我国在五四宪法中有着以下清晰的表达："我国同伟大的苏维埃社会主义共和国联盟、同各人民民主国家已经建立了牢不可破的友谊，我国人民同全世界爱好和平的人民的友谊也日见增进，这种友谊将继续发展和巩固。"虽然这种"一边倒"的外交方式，为中苏冲突后中国的全面封闭埋下了伏笔，但却是当时中国的一种必然选择。

此外，苏联颁布的1936年宪法也对我国五四宪法的颁布产生了影响。在20世纪50年代，中国在经济上开始学习苏联实行五年计划的经济体制，努力地向老大哥靠拢。在政治上，似乎就是"万事俱备，只欠东风"。随着各种条件的日臻成熟，颁布一部社会主义宪法也成了一件重要的事。

（二）五四宪法是修宪而不是制宪

首先，对于五四宪法，我们往往称其为第一部社会主义类型的宪法，而不是共和国的第一部宪法，这是由于《共同纲领》起了临时宪法的作用。并且五四宪法是在《共同纲领》基础上制定的，不过是赋予了它名正言顺的宪法之名，同时也在人民组成的最高级别的人民代表大会上来通过。尽管五四宪法是中国自1949年以来首次以"宪法"的名义正式颁布的成文性质的根本法，对于"名正言顺"占据着固有且重要地位的中国人的传统政治思维而言，通过"宪法"二字修饰的"五四宪法"，很容易被理解为1949年以来的"第一部宪法"，但无论是否有宪法之名，都不能忽略了《共同纲领》的临时宪法的作用。因此，五四宪法应当是第一部社会主义性质的宪法，并非共和国第一部宪法。在这点上，应当摒弃名义的偏见，为《共同纲领》正名，同时也能更好地理解中国宪法的发展历程。

其次，在实质内容上，五四宪法是对《共同纲领》的继承与发展。通过对文本的比较可以看出，在构成宪法秩序的核心要素中，关于国体、政体、阶级基础、领导阶级、主权归属、国家结构、所有制形式、民族政策方面，"五四宪法"完全继承了《共同纲领》

的规定。这也说明五四宪法只是一次修宪而不是制宪。

最后，五四宪法发展《共同纲领》的过程，也体现了修宪的过程。首先，五四宪法在文本体例上调整了《共同纲领》，将《共同纲领》的结构体例从"序言""总纲""政权机关""军事制度""经济政策""文化教育政策""民族政策"和"外交政策"改为"序言""总纲""国家机构""公民的基本权利和义务"和"国旗、国徽、首都"。这种调整，使得五四宪法在结构体例上更加科学严谨，同时也显得更加简洁有力。五四宪法专章规定了"公民的基本权利和义务"，凸显了宪法作为人权保障的大宪章的性质。其次，五四宪法进一步丰富了宪法规范的内容和条文。例如，大篇幅扩充了公民的基本权利条款，并进一步细化了某些基本权利。实际内容和宪法条文的扩充，进一步丰富了临时宪法的内容，完善了临时宪法的表述。多了法治的色彩，少了政治协议的意境。最后，也是最为重要的是，五四宪法的制定为新中国走上社会主义道路提供了根本法的指导和依据。这是比临时宪法更加明确的体现。在临时宪法中，这样的表现，无论是从制定者本身还是条文实际本身来看，都没有五四宪法这么明确。当然这也归结于时间比较仓促，同时迫在眉睫地需要稳定秩序，服务于成立一个新的国家，因而没有五四宪法那么从容。五四宪法经过了一系列准备，包括从全国各地进行人大代表的普选，还有多次提出的宪法草案，一步步地承接共同纲领的精髓，并且发展下去，对日后共和国新的宪法的制定与修正产生了重大的影响。

五四宪法宣布了我们的社会性质，即由新民主主义社会迈向社会主义社会。同时我国在经济上基本完成了三大改造，初步建立了社会主义经济体制，因而国家要在政治上也开始迈向社会主义，最终才能达到实现社会主义和共产主义的目的。而这样的宣告是用宪法的形式巩固了建国之后的种种胜利的成果，在共和国初期，以美英为主的西方资本主义敌对国家三番五次妄想扼杀共和国，然而以毛泽东为代表的第一代共产党人通过抗美援朝战争、三大改造、土地改革，成功地保护了新生的政权。五四宪法把这些胜利的果实用文字、用法律的形式保留下来。这一点似乎与《共同纲领》联系不上，然而不要忘记了颁布于 1949 年秋天的《共同纲领》也承载着巩固革命果实的重要任务。1949 年，共产党人急于建国；而 1954 年，共产党人急于进入社会主义。两个似曾相识的"急于"反映了一种迫在眉睫，因而在对待这种至关重要的文件上，他们最终殊途同归。1949 年颁布的是一部临时宪法，到了 1954 年，情况又是如此相似，因而所谓制宪不过是另一种形式的修宪罢了。

（三）五四宪法的宪政价值

五四宪法放在中国宪政发展和法治发展的历程中来看，发挥着承上启下的重要作用。五四宪法的理念与精神源于《共同纲领》，它同样宣告着中国国家政权属于人民，人民依法享有选举权、被选举权以及思想、言论、出版、集会、结社、通讯、人身、居住、迁徙、宗教信仰及示威游行的自由权。这一点是非常明确的。另外，它把政治协商写进宪法，将其制度化，可谓是对于《共同纲领》的继承与发扬。从此，政治协商制度、民族区域自治制度和人民代表大会制度，成为共和国的三大基础制度。

另一方面，五四宪法还有自己的时代印痕，它与《共同纲领》是不同社会意识形态下的产物。1953 年三大改造的基本完成标志着中国社会主义制度的建成，因而五四宪法属于社会主义社会的第一部宪法，而《共同纲领》是属于新民主主义社会的宪法，在时代的背景下二者已经有了本质上的区别。此外，五四宪法是经过成熟的、严格的制定宪法的程序制定的，这是新中国成立以来第一次实行的制宪模式，因而这套模式和程序本身就具有巨大的宪政价值。

五四宪法作为共和国史上第一部中国社会主义宪法，明确地把共产党人的奋斗目标与社会理想写进国家大法，其意义是不言而喻的。同时，这也为日后中国的历次修宪做出了明确的指引。

第四节　艰难探索与拨乱反正

"法律解释者都希望在法律中寻获其时代问题的答案。"

——［德］卡尔·拉伦茨

　　社会主义改造完成之后的近三十年间，政治上乱象纷呈，但人们对于法治的探索从未停止。虽多有弯路，但亦有所进益。此前，五四宪法已奠定了修宪基础和精神引领，但1975年宪法（七五宪法）与1978年宪法（七八宪法）并未得其精髓。新时期的法治建设难免磕磕绊绊，但不断的尝试积累了经验教训，为改革开放后法治的完善和发展打下了坚实的基础。

一、混沌之始

　　五四宪法后，人民在国家中的地位逐渐明确，工人阶级的领导地位得以确认，社会主义改造如火如荼。社会主义改造基本完成以后，我国开始进入全面建设社会主义的历史时期，这一时期对于国内或是国际来说，都是一个多事之秋。苏共二十大公开揭露了斯大林的错误，东欧国家政局震荡，波兰和匈牙利事件同期爆发；而国内社会主义改造全面开展所带来的社会大变动，经济建设冒进，新的社会矛盾不断产生，全国各地工人、学生多次罢工、罢课，使领导人开始寻求新的解决方式。

　　这一时期，中国在不长的时间内吸收了苏联社会主义法律体系的诸多内容，但这一阶段向苏联的学习类似于海绵的无差别吸收，并不符合中国的具体国情。伯尔曼这样比喻："苏联法是西欧大陆法的私生子，总算长大成人了。而当代的中国法则是苏联法的任性丫头，至今仍然在街头游荡不归。"[1]按照苏联的方法，遇到请愿罢工，就看成是国内外阶级敌人进攻，可以用解决敌我矛盾的办法去

---

〔1〕　转引自季卫东：《宪政新论——全球化时代的法与社会变迁》，北京大学出版社2002年版，第97页。

对付。但此时的社会主义可以说已经在政治上站稳了脚跟，更多的是社会主义发展阶段所产生的内部矛盾，苏联的手段早已不合时宜，中国必须探索自己的道路。1957 年 6 月 8 日，中共中央发出组织力量反击右派分子进攻的党内指示，《人民日报》同日发表题为《这是为什么?》的社论。一场全国规模的群众性反右派运动便全面展开。自此，反右运动被一些有心人利用，将反右严重化，党的指导方针因此发生了严重失误，"左"倾思想和法律虚无主义日渐抬头，使得"逐步系统地制定完备的法律"[1]这一目标并未实现，反而进入了曲折发展的时期。

　　1957 年之后的一系列政治运动，不仅是对国家正常经济生活的一次巨大冲击，也是对国家社会生活的一次巨大震荡。一大批知识分子、民主人士和党内干部被错划为右派，如著名作家萧乾和著名社会学家吴文藻等。中国民主同盟副主席章伯钧"国务院开会常常是拿出成品要我们表示意见，这样形式主义的会可以少开"的发言，被指为要搞"政治设计院"，反对党的政治见解和主张。[2]另一个被错划为右派的典型则是罗隆基。1957 年，罗隆基因为建议"成立平反委员会"，受到严厉批判，和章伯钧的"政治设计院"，储安平的"党天下"一起被称为著名的"三大右派言论"。诸如此类，不胜枚举。此后，反右派运动由刚开始的正视人民内部矛盾转向"左倾"和冒进，更加严重的是，毛泽东自此改变了八大关于社会主义时期主要矛盾的看法，"以阶级斗争为纲"代替了"以经济建设为中心"。这一错误估计也成为之后种种政治活动的源头，致使民主与法制建设的探索被遏止。

二、动荡时期

　　1966 年开始的"文化大革命"便是"以阶级斗争为纲"论的最显著的代表，这一时期也是我国法制建设冰火交加的时期。林彪、江青反革命集团倒行逆施，冲砸法院，撤销检查机构，甚至全盘否

[1]　《中国共产党第八次全国代表大会关于政治报告的决议》。
[2]　参见《人民日报》1957 年 5 月 22 日。

定公检法在新中国成立以来 17 年的工作。"造反有理"激荡起来的无政府主义和法律虚无主义使得宪法和法律的权威落地，法治秩序荡尽，冤狱四起，各种司法行政工作均遭到严重摧残和破坏，对国民的阶级出身进行等级式的划类更导致后来"文革"中的极端悲剧。无论什么出身的国民，都应该享受平等的政治待遇，这在现在看来理所当然的权利，在当时却是天方夜谭。在那时，只凭耳食之论，人的尊严就可随意被践踏，其悲怆令人侧目。"文化大革命"结束以后，我国法制建设重现生机，但被严重破坏的法制已是积重难返。

如此情境之下，七五宪法的出现非常值得我们思考。在一个法治破坏殆尽的时期出现的宪法是否具备宪法必需的要素，是否能够为社会主义现代化时期的法治建设作出贡献都还是有待商榷的。

宪法话语在社会主义中国的"跨代旅行"中所具有的语义、特质和意义尚未得到充分的阐释，特别是对 1975 年宪法的忽略更是如此。[1]七五宪法是为了适应"文化大革命"这一特殊历史时期的需要而修订的，共 4 章 30 条，由序言、总纲、国家机构、公民的基本权利和义务和国旗、国徽、首都五部分组成。

这部宪法不仅条文少，而且内容粗糙。关于人民代表大会的内容只有 3 条，关于全国人民代表大会行使国家立法权以及决定权、任免权等的规定比较含混、笼统；而关于全国人民代表大会的监督权干脆没有规定，关于全国人民代表大会代表的权力也只字不提。关于国务院的地位，既没有写明国务院是国家最高权力机关的执行机关，也没写明国务院是国家最高行政机关。在个人权利方面，它删除了 1954 年宪法中规定的法律面前人人平等的原则（第 85 条）、国家赔偿请求权（第 97 条）、继承权（第 12 条）、居住和迁徙的自由（第 90 条第 2 款）。与此同时，七五宪法追加了不少 1954 年宪法所没有的条款，如公民有义务拥护共产党的领导、有宣传无神论的自由、有罢工的自由以及"运用大鸣、大放、大辩论、大字报的权利"等。显而易见，这个"文革宪法"特别强调阶级斗争、无产阶

---

〔1〕 参见王人博："被创造的公共仪式——对七五宪法的阅读与理解"，载《比较法研究》2005 年第 3 期。

级专政下的继续革命以及党的一元化领导，并明确规定生产资料的所有制主要是全民所有和集体所有。对比五四宪法，七五宪法的许多内容是对"文化大革命"理论和做法的确认，把"文化大革命"以来推行的"以阶级斗争为纲"的"左"倾错误，用法律的形式肯定下来，但却删减了五四宪法中关于人民权利的多条规定。因此，七五宪法相比五四宪法是一次很大的退步。

总之，"1975年宪法是在那种很不正常的条件下制定出来的。这个宪法对于很多需要认真规定的东西，都过于草率"。[1]其巩固"文革"成果的目的自然没有达到，也不可能达到。改宪后不满两年，以江青和张春桥为首的"四人帮"就被逮捕；至1978年8月，中国共产党正式宣告"第一次无产阶级文化大革命"的终结。接着再次修改了宪法，这一部"文革宪法"来势汹汹但存续不满三年。

三、大时代大变革

（一）七八宪法

1976年10月，"四人帮"被粉碎。1977年8月，召开了党的第十一次全国代表大会，大会宣布"文化大革命"结束，要求动员一切积极力量，团结一切可以团结的力量，为把我国建设成为伟大的社会主义强国而奋斗。共产党意识到错误之后的拨乱反正是满含着急切的心情的，为了清除"左"倾思想的流毒，恢复"文革"时期被破坏的民主与法治，我国必须对宪法进行修改。急切之下难免不能尽善尽美，1978年宪法就是在这样的背景下出现的。而此时拨乱反正的工作正在进行当中，许多是非问题尚未在理论和政治上厘清，"文化大革命"也尚未遭到完全否定。因此七八宪法虽在一定程度上纠正了七五宪法中"左"的倾向，但依旧带有"左"的痕迹。

1978年宪法依旧坚持"阶级斗争为纲"的指导思想，肯定"文化大革命"的成果，在地方国家机关当中仍然保持"人民公社"和"革命委员会"的称呼，公民的基本权利也保留了大辩论、大字报等

---

〔1〕《胡乔木文集》（第2卷），人民出版社1994年版，第512页。

基本条款。可以说七八宪法是匆忙通过的，可谓是五日京兆，根本未做长远打算，其目的在于宣示"文革"胜利结束。简单说来，七八宪法是一部具有鲜明过渡性的宪法。

（二）八二宪法

十年"文革"浩劫，不按任何程序地打倒一切和全面夺权使国家机关陷于瘫痪，包括国家主席在内的上亿公民的基本权利受到严重侵害，34 274 人被迫害致死。而随着拨乱反正工作的展开，七八宪法越发不合时宜，而 1979 年和 1980 年两次修宪并未大动筋骨，无甚作用。简言之，七八宪法越来越不能适应改革开放和社会主义现代化建设的需要，宪法的全面修改势在必行。

社会变革与法治进程总是紧密相连的说法自是有其道理。1978 年 12 月 13 日，邓小平在中共中央工作会议闭幕式上做了《解放思想，实事求是，团结一致向前看》的讲话。同月 28 日，十一届三中全会的召开，成为开辟有中国特色的社会主义道路的起点，我国自此形成了以邓小平为核心的第二代领导集体，并揭开了我国改革开放的序幕，实现了新中国成立以来党的历史上具有深远意义的伟大转折，使我国进入了以改革开放和社会主义现代化建设为主要任务的历史新时期。改革开放的总设计师邓小平的思想对于法律改革进程起着一种至关重要的灵魂作用。邓小平同志可以说是一手抓起了发展，又一手带动了法治。当然，发展在带动法治的同时，可能会影响或者阻碍法治的发展，这二者可以说是"相生相克"而又"祸福相依"的。

改革开放逐步推进，改革在初期阶段是按照"摸着石头过河"的思路摸索进行的，这一时期政府的工作重心放在社会主义经济建设上，法律建设领域是围绕市场经济体制构建而展开的，可以说这是经济发展主导的法治建设阶段。邓小平曾经提出："应该集中精力制定刑法、民法、诉讼法和其他各种必要的法律，例如工厂法、人民公社法、森林法、草原法、环境保护法、外国人投资法等等，国家与企业、企业与企业、企业与个人之间等等的关系，也要通过法律的形式来确定。"〔1〕在这一阶段，经济发展与政治发展的矛盾及其权宜性的解决，构成了制约法治发展的最基本因素。在以经济发展为主导的格局下，中国法治的发展呈现出相应的局面。这一时期，由于法律制定和实施过分向部门利益倾斜，导致公共利益和弱势群体利益被严重忽视，法律效率也较为低下。这是改革开放后法治进程的小小瑕疵，法律的制定都偏向于急需的经济领域，而忽视了其他部门法。

总体而言，这一阶段各组织法的发展相对迅速，弥补了"文革时期"遗留下来的法律空白，使得法治建设进入了一个新时期。

这一时期的法治建设是带着对"左"倾思想的反思和法治的热切向往启动的，带有强烈的反省意识，其中不免急切和期待。这种情形固然对民主法律改革有着积极的作用，但如此可能产生过于激烈的变革倾向和过高的改革期待，进而使民主法治改革的目标与当时的国情条件和社会进程背离，出现不稳定的局面。"政治体制改革问题太复杂，需要审慎从事。我们首先要确定政治体制改革的范围，弄清楚从哪里着手。国家这么大，情况太复杂，因此决策一定要慎重，看到成功的可能性较大以后再下决心。"〔2〕改革开放伊始，中国领导层和政府各部门在加强法治的工作中，开始越来越多的借鉴国外的经验和做法，并且取得了相当的成效，但对于法治的核心部分，涉及到政治体制改革的问题则更加慎重小心。八二宪法即是在这样的情况下制定的。重新以五四宪法为参照制定的宪法修改草案，前后讨论、修改历时两年，全国人民都积极热切地投入到宪法修订的讨论当中，更好地集中了民众的智慧，可谓慎重而周到。法治促进社会变革，同时保障社会改革。功不唐捐，八二宪法正是正确处理改革与法治关系的优秀成果。

无论人们的行动和思想意识背后有多么复杂深刻和不可逆转的因素在起作用，法治的未来前景在某种程度上仍取决于政府对法治目标和实施步骤的战略设计与思考，取决于政府对近期行动计划与

---

〔1〕《邓小平文选》（第2卷），人民出版社1994年版，第136页。
〔2〕《邓小平文选》（第3卷），人民出版社1993年版，第176页。

长远目标行动的统筹谋划和适时合理推进的结合。[1]随着改革开放初期经济、社会的不断发展,尤其是经济体制改革的加速,原有的政治体制已无法适应改革发展的要求,就像一个朝气蓬勃的青年穿了破旧的老式长袍,拄了拐杖,说不出的怪异。"从党和国家的领导制度、干部制度方面来讲,主要的弊端就是官僚主义现象,权力过于集中的现象,家长制现象,干部职务终身制现象和形形色色的特权现象。"[2]这些现象的症结归根结底在于公共权力结构的科学化、合理化问题,即缺乏完善的权力配置、明晰的权限划分与监督体系以及有效的公共权力运行的责任制度。也就是说,权力的划分和监督不够完善,由此,八二宪法顺应时代的要求,从根本大法层面上恢复和完善了中国特色的公共权力结构,从法制上改变了权力过度集中的局面,形成了有效的权力监督体系。

八二宪法把"公民的基本权利和义务"一章置于"国家机构"一章之前,意在表明国家权力来源于人民的委托和授予,突出了其宪法地位。中国人民大学法学院院长韩大元认为,篇章结构的调整体现了对人文精神的追求,凸显了宪法尊重和保障人权的核心价值,反映了国家的一切权力属于人民的宪法原则。这一改变表明人民的地位要高出国家机关、国家机构,这很有深意,表明了公民权利是本,是先有公民和公民权利,而后才有选举、授权产生国家机构及其权力。这也表明国家权力是公民赋予的,国家权力要为人民谋福祉。八二宪法对公民的基本权利总共规定了 18 条,比五四宪法多出 3 条,比七五宪法多出 15 条,比七八宪法多出 7 条,而且八二宪法对人身自由、公民住宅不受侵犯、公民的人格尊严不受侵犯等作了详细规定。这几条是针对"文革"的教训而规定的,足见八二宪法的出台满含着对"文革"的反思。其中"人格尊严不受侵犯"是第一次纳入宪法。相比"文革"时期的风声鹤唳、鹤短凫长,八二宪法对公民言论自由权利的确认和发展完善了公民政治权利体系,为

---

[1] 蒋立山:《法律现代化——中国法治道路问题研究》,中国法制出版社 2006 年版,第 211 页。

[2] 《邓小平文选》(第 2 卷),人民出版社 1994 年版,第 327 页。

公民政治参与提供了根本法律保障，是一个极大的进步。该规定让人们的政治参与度得到了很大提高，从而使政治上的决策就能够更加符合民意，真正体现为人民服务的宗旨。

八二宪法明确了国家的根本任务，确认了四项基本原则；增加了"民主集中制"的具体内容；发展了人民代表大会制度、民族区域自治制度和司法制度，增加了基层自治制度的规定；通过让公民选举和监督国家权力机关代表，间接参与国家事务的管理；通过基层民主的方式，民主选举村民委员会、居民委员会，直接参与民主组织的建设，让公民直接参与基层公共事务的管理，为公民直接行使民主权利、管理基层公共事务、参与政治生活提供了最直接的民主形式。

不止如此，八二宪法还确立了"党领导人民制定法律，党在宪法和法律的范围内活动"的党法关系原则，理顺了党法关系，巩固了党的领导，促进了公共权力运行的法治化建设，真正地实现了党的领导与依法治国的统一，摆正了执政党在国家宪政中的地位。中国政治发展的鲜明特征就是坚持党的领导、人民当家作主和依法治国的有机统一。这一鲜明特征同样也是改革开放 30 多年以来中国政治发展进程的基本经验。三者关系的有机统一源于共同的逻辑基点，即人民的权利与幸福，这同样也是中国政治发展道路的出发点与落脚点。其中规定国家领导人的任期制度，废止职务终身制也是八二宪法的重要贡献之一。八二宪法还强化了全国人大常委会的职能，将原来属于全国人大的一部分职权交由它的常委会行使，如规定全国人大常委会行使立法权，有权制定法律；并可以在全国人大闭会期间，对全国人大制定的基本法律进行修改或者补充。清晰的权力划分可以有效减少扯皮推诿现象的发生，提高行政司法效率，也是一大进步。

最为关键的是，八二宪法规定了要保护公民的合法财产，确认了国有经济和集体经济的自主权，也确认了中外合资企业的宪法地位。另外，八二宪法使得人们逐渐就注重平等、尊重人权、保护权利、鼓励公开等形成共识，这些主张与认识也成为改革开放时代人们新的价值追求。

总体而言，八二宪法以根本大法的稳定性维持了现代社会政治发展的公民权利取向，稳固了中国政治发展的制度基础，提供了政治发展的重要力量来源，推动了中国民主政治发展走向制度化和法律化，开启了中国法治发展新征程，是我国法治进程中的一个里程碑。

第五节　母法嬗变与依法治国

"现代社会呈现两个特征，即法律爆炸式增加和个人主义激进发展，这种法律的扩张也暗示着法定权利和权利意识的增长。"

——［美］L. 弗里德曼

"八二宪法"的诞生是社会主义法治理念基本框架确立的标志，这样的论断大致不错，但还是要不畏繁难，从头说起。看待某段历史或某个事件，角度不同便峰岭各异，所得体悟亦不相同。就今日而言，现代法律文化的主流就是选择、同意、自由和个人权利。[1]法律作为真正强大的权威主体在现代社会中发展蜕变，最终的结果是隐藏在现代法律背后的法律文化以及社会共识随之发生变化，而其变化又反过来成为完善法律体系的直接推力。以此反观新中国的宪政发展史，从八二宪法到后来的四个修正案，我国宪政理念似乎的的确确正在进行着某种微妙的嬗变，而这种变化与调整正是法治理念对于社会发展需要的有益反映。

一、母法嬗变——八二宪法的四次修正

（一）1988 年宪法修正案

随着改革开放的深入和社会主义现代化建设事业的发展，我国对于国家发展的关注点聚焦到了经济领域，而对于经济发展中出现的计划与市场的关系认识问题，也在长远而激烈的讨论中逐渐清晰。

––––––––––

〔1〕［美］L. 弗里德曼：《选择的共和国：法律、权威与文化》，高鸿钧等译，清华大学出版社 2005 年版，第 21 页以下。

党的十二大提出计划经济为主，市场调节为辅的政策；十二届三中全会指出商品经济是社会经济发展不可逾越的阶段，我国社会主义经济是公有制基础上的有计划商品经济；十三大提出社会主义有计划商品经济的体制应该是计划与市场内在统一的体制。国家于1987年下半年决定在上海、天津等六市和海南岛建立国有土地有偿使用试点。这些经济领域的变化和发展都对宪法提出了更高的要求。

1988年修宪是对八二宪法的第一次修改，通过了两条修正案，主要是确认私营经济的法律地位，并规定土地使用权可以依照法律规定而转让。它及时解决并修正了困扰经济发展、阻碍改革深化的若干棘手问题及缺陷。其中，第1条规定："国家允许私营经济在法律规定的范围内存在和发展。私营经济是社会主义公有制经济的补充。国家保护私营经济合法的权利和利益，对私营经济实行引导、监督和管理。"该规定明确了私营经济的宪法地位，为推动社会主义市场经济体制的建立奠定了坚实的法律根基。第2条规定："任何组织或者个人不得侵占、买卖或者以其他形式非法转让土地。土地的使用权可以依照法律的规定转让。"据此，宪法第一次在法律上承认了土地使用权的商品化。

（二）1993年宪法修正案

1992年邓小平发表南方谈话之后，改革开放的前进方向得到了进一步明确和修正。1993年修宪通过了共计9条修正案，在经济发展、政治改革、法制建设方面发挥了巨大的调整作用。例如，第3条修正案从宪法上确认了中国正处于社会主义初级阶段，使得初级阶段理论及其相关制度建设能够在宪法层面得以确立，并在其保障下顺利推行。第4条修正案是政治协商制度条款，首次在宪法上正式确立了这项政治制度在我国根本制度中的地位，并明确了政治协商制度在我国长期存在。第5、8、10条修正案将传统的"国营"表述修改为"国有"，表明对于我国曾经固守的僵化单一的计划经济方式予以改变，以适应市场经济发展的客观要求。第6条确认了家庭联产承包为主的责任制。1993年宪法修正案尤以第7条最为重要，其规定，宪法第15条："国家在社会主义公有制基础上实行计划经济。国家通过经济计划的综合平衡和市场调节的辅助作用，保证国民经济按比例地协调发展。""禁止任何组织或者个人扰乱社会经济秩序，破坏国家经济计划。"修改为："国家实行社会主义市场经济。""国家加强经济立法，完善宏观调控。""国家依法禁止任何组织或者个人扰乱社会经济秩序。"

从宪法上明确宣布我国实行社会主义市场经济制度这一革命性的法治举措，将我国经济发展推上了一个充满自由活力的历史新台阶。

（三）1999 年宪法修正案

1999 年修宪总的指导思想是，根据党的十五大精神和实践发展，只对需要修改并已成熟的问题作出修改。根据《中共中央关于修改宪法部分内容的建议》，由全国人大常委会提出的宪法修正案草案虽然只有 6 条，但意义十分重大。

1999 年宪法修正案规定中华人民共和国实行依法治国，建设社会主义法治国家；将依法治国确定为治国基本方略；规定国家在社会主义初级阶段性质；将非公有制经济确定为社会主义市场经济的重要组成部分；将长期稳定以家庭承包经营为主的责任制和完善统分结合的双层经营体制确定为稳定农村基本政策、深化农村改革的重要方针；将"反革命的活动"这一提法从宪法里删除等。这些方针和政策都是进一步解放思想、深化改革、开拓发展、依法治理的伟大成果和经验总结，并且通过修正案上升为国家意志，对理论自身加以制度化、规范化和法治化。

这次修宪还将发展社会主义市场经济作为国家的一项基本任务写进了宪法序言第七自然段，以表明中国走市场经济道路的坚定决心；将依法治国确定为治国基本方略，把建设社会主义法治国家作为法制建设的宏伟蓝图，充分表达了党和政府在国家发展的新时期追求法治的强烈渴望。

（四）2004 年宪法修正案

2004 年修宪通过了 13 条修正案，也是自采用修正案形式进行修宪以来修改幅度最大的一次，因此其内容尤为重要和丰富。

与历次修宪相比，2004 年修宪特别关注对人权和公民基本权利的宪法保护，高调地宣示了我国宪法的人权关怀，也就是被广泛提及的"人权保障入宪"。同时这也反映了政治文明建设的要求，突出强调了"保障公民权利"这一现代宪法的核心价值理念的重点是规范、限制行政权力。

具体来说，2004年宪法修正案的内容包括：确立"三个代表"重要思想在国家政治和社会生活中的指导地位；在序言中增加推动物质文明、政治文明和精神文明协调发展的内容；在统一战线的表述中增加"社会主义事业的建设者"；完善土地征用制度；进一步放宽对非公有制经济的管理，增加"鼓励、引导、支持"等内容；完善对私有财产保护的规定；增加健全社会保障制度的规定；增加尊重和保障人权的规定；进一步完善全国人大的组成，增加"特别行政区"；以"紧急状态"取代"戒严"的规定；修改国家主席职权的规定，增加"进行国事活动"的内容；地方各级人大的任期由三年改为五年；增加对国歌的规定。2004年宪法修正案总计13条修正案，其中"人权入宪"为现行宪法第四次修改的最大亮点，表达了我国以人为本、尊重和保障人权的价值追求，可谓是我国宪法政治实践和法治发展历史中的又一重要里程碑。

总的来说，我国社会在1982年以后，在政治、经济、文化等方面均发生了翻天覆地的深刻变化。人们逐渐就崇尚民主、追求自由、注重平等、尊重人权、保护权利、鼓励公开等价值理念形成共识，这些主张与认识也成为改革时代人们新的价值追求。到目前为止，1982年宪法已经经过4次修改，形成31条修正案，它们集中回应了中国法治发展30余年来在经济、政治、文化、社会等各方面发展的深切呼唤。

而修宪过程中所表现的尊重人权、崇尚法治、保障权利、废除集权、打破垄断、约束权力等价值追求，具有非常丰富的法治内涵，成为了实现依法治国、建设社会主义法治国家奋斗理想最根本的体现和最坚定的宣言。

二、定经制纬——依法治国基本方略历程概览

（一）依法治国基本方略正式确立（1997年至2001年）

1997年，党的十五大郑重地提出了"依法治国，建设社会主义

法治国家"的治国方略。十五大报告中说："我国经济体制改革的深入和社会主义建设的跨世纪发展，要求我们在坚持四项基本原则的前提下，继续推进政治体制改革，进一步扩大社会主义民主，健全社会主义法制，依法治国，建设社会主义法治国家。"

这是中国共产党在历史上第一次确立了"法治"概念，明确提出了"依法治国，建设社会主义法治国家"的目标和任务。这在政治体制改革总体思想上是一个重大的突破，主要表现在：其一，依法治国，建设社会主义法治国家，意味着必须改变"人治"状态，这必然触动传统政治体制的"总病根"——权力过分集中；其二，把改变权力过分集中，建设社会主义民主政治的思路，提升到了现代法治的高度，既适应了市场经济体制的建立，又与现代民主政治达成了一致，为从根本上改变传统政治体制提供了新的思路和制度保证。

（二）依法治国基本方略的全面贯彻（2002 年至 2006 年）

2002 年，党的十六大报告《全面建设小康社会，开创中国特色社会主义事业新局面》明确了党的领导、人民当家作主和依法治国的统一性，并且增加了中国共产党领导人民在建设物质文明、政治文明的同时，努力建设社会主义精神文明，实行依法治国与以德治国相结合的内容，表明我们已经进入了依法治国基本方略的"全面贯彻时期"。

从 2002 年 12 月到 2007 年 3 月，党和国家领导人在许多重要会议上都强调要加强社会主义法制建设，坚持依法治国基本方略，目的就是要将依法治国的基本方略作为对各级党委和政府以及广大党员干部的基本要求加以深入贯彻。

十六届四中全会《中共中央关于加强党的执政能力建设的决定》提出了"依法执政是新的历史条件下党执政的一个基本方式"，明确了发展社会主义民主政治、建设社会主义法治国家的目标、原则和方针，把"科学执政、民主执政、依法执政"作为执政能力建设的总体目标，把"坚持党的领导、人民当家作主和依法治国的有机统一，不断提高发展社会主义民主政治的能力"作为加强执政能力建设的重要内容。

十六届六中全会进一步把"社会主义民主法制更加完善，依法治国基本方略得到全面落实，人民的权益得到切实尊重和保障"作为构建社会主义和谐社会的首要目标。在纪念宪法公布施行 20 周年大会上，胡锦涛在讲话中对社会主义民主法治建设提出了"四个有利于"的要求。至此，党的十六大提出的"一个有机统一""三个执政"和"四个有利于"的思想共同构成了中国推进政治体制改革的重要指导原则。

（三）依法治国基本方略全面落实时期（2007 年至 2011 年）

依法治国基本方略的确立，是我们党治国理念和执政方式的重大转变，开启了我国社会主义民主法治建设的新阶段。2007 年我们迎来了实施依法治国基本方略 10 周年，至此，依法治国基本方略也进入了"全面落实时期"。

全面落实依法治国基本方略，是我国社会主义现代化建设和全面建设小康社会的重要制度保障，还是我国民主政治对法治提出的新的内在要求，也是我国法治不断完善进步的体现。在这个层面上，全面落实依法治国基本方略，就必须把依法治国与坚定不移地走中国特色社会主义道路、全面贯彻科学发展观紧密结合起来，与社会主义民主建设紧密结合起来，与中国社会主义经济、政治、文化、社会建设紧密结合起来，与全面推进党的建设紧密结合起来。归根结底，全面落实依法治国基本方略，就是要坚持党的领导、人民当家作主、依法治国的有机统一。

三、深源活水——法治中国概述

（一）十八大中的法治新要求

当前，我国已经进入了全面建设小康社会的关键时期和深化改革开放、加快转变经济发展方式的攻坚时期。对于中国目前改革的情况，习近平总书记有深入了解，他形象地说："中国改革经过三十多年，已进入深水区，可以说，容易的、皆大欢喜的改革已经完成了，好吃的肉都吃掉了，剩下的都是难啃的硬骨头。"[1]与此同时，我国依法治国基本方略的实行也进入到了全面推进时期。2012 年，

---

〔1〕"习近平接受俄罗斯电视台专访"，载《人民日报》2014 年 7 月 4 日第 1 版。

党的十八大报告提出了"全面推进依法治国""加快建设社会主义法治国家"的要求，并对法治建设作出重大部署，将依法治国方略提到了一个更新的高度。

（二）习总书记对法治中国相关内涵的论述

2012 年 12 月 4 日，习近平总书记在首都各界纪念现行宪法公布施行 30 周年大会上以"宪法"为主题作了重要讲话，其中关于法治中国的论述有：第一，重申宪法权威，强调宪法在法治中国建设中的重要作用，认为"宪法与国家前途、人民命运息息相关"，"如果宪法受到漠视、削弱甚至破坏，人民权利和自由就无法保证，党和国家事业就会遭受挫折"。第二，将宪法的贯彻实施作为法治中国建设的首要任务和基础性工作，因此要求"坚持不懈抓好宪法实施工作，把全面贯彻实施宪法提高到一个新水平"。

2013 年年初，习近平总书记在做好新形势下政法工作的重要指示中，首次提出了建设"法治中国"的宏伟目标，这是自党的十五大提出建设社会主义法治国家以来首次提出"法治中国"概念。同年 2 月 23 日，总书记在中央政治局第四次集体学习时，首次提出了"两个三"，即"三个共同推进，三个一体建设"的原则——必须"坚持依法治国、依法执政、依法行政共同推进，坚持法治国家、法治政府、法治社会一体建设"。习总书记指出，在法治国家中，立法方面应"随着实践发展而发展"，从而"使法律准确反映经济社会发展要求，更好协调利益关系，发挥立法的引领和推动作用"。在行政领域，行政机关应当带头守法，"执法者必须忠实于法律"。同时，"各级领导机关和领导干部要提高运用法治思维和法治方式的能力，努力以法治凝聚改革共识、规范发展行为、促进矛盾化解、保障社会和谐"。最后，公平正义是司法的最高目标，"我们提出要努力让人民群众在每一个司法案件中都感受到公平正义，所有司法机关都要紧紧围绕这个目标来改进工作"。

2013 年 11 月 9 日，十八届三中全会在北京召开。本次会议审议通过的《中共中央关于全面深化改革若干重大问题的决定》第九部分在"法治中国"和"两个三"的基础上，结合十八大提出的依法治国"新十六字方针"，专门对"推进法治中国建设"做出了系统阐述。该决定提出，建设法治中国最主要的还是建设法治政府和法治社会。只有政府是法治政府，社会是法治社会，才能称得上是法治中国。法治政府的核心思想就是通过法律来遏制政府权力，政府必须受到法制的制约，自觉维护宪法法律权威，将权力关进制度的笼子，这是对建设法治政府的内在要求。

2014 年 10 月 23 日，十八届四中全会审议通过了《中共中央关于全面推进依法治国若干重大问题的决定》，为法治中国的建设描绘了新的蓝图。这是中国法治发展历程中又一具有里程碑意义的文件。从全会发布的公报来看，十八届四中全会对推进依法治国的战略部署着眼于"全面"二字，涵盖了党、国家、社会生活以及军队建设的各个领域，实现了法治的"全覆盖"。

总体而言，建设法治中国是自党的十五大确立依法治国基本方略以来，立足于中国特色社会主义发展的新时期，提出的一个新的法治建设的总目标。该目标将要指引中国完成从一个法律大国向法治强国的转型。"截至 2012 年底，中国已制定现行宪法和有效法律242 部、行政法规 721 部、地方性法规 9200 部。"〔1〕就成文法而言，不难看出我国已经成为一个"法律大国"，但距离成为一个"法治强国"我们确实还有漫漫长路要走。正如胡建淼教授所言："法治立国、法治稳国、法治救国、法治强国，是人类文明发展的经验总结。"〔2〕

只有成为法治强国，中国的强国之梦才有望圆满。正如《韩非子》所言："明法者强，慢法者弱。"在一个国家中，只有将法治作为国家的核心价值，才能充分发挥其支撑国家复兴的作用；只有培育来自于全社会的法治信仰与坚守，才能形成国家坚不可摧的文化共识；只有切实地奉行法治，才能使我国以自信、自尊、自主之姿态屹立于世界佼者之林。

---

〔1〕　中华人民共和国国务院新闻办公室："2012 年中国人权事业的进展"，载《人民日报》2013 年 5 月 15 日第 19 版。

〔2〕　胡建淼："走向法治强国"，载《国家行政学院学报》2012 年第 1 期。

第三章
社会主义法治理论的基本原则

第一节 概 述

在现代社会，法治既是实现社会有效治理的基本手段，也是一个社会文明发展水平的重要标志。在法治社会，不确定、动乱、暴力、歧视和不公正待遇等状态让位于秩序、和平、公平和正义等价值。现代政治学理论普遍认为，法治文明是整个人类社会发展的进步阶段。在法治社会，君主的独断专行让位于制定法律的民主议会，人的权威让位于法律的权威，人们享有独立的法院公正审判的权利。法治是文明社会的保障，自由、财产和人的尊严与生命安全能够得到维护正义的法律的保障。

作为人类社会维持秩序的一种方式——法治，不是从来就有的，而是有着悠久的历史发展过程。一般认为，现代法治理念在西方孕育，法治精神作为西方法律文化的内核，伴随着西方武力和文化的外扩，逐渐散播到全世界。

法治社会是建立在民权基础上的社会。法治社会所要创造的生活图景是：政府建立在合法性的基石之上，社会运转有规则可以遵循，整个社会以个人权利为中心，法律体系能够保障整个权利救济机制的平稳运行。

一、法治的内涵

"法治"这一语词来自西方，是英语中"法律之治"的简称。人们普遍认为，古希腊城邦是西方法治精神的故土，亚里士多德首次系统提出法治说。[1]法治来源于西方且由来已久，但并不意味着法治是西方社会自然而然就有的东西。法治在西方的胜利也经历了漫长的历史过程。实际上，即便在西方人眼中，"法律之治比我们认为的更少，压制和集权则更为普遍"。[2]受罗马私法精神的影响，权利特别是私有财产权神圣等原则为古希腊法治思想的传播奠定了基础。西方法治精神的本质是权利本位主义的[3]，法律的存在是为了更好地维护个体的权利。法律之治隐含着"人性恶"的基本预设，他们认为："人生来是好胜的动物，只要环境允许，总不免专断和任性。"[4]一切有权力的人都容易滥用权力。在此预设下的法治实际上是一系列控制权力滥用的制度设计，比如立法者必须经选举产生，法律的制定必须经过民主程序以及法律面前人人平等，任何人不得凌驾于法律之上等原则。法治社会是维护宪法和法律之上的社会，以宪法和法律为根本的权威。

亚里士多德曾对法治的含义作出经典阐释，即法治本身应包含两层含义：一是，已成立的法律能够获得普遍的服从；二是，大家所普遍服从的法律本身又是制定得良好的法律。从这个定义出发，可以推论出，法治的要素有两个，第一个是良法，第二个是社会中法律的信仰。1885年英国著名宪法学者戴雪在他的经典名著中，从实证主义哲学的角度界定了英国的法律之治。他认为，法治具有三层含义：第一，法治意味着国家中的普通法在社会中居于绝对权威

---

〔1〕 钱鸿猷："西方法治精神和中国法治之路"，载《中外法学》1995年第6期。

〔2〕 [英]丹尼尔·汉南：《自由的基因：我们现代世界的由来》，徐爽译，广西师范大学出版社2015年版，第13页。

〔3〕 刘小平："法学中西之间：西方法学在中国法学理论体系建构中的构建和定位"，载《法制与社会发展》2012年第6期。

〔4〕 [英]丹尼尔·汉南：《自由的基因：我们现代世界的由来》，徐爽译，广西师范大学出版社2015年版，第13页。

的主导地位，以此来对抗社会中的专制权威和政府手中大量的自由裁量权。同时主张法不禁止即自由，任何人不得因法律未禁止之行为而受罚。第二，法治意味着法律面前人人平等，即英国国内普通法通行于全国，社会上所有阶层都要遵守法的约束，破除当时英国政府存在的特权思想，反对采用处理个人与行政机关纠纷的行政法院，关于法律权利和法律责任之诉讼行为皆由普通法院加以审理。第三，法治以个人为起点，是保护个人权利的结果，明确了权利先在于法律的理论。〔1〕

由以上法治的含义可以概括出法治的几个基本特点：首先，法治的前提是对个人作为独立人格的强调和尊重，明确法律的主权源起于个人权利先在的思想；其次，法治的基石是对权利保障进行的立法并使得法律制定过程在全社会得到参与、宣示和公开；最后，法治的根本在于对法律的依赖和尊重，社会依法律而治理，公民依法律而做出相应作为。

近代以来，法治理论和法治实践的发展取得了丰硕的成果。就全世界发展范围来看，现代政府体制基本成熟，公民基本权利得到保障，社会秩序稳定有序。然而，这一切法治发展的成果不是一蹴而就的，是人们经年累月长期斗争所沉淀下来的人类共同的文化遗产。尽管如此，各国的法治模式还是具有各种各样的形态，反映了法治文明形成背后深刻的文化背景。一定的法治道路的选择不可避免地会受到这一国家或民族的文化传统的影响。"人类法治史表明，某种特定的文化模式不仅深刻影响人们对法律的认知、情感和价值评价，而且还在一定程度上决定法律的性质及其实现程度。"〔2〕因此，法治的原则和理念在全球范围内是一步步确立起来的，但是在法治思想发展的起源地，或对法治思想的形成具有决定性作用的那些文化力量，是我们研究法治不可忽略的因素。法治思想在本源上来源于西方，考察法治文明在西方发展的文化背景和社会土壤，有

〔1〕 参见［英］戴雪：《英宪精义》（第2篇），雷宾南译，中国法制出版社2001年版。

〔2〕 蒋先福：《契约文明：法治文明的源与流》，上海人民出版社1999年版，第1页。

助于我们更好地理解法治精神的真义，找到法治理论最本质的属性，从而总结法治理论的一般规律和原则。

（一）个人价值

法治的一切目的是为了保存"人"，维护人之为人的价值和尊严。"西方文明，无论是精神还是制度，都是伴随着人的价值的不断发现逐步向前演进的，也正是在人的价值的发现过程中形成了西方人文精神和法治。而在西方人文精神的蓄积和演进过程中，法治吸取着人文精神丰富的'养料'，从观念萌生发展到制度的确立，都一直在人文精神的哺育中成长。从该意义上讲，西方社会是在'人的发现'时塑造了它的人文精神，同时又是在'人的发现'过程中'孵化'出了自己的法治。"[1]在西方的政治法律文化传统中，法治始终和专断、充满独断的不确定性相对立。自文艺复兴运动以来，人文主义对于人的价值的提倡，一方面发现了存在于人自身内部的个体的价值；另一方面也是对抗神学权威、摆脱教会神权专制统治的过程。因此，西方法治文明的发展历程实际上暗合了思想界的两股暗流，其一是人文主义的复兴，其二是神学权威和宗教权威势力的衰落。

在摆脱中世纪的神权禁锢之后，兴起于文艺复兴时代的人文精神，对抗一切权威所代表的专断势力，从宗教改革和宗教宽容中逐渐淡化宗教统治的权威力量，解放人的天性，提倡人类追求此岸的幸福。在文艺复兴浪潮的鼓动下，人的价值不断得到挖掘，个人权利得到提倡和维护，人格尊严和人的自我意识得到启发。随后欧洲大陆爆发了以追求自由、平等、人权、博爱和现代民主为目标的启蒙运动。从历史渊源上看，从文艺复兴时代所包含的个人价值，宗教改革时期人的天性的解放，到鼓动了自由、民主、平等思想的启蒙运动，再到欧洲大陆发生的大革命所包含的自由、平等、博爱的价值追求，这些重视人、看重人的价值的革命或运动像一次次精神洗礼，成为西方法治文明的精神内核，形塑着西方现代性的法律制度的走向和设计。这一切都源于个人价值的揭示和发现。个人价值

[1]　汪太贤："人文精神与西方法治传统"，载《政法论坛》2001 年第 3 期。

作为一个引子至少在以下几个方面影响着近代西方法治主义思想的形成。

第一，个人价值是西方法治理性的基础。西方法治理性是对人类长期生活经验的总结。人们认为，通过这样一种制度设计，人能够结束一种无秩序的自然状态，进入到有序的生活状态中去。而有序的生活保障需要良性的制度来实现和维持。法治是城邦或国家实现良性的社会秩序、实现公共利益最伟大的途径。因为法治不仅有效规避了以往专断权威的独断专制，它还建立在人的价值的保护和维持的基础之上。对个人主义的强调和对个人价值的追求奠定了西方法治理性的基础。

第二，个人价值是推动西方法治向前发展的强大动力。耶林曾经在其著名的《为权利而斗争》的演说中申述了斗争对于法权的重要意义。对于法治理论的发展和法治精神的推进，个人价值同样重要。法治是为了更好地实现个人价值的法律，从对个人价值的关怀衍生出自由、公平、平等、正义等价值。上述价值的不断丰富，推进了法治理论的发展。另外，公民的法治意识和法律实践也推动着法治理念的更新。以个人价值为中心的法治观反过来催生了社会对法律的基本信仰，从而形成了个人价值——法律实践——法律信仰——法的价值的良性互动。公民法治意识的形成，对整个社会的法治进程具有良好的促进作用。

第三，个人价值成为西方法治主义的精神内核。权利和自由构成西方法治精神的两大基石。西方的个人主义将人放在核心位置，以个人的自由和权利作为崇高的价值追求。法治的这一理想目标与西方的个人主义的结合催生了西方自由主义的法治思想。这种发源于人文精神的个人主义，实现了和法治思想的完美结合，催生了西方自由民主的法律传统。"文艺复兴时期以人文主义、人道主义为主题和启蒙时期以近代民主、自由为核心的人文精神，铸成了西方法治的自由、平等价值。"[1]

---

[1] 吴丹梅："法治的文化解析"，黑龙江大学 2003 年博士学位论文。

（二）契约主义精神

契约主义是理解西方政治法律思想的基础理论之一〔1〕。在卢梭的《社会契约论》中，他将社会的原始状态假定为人的自由自在的自然状态。而人与人之间纠纷的存在破坏了这种自然状态，为此，每个人将自己的权利部分让渡出来，组成政府，维持有效的社会秩序。近代西方契约文明的兴起和契约经济的迅速发展有关。英国一直以法治主义的母国自居。通过阅读英国历史，我们会发现，在长期的斗争中发展出来的财产自由和财产安全权，以法治的名义得到了保障。法治下的财产权反过来催生了英国的工业化和资本主义精神，而契约主义精神随着殖民者的步伐散播到了世界各地。因此，契约经济本质上就是法治经济，它尊崇合同之治，信守条约自由，尊重条文规范在明确双方权利义务方面所起的作用。将契约主义理论和现实的政治架构在实践领域最完美的结合非美国宪法所属。契约主义理论伴随着美国宪法的巨大成功而声名远播。

从文化源头上来看，有人认为契约主义最早可以追溯到古希腊，古希腊思想家关于自由、理性和正义的观念奠定了契约主义的理论基础。从另一源头上看，契约主义则很可能最早来源于基督教经典《圣经》。《旧约》中的《摩西五经》提到上帝与其子民所立之约，这种立约思想对人类最早的规则意识必然产生一定影响。在基督教的早期发展史中，教会和世俗王权之间不得不展开权力的斗争，宗教教义和世俗立法在社会上相互竞争并不断渗透。随着宗教势力的壮大，教会法在社会上的影响力骤增，一系列诸如正义、平等、律法权威等观念逐渐渗入到世俗社会中来。〔2〕到中世纪后期，教权与王权在斗争中两败俱伤，法律至上主义异军突起，法律在社会上逐渐取得权威地位，契约主义逐渐从人与神之间的立约，转变为个人与政府之间的立约。

---

〔1〕　这种观点也和近代中国接受的西方思想有关系。2006 年，《环球时报》统计的对中国近代影响最大的 50 名外国人中，排在第一位的是卢梭。在 2008 年出版的《影响近代中国的 100 种译作》中，卢梭的《社会契约论》就在其中。参见徐国栋："论卢梭在社会契约论思想史上的地位"，载《法治研究》2011 年第 4 期。

〔2〕　参见王世佳："基督教传统与西方法治"，北方工业大学 2009 年硕士学位论文。

契约制度在社会上的建立促进社会成员间的身份制度发生了从身份等级序列到更为平等自由的契约主体的变化，[1]这一变化为人类摆脱人治状态走向法治状态创造了社会条件。

契约文明所形成的概念和理念也在悄悄地改变着人们对个人与政府、个人与社会、人与人之间的社会关系的思考，人们开始用契约主义理论形塑现代政治架构。公平、平等、自由等法治的价值直接来源于契约主义的交易规则，并为民主法治思想的形成提供了思想来源。社会契约主义对政治理论的贡献演化出三权分立、权利的分立和制衡的思想等。

契约文明从其诞生之日起，就具有摧毁专制统治的政治法律意义。因为契约自由不仅影响了人们观看自己和他人的方式，也推动了以意思自治为中心的市场经济的繁荣和发展。市场经济的诞生必然对原有的经济秩序带来难以避免的破坏，一种新的经济秩序建立起来之后，必然呼应与之相适应的上层建筑。

（三）市场经济

法治思想的形成和法治文明的发展与西方进入近代以来快速发展的经济活动有着紧密联系。拿马克思主义原理来说，经济基础决定上层建筑，一定的经济基础必然产生与之相适应的上层建筑。考察英国法治发展的历史，我们也可以发现，光荣革命的发生和带有经济因素的纳税权之争之间有着直接的关联。近代以来，市场经济以等价交换为基本内容，将身份平等作为等价交换的交易规则，为法治文明的产生提供了追求公平和正义的社会土壤和经济条件。市场经济的前提和基础是所有权神圣和私权本位主义，维护个体的经济利益和经济权利成为社会交往的重要内容和强大动力。人们在尊重自由交换、平等交易的市场中生活，逐渐改变了社会成员间的关系属性。个体逐渐打破阶级壁垒和身份的限制，实现了从身份到契约的转变，从而社会成员之间的关系必然也会发生相应变化。人们开始追求人的主体地位、平等权利、社会公平和自由正义。建立在

---

〔1〕 蒋先福：《契约文明：法治文明的源与流》，上海人民出版社 1999 年版，第 56~61 页。

自由交换市场基础上的契约自由交易规则潜移默化地影响着人们之间的相处模式，人们更愿意在平等、自愿、等价、有偿的原则下进行彼此有利的交往和交易，这种私法上的行为规则必然会对公法领域产生一定的影响。人们用私法自治原则所形成的概念和理念去思考个人与政府、个人与社会、人与人之间的社会关系的处理方式，是能够想见的。这是私法自治原则对法治思想的形成，在早期概念和原理上所能起到的启蒙意义。

现代市场经济和法治社会的有效结合，不断丰富和发展着现代法治思想。现代市场经济的显著特征即法治经济，自由的市场交易活动离不开法律的规范和约束。在这种长期的合作中，市场经济和法治社会相得益彰。法制完备的法治社会能够为市场经济的良性竞争和发展提供必要的法治保证，而市场经济的活跃和开展使得人们逐渐养成遵纪守法的良好习惯，法治社会也日趋成熟。在社会交往的大环境中，法律的规范作用潜移默化地深入到各个环节和领域，不仅成功地将国家（政府）、社会组织和个人的活动和行为紧密联系在一起，形成一个休戚与共、利益相关的法治经济共同体，而且在这个过程中，源于市场经济的自由、公平意识和源于法治的规则和制约惩罚机制共同影响和支配着社会成员的交往行为。在私法领域，人与人之间遵循着市场经济确立的意思自治的私法自治规则；在公法领域，个人与政府之间形成"政府的统治建立在个人的同意的基础之上"的宪政规则。

（四）公民意识

公民意识是指在公民在个人与政府之间的关系中对自身的权利和义务有着清醒的认识并具备公民能力的一种觉悟。现代法治社会，是强调公民积极参与政治决策、表达意见，参与制约权力和保障人权的社会。"公民意识是对抗和克服人治的重要自觉力量，是制约权力、维护权利，实现依法治国的重要环节。"[1]

具备良好的现代法律意识和自治能力的现代公民是建设法治国

---

〔1〕　马长山："公民意识：中国法治进程的内驱力"，载《法学研究》1996 年第 6 期。

家必要的社会条件。在法治国家的发展过程中，除了法治思想观念的启蒙与传播外，具有普遍性价值的公民意识是其功成名就的社会心理原因和前提。[1]然而，没有法治的实践，则不可能存在成熟的公民社会。这个问题似乎陷入了鸡生蛋还是蛋生鸡的怪循环中。一百多年以前，胡适先生对这个问题的回答是："先要有了水，才有会游泳的可能。"他的意思是说，我们先要创造一个良好的法治的制度环境，然后才可期于公民社会之养成。

在古希腊，通过亚里士多德对公民概念的阐发，公民和城邦之间确立起一种相扶相依的共存关系。一方面，城邦是公民的城邦，是城邦的主人，具有参政和守法等权利和义务；另一方面，公民是城邦的公民，要服从城邦的统治。[2]在亚里士多德看来，公民之间地位平等，对城邦事务的管理享有同样的权利，履行同样的义务。在此，亚里士多德将参政、表达意见、平等、参政能力等理念输入到公民的概念中。卢梭在《爱弥儿》一书中对公民概念的理解是，公民是一个群的概念，区别于自然人，公民的认定标准是能够参与政治决策过程，并且决策结果能够在现实生活中被实施。[3]近代以来的文艺复兴运动和启蒙运动，使"人"的观念得到强调，"个人"与"国家"的二元对立格局逐渐形成。反映这一历史时期价值理念的，诸如自由、财产、安全和缔结契约成立国家的权利，强调自由、平等、博爱的精神，不断丰富着公民的概念，与国家主义相对立的个人主义成为公民概念的新内容。公民概念与近代西方的发展历程和民主政治发展历程紧密相关，公民概念不断得到丰富和完善。良好的公民意识至少包含以下几个方面的内容：

首先，公民意识意味着公民拥有自主参加国家管理、参与政治事务的能力。在古希腊，公民大会是城邦最高权力机构，公民参政议政，参加法庭审理，制定法律，议定城邦事项，有效维持了城邦的合法秩序和统一。亚里士多德认为，多数人的智慧要高于一个人

---

[1] 魏健馨："论公民、公民意识与法治国家"，载《政治与法律》2004 年第 1 期。
[2] 参见 [古希腊] 亚里士多德：《政治学》，吴寿彭译，商务印书馆 1997 年版。
[3] [法] 卢梭：《爱弥儿》，李平沤译，商务印书馆 1978 年版，第 89 页。

或少数人的智慧，而一个优良政体必然是能够照顾到全体城邦人利益的政体，公民参政议政，能够有效地解决整个问题。[1]近代以来，公民的政治权利是实现政府权力运行合法化与合理化，确保各项法律政策更加民主与科学的必要程序和有效保证；同时，公民的政治权利的行使能够监督政府权力的运行，使其不致遭到滥用。

其次，公民意识意味着公民具有守法护法意识。亚里士多德认为，法治包含两个方面，其中第一个方面就是已经成立的法律能够获得普遍的服从。服从法律的约束成为公民的主要任务。除此之外，自觉守护法律的神圣尊严，维护其在社会生活中的权威性也成为公民的神圣义务。这一方面最为有力的证明莫过于"苏格拉底之死"。[2]

再次，公民意识意味着政府的统治要基于被统治者的同意。公民意识不仅意味着政治乃众人之事，它同时开启了个人和政府（或国家）二元对立的政治架构的理念。政府的统治来源于公民的统一，且政府首脑必须是民选的。这一理念打破了世袭王权体制的传统，将宪政理念和政府统治结合起来。

最后，公民意识意味着公民的基本权利得到保障，不受非法律限制以外的惩罚或制裁。公民的权利意识是法治社会形成的最大动力。每个人都是自身权利的最佳守护者。当公民开始意识到权利神圣，其必然会动用各种途径和手段进行维护。而在现代社会，通过法律途径保障自身权利，是和平且稳妥地维护自身利益的最佳手段。当公民的基本权利能够得到法律的保障时，公民对法律的信仰，对法律的维护也会逐步实现。

在人类逐渐摆脱专制的人治状态走向法治文明的道路上，任何国家的法治发展历程都有不同的文化因素在发挥着作用。然而，文化并不是孤立的自然现象，它是依附于人类生活共同体的社会想象。

---

[1] 参见［古希腊］亚里士多德：《政治学》，吴寿彭译，商务印书馆1997年版。

[2] 公元前399年，苏格拉底被控告不敬神灵且蛊惑青年等，依照当地律法，被判处死刑。尽管当时苏格拉底的朋友有心营救，但是最后却遭到了苏格拉底的拒绝。苏格拉底给出的理由即是，公民都有守法的义务。参见《柏拉图全集》（第1卷），王晓朝译，人民出版社2002年版，第44页。

因此，有文化的兴起，也有文化的传承和交流。一种优秀的文化，必然是有益于人类共同生活、符合人类基本价值观的文化，这种文化必然有着长久的历史穿透力和宽广的地域跨越能力。法治文化就是这样一种携带着人类共同价值观的文明，它代表着人类普遍承认和追求的利益和价值，这样的文化必然能够推动人类文明的进程。我国虽然在传统上没有契约文明，没有文艺复兴时代的个人主义，也没有产生自由竞争的商品经济，但这并不表明我们没有发展法治文明的土壤和条件。中国的法治之路需要挖掘中国的本土资源，培育具有中国特色的法治理论，开创适宜中国国情的法治实践，建设中国特色的法治国家。

二、法治的本土资源

中国古代社会不存在现代意义的法治理念。一般认为，中国的法治理念是近代以来学习西方的结果，即法治是一个漂洋过海的外来词汇，在中国经历了一个中国化的过程。

中国近代的法制改革和法治实践早在一百多年以前的清政府立宪改革时期即已展开。彼时的中国为帝国主义列强所欺凌，在丧权辱国的时代背景下，中国所进行的法制改革具有服务于国家富强的工具性，当时的立宪改革更多的是在一种寻求富强的语境下展开的，体现的是中国想要改变被瓜分命运，实现独立、富强目标的强烈渴望。[1]

从1949年新中国成立，到20世纪90年代，中国与世界的关系模式发生了翻天覆地的变化。冷战结束以后，意识形态的冲突逐渐减弱，世界一体化进程加快。伴随着知识与资源共享，带来了越来越高程度的全球普世的价值认同。在全球化这一浪潮的鼓动之下，随着世界各国在社会、经济和文化方面的交流日益频繁和逐渐深入，当代中国社会所面临的是一个价值日益均质化、雷同化的全球社会。处于全球化进程中的民族国家，在肯定文化差异性和多元性的基础

---

〔1〕 参见［美］本杰明·史华兹：《寻求富强：严复与西方》，叶凤美译，江苏人民出版社2010年版。

上，尤其应当关注在各种复杂的文明社会中维系着文明生活的那些基本价值，中国融入全球化的浪潮已经难以避免。另一方面，随着中国改革进程的深入，我们的改革成果已经引起全球瞩目。许多西方政治家从战略角度出发，凭法治、人权等借口，频频向中国施加政治压力，以达到遏制中国的目的。在这种形势下，中国所进行的法制改革既无法回避已经获得世界认同的人类共同价值，更不能盲目接纳通行于西方世界的政治思想学说，因而有必要在立足于自身国情的基础上，提出适合自身国情的法治理论。然而，长期以来，因意识形态冲突带来的各种压力以及各种因素的影响，我们不仅对通行于西方的价值观缺乏客观而系统的了解，也对自身的文化传统和价值体系缺乏认真而严谨的研究。在东西方价值观迥异的历史背景下，缺乏对彼此价值体系认真而严谨的研究，使得东西方对话变得十分艰难。西方罔顾东方价值，使得生活于西方世界的人们偏执地向东方推行自己的价值观。而通过研究可以发现，近代以来，与西方有着迥异的文化传统的东亚国家，无一例外地有着与西方世界完全不同的现代化模式。鉴于中国在世界体系中日渐突出的重要位置，寻找一种尊重中国自身历史和文化传统的崭新的法治化道路，既是中国参与全球平等对话的需要，也是进行国内治理，实现现代化转型的必行之路。

近代以来，中国所进行的法制改革均与西方有关，在法学研究领域，中国法学理论体系的构建也主要借用西方概念。中国特色社会主义法治理论的建立和研究也正经历移植借鉴和国情回归两个阶段。一味地"移花接木"难收实效，闭关锁国更不可求，唯有在全球化语境下考察各国法律制度，认清西方法治主义的源流，并对我国基本国情进行精神回望，才能使依法治国的理论和实践的科学发展步入正轨，使之趋于合理和完善。

在现代国家中，依法治国已经成为现代国家治理模式的一个不可回避的历史选择。但是，依法治国理论在东西方有着怎样不同的思想内涵，这是我们不能回避的理论课题。

1840年鸦片战争爆发，在很多年以后，一些学者把这个特殊的时间点作为中国近代化的开端。在一个时期里，"近代化"和"西化"的概念是画等号的。在武力入侵的同时，西方把法治文明带到中国。但东亚法治文明的现代含义是来源于西方，却又异于西方的。因为中国在学习西方的过程中，既吸收有益成分，也进行了一些抵抗。[1]对于中国的士大夫来说，保存信仰和保存国家是不可分割的。[2]因此，在历史发展的宏观视野内，中西方文明在相遇的开始就开展着对话，而不是简单地模仿。

狄百瑞在《东亚文明：五个阶段的对话》序言中写道："我的意图是把东亚的统一性和分歧性作为多文化的世界文明的一个典型来阐述；而未来多文化的世界文明必须是在各种基本上由人类所共享的价值基础上来肯定文明分歧的价值。"[3]

英国的马丁雅克在其《当中国统治世界》[4]一书中认为，中华文明的价值伴随着中国崛起渐渐影响着西方人，西方人也开始试着了解中国。中华文明作为古文明发源之一，它的发展脉络一直没有中断，而仅仅被一场战争的硝烟遮挡住了。这场战争就是近代以来的中西文明之争。我使用的"近代"这个概念本来也来自西方。近代以来，伴随着武力和宗教乃至法律的发展，西方价值观一直影响着中国，但是，中国仍自然或不自然地保存着叫作"伟大传统"的东西。顺着作者的思路，笔者试着了解中华文明内在的连贯性，从而找寻思考近代中国法治的三个方面：

（一）传统理念中的德治

殷商时期的甲骨文的刻辞，虽然仅仅代表的是统治者和神明之间的一种私人沟通，但是这一时期却蕴藏着后来中国文明的许多观

---

[1] 日本学者竹内好在《何谓近代——以日本与中国为例》中对比了中国的近代和日本的近代，因为日本的优等生文化，整个日本的近代化过程浸淫在对欧洲"优越文化"的眷恋里，而东洋正是由鲁迅的抵抗而成全了自我。参见［日］竹内好：《近代的超克》，李冬木等译，生活·读书·新知三联书店2005年版。

[2] ［美］本杰明·史华兹：《寻求富强：严复与西方》，叶凤美译，江苏人民出版社2001年版，第18页。

[3] ［美］狄百瑞：《东亚文明：五个阶段的对话》，何兆武、何冰译，江苏人民出版社2012年版，中文版序言。

[4] Martin Jacques, *When China Rules the World: The Rise of the Middle Kingdom and the End of the Western World*, Allen Lane/Penguin, 2009, p. 579.

念，比如对祖先的崇拜。艾兰在其所著《早期中国历史、思想和文化》一书中认为，中国宗教至少建立在三个原则之上：①人死后继续存在；②对生者发挥力量；③需要从生者那里得到食物和养料。

从殷商时期占卜甲骨的文字可以推断，早期中国宗教存在以下特点：①天神的政治化；②历史的神话化；③神话系统化的缺乏。

沃尔夫在其所著《神、鬼和祖先》一书中写道，在中国，神、祖先和鬼魂三者都被认为是死者的亡灵。他们曾经生活在一定的时间和空间里。在这个世界上，死者需要从生者那里获得食品，生者从死者那里获得护佑。生者和死者联系的渠道是祭祀，而很少有人考虑鬼魂之间的具体关系。

在这些活动中渐渐发展出中华文明的一些核心价值，如孝、敬、王道、礼等观念。[1]由这些核心价值发展而出的政治话语体系形塑着政治统治制度，为中国传统统治结构和秩序作出解释。19世纪中期以后，伴随着西方势力来华，西方法治理念渐渐对这一套话语体系起着瓦解作用：承认西方法治文明必然意味着对中国传统的儒家文明进行抨击。但是，面对着法治的"跨语际旅行"，流行于西方的法治理念又必须用中国传统话语体系来书写。因此，中国法治文明必然带着强烈的中国传统文明的痕迹。

儒家对个人或人的典范，以及家庭中和亲族中的礼仪秩序，最好地体现了儒家信用社会的理想的结构和进程，儒家最终获得统治地位，其核心价值表现在君子的学问和道德责任上。[2]在古代中国，统治者的高贵源于和神灵的私人沟通，统治者的合法性来自于礼仪和教养。因此，"对于一个将要成为领袖的人来说，并不是君子或者贵族的世袭特权使他获得资格，而只有个人德行的品质才能博得尊敬"。[3]这种以德治国的文化在现代中国仍然有所保留。

---

〔1〕［美］艾兰：《早期中国历史、思想和文化》，杨民等译，商务印书馆2011年版，第154页。

〔2〕［美］狄百瑞：《东亚文明：五个阶段的对话》，何兆武、何冰译，江苏人民出版社2012年版，第19页。

〔3〕［美］狄百瑞：《东亚文明：五个阶段的对话》，何兆武、何冰译，江苏人民出版社2012年版，第3页。

（二）东亚文明的交融

中国文明的古典遗惠被传到了较为落后的东亚各国中间，它对其他民族产生了深刻的影响。[1]东亚各文明主体之间存在着以中华文明为主体的交流与对话。因此，虽然 20 世纪以后，东亚各国纷纷进行了法治现代化的建设，但是文明间相互交流的痕迹也体现在东亚各国法治文明上，东亚各国的法治文明出现在差异基础上的共同性倾向。

从纯粹中国历史的视角来看，佛教是在一个政治和军事混乱的时期深入中国的，当时传统的制度是最无力设置其文化防御的，因为佛教为当时苦难中的人们提供了一剂止痛药。[2]因此，佛教很快在中原地区取得优势地位。值得注意的是，佛教并没有自身确定的权威中心，故更容易接受皇权。当它参与国家建设过程时，便成为一种"国教"，从一开始就在皇帝的庇护和保护下得到发展。东亚文明圈内的宗教势力几乎不存在与王权能够相抗衡的势力均衡状态。或许，从另一个角度说，在中国，宗教并没有真正意义上完全和政权站在对立的位置，它们要么站在一起，要么是一个政权利用其中某一种宗教的力量针对另一个政权。对于大部分人来说，宗教真正的舞台仅仅设置在生活领域的琐碎事务上，而没有真正走到国家层面，因此，包括儒教教条在内的教义，涉及的领域和事项大都限于个人修身养性的道德范畴之内。

值得研究的是日本圣德太子[3]的"十七条宪法"。该法律文件并不是作为西方意义的"宪法"来使用的，而是一套政府行为的基础道德训条以及政治方针。[4]这是儒教本身对修身齐家之后的进一步要求，反映在政治领域，即"治国平天下"。即便如此，"治国平

---

[1] [美]狄百瑞：《东亚文明：五个阶段的对话》，何兆武、何冰译，江苏人民出版社 2012 年版，第 19 页。

[2] [美]狄百瑞：《东亚文明：五个阶段的对话》，何兆武、何冰译，江苏人民出版社 2012 年版，第 20 页。

[3] 圣德太子（574~622），用明天皇的第二皇子，采纳佛教和中国政治制度的日本政治家。

[4] [美]狄百瑞：《东亚文明：五个阶段的对话》，何兆武、何冰译，江苏人民出版社 2012 年版，第 25 页。

天下"的规劝很难说是政治意义的，它仍然牵涉的是"从人成长为一个君子"的历程。"十七条宪法"中大部分内容都来自儒家经典，比如第一条，以和为贵，无忤为宗。其中很多条涉及的许多政治制度都得自中国的模式，这反映着已经出现了古典儒教和汉代制度之间的对话。[1]新儒家时期强调儒家人生原理的可应用性和可验证性，这又和佛家对任何经久不变的实质或性质采取怀疑正相反，新儒家的这种实用之学正和佛教和道教的空虚之学相对立。[2]伴随着对佛教的公开摒弃，却有一种强大的倾向要默默地追赶那种感人的精神性。颜回是孔子的得意门生，虽然贫困，却始终沉浸于学习的欢乐氛围中，这被狄百瑞理解为佛教精神性不为人知的影响。[3]

关于东亚的近代化，很多人均以 1840 年作为中国近代化的开端，而以 1853 年作为日本近代化的开端之年。这两个年代就东亚文明自身的发展成果而言不足以用来划时代，那什么起着划时代的作用呢？无疑是东亚对于西方文明的反应，因为这两个年代都是东亚遭遇西方的年代。

这也能够部分地解释，为什么在东西相遇的时刻，不管是东亚自身还是西方人，其反应都是相同的，那就是东亚必须追上西方。在这一时期，日本态度已经十分明朗，鲜明的"优等生文化"在这一时期生长出来。从相同的态度或许可以看出，西方已经成为一个特点鲜明的参照系，而原本自在自为的东方世界正普遍经历一场被西方这个参照系进一步"他者化"的历程。

尽管以西方为范式的自由主义式法治主义的幽灵已经誉满全球，但东亚文明仍应在自己传统文化的基体内研究适合东亚文化圈的法治发展之路。因为无论在历史上、文化上还是在地域空间内，东亚

---

〔1〕［美］狄百瑞：《东亚文明：五个阶段的对话》，何兆武、何冰译，江苏人民出版社 2012 年版，第 29 页。

〔2〕［美］狄百瑞：《东亚文明：五个阶段的对话》，何兆武、何冰译，江苏人民出版社 2012 年版，第 43 页。

〔3〕［美］狄百瑞：《东亚文明：五个阶段的对话》，何兆武、何冰译，江苏人民出版社 2012 年版，第 44 页。

文明圈始终客观地存在着。

（三）法治的中国话语体系

近代以来，关于法治的理论研究一直处于西方价值的包围之中，因此人们讨论的法治在很大程度上也受到西方自由主义法治理论的影响。西方法治理论有着深厚的西方文化土壤，中国在选择学习和借鉴西方法治理论时，常常忽略了中国传统文化的历史惯性，忽视了法治中国化过程中的中国土壤。这一问题逐渐引起一些学者的注意，探索法治的本土化资源，构建法治的中国话语体系，日益成为中国法治理论研究的新趋势。

沟口雄三的《作为方法的中国》一书论证了中国近代化的一体性，在承认外来文化影响的基础上，强化东亚近代化的独特性。尽管法治文明作为现代政治文明的重要组成部分已经成为基本共识，但是，不同的文化基体所培育的法治社会状态必然呈现出多元化的差异性。中国法治社会的构建和发展离不开具有中国主体性的法治话语体系的构建。这一构建过程需要对中国传统文化有深入的理解和研究。将普适性的价值理念根植于中国特殊的社会现实和文化土壤，方能构建出体现中国国情的法治话语体系；也只有通过在理论上对中国法治话语体系进行重新研究和构建，才能够为社会主义法治理念的发展和实践提供宽阔的理论空间和知识支持。社会主义的法治理论，首先必然是由中国法治话语体系构建出来的法学理论、法学原理、法律文化、法律知识、法律技术、法律思维等一系列概念体系和制度体系的综合。[1]

三、社会主义的法治理念

新中国成立以来，我国的法治理念经历了法治与人治、依法治国基本方略和社会主义法治理念三个重要的发展阶段。通过对这三个阶段的梳理，我们可以发现，通过几十年的不断批判、反思和修正，在建设法治中国的道路上，具有中国特色的社会主义法治理论不断凝聚共识，将法学的理论发展和现实的法治实践相结合，实现

---

〔1〕 顾培东："当代中国法治话语体系的建构"，载《法学研究》2012 年第 3 期。

了理论研究和社会实践的良性互动，推动了中国的法治水平不断提高。本书将社会主义法治理论在中国的兴起看作一个法律现象，通过分析这种法律现象产生的历史背景、发生和演变的历程，尝试解读此种法律现象在当下中国的现实情境中的理论源头和价值意义，进而阐述此种法律现象在理论层面上的中国特殊性。

（一）人治与法治之争

毛泽东先后在《论人民民主专政》《论十大关系》《关于正确处理人民内部矛盾的问题》等文章中阐述了新成立的人民政权法律的性质和任务，确立了新政权法律的性质和任务。新中国初期的法律理念是"坚持法律为政治服务，在政法实践中坚持群众路线，创造并建立了一系列依靠人民、方便人民、服务人民的法律理念和法律制度"。[1]

1956 年 9 月，董必武在中国共产党第八次全国代表大会上分析了人民民主法制的基本经验、存在的问题和问题的根源，提出了加强社会主义法制建设的建议和坚持依法办事的主张。[2] 在《正确区分两类矛盾，做好审判工作》一文中，董必武提出国家机关特别是审判机关应该严格依法办事，审判人员必须严格对待每一件案件，正确地使用政策和法律，将国家的主要任务由解放生产力转变为保护和发展生产力，这些重要的改革举措成为社会主义法治理论的重要组成部分。

伴随着对废除国民党"六法全书"等问题的讨论，人们逐渐出现了片面否定一切法律制度的倾向。"文化大革命"的爆发，是对法律文化和法律文明的断然否定，国家一时陷入"无法无天"的非常状态。

经历"文革"时期没有法治的混乱局面，20 世纪 80 年代，人

---

〔1〕孙国华、张小军："从人民民主专政的法制理论到中国特色社会主义理论体系中的法治理论——中华人民共和国六十年的实践探索"，载《朝阳法律评论》2009 年第 2 期。

〔2〕在这次会议上，董必武提出依法办事是加强法制的中心环节，并提出依法办事主要包括两个方面：第一，必须有法可依；第二，要有法必依。参见《董必武法学文集》，法律出版社 2001 年版，第 352 页。

们对"要法治还是要人治"已经达成了"要法治不要人治"的朴素共识，[1]公检法系统重新开始运作，社会秩序得到恢复。十一届三中全会以后，邓小平旗帜鲜明地提倡民主和法治的制度化、法律化，将法律制度的构建提上日程，并在此基础上提出"有法可依、有法必依、执法必严、违法必究"的十六字方针，中国的法治建设逐渐步入正轨，一系列基本法律相继出台，社会主义法律体系不断得到完善。

（二）依法治国理念

伴随着社会主义法律体系的不断完善，法治在国家治理过程中发挥着越来越重要的作用。1999 年 3 月 15 日，第九届全国人民代表大会第二次会议通过了宪法修正案，把"依法治国"正式写入了宪法，规定："中华人民共和国实行依法治国，建设社会主义法治国家。"依法治国，是中国加快建设法治国家，进行国家治理体系和治理能力现代化建设所提出的重要举措，是转变国家治理模式，建设现代化国家的伟大尝试。自依法治国理念入宪以来，中国特色的法治理论和法治实践得到了快速的发展，形成了一系列法治发展和改革的成果。十八届四中全会以来，中国政府更是将依法治国理念提升为全面推进各项社会改革的顶层设计和战略部署[2]，成为新一届政府、党和人民共同关心的问题和话题。依法治国理念的提出，有着怎样复杂的国际背景和深刻的国内背景，在这样的社会背景下，中国政府所提出的依法治国的理念和西方的法治理论在概念内涵上有什么根本的区别，它所回应的社会问题又是什么？新一届政府提出的"全面的依法治国"又有什么特殊的理论内涵，它的理论来源和西方法治主义的源流有何本质区别？这些问题的解决，不仅能够帮助我们更好地在理论上理解依法治国的内涵，更能在实践上促进依法治国理念在中国社会顺利地推行和展开，实现依法治国理论和实践的良性互动。

（三）社会主义法治理念

社会主义法治理念，是在学习并吸纳人类历史上得到共同认可

---

[1] 顾培东："当代中国法治话语体系的建构"，载《法学研究》2012 年第 3 期。

[2] 张文显："法治中国建设的前沿问题"，载《中共中央党校学报》2014 年第 5 期。

的现代法治文明的思想成果，又立足于中国的历史传统和现实国情，结合中国长期的民主法治实践总结出来的共同规律和基本价值。[1]社会主义法治理念应当包括以下内容：一是，坚持以人为本，保障基本人权。尊重和保障人权是我国宪法所确立的基本原则，是中国传统的民本思想在现代的体现，也是我国实现人的全面发展的目标的要求；二是，坚持权力的制约，保障民主法治在社会中得到贯彻落实。坚持人民民主主权、宪法法律至上和依法行政、公正司法等原则，是我国落实依法治国精神的具体体现；三是，坚持社会公平和正义。社会的公平和正义是任何法治社会都要追求的目标，也是我国社会主义法治理念的价值体现。

社会主义法治理论，既为我国立法工作明确了价值导向、确立了基本目标，为执法和司法提出了具体的规范要求，同时也给社会和公民的法律意识和法律实践确立了努力的方向。

对于立法者而言，社会主义法治理念意味着良法不仅是立法者的目标。在立法过程中如何更好地体现民意，坚持民主立法和科学立法，提高立法过程的透明度和公共参与度，是衡量我国法治化水平的重要参数。

对于执法者而言，政府应当始终坚持依法行政，将行政权力依法限制在法律范围内，不得越权和滥用权力，使得权力的实施和运行忠实于法律的规定。

对于司法机关来说，社会主义法治理念意味着公正而独立的司法。只有公正而独立的司法才能够实现法律对正义价值的追求，才能最终在社会中树立起法律的权威。

对于社会和公民来说，社会主义法治理念意味着全社会都应当以宪法和法律为准绳，遵守法律成为每一个社会成员的基本共识和

---

[1] 中国社会科学院法学研究所李林教授根据亚里士多德对法治的定义，将社会主义法治精神概括为"良法善治"，将现代法治理念中正义、公平、民主、自由、人权、秩序等基本价值作为"良法善治"的"伦理导向"。所谓的良法，必然是能够反映以上基本价值的法律。所谓的善治，是能够将反映这些基本价值的法律公正、合理、及时地予以施行，通过宪法法律的权威实现社会的有效治理。参见李林："大力弘扬'良法善治'的法治精神"，载《法制日报》2007年8月31日第3版。

公民义务，将法治作为社会的行为习惯和评价标准，逐渐形成以权利为核心、以法律为准绳的法治社会。

近代以来的历史与国情决定了中国的法治道路走的是现实主义的路径。社会主义法治理念的提出，正是在厘清东西方法治理论和法治文化相同性和差异性、接纳了公平、正义等普世价值基础上提出的，是回应中国具体国情的现实选择。同时，社会主义法治理念的提出，也是官方层面对法治价值和理念的正面回应。"社会主义法治理念的提出及其内涵的确定，表明了决策层对中国法治建设的基本立场，表达了决策层对中国特色社会主义法治的认识和诠释，同时也是对中国是否坚持走法治道路以及走什么样的法治道路的明确回应。"〔1〕社会主义法治理念，既包含权力限制思想、权利应受保障思想等西方法治主义思想的理论渊源，也有来自中国传统政治文化的影响。社会主义法治理念以实现社会的公平正义，追求社会的和谐秩序，最大限度地保障人民群众的根本利益为最终目标。

第二节　社会主义法治理念的基本原则

社会主义法治理念根植于中国特色法治话语体系，既体现了法治理论所承载的普世价值，也反映了中国独特的文化和传统。社会主义法治理念包含了一系列的制度设计，有助于实现包含公平、正义等各种美好价值的法治秩序。这样的法治秩序至少包含以下几种要素：

第一，明确宪法、法律在国家治理和社会中的权威地位。确立宪法和法律在全社会至高无上的权威地位，一切国家机关、社会组织、公民的行为和活动都要遵守明确性的法律规范的指引和规制。如此一来，社会治理方能走入明确的法治渠道，从而摆脱权力的专断性和任意性。如果社会中没有宪法和法律的权威性，社会成员的一切活动将丧失基本的参考和准绳，那么人们对行为的评价必然需要依赖权威人士和权威组织的界定，从而陷入人治或不确定性的

---

〔1〕 顾培东："当代中国法治话语体系的建构"，载《法学研究》2012 年第 3 期。

境地。

第二，建立有限政府。无限制的权力只能导致权力的腐败，这一理念已经基本取得共识，将权力关进笼子是建成法治国家的必经之路。这里的"有限政府"，指的是宽泛意义上政府权力的配置，包括民主而科学的立法制度、依法行政的执政权力和公正独立的司法系统，各权力之间相互配合、相互监督，形成有机互动的权力分立体制。

第三，公民的基本权利能够得到最低限度的保障。公民的基本权利是否能够得到有效保障，是衡量一个国家法治化水平的最核心的要素。不管是西方的社会契约理论，近代以来的权力分立学说，还是我国传统的"民贵君轻"的民本思想，都反映了保护社会成员的根本利益对有效的社会治理制度的重要性。不言自明的是，在法治社会，保护公民的基本权利和自由，是衡量一个国家法治化程度的重要标志，也是衡量一个国家政治文明的重要指标。

第四，公平、正义等价值能够得到体现和实现。"不患寡而患不均"等追求公平的社会心理历来是影响社会稳定的重要因素。当前的中国社会正处于改革的关键期，随着人们收入水平的差距继续扩大，影响社会公平正义的因素的增加以及其他破坏社会公平正义实现的因子的增加，社会矛盾尤为突出。以法治来维护社会的公平和正义，不仅是维持良好的社会秩序的现实选择，也是评价一个社会法治化成熟度的重要参考值。一个不能实现社会公平和正义的制度，就谈不上是法治的制度。没有基本的社会公平和正义，法治国家和法治社会的理想就是纸上谈兵。

社会主义法治理论的基本原则，是指能够反映社会主义法律制度、法律文化和法律传统的，具有指导性和规律性的一系列原则。20世纪80年代以来，我国法律理论家对中国法治的概念和标准提出过很多学说，比较有代表性的有三种学说：第一，以王家福为代表的"三观念说"。这种理念建立在三种基本观念之上，即法律具有极大的权威，法大于权，法律面前人人平等。[1]第二，李步云提出的

----

〔1〕　参见王家福等："论依法治国"，载《法学研究》1996年第2期。

"十原则说"，即社会主义法制体系完备，主权在民，保障人权，权力制衡，法律面前人人平等，法律至上，司法独立，程度正义，依法行政，党要守法等十大基本原则。[1]第三，以夏勇为代表的"法治十大规诫说"，包括法律必须是普遍的法律，为公众所知晓的法律，明确的、可预期的法律，法律无内在矛盾，法律可遵循性，法律具有稳定性，法律高于政府，司法权威和司法公正等十大原则。[2]根据中共中央政法委员会编的《社会主义法治理念教育读本》对社会主义法治理念的界定，我们明确了社会主义法治理论所要确定的五大理念：依法治国，执法为民，公平正义，服务大局以及党的领导。根据社会主义法治理念的发展趋向和当前社会的法治状况，我们认为，社会主义法治理论至少应当包括以下几个基本原则。

一、法治国原则

社会主义法治理论中的法治国原则主要体现在"依法治国"的内涵和外延的界定中。依法治国理念包含一套完整的制度设计和价值理念，它将法治原则贯彻到现代国家治理的制度设计中去。依法治国就是把社会主义民主与社会主义法治紧密结合起来，实现民主的制度化、法律化，从而保障人民群众在党的领导下，依照宪法和法律的规定，通过各种途径和形式管理国家事务，管理经济文化事业，管理社会事务；保证国家各项工作都依法进行；维护和实现人民群众的根本利益。依法治国的这一经典概念表述常常出现在官方的各类文件中，它表达了当代中国政府建设法治中国所要面对的几个现实问题。

第一，依法治国首先强调的是要树立宪法和法律在全社会的权威地位。这里的全社会既包括广大的人民群众，也包括各级国家机关、社会团体，包括企、事业单位在内的法人机构和组织，更包括

---

〔1〕 参见刘海年等编：《人权与宪政：中国-瑞士宪法国际研讨会文集》，中国法制出版社 1999 年版。

〔2〕 参见夏勇：《法治源流——东方与西方》，社会科学文献出版社 2004 年版。

执政党。中国共产党作为执政党，首先应该成为遵守国家法律的主体，发挥模范带头作用，如此才能将整个社会带领到法治轨道上来。维护宪法的权威地位，不仅使得作为根本法的宪法的地位获得了尊重，也使得其法律身份获得回归。宪法的权威地位是维护现行统治秩序的合法性所必需的。[1]

第二，依法治国强调的是法律面前人人平等的理念，即法律面前无特权，要坚持法律面前人人平等，任何组织和个人都没有超越宪法和法律的特权，党员和干部特别是领导干部更应成为遵守宪法和法律的模范。法律面前人人平等是树立和维护法律权威的必要条件，只有这样才能在全社会逐渐树立宪法和法律的权威。

第三，依法治国也强调了法治区别于人治的具体规范事项，即首先要做到有法可依、有法必依、执法必严、违法必究。依法治国意味着"权力法定"，即任何一项权力的行使都必须有法律的明确授权并符合法律的目的，每一个执法环节都必须符合法律的要求，每一个行为都不能超越法律的界限，一切违法行为都要毫无例外地受到法律的追究，做到职权由法定、有权必有责、用权受监督、违法要追究、侵权须赔偿。

如前所述，依法治国的理论系统包含了一个纲领性的概念、一组严密的理论纲要和一整套的社会主义的法治体系。而这一体系，实际上围绕着一个核心问题而展开，即强调依法治国实际上是维护现行统治秩序合法性的必要保障。

依法治国的思想，还体现为服务于民族复兴的国家目标，以稳定为大局的安全意识。和西方自由主义法治的使命不同，社会主义

---

〔1〕 2012 年 12 月 4 日，习近平在首都各界纪念现行宪法公布施行 30 周年大会上的讲话中指出："我国宪法以国家根本法的形式，确立了中国特色社会主义道路、中国特色社会主义理论体系、中国特色社会主义制度的发展成果，反映了我国各族人民的共同意志和根本利益，成为历史新时期党和国家的中心工作、基本原则、重大方针、重要政策在国家法制上的最高体现。……我们要更加自觉地恪守宪法原则、弘扬宪法精神、履行宪法使命。"从这一段话我们可以看出，中国现行宪法规定了我国的根本制度，确立了国家发展的根本道路、发展目标和根本使命，这些最根本的内容也是对中国当前合法统治秩序的再次确认。因此，尊重宪法在社会上的权威地位，对建设法治国家、维护社会稳定具有举足轻重的作用。

法治理论有着强烈的政治使命。其中，服务大局就是社会主义法治的重要使命。在当下的社会主义法治建设中，服务大局意识是我国开展立法、执法、司法工作的重要考虑。法治的建设始终不能脱离国家开展各项工作的具体实践，这也体现为国家开展的各项法治改革往往是以问题为导向的，围绕着实践领域中出现的具体问题开展法制体系的改革和构建。这是一种较为务实的法治发展路径，它区别于西方充满理想主义和浪漫主义的法治理论的创造过程。社会主义的法治理论主要是为社会主义经济建设、政治建设、文化建设、社会建设提供强有力的法治保障。因此，中国的法治建设更多地体现为维护国家利益，维护改革发展稳定的大局。具体到立法、执法、司法领域，法律工作的展开必须从讲政治的角度来想大局、谋大局、服务大局，正确处理服务大局与严格依法履行职责的关系，正确处理全局利益与局部利益的关系，正确处理执法的法律效果与社会效果之间的关系，追求法律效果与社会效果的统一，防止不顾大局孤立执法、机械执法。也就是说，国家秩序的安定和政治安全，既是依法治国的重要目标，又是依法治国的理论渊源和价值选择。

中国的法治发展历程体现出以问题为导向的民主法治的历程，因此中国的法治不是防御性的而是治愈性的。与之相应的法治改革也体现了以问题为导向的改革，每个历史时期所呈现的问题不同，中国法治改革的主题也会跟着发生变化，从而使得法治改革呈现出鲜明的时代性和阶段性。由此带动的社会主义法治理论的发展也呈现出阶段化的特点。

随着中国法治改革的进行和法治化进程的加快，法治国原则逐渐在实践中转变着政府的治理方式，国家治理向着法治国方向发展。2014年10月29日，《中共中央关于全面推进依法治国若干重大问题的决定》中提出："法律是治国之重器，法治是国家治理体系和治理能力的重要依托。全面推进依法治国，是解决党和国家事业发展面临的一系列重大问题，解放和增强社会活力、促进社会公平正义、维护社会和谐稳定、确保党和国家长治久安的根本要求。"社会主义法治理念的首要表现在于现代国家治理模式的转变。苏联权力斗争和阶级统治的法学思想的阴影逐渐淡化，取而代之的是更侧重保障自由的法学思想。社会主义法治理论强调权力应有明确授权、权力的行使要依法进行，法治思维和法治方式成为政府开展各项工作的标准。社会主义法治理念实现了国家现代治理模式的转型。

社会主义法治理念对国家现代治理模式的转变主要体现在以下几个方面：

第一，科学而民主的立法。完善的立法是实现社会主义法治的基础。立法过程的民主化和专业化是完善立法的必要条件。科学而民主的立法，首先体现在立法要充分反映民意，增加立法过程的公众参与度。其次，它体现为法律的制定应遵循立法规律，充分调研，反映实践中突出存在且紧迫的问题。再次，地方立法应充分反映地方特色，照顾当地经济发展水平和社会发展程度。最后，良好的立法必然是以人为中心的立法。牢固树立以人为本的立法理念，围绕人民群众关心的问题，坚持为人民立法、靠人民立法，进一步完善立法机制，拓宽立法与人民群众保持密切联系的渠道，正确处理立法工作中程序民主和实质民主的关系，不断提高立法的民主化、科学化水平。

第二，公正而有效的执法。政府依法行政是社会主义法治的必要环节。建设法治政府，既是行政权力本身性质的要求，也能够在全社会唤起遵纪守法的法治意识和法治风气，培养整个社会依法办事的法治习惯。首先，行政权力本身具有的扩张性，使得政府权力必须严格限制在法治的边界内。在实践中还存在一些行政执法机关执法不力、执法不严、执法违法、执法扰民和执法"寻租"的现象，这些不法现象破坏了政府在公众心目中廉洁奉公的形象，不利于整个社会法治风气的培养。其次，我国公民社会尚处在不成熟阶段。有些地区，公民的法治意识还不高，政府公正而有效的执法无异于一场良好的法治教育。政府实行法治先行，必然能够在社会上营造一种全民守法的良好风尚。

第三，司法公正。司法是社会公平正义的最后一道防线，也是实现社会主义法治的有效保障。公正是法律的灵魂，独立而公正的司法不仅能够最大限度地为公民的基本人权带来保障，而且也能在全社会树立起法律的公信力。公正的司法，首先意味着司法应以人权保障为中心。公正的司法，也意味着坚持法律面前人人平等，确立依法办案、无罪推定的司法原则，做到实体公正与程序公正并重。公正的司法，还意味着我国权力的相互配合、相互监督模式的完善。权责明确、相互配合、相互制约、高效运转的司法体制，从制度上保证审判机关和检察机关依法独立公正地行使审判权和检察权，规范审判行为和检察执法行为，增强司法的权威性，从而从根本上树立法律在全社会的权威地位。

第四，法制统一。法制的统一，既是完善社会主义法律体系的需要，又是保障公正严格执法的要求，同时也为独立而公正的司法提供必要的准绳。没有全国统一的法律制度，则社会主义法制体系必然不能够实现统一，人们对法治的影响和信仰也处在残缺不全的状态。因此，保障我国各地区法制的统一，不仅是维护国家安全和社会稳定的需要，也是实现社会主义法治的必备要素。

社会主义法治理念，实际上关系着实现中华民族伟大复兴的目标。一百多年前，中国人的梦想是实现独立和富强；而现在随着中国综合国力的提高和国际影响力的增加，中国要在国际舞台上发挥更大的作用，更好地提升国际地位，更好地为国民提供稳定良好的社会环境。国家治理模式的现代化能够为这一目标的实现提供制度环境的支撑。这也意味着，只有坚持依法治国的现代国家治理道路，中国稳定国内秩序以及提升国际地位的中国梦才有可能实现。

二、宪法法律至上原则

法律是指引社会成员行为发生的一系列规范的总和。法律在指导社会行为、裁判社会正义中起到的作用，体现着一个国家的法治化水平。宪法是一个国家法律体系中起决定性作用的根本法。在我国，宪法是制定基本法律和其他法律法规的依据。宪法中规定了我国社会的基本制度，对整个国家制度的建构起着统领作用，因而具有"母法"之称。

宪法规范内容的性质决定了宪法在国家和社会生活中的权威地位。它本身即代表着一种合法的统治秩序，蕴含着执政者执政活动的正当性。在根本性问题上，源于东西方法律文化的差异性，中国宪法的根本性地位，不是靠先验的逻辑归纳，而是脱胎于长期的历史实践。中国当下的宪政关系不是遵从西方契约理论的理论创建，中国宪法是在长期的斗争和改革历程中不断修正和总结的结果。宪法反映了参与"凝聚共识"的各方力量的意见，因而对参与共识的各方均具有根本性的约束力。在这个意义上，违宪行为无异于打破了这个稳定的共识结构，从根本上对既定的宪法秩序造成了严重的威胁。因此，维护和明确宪法在社会生活中的权威地位，是巩固现行法律秩序的必要保障。

西方宪法秩序的逻辑前提是政府和人民的二元对立。这一理论假设来源于西方人对权利在先和自然的自由状态的人为假定。对于这一状态，洛克在《政府论》中是这样描述的："那是一种完备无缺的自由状态。人们在自然法的范围内，自由地行动，自由地处理他们的财产和人身。在这种状态下，人们根据自己的理性决定自己的行为，不需要得到任何人的许可或听命于任何人的意志。"在此基础上创建的宪政制度是人民与政府之间达成的契约。政府权力来自于人民对自身权利或自由状态的让与，因而政府权力要接受议会的限制。中国传统政治理论认为，政府与人民之间是家庭伦理关系的升华或夸张，人民与政府之间不是二元对立的关系，而是休戚与共的和谐共生关系。统治者的选择遵循天意，而人民的态度则是衡量天意的重要参考。现行宪法虽然否定了旧的封建统治秩序，但是政治理论仍然遵循中国传统君民关系的预设。在中国，中国共产党作为执政党，发挥着协调政府与人民关系的领头人的作用，因此人民群众的根本利益才是党和国家各项工作的根本目标。

法律的生命在于运用，明确宪法在中国社会中的根本性地位，树立宪法和法律在社会生活中的权威地位是社会主义法治理论的题中之意。那么，如何树立宪法和法律在社会生活中的权威地位呢？

首先，法律的效力和约束力根植于严肃的法律实践。法律的生命在于经验和运用。没有执行力的法律只能是纸上的法律，是没有生命力的法律。世界上目前存在两大法系——英美法系和大陆法系，法律实践对于英美法系的意义自不待言，法律本身的成长和法律实践唇齿相依。对于大陆法系来说，丰富的法律实践不断促使议会制定的法律必须紧跟时代的步伐，不断更新法律规范的约束范围。法律实践是法律更新和法律成长的基础和来源。

其次，法律本身的稳定性决定了法律的权威性。法律的权威性来源于法律明确和稳定的特性。没有人能想象一部朝令夕改的法律，能够很好地规范人类的生活，从而对社会生活本身起到良好的调节作用。在某种程度上，法律的权威来自于确定性的法律规范带来的确定性的法律关系，从而实现人们之间社会关系的稳定发展。秩序价值是确定法律权威性的有效保障。

在我国，树立宪法和法律的权威首先要保证宪法的权威性。宪法是对国家基本制度起着奠基作用的根本法律，只有树立宪法在社会生活中的权威地位，受到宪法约束的其他基本法律的权威才能够得到根本确立。在当下的中国社会，要树立宪法的权威，一要将宪法作为一部法律适用，并在全社会得到尊重和贯彻执行。我国宪法中含有大量的保护公民基本权利的内容，如果将这些权利规范用于鲜活的社会实践之中，切实维护人民群众的根本利益，宪法的权威必然能够在社会上树立起来。如果一部法律能够保护绝大多数人的最大利益，这部法律一定是最有权威的法律。二要树立宪法在社会中的权威，要保证宪法内容的根本性。宪法是一个国家的根本性法律，只有那些反映国家最基本的制度安排和人民共同遵守或追求的基本价值的内容才能够写进宪法。如果一国宪法经常体现某一社会发展阶段的经济制度和政策措施，必然会随着时代的演进而呈现出滞后性，宪法的滞后性必然要求频繁修改宪法，而宪法的频繁修改必然有伤宪法本身的稳定性和权威性。如果一国宪法所确立的制度和价值是一国人民世世代代所坚守的基本价值理念，是对一个国家政治运行起到最根本的规范约束作用的立法，这样的立法必然是至高无上，能够获得权威性的。我国现行宪法是1982年制定的，期间虽然经历几次修改，除了确立国家基本制度和人民的基本权利以外，仍然有大量的经济制度、基本国策和文化制度等方面的内容。而诸如此类的规范完全可以由基本法律加以规定，不必写入宪法中来。政策的临时性导致宪法频繁修改，这也是我国宪法权威性受损害的原因之一。有些国家的宪法中虽然也有大量的有关财产权的规定，但是宪法上的经济条文在于界定产权，确立财产自由的基本原则，维护公民经济活动的自由。

再次，法律中所蕴含的公平正义等价值是法律权威性的本质来源。对公平和正义的追求是所有人类社会最朴素也是最良好的愿景。在法治时代以前，人们处理纠纷往往要么凭借简单粗暴的武力进行，要么依赖飘忽不可捉摸的神旨，人们对于公平正义的追求在很大程度上要依赖专断君主的个人意志，从而使得权利的维护成了可望而不可求的东西。随着法治时代的来临，人们之间的纠纷有了定分止争的可视的量化基准，对于公平正义的追求成了一种可以期待、可以预见的存在。正是对公平正义的量化和规范，才使得法律在人们心中赢得地盘，打下根基。

最后，司法公正和程序正义是保障法律权威性，树立宪法和法律根本权威的最后保障。西方法谚有云："一次不公正的司法判决比多次不公正的其他举动为祸尤烈。因为这些不公正的举动不过弄脏水流，而不公正的判决则把水源弄坏了。"由此可见，独立而公正的司法对维护法治主义有不言自明的重要意义。司法往往是维护社会公平正义的最后一道屏障。特别是对于有着悠久的息讼、厌讼观念的中国人来说，诉诸司法途径解决的情况，一般是当事人穷尽了其他解决方式的不得已而为之的选择。一次公正而良好的判决，不仅能够保护个体权利，赢得当事人对法律权威的尊重，而且在很大程度上节约了维权成本，使得我国人民的维权理念发生根本性的变化，由以往诉诸私力的非法途径和上访等不合理选择，转向明确性的法治化道路。公正良好的判决也能渐渐培育我国人民的法治意识，渐渐养成守法的习惯，社会也将渐渐树立起法律的权威。

三、权力制约原则

法治是对抗个人专断和任意性的制度安排，它体现的是一切有权力的人都要接受法治约束的思想。监督制约机制是防止权力腐败的有效保障。对于权力的监督与约束，一般认为主要存在两种形式：一是以权力制约权力，二是以权利制约权力。[1]尽管中西方存在诸多差异，但是我们可以看出，"权力需要监督"已经成为中西方国家在制度构建方面的基本共识，同时权利的救济和保障也在一定程度上起到监督权力的作用。

然而，有别于西方的三权分立理论，权力的分立和制衡不是我国权力配置所要追求的目标，具有协调、统一性质的监督制度才是我国权力监督体系的目标。在现行宪法中，全国人民代表大会及其委员会既是国家的立法机关，也是国家的最高权力机关。行政机关、检察机关、审判机关皆由其选举产生、对其负责、受其监督。根据现行宪法的规定，我国的人民代表大会及其常委会作为唯一的权力机关，享有法律监督的权能，制定法律和法律监督是人民代表大会的两个基本职能。"党委、人大、政府共同坚持目标的共同性、利益的一致性，按照党章和宪法的有关规定办事，就可以把三者关系处理得更好，即使出现一些问题，也容易得到妥善解决。"[2]这一段道出了我国法律监督区别于西方的本质特点，即监督不是为了制衡，而是强调利益的一致性从而将权能发挥到最优化。我国现阶段的社会主义监督制约机制，是具有中国特色的社会主义制约机制，这一机制对维护国家的统一和尊严，确保法律的正确实施，对完善人民代表大会制度有重要意义。社会主义法治精神必须将宪法中的人民代表大会制度贯彻到社会中去，发挥人大的法律监督职能，使得各项事业能够纳入到法律轨道上来。同时，要注重各部门之间相互分工、相互配合和相互制约，做到分工明确，各负其责，权责明确，

---

〔1〕 谢鹏程："论社会主义法治理念"，载《中国社会科学》2007年第1期。

〔2〕 参见1989年11月习近平讲话："发挥人大作用，把闽东的事业推向前进"，载《摆脱贫困》，福建人民出版社1992年版。

权责统一。

　　权力制约原则在社会主义法治理论体系中的重要位置主要是通过防止国家权力的腐败和滥用体现出来的，即从权力的法定化来规范权力的行使。因此，权力制约原则首先意味着，政府获得的权力是合法的权力，经过了正当的法律程序。在我国，国家机关的权力来源于人民的授予，经民主选举程序，保证国家机关及其工作人员正确行使权力。其次，权力制约原则也意味着权力的运行应该遵守既定的法制轨道，而不应该是不作为或者滥用。最后，权力制约原则也意味着，针对权力的滥用有一套稳定的责任追究机制，确保权力的运行能够沿着法治化的轨道向前运行。

　　"把权力关进笼子"在西方解决的是公权力的提前防御问题，我国的权力制约理论虽然也强调权力的分立和监督，但是这种监督不是为了掣肘，不是为了钳制和约束，而更表现为"监督与支持的关系"，一种权力与权力之间和谐共生、相互依存而又相互监督的关系。

　　所谓法定权力，是指特定的机构或者个人根据法律、法规授权获得的，对确定范围内的人与事的支配和影响能力。所谓法定，首先指宪法的规定，包括依据宪法精神制定的法律、法规；所谓权力，从类型学上看，权力的内涵与外延可依分类子项的不同有所差异。我们通常所讲的"权力"，除了抽象的国家政治权力外，还包括各级立法机构的立法权、各级政府机构正在行使着的行政权和管理权、各级司法部门执掌的司法权、各级国家机关执掌的行政执法权乃至国家行政机关的派出或委托机关、团体执掌的有关行政管理、执法权力。我国《宪法》规定："中华人民共和国的一切权力属于人民。人民行使国家权力的机关是全国人民代表大会和地方各级人民代表大会。"我们整个国家权力体系就是按照一切权力属于人民的原则构建的。因此，正确理解地方国家权力体系中人大的法定权力，以及其他国家机关的法定权力的属性、位置、职责及其相互间的关系，对于地方人大及其常委会依法行权、依法履职是十分必要的。

　　在我国，法定权力既是权力主体行使权力的界限，也是其必须履行的职责。法定权力不同于法定权利，权力主体对其没有自由处分权。因此，法定权力有三个内涵：其一，法定权力必须行使，不得放弃。执行权力者无论以何种理由放弃权力都是不履行职责，都是失职的表现，都应该追究其法律责任。其二，执行权力者行使权力必须由法律授权，有法律依据，依法行使。"法未授权皆禁止"，凡法律未授权或无明文规定者，权力主体一般都不得擅自作为或不作为，否则就是越权或不作为，均应受法律追究。这也是与法定权利的"法不禁止即自由"原则的重要区别。其三，法定权力必须有效，不得无为。我国的一切权力属于人民，法律代表了人民的根本利益，法定权力主体必须有效、充分地行使权力。任何懈怠职责，或出于某种私利，有意识、有选择地留下一定程度的权力空白，导致社会生活某些方面的失范或无序，都属于隐性违法，是法律所不容的。法定权力的强制必行性是由我国宪法和法律的权威、国家的政体所决定的，对法定权力的任何超越、懈怠行为，都是对宪法和法律权威的损害，都是对人民当家作主权益的侵犯。

《地方各级人民代表大会和地方各级人民政府组织法》规定："地方各级人民代表大会都是地方国家权力机关。"地方各级人民政府、人民法院、人民检察院都由人民代表大会产生，对它负责，受它监督。法律规定了地方各级人大在同级国家机关中的最高层位置；人大与政府、法院、检察院是产生与被产生、决定与执行、监督与被监督的法律关系。法律赋予地方人大的权力有立法权、监督权、决定重大事项权、选举和任免权等。这些都是具有全权性、最高性和决定性的权力。显然，上述权力的主体是人大；权力的指向是政府、法院、检察院，它们是权力的客体。因而，人大对"一府两院"直接行使监督、任免和重大事项决定等权力，是法定职责、义不容辞，任何懈怠都为法律所不允。"一府两院"接受人大工作上的监督、人事上的选择、重大问题上的决断，同样是法定职责、义不容辞，任何形式的抗衡和制约都为法律所不允。当然，人大行使权力不能超越法定界限，不允许越俎代庖，把"一府两院"管的事拿过来自己管。否则就如彭真同志所讲的，是对"一府两院"的侵权，而且也管不了、管不好。人大与"一府两院"的法定权力的行使，绝对不可以颠倒、不可以混淆、不可以相互替代，必须依法摆正位置，各司其职，恪尽职守，共同对人民负责。

总之，我国的权力制约理论虽然也强调权力的分立和监督，但是这种监督不是为了掣肘，不是为了钳制和约束，而是表现为"监督与支持的关系"，这是一种权力与权力之间和谐共生、相互依存而又相互监督的关系。

四、保障权利原则

权利是实现权利主体的某种可能性。一个国家权利保障状况是衡量一个国家法治文明程度和国家治理现代化程度的标准。基本人权是现代法治的重要价值标准，是当代国际社会所确认的一切人所应当享有的权利。国际社会之所以把人的主体地位、尊严、自由和正当利益等宣布为人权，不仅因为它们是社会文明进步的标尺和动力，而且是因为它们经常面临着被侵犯、被否定的危险，需要社会道德的支持和国家强制力量的保护。[1]人权保障是现代法律最基本的价值认同，它奠定了现代法律的合理性基础。基本权利得不到保障的社会，就不具备法治社会的基本品格。社会主义法治理念是处于社会主义初级发展阶段的法律理念，在人权保障方面，应该更加注重社会公平和正义的人权保障。中国自古并没有人权概念，但是却有朴素的"民本思想"的内容。现代人权价值理念已经在全世界范围内取得基本共识，尊重和保障人权是现代法治的重要德性和价值追求，是以人为本的现代法治的本质要求。[2]在我国相当长的一段历史时期内，人权作为一个西方词汇，被认为是西方资本主义价值观的体现，这一偏颇的观点长期阻碍了社会主义政治文明的发展。社会主义法治理念中的权利保障原则，将更加注重社会公平和正义，反映和兼顾各个领域、各个阶层不同的利益需求，坚持以人为本，树立起社会主义的尊重和保障人权观念。

国家并不是空洞、抽象的存在物，国家是为了公民的利益而存在的。如果我们每个公民的权利都能得到保护，国家政权本身也会

---

〔1〕　谢鹏程："论社会主义法治理念"，载《中国社会科学》2007 年第 1 期。

〔2〕　谢鹏程："论社会主义法治理念"，载《中国社会科学》2007 年第 1 期。

得到巩固。[1]国家的根本利益根植于公民权利保障。没有公民权利的保障，国家长久的利益便没有持久的生命力。自我国宪法颁布 30 多年以来，1982 年宪法所确立的一系列价值和精神已经在全社会取得了基本共识，人权保障思想便是其中之一。依法治国理念的提出，是我国宪法中的人权保障思想在国家治理模式转变过程中的具体体现。

具体到当前我国所处的历史阶段，依法治国思想在权利保障方面的表现主要是化解随着社会发展的不平衡所引发的社会矛盾，权利的救济已经成为中国政府处理和缓和社会矛盾的重要手段。从某种意义上来说，权利能否得到切实的保障，权利能否得到真正的救济，成为衡量执政党执政水平的重要标准。

将维护权利的过程纳入到法治化的轨道，在一定程度上克服了既有制度的缺陷，维护了社会的稳定。例如，2005 年习近平在接受《浙江日报》的采访时说："维护群众合法权益，是工会、共青团、妇联等群团组织的基本职能。当前，在改革与发展的过程中出现的各种利益矛盾和权益纠纷，给群团组织的维权工作带来新的挑战。正如发展要讲科学一样，维权也要讲科学。坚持科学维权观就是科学发展观在维权工作中的体现和要求。坚持科学维权观，关键是要做到以人为本、依法办事、统筹协调。我们要把实现好、维护好、发展好最广大人民群众的根本利益作为一切工作的出发点和落脚点，在各项工作中注重维护群众合法的经济、政治、文化和社会权益。要牢固树立依法执政、依法行政和依法办事的法治理念，把维权工作纳入法治化的轨道，严格执行国家法律法规，同时教育引导人民群众合法理性有序地表达利益诉求，依法维护自身权益。要从构建社会主义和谐社会的高度出发，把维权工作作为加强社会建设和管理的重要内容，建立健全党委领导、政府负责、社会协同、公众参与的社会管理格局，注重发挥工会、共青团、妇联等群团组织的桥梁纽带作用，打破部门分割，整合维权资源，完善维权管理网络，不断提高社会管理和社会服务的能力。"

---

〔1〕 韩大元：《论检察》，中国检察出版社 2014 年版，第 434 页。

五、公平正义原则

中国向来就有强调公平正义的传统。在孔子眼中，公平与社会的安定有序紧密相关，他提出在一个国家内"不患寡而患不均"，从社会分配的角度论证公正对于维护国家稳定和秩序的重要意义。《荀子》的《正论篇》和《任法篇》分别论证了统治者强调公正对国家治理的重要意义："上以公正论，以法制断，故任天下而不重也。"[1]在中国，公平的"公"往往和"私"相对应，与此相对应的理念是大公无私、公而忘私；而"平"字则关乎评价标准的问题，中国传统法制为公私享受同等待遇提供了基本的标准。公平观念在执政者那里更多地体现为行为的态度和标准问题。因此，公平概念往往在公与私、上与下的范畴中应用，如王子犯法与庶民同罪等。社会公平是衡量执政者能否施行合格统治以及是否能够赢得民心的重要参数。

在古希腊，人们将正义看作一个人和一个城邦德性的重要表现。柏拉图在《理想国》中系统论证了他的正义哲学[2]，将正义的事业分为个人之事和国家（城邦）之事两个部分。对于个人来说，正义就是做好自己分内的事情。对于国家来说，个人正义是实现国家正义的前提和基础，每个人实现了个人的正义，才能实现国家的正义。国家统一、和谐、有序，能够实现全体公民的最大幸福，才是国家的正义。亚里士多德认为，所谓的正义，就是全部德性的总和，正义的学问是如何为善之道。政治学上的正义，是一种公共的善，也就是以公共利益为目的的善。正义的观念是西方政治学中的重要概念。人们认为，一个运转良好的社会，必然是一个"正义的社会"，正义的社会在法学领域的表现即通过各种制度设计体现社会公平。美国社会法学家庞德认为，法律上的正义并不是指个人德行，而是一种制度安排和设计，这种制度通过对人与人之间关系的调整

---

〔1〕《荀子·任法》。

〔2〕参见[古希腊]柏拉图：《理想国》，郭斌和、张竹明译，商务印书馆2002年版。

以及对人的行为的指引，让人们生活得更美好，使得人类对美好事物的追求在最少障碍、最小浪费的条件下得到满足。

人们对于利益的追求影响着一个国家的制度选择。当前的中国，正处于社会主义初级阶段，随着社会主义市场经济的发展，各种经济矛盾、社会矛盾都亟须用社会治理方式的变化来解决。在政策层面上，当下的中国社会仍处于社会转型和社会改革摸索期，社会制度的变革也处于试错和摸索阶段。而日益紧张的社会矛盾，使得公平和正义成为制度改革者和设计者首先需要追求和坚守的基本价值。改革如果丧失了社会公平和正义，必然成为社会动乱的借口和根源，必然阻碍社会经济的向前发展，也会从根本上破坏人们对和平有序的社会生活的向往。社会主义法治理念将更加注重维护和实现社会的公平正义，"促进社会公平正义是政法工作的核心价值追求"。人民对政府的满意与否，是衡量一个政权是否稳定的重要标准。然而，区别于西方国家人民与政府之间的契约关系，中国的政府与人民之间的关系是"和谐共生"的关系，即没有政府地位的稳固，就没有人民的安居乐业；而政府失去了人民的支持，也就失去了中国传统政治思想上的民心，则政权就会不稳固。从某种意义上来说，中国的法治理念强调公平正义，是中国传统民本思想的现代延伸。

社会主义法治理论所体现的民本思想主要体现为，依法治国服务于民生发展和社会保障，是执法为民的重要举措，而执法为民正是中国传统的民本思想在中国当下社会的反映。执法为民是社会主义法治的本质要求。这是我们党全心全意为人民服务的根本宗旨和立党为公、执政为民的本质要求在法治上的体现。我们要确立一切权力属于人民、来自于人民的理念，把人民当作国家的主人，把实现、维护和发展广大人民群众最根本的利益作为出发点和落脚点。在党的领导下，通过法律和制度保障人民当家作主，通过人民赋予的权力和民主程序制定法律，使各项法律制度符合人民的意愿、利益和要求。要坚持以人为本的理念，在立法、执法、司法的各个环节上尊重和保障人权，做到为人民执法、靠人民执法，保证把"权为民所用、情为民所系、利为民所谋"的要求落到实处。

社会主义法治理论是一套具有中国特色的法治理论，它的理论渊源既参照了已经取得全球共识的权力制约、人权保障等基本价值观念，又恰当地回应了中国的具体国情和文化传统，具有强烈的中国性。我们只有清醒地认识到理论的特殊性，才能使其在实践中更顺利地展开。

下　编

第四章
法治与中国共产党

　　法治是一个具有多重含义的术语。从法学的立场来看，英美的"普通法"法治、德国的"法治国"法治、国际学术界努力推广的形式法治以及中国传统中法家的工具主义法治，都是法治概念的具体形态。这些形态在法学范畴内看起来是独立自主的，但是，一旦把它们放到具体的社会政治体系中，这些法治形态的政治语境性和文化依附性就展露出来了。事实上，每一种法治形态都有其社会政治生态，法治只是社会政治体系中的一个环节或一个层面；法治自身的自足性，某种程度上只是"法律帝国主义"思维方式的产物。

　　带有纯粹法学和实证法学气质的法学家们，倾向于剥离政治、文化与法律的关系，这在法治成熟、法治实践完备的政治体系中是没有问题的。但在政治社会转型和致力于法治建设的政治体系下，这种剥离只会导致法律技术与现实生活的隔膜。法治体系的生长，若不是像英国那样是自生自发的，就是像后发国家那样，需要一种政治的权衡与文化的裁量。奠定日本公法基础和私法基础的伊藤博文和穗积八束，在思考宪法和民法问题时，就充分关照了本国政治传统和风俗伦理。日本的法治虽然在起源上效法德国，但其中也包含了日本式的改造与重构。

　　今日中国的法治问题，也不单纯是一个法学范畴之内的专业问题，而是一个需要溯及政治体制和文化传统的综合性问题。只有从社会政治的综合视野出发，才能妥善解决法治问题。我们可以认为，今日中国的法治问题，一方面是专业技艺的问题，即法治的职业化操作问题；另一方面是一个政治决断与政治意志的问题，即中国有没有政治勇气和毅力将法治彻底落实的问题。这就要求中国法学家所思之处不仅仅是法律的技术与逻辑问题，还是国家的法治化治理及其政治贯彻的问题。

为此，思考中国的法治，就不能不思考中国的社会与政治，并从社会政治的开阔视野来确认法治的处境、机理、功能、形态及所面临的问题。这是转型政治社会法学者的使命，也是时代对法学者的独特要求。

由中国共产党居于领导地位的党国体制，是中国法治的基本政治背景。中国法治是在这一政治背景下展开的。从公民的角度看，法治是规范官民关系的公共规范，但若从政治治理的角度看，整个中国法治体系，也可以看成是中国共产党实施政治统治的方式。党国体制下的法治围绕中国共产党这个权力中心展开，这是中国法治的根本处境；这种处境也使中国法治区别于英国的"普通法"法治、德国的"法治国"法治，甚至相当程度上也区别于中国古代的法家的"法治"。

中国法学是中国社会政治进步的重要推动力量，它在价值上努力张扬自由、权利、有限政府等理念。在30多年的改革开放中，源于法学的这些个体和社会本位的价值观念有力地配合着国家的改革开放，与保守力量形成了有力的对冲，为中国的社会发展、政治进步作出了可观的贡献。中国法学不仅提供了中国法律发展的技术资源，也在政治价值上进行了艰苦的努力。中国近30多年来的繁荣与进步，中国法律人与有荣焉。但在另一个方面，由于沉浸于浓厚的价值纷争，中国法学也在相当程度上形成了一种个体本位和社会本位的意识形态化，即自由主义的意识形态化。笼罩在这种意识形态之中，也使整体的法学氛围无法站在超越的立场上更为开阔地思考问题。韦伯在《以学术为志业》的演讲中进行过这么一个区分，一个民主主义者的教授，在个人位置上他可以拥护和倡导民主价值；但在学术的位置上，他应该分析民主的源流、形态、在价值层面的得失，同时他应该尽可能地不把个人主观偏好引入自己的学术分析中。韦伯在此倡导一种超越和理性的学术研究方法。在这里，我们也力图从一种超越和理性的立场来分析中国的法治。在意识形态化的法学话语中，某些政治事实是一种话语禁忌；对这些事实的回避，其实不利于问题的展露，也不利于问题的解决。官方意识形态会设置禁忌，学术意识形态也会设置禁忌；卓越的学术研究应当努力去突破这些禁忌。朝野之间的意识形态战争经常把人拖入狭隘派的立场；以问题为中心的研究者应当尽最大努力去把握事物的真实结构。

接下来，我们就对这几个方面展开具体的分析说明。

第一节 法治的缘起与中共执政经验

当代中国的法治，与其说是起源于某种现代政治理想，不如说是起源于具体的历史经验。中国共产党在 1949 年取得全国政权后，需要在全国范围内实施具有现代风格的政治治理。这样的一种政治治理和历史上的政治治理有很大不同，对于作为执政者的中国共产党来说，它是一种需要摸索、尝试、向国外借鉴学习的事务，是一种尚无可靠模式以资凭借的事务。中共自身把新中国成立后 30 年的政治治理称为一种"探索"，可谓道出了其中究竟。

审视历史，1949 年，中国共产党和各民主党派制定了《共同纲领》《中央人民政府组织法》《中国人民政治协商会议组织法》，在中央层面确立了基本的法制架构，并以之为基础形成了"新民主主义"政权结构。[1]1954 年，中国共产党主导制定了《中华人民共和国宪法》，变更了政治组织形式，确立了"社会主义"政权结构。[2]在新中国成立后的 7 年里，虽然以法律的方式确立了中央层面的权力架构，但在权力运作过程中，政策起着核心的作用。土地改革、镇压反革命运动、"三反"及"五反"运动等，都不是以法治形式

---

〔1〕 关于《共同纲领》的制定过程，参见陈扬勇：《建设新中国的蓝图：〈中国人民政治协商会议共同纲领〉研究》，社会科学文献出版社 2013 年版。

〔2〕 关于五四宪法的制定过程，参见韩大元：《1954 年宪法制定过程》，法律出版社 2014 年版。

展开的。这个阶段内的法律，总体的功能是塑造国家权力结构，它还尚未深入到权力的具体运行层面上来。在随后的 20 多年里，"反右""大跃进""四清运动"和"文化大革命"等全国性运动中，中共的政策和领导人以"指示""批示"为形态的指令成了基本的权力形式；法治这种规范化的治理方式成了一种被公开批判和明确否定的事物。[1]

冷酷的现实使人变得理智。新中国成立后 30 年的政治历程所造成的一系列灾难，促使中国共产党深刻反思自己的执政方式。于是，在 20 世纪 80 时代初，政治运动、法律虚无主义、政治浪漫主义、政治激进主义总体上被中共否定，民主和法制成为政治发展的基本方向。中共的执政方式逐渐由政策之治、指令之治转向法律之治。自 20 世纪 80 年代启动的这场执政方式转型之路，过程曲曲折折，迄今还在艰难行进之中。

从实质上看，当代中国的法治是中共对自身执政历史反思的产物，是其政治方式的自我调整和自我升华。

接下来，我们就在政治史的语境中追溯中国法治的缘起与属性。

一、新中国成立后的 30 年里中共对执政方式的探索

1949 年到 1978 年这 30 多年的历史，可以看作中国共产党探索执政方式与治国方式的历史。其过程大起大落、风云变幻，至今回顾，仍让人感慨唏嘘。

在新中国成立后的七八年里，法律在中国政治生活中具有一定程度的权威，它支撑着政治权力的基本结构。在抗日战争时期，毛泽东就在《新民主主义论》中阐释了中共主导、各阶级联合的政治权力架构。新中国成立初期，《共同纲领》在中央政治体制领域起着"建章立制"的作用；1954 年颁布的《中华人民共和国宪法》以立宪的方式重塑了中央政治体制。在这段时间内，除了《共同纲领》《宪法》之外，《土地法》《婚姻法》等社会经济生活领域的法律也

---

〔1〕 1957 年之后的这段中国政治历史，参见逄先知、金冲及主编：《毛泽东传》，中央文献出版社 2004 年版。

参与了社会政治秩序的构建。

在这段时间里，法律虽然具有一定程度的权威、发挥了一定程度的规范作用，但它并不是中共执政和国家治理的最基本的方式。在具体公共治理过程中，中共及国家机关各部门主要还是依赖政策和指令。"六法全书"被废止后，中国大陆缺乏有效规范体系。在农村进行的土地改革、镇压反革命运动，在城市展开的"三反""五反"运动，以及随之进行的农业、工业、城市手工业的社会主义改造运动中，基本上是依赖政策而展开。宪法和法律虽然一度被强调，立法工作也在一定程度上进行，但法治并未成为首选的执政和治国方式。到底是采用法律的方式还是采用政策、指令的方式展开政治治理，中共此时尚处于犹豫和摸索之中。

1957 年之后的十多年里，中国与苏联的关系逐步恶化，中国的国际处境发生改变，国内的政治生活朝着狂热和浪漫主义的轨道滑去。政治运动、政治化的社会建设运动一波接一波涌来。在这种社会政治氛围中，以规范化为诉求的宪法和法律被一步步背离、摒弃，浪漫的政治意志主导着社会政治生活的节奏。1957 年之后，中共开始质疑苏联模式的正当性，其中所包含的官僚制、法制等，被认为是"修正主义"化了的要素。另一方面，在"超英赶美"的政治浪漫主义氛围中，法律同时也被视为是一种束缚主体意志、具有保守主义倾向的消极事物。如果说 1957 年之前，中共对于是否采取法治模式还处于徘徊之中；在 1957 年之后，中共则明确拒绝了法治这一公共治理方式。"运动"这一物理学名词，成了政治生活中最为醒目的概念；"运动"之中所蕴含的，是一种力图冲破一切形式规范的浪漫主义纯粹意志。[1]

政治意志和法治，具有一种亚里士多德意义上的"质料"与"形式"的关系，后者塑造并规定了前者。政治意志因为法治架构而具有了稳定的自我形态，进而拥有了理性的特质。1957 年之后，政治意志被极度张扬，对政治意志进行限定的法律、制度等被视为是

---

〔1〕 1957 年之后中国法律虚无主义的状况，许崇德先生在宪法史叙事中多有阐述。参见许崇德：《中华人民共和国宪法史》，福建人民出版社 2005 年版。

对伟大意志的压制。细细审视这段历史，我们发现，在此期间，中共已经倾向于舍去正式的法律和制度，仅仅依凭政党意志甚至领袖意志来治理国家了。

自1966年到1976年，我国政治完全脱离既有制度的约束，一种以破坏既有制度和既有秩序为目的的"文化大革命"席卷全国。其间，各级"革命委员会"崛起，行政体系被大面积破坏，承担立法任务的各级人民代表大会被虚置和缩减，司法和检察机关的职能实质上被废止。"文化大革命"可看作一种民粹主义与政治浪漫主义结合的运动，新中国成立以来形成的政治秩序与社会秩序被全面冲击，法律及其设施成为被批判、鞭笞的对象。在"文化大革命"的十年中，作为权力核心的中国共产党，在总体上也处于半停滞的状态，它的领袖以个人权威控制着整个国家的形势，并重组了公共权力系统。这是一个领袖高于政党，领袖高于法律的时代。克里斯马式的领袖权威构成了整个国家政治体系的基石，"人治"在这里淋漓尽致地得到了展现。[1]

抛开情感层面的种种感触，我们以理智之眼来审视新中国成立后的这30年，有三个方面的要素阻碍着中国共产党选择法治作为执政治国的方式：一则，中国的社会政治与经济产业处在快速的转型过程中，法治作为一种追求规范化与稳定性的治理方式，与这种时代节奏不相调和。二则，在高度意识形态化的中共眼里，法治与资产阶级法权、封建官僚秩序、修正主义秩序有着一种隐秘关联，这种隐秘关联使中共眼里的法治携带上了堕落、保守的病菌。三则，法治主张本身，似乎与旧的民国时代相关联，它被视作一种具有政治异议嫌疑的声音；那些主张法治的人士在中共眼里似乎含有某种挑战中共领导权的政治用心。

以革命化的政治推动社会秩序和经济秩序的现代化转型，使新中国成立后30年里中共在执政过程中偏好"没有法律"的治理方式。1949年的中共所面对的是一个小农经济占主导、现代产业极其

---

〔1〕 "文化大革命"时期政治领袖与宪制的关系，翟志勇曾有过探析，参见翟志勇："国家主席、元首制与宪法危机"，载《中外法学》2015年第2期。

幼稚的前现代中国。在斯大林式的社会形态发展理论支配下，中共力图快速使中国从"半封建"的小农时代，经由"新民主主义"时代，进入具有充分现代化的"社会主义"时代。社会类型的转换意味着经济产业、社会秩序、政治秩序的转换。在这种疾风暴雨式的转换过程中，保守、停滞、留恋、迟缓都是应该被否定的。法治这种程序主义、规范主义浓厚的治理方式几乎成了保守消极的代名词。[1]社会政治变革的高歌猛进要求一种灵活机动的政治哲学和治国哲学。和柏拉图的"哲学王"一样，中国共产党及其领袖的辩证法智慧，被看作激变过程中社会政治秩序的保障。革命秩序、社会主义秩序应该是生动活泼、日新月异、生机勃勃的，而法治秩序总是隐喻着官僚主义、形式主义、僵化堕落。

除了客观形势外，这一时期的意识形态也有一种排斥法治的倾向。中国自晚清以来，一直在"变法""宪政"等主题下展开社会政治变革。但是在中共视域里，晚清的立宪运动、民国初年的议会民主实验、国民政府的宪政追求，都是在"救亡图存"主题下的失败史。宪法、法治、法律体系等一系列概念，成了失败的旧时代的标志。只有那些脑子还停留在旧时代的人才会留恋这些理念，先进的共产党人拥抱的是社会主义、人民民主专政、无产阶级革命这些崭新的思想。更为微妙的是，宪法、法治等概念不仅仅和失败的旧时代联系起来，它还和封建官僚秩序、资产阶级法权以及修正主义联系起来。中国共产党作为新文化运动的产儿，它一路走来，与之相伴的就是各种社会政治理论的争论，它自身也用宪法、人权等观念去反抗国民政府的专制压迫，所以它深知意识形态战争的机锋奥妙。执政之后，对于宪政、法治等主张，中共在情感上有一种警惕和排斥；对于中共来说，这些主张与反对中共的领导、封建官僚主义复辟、资产阶级复辟、修正主义异化有着某种无法说清的隐秘关联；哪怕这些主张没有明确的政治目的，它们也代表着一种对新秩序、新时代的不理解。总之，这些主张在政治方向上被视为是不正

---

〔1〕 关于法律程序的意义和价值，参见季卫东：《法律程序的意义》，中国法制出版社 2004 年版。

确的，它们隐然代表着一种敌对势力——要么是来自旧时代的阴魂，要么是来自敌对意识形态的阴谋。[1]

回望新中国成立后 30 多年的政治史，政治运动成了一个凸显的词汇。这个语词形象地描绘了中共在那段历史时期的治国图景。蕴含在政治运动之中的是中共因时而异的政策和指令，政策治国、指令治国成了那个时代公共治理的主要方式。

这样的治理方式带来了巨大的社会政治灾难。中共在 20 世纪 70 年代末的反思，使法治成为中国公共治理的基础选项，中国的法治之路也由此展开。

二、改革开放初期对执政方式的反思

围绕 1978 年中国共产党十一届三中全会而展开的政治反思，为中共重塑执政方式提供了契机。中共首先分析了新中国成立后 30 多年里的政治得失，这些政治得失首先是执政方式的得失。

政策和指令作为权力运行方式，可能直接起源于中共早期的军事斗争史。从 1921 年到 1949 年，中共有 20 多年的时间是处在军事斗争环境中的。在军事斗争中，时机是关键的要素，权力决策者必须要具有最快速、最灵活的反应速度才能把握时机、取得胜利。新中国成立后，中共的整个权力运作，总体上依然带有军事的痕迹。因此，政策和指令这种灵活便利的权力运行方式就一直延续下来了。

经过反思，中共自身也意识到，以政策和指令作为基本的治国方式，会导致三个方面的问题：其一，权力体系自身的不稳定。具体言之，在历次政治运动中，政策和政见之争经常导致大规模的人事整顿，组织和人事上的剧变使整个权力体系缺乏一种履行常规职能所需要的状态，这在"文化大革命"时代最为显著。其二，官民关系的不协调。社会如何管理，管理权力深入到什么程度？这个问题一直是中共执政过程中的难题。人民公社的成立与解散、农民自

---

[1] 关于 20 世纪中国激进意识形态的相关状况与发生原因，李泽厚进行过生动阐释。参见李泽厚："胡适、陈独秀、鲁迅"，"试谈马克思主义在中国"，载李泽厚：《中国现代思想史论》，生活·读书·新知三联书店 2012 年版。

主经营权的大小、市场空间的压缩与开放等问题都是官民关系的具体体现。其三，从新的时代语境来看，不利于国际经济贸易往来。在封闭的时代里，政策和指令治国只会涉及国内政治经济状况，但在开放的时代里，这种治理方式会阻碍国际经济贸易的大规模展开。〔1〕对这三个问题的反思，为中共转换执政方式提供了思想基础。

政策和指令的权力行使方式使中共及其主导的整个国家权力体系处在不稳定的状态。在法治政体中，法律构成了政治活动的公共平台。铁打的营盘流水的兵，人事可变换，制度仍长存；政治上的人事纷争和政见斗争，不会损害整个法制平台，也不会损害整体性的制度权威。〔2〕然而，在以政策和指令为基本权力行使方式的人治政体中，往往有事而无制。人事纷争和政见冲突经常导致整个政治体系的大规模变换。中共历史上的路线斗争、各种政治运动中的政见冲突，最后都导致了基本权力格局和基本制度架构的巨大变化。从1949年到1966年，国家主席、国（政）务院这两个核心政治机关的职权发生了显著的范围伸缩，其中一部分是通过宪法变化的方式完成的；另外一大部分则是政治博弈导致的。到了1966年之后，作为中国权力核心的中国共产党，在组织形态上也发生了巨大的变化，中央政治局和地方党委的权力被"革命委员会"大量夺取；各级人民代表大会、法院、检察院这些职能机关被虚置甚至废止；原有的党与国家机关的关系处于不稳定状态中。

中共致力于追求执政效率的同时忽视了政治体系自身的规范化，最后导致整个政治体系自身的紊乱。改革开放时代各级政治领导人大都是这种政治失范的受害者，他们在之前的相当长的时间里缺乏人身安全保障并遭受了政治迫害。这种切身的体验，使他们意识到政治法治化、规范化的必要性。从另外的角度看，这种以政策和指令治国的方式使中国在社会秩序、国民生计、产业发展方面遭遇灾

〔1〕 邓小平在80年代中期思考党政关系、党纪与法制的关系问题时认为："党要管党内纪律的问题，法律范围内的问题应该由国家和政府管。党干预太多，不利于在全体人民中树立法制观念。这是一个党和政府的关系问题，是一个政治体制的问题。"参见《邓小平文选》（第3卷），人民出版社2008年版，第163页。

〔2〕 参见王人博、程燎原：《法治论》，广西师范大学出版社2014年版。

难性危机，政治权威流失、政治合法性动摇。中共领导层无法忽视这种政治体系自身层面的危机。在中共自身的视域里，这种政治体系的危机主要表现在党内民主生活不健全、政治运行缺乏法治化和规范化。为此，在政治生活中实行民主和法治，就成了总结历史经验、纠正历史错误、疗救沉疴、重新振作的基本方法。[1]

以政策和指令治国的方式也使中国的官民关系处在不协调的状态。官民关系，亦即权力与权利的关系，在中共话语里表现为"干部-群众"关系。对于所谓干群关系，中共有自身的意识形态论述，但实质上，这种关系还是传统话语里的官与民的关系，现代法学话语里的权力与权利的关系。[2]官民关系的要害之处在于平衡处理秩序与效率、政治调控力和民众自发性之间的关系。在新中国成立后的30多年里，这一类关系始终没有得到良好的协调。具体看去，工厂和商店按照计划指令生产经营，村社按照统一号令下地劳动；整个社会都在具体指令之下运转，缺乏独立的活动空间。这样一种具有高度计划性、高度指令性的官民关系，不仅效率低下，而且在政治浪漫主义支配下还会造成大规模产业发展受挫和大规模饥荒。

重塑官民关系、释放社会和个体的活力，需要以法律规范的形式展开。中共意识到，只有在法律规范之下，秩序与活力才能达成平衡。政治权力对于公民的治理，如果不采用统一的、规范化的法律，则无法取得官民平衡、秩序与活力的平衡。在告别政治运动、实施经济建设的改革开放时代，这一道理显得相当清晰。[3]

从意识学的角度看，反思往往需要站在一个与反思对象不同的平台上才能真正得以展开。中共在20世纪80年代初的这场对新中

---

[1] 在八二宪法制定过程中，参与宪法条文讨论的人员对"文化大革命"中的相关问题多有提及。八二宪法几乎是在反思"文革"经验的过程中制定出来的。参见蔡定剑：《宪法精解》，法律出版社2006年版。

[2] 毛泽东把处理官民关系当作党组织的一项关键事务，曾在不同时间、不同层次有过论述。参见毛泽东："党委会的工作方法"，载《毛泽东选集》（第4卷），人民出版社2008年版，第1440~1444页。

[3] 改革开放之后，邓小平围绕社会秩序、社会活力、政治体制问题阐述法制问题，参见邓小平："在全体人民中树立法制观念"，"关于政治体制改革的问题"，载《邓小平文选》（第3卷），第163~164页，第176~180页。

国成立后头 30 年执政历史的反思，就是站在改革开放的新语境中进行的。"不识庐山真面目，只缘身在此山中"。改革开放的语境使中共接触到国际贸易市场和海外资本技术；这些贸易和投资是以商品市场为平台的，遵循自由契约原则。以此为基点回视过去政策治国、生产过程行政化和分配过程行政化的方式，就能清晰地发现这种方式无法根本性地适用于涉外经济贸易的领域。一种令行禁止的指令式管理，亟须转换成一种居间协调的规制式（regulation）管理；同时，公开的、反复适用的实证法律规范，也必须被当作公共产品予以供给。

"改革开放"这个概念，某种程度上是以"开放"引领"改革"。围绕经济建设而展开的"开放"，为政治治理方式的"改革"提供了动力。"文化大革命"中的政治纷争阻却了经济的发展，使国民经济走到了崩溃的边缘；要改变这种状态，就得将国家生活的重心从阶级斗争、政治斗争转向经济建设、产业开发。而启动和激活经济建设的一个重要方面即是对外开放，引入外部的要素来激荡内部的经济活力。这是中国共产党在执政思路上的转换。具体到政治治理方式的层面，则是旧有的政策治国须转换为法律治国，以法律的方式来规制和调控内外因素交融的经济体系。

中国共产党是在 20 世纪的世界格局中产生和发展起来的政治力量，在执政治国方面，它的目标与传统皇权政治的统治目标不一样。中共的政治目标是在现代世界格局中完成民族复兴的使命、实现中国的现代化转型。它所遵循的意识形态，则是以革命为主题、日常政治统治经验积累较少的马克思列宁主义。[1] 这些因素导致中共的前 30 年执政史始终是一种探索史和冒险史。只有在遭遇了实践过程中的严重挫折后，中共才展开全面反思。中国是世界格局中的一个部分，改革开放的过程意味着中共在政治上开始向欧美国家的商业世俗主义道路靠近。这是一种政治观的转换，同时也是一种执政方

---

〔1〕 中国近代以来的政治都围绕着"富国强兵、救亡图存"这一主题展开。这一时代主题和时代精神深刻影响着中国的政制选择。参见王人博：《中国的近代性：1840～1919》，广西师范大学出版社 2015 年版。

式的转换。阶级先锋队主导的运动式政治，逐渐转换为理性官僚化的法治政治。[1]

改革开放在中共执政史上是一个分水岭式的节点，不仅国家工作中心发生了转移，国际立场也在相当程度上发生了转变。如果说中共在新中国成立初期选择"一边倒"的国际立场意味着向苏联学习，那么改革开放则意味着重新厘定国际立场，开始向欧美国家学习。作为后发现代性的中国，采取怎样的国际立场和向什么类型的政治治理模式学习，具有方向性的意义。改革开放是中国在维持基本政治权力格局条件下进行的一场社会政治方向的转换，中共开始有选择地学习欧美政治经验。法治的缘起也可以视为中共学习欧美政治经验的具体表现。

然而，这样的一种法治在更深层次上应该如何理解？它是否与英美法治具有相同品格？

三、一种"工具主义"的法治

作为中国共产党执政方式的法治，具有浓厚的工具主义品格，它在实质上是由权力主体所选用的政治治理工具。

虽然中共意识到新中国成立后头 30 年的政策之治和指令之治有着严重的弊端、无法适应新的国家工作目标，但中共主导的社会政治体制转型是有限度的。与苏联的断裂式变革不同，中共采取了一种维持基本政治结构、维持统治主体同一性的渐进变革方案。从政策之治到法律之治，只是一种权力运行方式的转换；作为权力主体的中共在这一转换过程中维持着身份的同一性。这一政治语境，决定着中国法治不是一种作为公共政治平台的规范性法治，而只是一种党国体制下的工具主义法治。改革开放以来中国法治进展的步骤、所经历的曲折、所遭遇的瓶颈，都与这一属性紧密关联。

在这里，我们从改革开放那个法治起源时段来审视法治的具体内容，进而来透视它的工具主义品格。

---

[1] 参见邓小平："关于政治体制改革的问题"，载《邓小平文选》（第 3 卷），人民出版社 2008 年版，第 176~180 页。

　　新中国成立后头 30 年的政策之治和指令之治导致了两个方面的危机，一个是公共权力缺乏稳定结构，另一个是权力运行缺乏明确形式。中共采取法律之治，首先就在于化解这两个方面的危机，确立结构稳定的权力体系，塑造形式规范的权力运行方式。需要明辨的是，当代中国法治的发生虽然可以看作对欧美现代治理经验的学习，但它却是在主体自觉的基础上展开的，是一种具有主体选择性的学习。以此来看，中国法治的缘起，基本上是内生性的。[1]

　　确立稳定的权力体系是法治的第一个目标。在 1949 年到 1954 年这段时间内，中共主导制定了《共同纲领》《中国人民政治协商会议组织法》《中央人民政府组织法》《宪法》等法律，大体塑造了国家政治权力结构。然而，在随之而起的政治运动和政治浪漫主义思潮冲击下，这些以法律形式确立的政治权力结构一步步被变更和破坏。首先被变更的是中共与国家职能机关之间的关系，即党政关系。从 1957 年开始，中共改变原有的党政关系结构，使党的职能渗入到国家职能机关的权力领域中，相当程度地虚化了国家职能机关。接着，在人民公社化运动、"大跃进"、四清运动中，基层政治权力结构发生了巨大变化，中共地方组织权力越来越膨胀，在诸多领域取代了国家职能机关。同时，中央层面的党内权力结构、国家职能机关权力结构都发生了结构性变化，作为中共领袖的毛泽东逐渐拥有了超越性的政治权威和政治权力。"文化大革命"时期，原有的党国体制的权力结构总体上变为领袖体制，中共领袖具有随时变更政治结构和具体人事的权力；领袖之下形成了党组织系统、国家职能机关系统和革命委员会三支权力体系，三支权力的关系状况随着领袖意志的变化而变化。法律虚无主义在这个阶段达到了顶峰。这种权力无结构的状态，导致中国的社会政治高度不稳定，越是不稳定就越依赖最高领袖权威，最终由执政党的政策之治异化为领袖一个人的指令之治。到了 20 世纪 70 年代末，借政治领导人代际更替之机，中共通过严肃反思，开始了政治权力制度化、体系化的努力。这在

　　[1]　中国的法治与宪制是在中国语境与中国问题基础上发生的，它的精神气质与中国自身的处境密切相关。参见王人博：《法的中国性》，广西师范大学出版社 2014 年版。

官方话语里被表达为"法制"。法制是中国法治在最初阶段的形态，它突出说明了法治建章立制、塑造社会政治秩序的功能。在"法制"的思路下，中共重新颁布了《宪法》《全国人民代表大会组织法》《地方各级人民代表大会和地方各级人民政府组织法》《人民法院组织法》和《人民检察院组织法》。同时，在党内恢复和重建了中共自身的组织体系，并不断协调党政关系，使中共权力与国家职能机关的权力相互对接。法治本来是对权力的规训与制约，可在中国法治发展初期，法治的功能却是塑造公共权力体系。立法几乎等同于立制，法治几乎等同于建制。从当代中国政治史来看，这种建制性法治是克服法律虚无主义、克服极端人治的第一步。[1]

塑造规范的权力运行方式是法治的第二个目标。中共这一权力实体是在战争环境中成长起来的，它在权力行使的层面，长时间里带有浓厚的军事主义色彩，强调统一指挥、绝对服从。新中国成立后，从中央到地方的权力运行，都包含着一种因地制宜发布训令、就事论事直接指挥的精神气质。在另外一个层面，依据密切联系群众、实地调查研究等工作原则，中共及其领导的国家职能机关在行使权力时，在意识形态上有一种排斥规范化、排斥官僚化的倾向。于是，"政"与"治"高度融合，宏观性的政治布置与微观层面实用主义的任务执行交融在一起；政治与行政的区分没有形成，权力运行过程经常需要在意识形态正确性与实用主义可行性之间挣扎。在改革开放前30多年里，行政过程中出现的下级对上级的瞒报、谎报，宏观政策在执行过程中的扭曲、变异，政治权力对生产经营的畸形干预等情形，与权力运行的非规范化有密切的关系。在"文化大革命"末期，邓小平主导的"全面整顿"，以及随后展开的改革开放，都致力于使权力运行趋向规范化。对于中共来说，权力运行规范化是提升权力效能的一个措施。在政党层面，"文化大革命"之前的组织生活得以恢复，中共权力运行一定程度上向"集体领导"模式回摆；在国家职能机关层面，各机构通过组织法、行为程序法

---

[1] 关于中国法治发展历史中的"法制"问题，参见程燎原：《从法制到法治》，广西师范大学出版社2014年版。

获得了实证的权力流转渠道。这些规范化的权力运行机制使中共的执政行为总体上摆脱了"文化大革命"时代的神秘性，使权力过程在一定程度上透明化；更重要的是，对于人民来说，权力行为基本上可以进行稳定预期，私人个体的社会经济生活在权力面前获得了一定的安全感。[1]

法治在中国的"党国体制"下，是作为一项改善执政方式的治理技术而被采用的。这与原典意义上的法治（rule of law）有显著的差异。在英美普通法法治或德国"法治国"的法治理念中，法治本质上是一种官民共守的契约，是一种同时约束统治者和被统治者的公共约法。为此，法治的建立主体是统治者和被统治者双方。[2]而在当代中国的政治史中，中国共产党采用法治的治理方式，是单方权力意志的展开，是权力主体的政治决断。中共通过法治这种政治技术，力图整顿在"文化大革命"时已经紊乱了的公共权力体系，使公共权力在实证法律的支撑下具有明晰的结构；同时，借助组织法和程序法，力图把权力运行纳入到既定轨道中。这一语境中的法治，是中共这一权力实体自我重塑的技术措施。法治在此不是一种缔造公共政治平台的社会契约，而是执政主体自我改造的技术工具。这是我国当代法治的基本品格，对之不可不察。

中国法治在改革开放初期显露出来的这种工具主义品格，并不意味着它应该得到消极的评价。恰恰相反，如果诉诸历史的视域，这种工具主义的法治之缘起，在中国政治史上是一个显著的进步。

法治意味着一种开明政治。法治、立宪从晚清以来就一直是政治生活的主题。晚清的立宪运动、民国初年的议会共和运动、国民政府所倡导的宪政运动，实质上都是为了造就一种官民共守的公共政治、民主政治。然而，近代中国在西方殖民主义势力和日本侵略势力的压迫下，一直处于亡国灭种的危机之中，这些关于法治和优

---

〔1〕 关于法治对政治权力的塑造和规训，国务院于2004年颁布的《全面推进依法行政实施纲要》，以及2015年颁布的《法治政府建设实施纲要（2015~2020）》，是理解该主题的规范文本。

〔2〕 参见郑永流：《法治四章》，中国政法大学出版社2002年版。

良政治的追求，没能在险恶的处境中实质展开。[1]中国共产党以武装革命的方式取得全国政权，由于意识形态的局限和现代政治经验的匮乏，在新中国成立后 30 多年里以政策和指令的方式运行权力、治理国家，这段政治探索中充满曲折和磨难。改革开放以来，中共在新的时代环境中采用法律的方式来重塑执政方式和治国方式，法治自此开始落实在现实的社会政治生活中。[2]以这种历史的视野观之，虽然法治以工具主义的品格起步，但它亦是中国近现代史进程中的一项进步事业。

第二节　党与国家同构体制的法治化

当代中国政制，是由中国共产党领导国家机关体系而形成的制度形态，即"党国体系"（party-state system）。这一体系规范化和法治化过程中具有独特的机理与形态。

20 世纪 80 年代初，中国共产党反思了过去 30 年的执政历程，选择了法治作为基本的执政治国方式。这种执政方式的转换主要基于中国自身政治经验。这种语境中的法治化过程，其动力来源、实现步骤和基本困境都值得我们细细探究。

欧美语境下的法治，根本上缘起于中世纪的宗教契约思维。欧洲的中世纪虽然是一个身份社会，但设定不同身份的规范被视为"超越的自然法"，也就是神圣的契约。不同身份等级的人们都在法律规范之下，法律本身是一种公共契约。启蒙运动以来，欧洲由封建社会进入自由社会，身份关系被打碎了，个体自主性被激活了，但法律作为超越的、共同的规范这一思维方式却被承续下来了。在政治层面，宪法作为超越的规范，为各种政治力量提供了博弈平台；

---

[1] 从晚清开始，西方的宪政、法治、共和等思想理念就不断输入中国。但是，这些思想资源在中国语境中无法顺利展开。这些现代理念和制度在中国的挫折，与中国的国家处境有实质关联。参见王人博：《宪政文化与近代中国》，法律出版社 1997 年版。

[2] 加拿大学者 Pitman B. Potter 从政治、经济、社会发展与国际处境几个角度阐释了中国法律制度的特点，相当程度上展示了中国法律制度与中国语境之间的内在关系。See Pitman B. Potter, *New China's Legal System*, Cambridge：Polity Press, 2013.

在社会层面，法律也为国民之间的交往提供了基本准则。这一类型的法治具有自生自发性和某种程度的先验性，它被先天地植入了权力行使过程之中。[1]

与欧美法治不同，中国法治是在后发现代化语境中生长起来的。中共取得政权的第一个30年里，法治并没有作为基本的政治治理方式；在80年代初，法治才以执政技术、治国方法的形象进入到中国社会政治生活中。中国的法治是中共对自身执政历史反思的产物，也是中共重塑自身执政方式的工具性选项，它具有建构性、权力意志决断性。在政制形态层面，中国法治表现为党国体制的规范化与法治化，它是整个权力体系的一种自我重塑、自我转型。[2]

这种党国体制法治化的动力何在？170多年的中国现代历史是一部现代化的历史，在社会、经济、政治、文化全方位的现代化过程中，社会经济的现代化就产生了公共治理方式的现代化之需求，法治应运而生。社会经济变革而产生的政治上层建设的变革，构成了法治化开展的动力。法治化根本上是政治现代化的一个部分，也是对经济社会现代化的一种回应。从现代化潮流来审视法治及其动力源泉，相关问题的实质就清晰可见了。

从具体历程来看，党国体制的法治化主要经历了三个阶段：首先是20世纪80年代初期的建章立制、"有法可依"的阶段，这一阶段的主要目标是通过法制建设确立起权力的规范结构。其次是20世纪90年代以来的对公民权利的确认和保障，它一方面通过私法确权，另一方面通过诉讼制度的改进来实现。最后是最近发生的中国共产党自身组织的规范化，它标志着中国核心权力实体不断迈向法治化。这三个阶段虽然起点上有先后，但它们共时性地展开着。法律体系建设、公民权利确认与保障、中共自身的法治化都还在艰难

---

〔1〕契约思维是欧洲自然法和宗教理念中的关键要素。在整个欧洲现代化转型过程中，都伴随着契约思维在社会政治中的渗透。参见［英］梅因：《古代法》，沈景一译，商务印书馆1996年版。

〔2〕在近现代中国，法律或宪法是一种西方传入的制度设施，它在适应中国语境的过程中，其内涵和品格发生了诸多本土化变异。参见王人博：《法的中国性》，广西师范大学出版社2014年版。

行进之中。

党国体制法治化作为中国法治化的核心内容，在展开过程中具有自身的困难。这些困难有的来源于时代语境的限制，有的来源于政治体制结构。能否克服这些困难，关乎中国法治的最终命运，也关乎中国政治现代化的前景。具体言之，基本困难有二：一是，法治化是在激烈的社会政治转型过程中展开的，具有保守主义性质的法治能否有效地规训社会政治变革过程，使社会政治变革在变化中生成现代性的规范结构？二是，法治化能否在规范党组织权力运作时，又不遏制其政治活力；或者，从另一个角度看，中共在承担执政任务过程中，能否具有足够意志把自身的规范化贯彻到底？它们关系到效率与秩序、规范与活力之间的张力问题。如何处理这类张力，一直是政治和法治史上比较棘手的事务。[1]

接下来，笔者就对这三个方面的问题展开详细阐释。

一、政制"法治化"的动力

党国体制为何展开自我的法治化？客观视之，这是由现代化潮流中的社会政治结构张力造成的，而这种张力形成了法治化的动力。

170 多年的近现代历史，实质上是中国的现代性发展史。当代中国 60 多年的历史，同样处于现代性历程之中。现代性是一个系统概念，它包含了经济、社会、文化观念和政治制度各个层面的内容。这些不同层次的要素相互影响，合力汇成了一个结构复杂的现代化之潮。

卡尔·马克思的历史唯物主义提出了经济基础决定上层建筑的观念。这一观念在各种意识形态中被简化，导致它遭遇了很多批判。但就经济社会与政治体制的基本结构来说，经济社会的发展确实会吁求政治体制的变革，政治自身必须要不断调适以回应经济社

---

[1] 自 20 世纪 90 年代起，法律与社会政治相调适的问题就被严肃讨论，宪法学领域的"良性违宪"就是这一题域中的典型概念。参见郝铁川："论良性违宪"，载《法学研究》1996 年第 4 期。

会，才能维持政治自身的活力与合法性。[1]中国的法治化作为政治变革的一个关键部分，也是对中国社会经济变革的回应。经济和社会在形态与结构上的转换，导致政治治理形式也需要更新。

新中国成立后 30 多年里，中国模仿苏联的经济社会现代化模式，采用高度集权的计划经济体制。这一体制在农业方面表现为农村集体经济，在工业方面表现为国家计划下的指令经济。经济学家认为，中国采用这种计划经济的方式，主要是由于中国产业落后，农业和工业生产能力低下、生产总值较小。只有通过集中、计划的方式才能将有限的资源应用于现代产业体系的基础建设，才能迅速实现国民经济的赶超。[2]在这种现代化赶超思维的支配下，政治上就相应地需要一种权力集中、管理细致的治理模式，即政策治国和指令治国的模式。计划经济模式加上接踵而至的政治运动，中国国民经济在 20 世纪 70 年代末走向了崩溃的边缘。中共高层人事更替带来了社会政治转型的契机，改革开放和经济建设的总体筹划使社会经济从高度集中的模式中逐步走出来，走向了有限度的开放社会和自由经济。自 1980 年以来，社会的流动化与经济的市场化逐步成为基本国策。

以马克思主义为意识形态的中共领导层熟知经济基础决定上层建筑的命题，他们自觉展开了政治层面的变革。民主和法治成为政治变革的核心概念。从根本上看，民主和法治是对经济社会转型的

---

　　[1] 恩格斯在《反杜林论》中系统阐释了马克思政治经济学原理，对经济基础与上层建筑之间的关系有过详细阐释。参见 [德] 恩格斯：《反杜林论》，吴黎平译，人民出版社 1999 年版。

　　[2] 林毅夫在阐释新中国成立早期采用苏联式产业发展模式时指出："让中国人站起来，是社会主义革命最主要的动力……想要有强大的国防，就要有强大的军事工业，想要有强大的军事工业，就要有强大的重工业。1952 年中国从战争的破坏中恢复后开始建设国家，提出了以重工业优先发展为目标的战略，目的就是让中国能够早日屹立在世界的强国之林，不再受外国的欺凌。苏联的经验为中国提供了一个参考基准。当时中国是一个贫穷落后的农业国家，苏联在 1929 年以前也是一个贫穷落后的农业国家，但是在斯大林的领导之下，工业化进程非常快，在很短时间内就建立起了自己的重工业体系和国防体系。而且，当时欧美的市场经济仍处于大萧条之中，所以苏联以重工业为先导的经验看起来是可行的，符合发展中国家的发展愿望。"参见林毅夫：《解读中国经济》，北京大学出版社 2013 年版，第 70~71 页。

一种政治回应。改革开放在社会经济变革领域，至少有三个方面的内容：一是社会流动化，二是生产经营市场化，三是国民经济国际化。在社会层面，改革开放前30年是非流动化社会，在农村表现为以村社为单位的集体劳动制度，农民被编进半军事化的劳动生产队中，作息需要服从集体指挥，缺乏自主活动的自由；在城市和工厂中表现为单位制度，单位负责配置个人职位，个人是单位的构成要素。这一社会体制在改革开放后逐步变革，农村集体劳动制度解体，城市和工厂的成员也开始具有了自主选择职业的自由。流动社会和陌生人社会开始形成了，旧有的农村管理制度和城市、工厂的单位化管理制度也逐步变革。在生产经营层面，从农村的家庭自主经营开始，城市中也释放出私人经济、民营经济的空间，计划经济体制逐渐撤退、自主经营领域不断扩大。到1992年之后，市场经济被确立为基本的经济制度，生产经营的自由化逐步扩展。行政上的计划与指令开始转变为宏观调控和技术化的市场监管。在国民经济层面，对外开放使中国经济逐步融入国际经济分工的体系中，国际投资、国际贸易在中国逐渐发展起来。在经济管理方面，与国际经济贸易规则体系"接轨"，成了上层建筑改革的有机内容。上述的这些社会经济变革，决定了作为上层建筑的政治治理方式也需要进行变革；高度集中的计划性治理方式需要转换为宏观调控治理方式，以计划和指令为形态的管理方式也需要中立化、规范化。[1]

经济基础决定上层建筑这个命题，对处于改革开放时代的中共来说，不仅是一个意识形态命题，更是一个从几十年执政历史中总结而来的政治教训。政治体制须适应经济社会，政治体制须在经济生活变革之后做出相应地变革，否则，将会导致严重的经济社会危机或政治危机。

中共是在战争环境中发展起来的，发挥主体能动性以获取政治和军事胜利，这条经验对于中共来说是一种法宝般的体验。取得全

---

〔1〕 在法学领域，学者曾展开关于行政法的性质之探究，探究行政法到底是为了巩固行政权还是限制行政权。这是一种对社会政治转型的法学回应。参见罗豪才、沈岿："平衡论：对现代行政法的一种本质思考——再谈现代行政法的理论基础"，载《中外法学》1996年第4期。

国政权后，在现代性赶超战略之下，中共的执政中包含着非常强烈的政治能动性。农业、工业和手工业的三大改造、"大跃进"、推广大寨经验等生产运动中包含着以政治意志推动经济，实现跨越式发展的思路。改革开放前的 30 多年里，政治意志被认为具有强大的能动性，是社会经济发展进步的精神动力。然而，这种以政治意志推进社会经济进步的浪漫主义逻辑，在实践中遭遇了严重挫折。沉痛的教训使人反思。改革开放后的中共重新拾起实事求是的唯物主义原则，[1]在哲学上重新确认了经济基础决定上层建筑的命题。于是，改革开放时期社会政治的系统转型，就表现为着眼经济社会现实、慎重展开政治改革的形态。以经济建设为主轴来思考政治改革，就成了 1980 年之后的"社会–政治关系"景观。

对于中共来说，改革开放以来的政治改革，不是以单纯追求政治文明为目的，而是以适应经济社会发展为目的。经济社会的现代化构成了政治现代化的基础。任何脱离经济社会现实的政治改革，都会被视为一种充满风险的政治冒进。法治建设的推进，也是以适应社会经济发展为前提的；法治改革方案正当性论述，也须在"适应社会经济发展"这一话语体系中进行才能被认可。20 世纪 80 年代的法制建设是为了适应改革开放的需要，20 世纪 90 年代的司法改革是为了适应市场经济的需要，21 世纪头十年里的人权保护与私有财产保护的宪法宣誓，也遵循同样的思路。[2]

以经济社会为着眼点的政治变革，是一种回应型的政治变革。在中共思维视域里，这是一种实事求是的、稳妥的政治现代化路径；

---

〔1〕 对真理标准问题的讨论，是中共反思改革开放前社会政治实践的一个标志事件。参见"实践是检验真理的唯一标准"，载《光明日报》1978 年 5 月 11 日。

〔2〕 例如，时任全国人大常委会副委员长王兆国在解释为什么要将尊重和保障人权载入宪法时说："我国改革开放以来，随着经济发展和人民生活水平的提高，公民拥有的私有财产普遍有了不同程度的增加，特别是越来越多的公民拥有了私人的生产资料，群众对用法律保护自己的财产有了更加迫切的要求……在宪法中增加对规定及对私有财产的征收、征用制度，有利于正确处理私有财产保护和公共利益需要的关系……在宪法中做出尊重和保障人权的宣誓，体现了社会主义制度的本质要求，有利于推进我国社会主义人权事业的发展，有利于我国在国际人权事业中进行交流与合作。"参见王兆国：《关于〈中华人民共和国宪法修正案（草案）〉的说明》，2004 年 3 月 8 日于第十届全国人民代表大会第二次会议。

社会经济作为基础，能为政治变革提供动力与逻辑前提。法治的缘起与深化，也是在社会经济发展的推动下展开的。

欧美先发现代化国家的法治是如何起源与发展的？这可能是一个非常复杂的历史学问题。然而，可以确定的是，在中共的政治经验内涵和话语系统中，那种认为法治具有先验价值、法治的展开具有独立的政治文明意义等命题，完全是机械的形而上学的谬见，是忽视社会经济基础的庸俗的政治文明观。在不考虑社会经济语境的情况下独立推进民主、法治、人权的做法，是一种政治上的不成熟；倡导这种观念的行为，如果不是出于幼稚，就是在进行欺骗性的政治宣传。

改革开放以来形成的这种社会政治观，主导着中共的现代化建设思路，也主导着党国体制法治化的节奏。依据这种社会政治观，中国法治化的动力基础在于社会经济现代化，经济基础在结构与形态上的发展推动着法治进程的不断深入。中国的现代化被视为一个系统工程，其中社会经济的方面是基础，政治与法律的方面是该基础之上的法权设施。前者的现代化程度决定着后者的现代化程度，二者关系不可颠倒，法治的进展不能冒进。

二、政制"法治化"的历程

中国的法治化，实质上是中国共产党对其执政方式和所主导的权力体系在国家目标调整之后展开的自我重塑，是一种政治现代化的措施。从历史角度来看，法治化经历了三个阶段：首先是通过立法、建章立制，确立起规范化的权力结构；其次是确认个体和社会层面的权利与自由，致力于建构规范化的官民体系；最后是展开中共自身的法治化，对中国最核心的权力实体以法律的方式实现现代化转型。

法治化作为政治文明化的一个关键部分，它是对改革开放以来经济社会结构转型的一种回应，二者在节奏上步调一致。

以立法的方式对政治权力体系进行重建，是中国法治经历的第一个步骤。1966年"文化大革命"以来，中国的权力体系发生了结构性变异。原有的党国体制被突破，中共领袖成为超然的、唯一的权威。在领袖之下，中共组织体系部分停止运转，国家职能体系的司法、检察和部分行政机构也停止运转，相关的职能和权力由"文化大革命"中崛起的各级"革命委员会"接收。领袖之下残存着的中共组织、国家职能组织体系，以及新崛起的"革命委员会"体系秉承领袖意志行使权力。[1]这种权力结构看起来与日本明治宪法中天皇主导下的分权体系类似，但二者不同之处在于中国这一时期的权力体系不是规范性的和制度性的，而是人事派系性质的。[2]领袖之下三支权力之间缺乏明确的分工界限，各方在人事博弈中拥有某种并不稳定的权力。政治的无秩序导致了严重的社会经济问题。

1978 年中国共产党"十一届三中全会"以后，中国走出"文革时代"的领袖体制，重新回归《共同纲领》和五四宪法确定的党国体制。通过 1982 年重新颁布的《宪法》，以及这个时期颁布的《国务院组织法》《全国人民代表大会组织法》《人民法院组织法》《人民检察院组织法》等法律，国家层面的职能机关体系得以恢复。同时，中共各级党组织得以恢复，"文化大革命"中产生的"革命委员会"逐步被虚化和废止。在这个阶段，"法治"概念的基本含义就是对"文化大革命"中制度虚无主义的拨乱反正。通过法律和规章的方式，来重新塑造一套职能健全、责任明晰的权力体系。在权力体系的末端，如地方立法和行政机关、企业、事业单位，也通过各种层次的立法实现了机构的制度化与规范化。

20 世纪 80 年代，法治的基本任务就是实现权力体系的规范化和理性化，建立一套职能和层级明确的官员体系，以塑造"党国体系"的制度骨架。回顾历史，中共在新中国成立后的几年中也有过类似的以法律来塑造体制的活动，但有所不同的是，新中国成立后的立

---

[1] 参见翟志勇："国家主席、元首制与宪法危机"，载《中外法学》2015 年第 2 期。

[2] 伊藤博文是日本明治宪法制定过程中的主持者，他对日本宪法体制有过详细解释，参见［日］伊藤博文：《日本帝国宪法义解》，牛仲君译，中国法制出版社 2011 年版。

法运动并没有在法制（法治）理念下展开，它只是一种技术性的活动，为此，随之而起的政治运动就突破了这些法律，使之成为空文。但改革开放之后的立法活动，则是在新中国成立以来30年执政和治国经验基础上展开的有意识的法治运动，它是当代中国法治的开端，也是中共有意识的政治转型的体现。在法制（法治）理念之下，当代中国的法治进程虽然曲折沉重，但总体上没有出现新中国成立头30年里的向政策之治和极端人治的大逆转。法治作为政治文明的关键内容，在方向上已经明确，其道路已经铺开。[1]

通过立法确立个体的权利和社会的自由、构建权利的保障和救济体系、塑造商品经济条件下的官民关系，构成了法治化的第二个阶段。相对于之前高度集中的计划管理体制，改革开放实际上是一个政治权力有序退出社会、释放自由空间的过程。这种权力退出过程与商品经济发展的过程大体是一致的。政治权力退出后，需要另外的机制来塑造和维持这一空间的秩序，于是，私法（private law）立法兴起了。

相对于公法（public law）立法中的建章立制、为公权力塑造规范结构，私法立法的功能主要是界定国家与社会、权力与权利的关系，并通过私法规范来规制社会中个体间的关系。改革开放力图通过商品经济、自由市场来发展社会经济，在社会与市场的层面释放个体自由并保障个体自由就成为国家治理的基本任务。整个党国体制对社会的管理，也变成了一种调控性的超越式管理，政策之治和指令之治的范围逐步收缩了。具体看去，这一阶段的立法，从20世纪80年代初期的对外经济贸易立法开始，1986年《民法通则》的制定是一个显著标志，随后《合同法》《物权法》《侵权责任法》等一系列规范也相继颁布。在宪法层面，私有财产权的保护和人权保障得到宣示。更为重要的是，救济个体权利的刑事诉讼制度、民事诉讼制度、行政诉讼制度逐步确立、恢复和优化改进，个体自由获得了一定程度的实证保障。

---

〔1〕 程燎原立足中国法治发展历史，细致阐释了从法制到法治的演进过程，参见程燎原：《从法制到法治》，广西师范大学出版社2014年版。

私法立法和诉讼制度的建立与改良，意味着官民关系、权力与自由关系的重新塑造。如果说第一阶段的建章立制式的公法立法是政治领域的法治化，则这一阶段的私法立法和诉讼制度改进则是社会领域的法治化。在中国法治的进程中，社会法治化具有突破性的意义。改革开放前的中国社会被纳入到半军事化的行政管理体系中，国民缺乏社会经济活动的自主性；改革开放逐步释放社会空间，这一空间在那种半军事化权力退出后，获得的是一种范导性的公共规则，国民在这些规则的基础上展开自由的社会生活。通过如是进程，党国体制这一权力体系，在其社会管理的末端就实现了规则之治；公共的、普遍的、可以反复适用和预见的私法规范取代了就事论事的、令行禁止的权力指令。这是对社会经济自由化、市场化的一种政治上的现代化回应。[1]

中国共产党自身的法治化是中国法治化的第三个阶段。虽然没有在理论上被纳入法治范畴，但中共的规范化在改革开放以来一直以"党的建设"的形式进行着。中共十八大以来，中共自身的规范化问题逐渐被纳入法治视域，中共的法治化得以有意识地展开。

中共自身在没有充分法治化的条件下，出现了两个方面的问题：一是党内民主决策机制被虚置，"集体领导"的原则得不到深入贯彻；二是中共党委组织通过法外程序变更国家职能机关权限，使相关国家机关的权限处于不稳定状态。

中共各级组织的权力行使在原则上是集体决策，即在充分发表意见后实行少数服从多数的决策办法。当参与决策者的程序性权利无法得到有效保障时，决策集体中的首席领导就容易形成超越性权威，集体决策制就容易变成一人决策制。在这种情况下，党内民主生活、科学决策就会受到损害，党组织的决策权力就会异化。[2]从经验来看，违背决策程序的决策权常常会堕落为权力的滥用。中共自身的法治化，关键部分就在于将民主决策机制法治化，使之在实

---

[1]　关于私法的起源、精神原则和制度形态，易继明曾有过细致梳理，参见易继明：《私法精神与制度选择》，中国政法大学出版社 2003 年版。

[2]　参见《中国共产党章程》，第二章："党的组织制度"。

证规范的规制之下运行。党国体制的关键就在于党的领导权健康运转，那么，决策过程的法治化在此就显得至关重要了。

在党国体制下，中共及其党委组织主要享有决策性权力，而各级国家职能机关，包括立法、行政、司法和检察机关，主要享有相应的执行权力。这一权力格局是在总结"文化大革命"曲折教训的基础上重新确立的；只有党政关系协调，才能实现整个权力体系的顺利运转。然而，党政关系的协调却经常因为党组织超越自身权力界限、越位行使国家职能机关的权力而被破坏。在 2010 年前后，党的政法系统变更了宪法规定的公安机关、人民法院、人民检察院独立行使权力、相互监督、相互制衡的设置，并在某些具体案件中直接干预司法活动，结果导致司法过程背离法律规范、诉讼参与人权利得不到保障。党委机关和国家职能机关彼此逾越权限的情形，会打破中共与国家机关之间权力分工格局，造成权力体系的紊乱。对于中共自身的法治化来说，以法治的形式确认和保障党组织与国家职能机关之间的分工协作格局，是一项无法回避的内容。

回顾历史，"文化大革命"的发生，起源于中共党内民主决策机制的失堕和党政关系的失调。这两个方面的问题导致党组织和国家职能机关体系被虚化甚至废止，最后走向领袖至上、政治体系紊乱的局面。改革开放之后的几十年里，我党虽然在"党的建设"思路下对这两个问题进行了克服，但问题并没有得到根本的解决。政治实践中党委决策的"一言堂"和党政关系的失调依然存在。中共十八大之后以法治的思维来解决这两个问题，是对中共这一核心权力实体的有意识的法治化努力。然而，中共自身法治化这一阶段仅仅开了个头，未来之路漫漫兮。

三、政制"法治化"过程中的困境

中国法治化是在现代化进程中展开的，也是在"党国体制"这一制度背景中展开的。语境的特殊性决定了法治自身面对的独特问题。

先发现代性国家与后发现代性国家在法治上遇到的问题是有区

别的。对于英美国家来说，法治化与商品经济演进、社会结构自由化大体同步，彼此间的张力没有聚焦起来。它们有从容的社会政治机会来缓解二者间的紧张。其政治与法治的进化呈现出哈耶克意义上的"自生自发"的形态。[1]然而，对于后发现代性国家来说，政治上层建筑和社会经济基础间的张力就非常棘手。无论是当代中国，还是近现代以来的日本、俄国、德国甚至法国，在法治推进过程中都包含着巨大的曲折。日本、德国和法国在私法领域法治化取得成就比较容易，但在公法领域获得实质成就，所经历的时间之久和所付出的代价之大，令人触目。因为公法领域的法治化意味着开明、有效而规范的政治机制得以确立，意味着对权力的驯化。日本经历了明治议会政治时代、大正以及昭和前期的军国主义时代，直至战败后通过和平宪法机制，才又回到大体规范化的议会政治道路上；[2]德国经历了俾斯麦开明专制时代、威廉二世皇帝集权时代、魏玛宪制紊乱时代、希特勒法西斯时代，然后才通过波恩"基本法"实现了核心政治领域的法治化；法国从大革命起，经过一个半世纪，才在第四共和国的"戴高乐宪法"模式中找到妥当的宪法机制。[3]对于现代化起步更晚的中国来说，无论是在私法领域还是公法领域，都还行进在路上，可预的法治化局面都还尚在改进和期待之中。

对于中国法治，激烈变化的社会经济状况对法治体系的确立构成了挑战，党国体制这一模式所产生的执政灵活性与执政规范性之间的悖论成了中国宪制难题。

作为后发现代性大国，中国社会经济的现代化进程在国际现代化潮流的助推之下发展迅速。从改革开放到现在的30多年里，社会经济在结构和形态上发生了引人注目的变化，而且更为重要的是，这种变化还将长期持续下去。社会经济迅速变化的形势和法律规范

---

[1]　英国议员丹尼尔·汉南从"盎格鲁文明圈"的角度，详细阐释了英美国家社会政治理念及其发展历程。参见［英］丹尼尔·汉南：《自由的基因》，徐爽译，广西师范大学出版社2015年版。

[2]　关于近代以来日本政治和宪制的发展历程，升味准之辅进行过细致阐释。参见［日］升味准之辅：《日本政治史》，董果良、郭宏茂译，商务印书馆1997年版。

[3]　关于西方各国宪政发展简要历程，参见胡锦光：《外国宪法》，法律出版社2011年版。

体系之间的悖论，亦会对法治建设本身造成诸多压力。

首先是立法方面的压力。鉴于社会经济在管理体制和自身结构方面的变化，中国立法机关在制定法律时采取了"宜粗不宜细"的原则。内容宏观、粗阔的法律虽然能够在灵活性方面占有优势，但整个法律体系却因此而出现内容漏洞、逻辑含混、结构失调的问题。在"宜粗不宜细"原则下建立的法制体系，将一直处在体系优化和内容修正的压力之下。在 21 世纪的第一个十年里，"科学立法、民主立法"作为新时期立法工作原则，一定程度上使立法质量得到提高。但变化的社会经济环境和法律体系优质化之间的悖论，无法在短时间内化解。

其次是执法方面的压力。政府执法追求行政效率，但需要充分关注行政环境。在激烈变化着的总体环境中，执法者经常处于法律规范性和语境现实性的矛盾之中。法律的过时会导致执法者面临要么牺牲合法性，要么牺牲有效性的选择压力。尤其是对于从管制型向规制型转换进程中的政府来说，很多时候不得不以"良性违法"的方式展开执法活动。法治政府的建设依赖一套成体系的规范，当规范本身在质量和结构上存在问题时，法治政府的推进必然要遭遇多种困境。

最后是司法方面的压力。司法的基本职能在于守护法律、定分止争。当法律体系完备的时候，司法机关有条件发展出一种高度职业化的司法技术来；但当法律体系不完备的时候，司法机关在司法过程中就面临遵守法律与追求个案正义之间的矛盾。在"党国体制"之下，司法机关的独立性有限，某些司法政策要求司法机关围绕特定主题展开活动，从而为经济建设保驾护航。司法机关本身的非独立性遭遇法律体系的不完备性，使中国司法出现诸多问题。中国司法改革一方面的问题是司法体制本身的专业化和独立性有待提高；另一方面是法律规范体系的不完备。

后发国家的法治化，终究难以逃避社会经济形势激烈变迁与法律稳定性之间的悖论。这样的结构性悖论经常会导致法律虚无主义，力图脱离法规范去便宜行事；也经常会导致法律理想主义，试图以实证主义的态度坚守规范，而忽视社会经济的现实要求。这两种极端化的"努力"对于法治的成长来说都是不利的。[1]

中国法律人如何面对中国基本的社会经济语境，这是一个需要明辨的问题。先发国家具有成熟的社会经济结构，其法治体系总体上也是稳定的。在法律人那里，形成了一种成熟社会的法治化意识。不管是立法者、执法者还是司法者，他们的职能发挥大体上都是有章可循的。然而，对于后发国家来说，社会经济与法治之间的张力是显著的，如果法律人缺乏处理这种张力的能力，他们就很难驾驭整个法治发展局面。中国的法律人不管在法治的哪一个环节，都需要立足法治而又超越法治，以一种更加整全的视域来回视和处理法治化中的问题。[2]

在党国体制中，执政党的执政灵活性与执政规范性之间也构成一个悖论。

中共要从追求执政的权力实用主义转换到权力的规范主义，细数其困难，约有三端：其一，中共所宗奉的马克思列宁主义意识形态具有法律虚无主义的气质；其二，从军事环境中成长起来的中共在经验上具有权力实用主义的品格；其三，中国现代化转型使中共执政环境复杂、执政任务多元。如是三端，都构成了执政规范化过程中的挑战。

马克思列宁主义是一种对抗欧美资本主义、帝国主义的政治理论，在批判资本主义社会经济体系时，对资本主义政治法律体系也进行了深入的批判。作为一种批判、革命的理论，马克思列宁主义并没有在理论及实践上发展出一种更为优越的法律理论来，整个理论体系都显示出一种权力实用主义的气息。在这种气息之下的中国共产党，对法律规范性有一种潜在的意识形态的偏见。在相当长的

---

[1] 福山在阐述政治发展时，就充分意识到规范不足和规范过剩这一问题。规范不足会导致秩序不稳定或权力太强大，规范过剩会导致政治活力被抑制、政府能力被束缚。为此，法治作为政治体系中的一个要素，也应该得到合适的安置，才能获得优良政治。参见〔美〕弗朗西斯·福山：《政治秩序的起源》，毛俊杰译，广西师范大学出版社 2012 年版。

[2] 在中国思考法治问题，应有一种超越实证法的视域。中国也有学者已经对这些问题展开了思考。参见强世功：《立法者的法理学》，生活·读书·新知三联书店 2007 年版。

时间内，中共将法律与教条主义、官僚主义、衙门主义隐秘关联起来，其认为规范性意味着僵化、保守、脱离鲜活现实。改革开放以来，法治被视为一种恢复秩序的措施，具有相当合法性，但马克思列宁主义谱系中的法律虚无主义经常在政治思想观念中回潮。[1]

中共夺取全国政权，走的不是"法内"路径——比如议会选举，而是从法外的武装斗争开始的。残酷的武装斗争环境强化了中共权力实用主义的品格。在军事斗争中，战机稍纵即逝，需要作为军队领导者的中共充分发挥权力的能动性。在近30多年的战争环境中，以军事指挥权为基本内容的权力体验，塑造着中共的权力观。在新中国成立后30多年里，中共以政策和指令的方式执政治国，这种权力观在其中发挥着隐秘但关键的作用。直至"文化大革命"时代，法律虚无主义达到极致，社会政治秩序陷入混乱。这一情形迫使走出"文革"后的中共重新以民主、法治观念来理解权力，权力的规范化和法律化自此走上轨道。然而，主体的历史和记忆往往塑造着主体的想象力和行为模式，中共在改革开放以前的权力行使范式，并不会轻易淡褪。[2]中共执政权的规范化努力将长期和实用主义化倾向进行博弈。

最后，中国共产党作为领导中国展开现代化建设的主体性力量，所面对的社会政治环境变化多端，所承担的职能纷繁复杂。中共在这个过程中能否坚持执政权力规范化的新原则而不去重拾权力实用主义的旧武器，对其政治意志来说是一种严酷考验。回视改革开放的30多年历程，20世纪80年代为整治逐渐恶化的社会秩序而展开的逾越刑法规范的"严打"运动，20世纪90年代为应对流动人口问题而强化实施的收容遣送制度，2000年以来随着城市化进程而普遍出现的强行拆迁，2010年前后为应对社会经济急剧变化而展开的

---

〔1〕 关于新中国成立以来的法律虚无主义问题，许崇德先生从宪法史的角度有过细致描述。参见许崇德：《中华人民共和国宪法史》，福建人民出版社2003年版。

〔2〕 伽达默尔阐释了历史经验对于主体在理解事物过程中的影响。根据他的看法，不管是对于个体来说，还是对于集体来说，历史经验和历史记忆总会在它理解新事物的过程中发挥着一种既定价值偏见或知识偏见的效应。参见［德］伽达默尔：《真理与方法》，洪汉鼎译，商务印书馆2007年版。

政法委系统扩权行为等，都是逆规范化、逆法治化的权力实用主义的表现。随着社会经济进一步现代化、国土开发朝中西部地区拓展、人口流动席卷城乡各个角落，社会治理任务不断会加重。如此情势，都是对法治发展的考验。

在政制的法治化问题上，中国共产党需要突破历史经验的桎梏，开拓和夯实"改革开放"以来逐渐形成的新的执政和治国范式，克服如上几个方面的困境，方能彻底落实"依法治国、依宪执政"的理想。

第三节　中国共产党与中国宪制

当代中国宪制起源于特定的历史语境，它在形态和机制上都无法直接援用西方政法理论进行阐释。由中国共产党主导的党国政治体系，其发生、演进均有着自身的逻辑，这一逻辑在学理上还有待进一步地阐发。若要对当代中国宪制进行一种有洞察力的叙事，就须阐明中国共产党与中国宪制的关系，梳理清楚中国宪制发生和演进的路径。

中国有至少 3000 年的政治文明史，然而，到了近代，发源于欧洲的现代性潮流使中国在很短时间内面临着完全不同的生存处境。西方殖民势力的入侵使古老的中国面临亡国灭种的危机。晚清时代和民国初年的中国展开了曲折的努力，但始终没有摆脱这一危机。[1] 20 世纪初兴起的以反抗殖民主义、帝国主义为旗帜的共产主义运动，为困境里的中国示范了一种救亡图存的路径；马克思列宁主义的思潮在中国兴起，无产阶级政党的革命建国实践逐渐展开。[2] 当代中国宪制形态，实渊源于此。

在欧美国家的政治体系中，往往是先确立了国家宪制，然后在

---

〔1〕　关于晚清的社会政治危机，康有为在政论文章和给朝廷的奏折里阐述得非常充分。参见汤志均编：《康有为政论集》，中华书局 1981 年版。

〔2〕　马克思列宁主义在中国的兴起，与中国近代以来的国际处境和国家状况密切关联。李泽厚阐释了这一思潮兴起的原因与在中国的形态。参见李泽厚："试谈马克思主义在中国"，载李泽厚：《中国现代思想史论》，生活·读书·新知三联书店 2012 年版。

宪制框架下生成政党，各政党依赖宪制展开博弈。英国如是，美国如是，连后起的日本也如是。对比之下，当代中国政治体系的一个显著特征是政党先于宪制。中国共产党以法律外的革命者的姿态，经过武装斗争夺取政权，然后在政党主导下建立国家宪制。政党作为权力实体，是国家宪制的制定者。依据这种路径，中共的制宪在一开始就表现出法律工具主义的品格，宪法只是中共塑造和完善权力体系的政治技术。

党国体制在中国共产党 60 多年的执政史中，几经曲折才逐渐稳固下来。在新中国成立初期，中共通过《共同纲领》、五四宪法等确立了党国体系的权力架构，但在 1957 年之后，这一体系逐渐遭到背离。"文化大革命"时期，党国体系异化为领袖体制。改革开放以来，中共反思自身执政历史，重新回归到"党国体制"的模式中来，并以法治的方式不断强化这一体制。当代中国语境下的党国体制是宪制意义上最核心的问题，它与民主宪政体制中的"三权分立"具有同等的位阶。党国体制的变更、演进决定着中国宪制的走向。

改革开放以来，党国体制在法治理念下朝规范化方向演进。这一体制的法治化之开启、变革，都是以社会经济的发展变化为根据的。中国的政治改革、法治改革都被纳入到"经济基础-上层建筑"的马克思主义思维范式中。政治和法治没有属于自身的合法性，它们的合法性来自于它们对社会经济形势的妥善回应。在中共的政治逻辑中，党国体制法治化不是依据先验的政治价值理念而展开的，而是依据社会经济发展需要而展开的。这是党国体制法治化的机理所在。

接下来，我们就对这几个方面的问题具体阐释。

一、政党先于宪制

在欧美政治经验中，宪制本身被视为一种通过公共契约建立的制度平台；平台确立之后，逐渐产生了政党。宪制为国家公器，而政党则是一种社会性力量；二者关系，恰似亚里士多德哲学中"形式"与"质料"一般。铁打的营盘流水的兵，宪制长存，政党则更替不定、生灭无常。在这种民主宪政的制度体系中，宪制具有根本性和先发性，而政党只是凝聚社会力量的功能性组织。[1]

与欧美政治不同，中国政治中的政党与宪制有着自身的关系结构：中共作为核心政治力量，先于国家宪制而存在。中共是宪制的筹划者、确立者和主导者。在党国体制这种关系结构中，中共是权力中心，各国家机关只是具体的职能机构。二者间体现为决策与执行的关系。揆诸历史，在汉武帝时期，皇帝招致文学之士组成"内廷"，进行政治决策；朝廷各将相公卿，只是"内廷"决策的执行者。[2]

政党先于宪制包含两个层面的含义：其一，中国的宪制体系是由中国共产党主导确立的，政党是宪制的缔造者；其二，中国的宪制在确立后，是由中国共产党支配和主导的，党是整个体系的核心。

我们先来看第一个层面。

国运与政制有着紧密的关系。晚清以来，国运衰微，中央政府的权威逐步失堕。在遭遇殖民侵略的时候，中国政制变革缺乏强大权威来主持，致使政制改革均是以断裂的方式展开的。晚清的戊戌变法和立宪运动失败之后，武昌起义催生了共和政府；南京国民政府在北洋政府体系之外另起炉灶；中国共产党在武装打败国民政府的前提下建立中华人民共和国。这些政治变革都是以法律之外的力量崛起为基本路径的。法外政治力量需要首先取得军事胜利，获得政治统治权，然后才能建立自己的政制体系。近代中国的国运衰微，导致"革命"建国、武力建国，也孕育了中国共产党政治权力先于国家政制体系的这种制宪模式。

1948 年，中共在军事战争中取得总体优势，中共领袖开始筹划组建政府的事宜。1949 年下半年，中共号召各民主党派合作起草《共同纲领》、规划国家政治体系，之后颁布《共同纲领》《中国人民政治协商会议组织法》《中央人民政府组织法》，建立了大体完备

---

〔1〕 欧洲主要国家与美国的宪政原理和宪法体系，参见张千帆：《西方宪政体系》（上、下），中国政法大学出版社 2000 年版。

〔2〕 钱穆和严耕望均详细阐述了汉代中央政制。参见钱穆：《秦汉史》，生活·读书·新知三联书店 2005 年版；严耕望：《中国政治制度史纲》，上海古籍出版社 2013 年版。

的国家政制。这是当代中国第一次建立宪制。[1]1954年，中国从"新民主主义"时代进入到"社会主义"时代，中共主持通过了《中华人民共和国宪法》，确立了新的宪制体系。[2]之后，中国经历了"反右运动""大跃进""文化大革命"等事件，原有的国家宪制实质上已经发生重大变化，中共又一次通过重新颁布宪法的方式确立了"文化大革命"时期的政制。1982年，中共在全面反思新中国成立头30年政治历史的基础上再一次颁布宪法，确立了当下的宪制体系。[3]回顾历次宪制变化，中国共产党的政治认知和政治决断是中国宪制变化的决定性因素。

在60多年的当代中国政治史中，宪法的制定和国家权力体制的塑造，都是在中共主导之下进行的。对比来看，如果说欧美属于"规范政治"的话——先确立一个公共宪制平台，然后由社会产生不同政治力量并以政党方式在宪制平台上博弈；那么中国则属于"主体政治"——中共作为权力主体，它以自己的意志为基础塑造国家公共政治并主导其运行。规范政治的核心在于宪制平台，各政党力量的兴衰重组都无关紧要；主体政治的核心则在于作为权力主体的政党，政党本身的身份和权力是同一和延续的，作为功能体系的国家职能机关则是随着社会政治环境的变化而变化的。[4]

我们再阐释第二个层面的问题。

在党国体制中，作为政治力量核心的中共享有决策权，各国家职能机关，包括立法、行政、司法、检察等机关，享有实施和执行权。它常被称为党政关系。党政关系之于中国宪制，权重上类似于三权分立之于西方宪政体系。

立法、行政和司法三项权力之间的分立与制衡，集中表达了西

---

[1] 陈扬勇对《共同纲领》的制定过程进行了细致考察，参见陈扬勇：《建设新中国的蓝图：〈中国人民政治协商会议共同纲领〉研究》，社会科学文献出版社2013年版。

[2] 韩大元对五四宪法的相关原理和制定过程进行了系统阐述。参见韩大元：《1954年宪法制定过程》，法律出版社2014年版。

[3] 关于八二宪法的制定和具体讨论过程，参见蔡定剑：《宪法精解》，法律出版社2006年版。

[4] 在官方的叙述中，依法治国并不是一项独立的政治措施，它始终与"党的领导"相结合。参见《中共中央关于全面推进依法治国若干重大问题的决定》。

方宪政的原理。在这样的体系中，三项权力依至上的宪法而成立，立法权负责制定法律，行政权负责实施法律，司法权负责守护法律。立法权和行政权在组织形式上基本实现了民主化，即由民主选举产生，立法和行政在原则上来源于民意并受制与民意；司法权实现了职业化，整个审判活动以法律为准绳。在这种宪制结构中，各机关依循自我的宪法职权而行事，民意和政党意志只有通过法定途径才能渗透进政治过程里。三权分立与制衡的宪政机制与欧美社会高度分化若合符节；立法、行政和司法以自身的特性和机理回应着不同的社会诉求和阶级诉求。

而党国体制有着完全不同的运作机理。中共以军事战争的方式取得国家权力，成为中国各项事业的领导核心；中共以自己的特定的方式——如密切联系群众——来回应民意；但就体系结构而言，中共自身是自足的权力实体。中共的领导权在宪制运作中，主要体现为决策权。决策形成之后，立法、行政、司法、检察等机关依据自身职能去执行这些决策。各国家职能机关实质上主要对中国共产党负责，它们独立回应民意的空间非常有限。

在理解中国宪制时，一个基本的困难就是名与实的分离。中国宪法在制定过程中，由于处在西方政治意识形态的压迫下，中共无法在宪法中将真实的政治机理通透地呈现出来，因此在回应各种意识形态压力时，宪法上就出现了诸多修辞、纹饰。如果仅仅依据宪法文本，我们可能会认为中国宪法中立法、行政、司法、检察等机关在人民主权的原则下构成一个自足的宪制体系，进而，会在宪制层面忽略了中共这一核心权力实体。不拘泥于具体言辞，而是穿透宪法文本中的修辞、纹饰，直观现实政治里的真实权力结构和真实权力流转机制，党国体制这一宪制性架构就凸显出来了。[1]

政党先于宪制这一特征，从立宪和行宪两个层面昭示了中共在

---

[1]　在七五宪法中，"党的领导"不仅仅在"序言"中有阐释，而且在规范条文中也有规定。如第2条："中国共产党是全国人民的领导核心"；第16条："全国人民代表大会是在中国共产党领导下的最高国家权力机关"等。王人博曾对这一现象进行过学理阐释。参见王人博："被创造的公共仪式——对七五宪法的阅读与解释"，载《比较法研究》2005年第3期。

整个政治体系中的主导地位。当代中国宪制是一种围绕中国共产党而展开的宪制。若深究其来由，这种宪制形态则自有其渊源。

近代中国际遇不佳，清王朝到了乾隆时代之后，已由盛转衰。王朝中央的能动性大为减弱，遇事则临时应付，已无筹划大局、扭转乾坤的想象力和执行力了。在此衰疲之际，西方殖民势力和日本侵略势力渐次到来，整个国家在制度能力、行为能力甚至价值合法性方面都遭遇危机，中央权威日渐萎靡下去，直至崩溃。面对内忧外患，无法寄望统一的中央权威来维持大局、化解危难，于是各种政治力量纷纷崛起。晚清的革命党，北洋政府时期的军阀，广州国民革命力量和中国共产党，都以一种排他的、独立担当的自任态度驰逐于军事政治领域，都期望靠武力取得全国政权，进而彻底改造中国，使之摆脱危难的国际处境。各派政治力量的这种高度自任、高度自负的态度，实是近代以来国运使然。也就是所谓的历史造就了政治主体的性格。中国共产党通过曲折努力取得国家政权后，延续着这种自任态度，在建国立宪、治国行宪方面始终以一种政治主体的姿态展开行为。在思考今日中国立宪、行宪问题时，对于党国体制这一宪制形态，若从170多年的近代史入手，便条理昭彰了。形势比人强，善良的主观愿望常常敌不过天命和历史理性的冷峻。

二、60 年宪制的变迁

中共主导下制宪、行宪的党国体制模式，是在过去60年的政治史中，经历了曲折反复才逐渐定型的。回顾这段曲折的历史，对于理解当下中国宪制结构的得失颇有助益。

中国共产党自从1949年取得国家政权之后，其领导地位就一直没有发生过变化。然而，中共采取什么样的宪制来实施治理，采用什么样的形式来执政，则是经过了不断试错的过程的。当下中国反复强调"坚持和改善党的领导""依宪治国""依宪执政"，包含着一种对历史经验的反思。

如上文所言，中共是权力核心，享有政治决策权。然而，这种决策权如何有效落实，通过什么样的政制体系来落实，则成了一个有待解决的问题。中共对这个问题的探索，构成了当代中国宪制史的根本线索。党国体制的形态变迁，也是因这个问题而起的。明乎此，60 多年中国宪制变迁问题的叙述便有了主线。

观其大略，当代中国宪制变迁可以分为三个阶段：第一个阶段是 1949 年到 1956 年，它是党国体制初步确立的时期；第二个阶段是 1957 年到 1977 年，它是党国体制异化，领袖体制生成的时期；第三个阶段是 1978 年至今，是党国体制回归并法治化的阶段。

（一）党国体制的初步确立

中国共产党经过 4 年的内战，在军事上打败了国民党政府，取得了政治统治权。依据其意识形态，中共是无产阶级的先锋队，是中华民族的中流砥柱，也是中国走向社会主义的政治保证。1949 年下半年，中共号召各民主党派，召开了政治协商会议，制定了《共同纲领》《中央人民政府组织法》等文件，确立了国家政制的基本结构。

在 1949 年到 1954 年这段时期内，中国共产党居于主导地位，各民主党派仅仅只是政治参与，属于"政治客卿"或"政治盟友"。这一阶段的政府体制依据"联合政府"理论、"新民主主义"理论可以进行诸多阐释，但就其真实权力格局和权力流转程式来说，宪制性的架构已是一党主导的形态了。中共对国家机关体系的"政治领导""思想领导"和"组织领导"已经实质展开了。[1]

恰恰因为真实的宪制在 1949 年已经属于中共主导的"党国体制"了，从"共同纲领"体制向"五四宪法"体制转换才能进行得如此顺利。甚至可以说，"共同纲领"体制与"五四宪法"体制，在宪制层面的差异几乎是无关紧要的，所改变者，只是非宪制性的一些细枝末节而已。今日我们回顾新中国成立初期那些宪制性文件，需要穿透那些意识形态话语的纹饰和名实背离，直观权力结构本身，才能获得关于宪制的实质认知。

（二）党国体制的异化与领袖体制的生成

1957 年之后，中国共产党加强了党对国家职能机关的管理，中

---

〔1〕　关于"新民主主义"时期中国的政制架构，参见陈扬勇：《建设新中国的蓝图：〈中国人民政治协商会议共同纲领〉研究》，社会科学文献出版社 2013 年版。

共各级组织与国家各级职能机关之间的平衡被渐渐打破，宪制架构开始异化。同时，法律虚无主义开始滋长。

冰冻三尺，非一日之寒。从党国体制到领袖体制的转化，有着诸多伏线；但究其要者，则是政治浪漫主义与法律虚无主义的合流。1957 年之前，中国总体上效仿苏联政制，政党的能动性和国家职能机关的官僚理性彼此之间存在着制约，整个政治体系大体按照中共决策、国家职能机关执行的模式运行，决策与执行机构之间有着大体通畅的流转反馈机制。然而，1957 年之后，随着中苏关系的恶化，中国政治走上浪漫主义的道路，政治浪漫主义随之掀起了法律和制度虚无主义，中共的能动性越来越强，国家职能机关被迫脱离事务理性，以追随中共政治意志。政治浪漫主义和法律虚无主义导致整个政治体系越来越依赖最高领袖的个人意志，正常政治体系中的政治理性和官僚行政理性都被突破了。[1]

"文化大革命"前夕，在地方基层展开的"四清运动"，彻底打破了地方基层党政关系结构，重新建立了一种综合性的权力体系。"四清运动"是法律和制度虚无主义的产物，也是"文化大革命"的一次地方性预演。1966 年，拥有了超越权威的中共领袖，发动"文化大革命"，对原有的中共权力体系、国家职能机关权力体系进行了结构性破坏，使残破的党、政权力系统彻底臣服于领袖训令。同时，"文化大革命"期间产生了"革命委员会"这一新起的权力体系。于是，领袖之下，存在着三支权力体系，其中两支是残留下来的中共组织体系和国家职能机关体系，第三支是新生的"革命委员会"体系。"革命委员会"接管了中共组织体系和国家职能机关体系的部分职能，以充实自身。[2]

领袖体制作为一种宪制体制，有两个方面的特征值得注意：其一，领袖具有最高权威，领袖之下的三支权力体系都只是领袖意志的执行者，它们无法对领袖意志构成法定约束；其二，这三支权力

---

〔1〕 1957 年之后，中国政治运行逐渐脱离宪法的相关情形，参见许崇德：《中华人民共和国宪法史》，福建人民出版社 2003 年版。

〔2〕 翟志勇对"文化大革命"时代领袖在政制中的地位及其带来的相关宪法危机有过阐释。参见翟志勇："国家主席、元首制与宪法危机"，载《中外法学》2015 年第 2 期。

体系本质上不是以职能来划分的，而是以人事派系划分的。三支体系自身构成也是相当含混的，其组成人员在某些方面也存在交叉。

在领袖体制中，中国共产党的领导变成了领袖一人的领导。中国共产党的政治权威完全集中在领袖身上，党的组织反而衰落了。党国体制本来就有领袖集权的倾向，1957 年之后的政治浪漫主义和法律虚无主义将领袖集权推向极端，以致整个党国体制本身发生了异化。

"文化大革命"时代的领袖体制并不是一种法定的理性设计，而是领袖意志和人事斗争形成的自然状态的产物。它虽然在结构上有大体轮廓，但职能含混、各分支的权力伸缩幅度非常大。这种含混的宪制形态导致了整个国家政治秩序和社会经济生活的紊乱。今日回头看去，这种形态含混的领袖体制是一种非理性的权力体制；当基本权力结构本身缺乏理性时，怎能期待整个政治秩序能理性规范呢？

（三）党国体制的回归与法治化

依据黑格尔逻辑学的规律，事物的发展呈现否定之否定的节奏。在第一个否定的环节，事物增加了异质的要素，或者是进入了他者的处境，这使事物的本质更加显明地展现出来；等到进入到第二个否定环节，即否定之否定的环节时，事物在更高层次上回归，此时事物已经获得明确的自我意识了。[1]当代中国宪制的演进，大体也可以用黑格尔的这一逻辑节奏来加以解释。在 1949 年到 1956 年之间，中共虽然确立了党国体制，但对于它的意义并没有完全理解。等到"文化大革命"期间冲破这一体制，进入到政治社会紊乱的境地中，物极必反、乱极思静，中共才意识到原有的党国体制对于政治统治权的良好贯彻是有其优越之处的。借助领导人"新陈代谢"之机，中共调整政治方向，反思执政历史，通过修订宪法，重新确认党国体制，并在民主和法治的思路下使党国体制走向规范化、法治化。

在法治的政治追求中，党国体制不再是一种自然状态的权力结构了，而是朝着一种规范、自觉的方向迈进了。1982 年，中共主导

---

[1]　参见［德］黑格尔：《小逻辑》，贺麟译，商务印书馆 1997 年版。

制定的新宪法宣称，"任何组织和个人都不得拥有超越宪法和法律的特权"。[1]这一宣称是对"文化大革命"时代领袖至上的一种法律上的回应：中共不再允许一个具有绝对权威的领袖来突破既有的党国体制架构了。1999 年，"依法治国"以宪法条文的形式得到宣称；2014 年，依宪治国、依宪执政被再次确认；党内法规建设、党规与法律的衔接也被列为政治发展议题。

改革开放 30 多年以来，尤其是随着 20 多年以来党和国家权力实现了代际间和平交接，中共对党国体制增加了自我确信。信心的增强使中共力图用法治的方式来巩固和改进这一宪制架构。党国体制逐渐由政治性宪制（political constitution）变为法律性宪制（legal constitution）了。[2]宪制的法律化，使宪制的激烈变异不再可能，也使党的决策权与国家职能机关执行权之间的分工协作具有了规范性保障。

然而，党国体制法律化尚处在行进之中，前路充满诸多结构性难题，能否实现确实的法律化，还有赖中共自身的政治认知和政治毅力。具体言之，党国体制的法律化意味着中共以法律的方式自我规训、自我约束，这是一条自我规范化的道路。然而，在形势紧急的状况下，作为核心权力实体的中共能否依然坚持自我规范化的原则，不为一时状况而逾越法治、走向政治实用主义和法律虚无主义？只有经受住这样的考验，党国体制的规范化才算真正深入下去。

自 1949 年以来，中共执政已 60 多年了，中共的领导地位没有发生过变化，但领导方式和领导权赖以实现的宪制体系却历经反复才大体稳定下来。过去 60 多年是中国从传统向现代转型最为激烈的60 多年。其间，社会经济和政治法律都处在"古今之变"的大格局中，探索一种合适的政制，并非是一件容易的事。回顾历史，中国秦汉之际，亦是从封建制向郡县制、从贵族社会到平民社会大转型的时代。汉王朝建立初期，也面临着探索政制形式的任务。萧何、

---

[1] 八二宪法第 5 条。
[2] 在过去 30 年间，在自身内容和具体实施方面都有所演进，它不仅是一部政治宪法，同时也在不断增加"法律宪法"的相关内涵。参见高全喜："政治宪法学视野中的'八二宪法'"，载《清华法学》2012 年第 6 期。

叔孙通等智士，对各种类型的文法礼仪、刑律制度，因陋就简、杂凑拼合，草创了汉初政制。西汉王朝经历了高祖、吕后、文帝、景帝，一直到武帝时期，在儒学氛围中，才对政制礼法有了一种全面自觉，汉制才获得了系统性与理论自明性。[1]当代中国的宪制，也是在采择不同来源的制度形式、在政治实践的淘汰进化过程中才逐渐获得大致轮廓的。中国宪制的演进，随着社会经济的发展，还在持续着。

三、宪制演进的机制

起伏跌宕的历史情节之中，终究隐含着可以爬梳的逻辑。回顾新中国 60 多年政治史，围绕着"经济基础决定上层建筑"这个马克思主义命题，从反面产生了政治浪漫主义，从正面产生了政治理性主义。它们对中国宪制产生了决定性的影响。

黑格尔曾言，同一句话，老年人说出来和青年人说出来，其意义是不一样的。对于"经济基础决定上层建筑"这个命题，中国共产党在不同时期的理解深度也是不一样的。在改革开放的前 30 年，中共始终笼罩在一种政治浪漫主义氛围之中。政治浪漫主义的实质即对政治能动性的高度信赖，期望借由政治能动性，追求超现实的社会经济目标。在遭遇重大挫折之后，中共开始从政治浪漫主义中抽出身来，回到政治理性主义的氛围里，"经济基础决定上层建筑"这个命题被重新确认，政治变革围绕经济社会实况这一逻辑重新被遵循。[2]

我们就围绕着这个命题的正反两个形态，来对中国宪制演进的机制进行分析。

---

〔1〕 关于汉代政制的系统化和儒家化，参见司马迁："礼书第一"，"萧相国世家"，"曹相国世家"等，载《史记》，中华书局 2015 年版；钱穆：《秦汉史》，生活·读书·新知三联书店 2005 年版。

〔2〕 经济基础与上层建筑的关系问题，是马克思主义经典作家关心的核心命题，恩格斯曾进行过系统阐释。改革开放后，邓小平把这一命题贯彻进自己的社会政治思考中。参见［德］恩格斯：《反杜林论》，吴亮平译，人民出版社 1999 年版；《邓小平文选》（第3卷），人民出版社 2008 年版。

政治浪漫主义是对"经济基础决定上层建筑"的悖反。在政治浪漫主义的时代,政治意志被发挥到极致,制度虚无主义和法律虚无主义接踵而至。以追求经济生产超现实发展的"大跃进",以追求政治清明为指向的"四清运动",以及诉诸政治激情来追求秩序重塑的"文化大革命",均是在忽视经济基础条件下展开的单纯政治运动。[1]主观的政治能动性发挥突破了规范性制度的约束,构成了宪制的灾难。

需要进一步追问的是,违背经济-政治基本关系格局,导致制度虚无主义的政治浪漫主义是从何而来的?

揆诸历史,问题方能得到澄清。当代中国从传统之中走来,面对现代性的社会经济目标,政治家们并没有可以直接援用的经验。中国共产党对于建设一个新国家,也是前路茫茫、白手起家,需要自己去探索一条以前不存在的道路。更有甚者,古代的中国是亚洲的盟主,这种历史的心气使新时代条件下的执政者不甘落后,一意超英赶美,甚至暗中和同盟国的苏联展开竞争。经验的缺乏加上与列强竞争的历史心气,政治浪漫主义就逐渐冒头,最后成为一种笼罩整个社会政治生活的精神氛围了。[2]

共产主义运动一开始,就是世界性的。它是在同欧美资本主义对立的语境中发展起来的。到列宁时代,共产主义明确设定了反对帝国主义——实质是西方传统强国集团的使命,把自己看作与传统强国平分世界的一支力量。中国共产党诞生于共产主义运动之中,它在思考中国命运时就具有某种世界性的眼光。包裹在"世界无产阶级大联合","反抗殖民主义、帝国主义"等意识形态口号中的,其实是一种近代以来恢复大国地位的传统诉求。毛泽东在20世纪30年代末以来的文章中,始终是以世界视野来思考中国问题的。抗日战争是世界格局重塑的一部分,中共建国也是世界政治力量重新组合的关键事件。新中国成立以来,中国的社会经济建设有七八年的

---

[1] 改革开放前的各种政治运动,参见逄先知、金冲及:《毛泽东传》,中央文献出版社2004年版。

[2] 杨奎松曾细致探索了中共领导人与苏联之间的各种博弈、斗争、妥协。参见杨奎松:《毛泽东与莫斯科的恩恩怨怨》,江西人民出版社2008年版。

时间是效法苏联模式；但是，当斯大林去世，苏联在政治经济上暴露出问题时，中共开始有了走自己道路的强烈意识。1957 年之后的政治史，一方面是中共试图自主摸索现代化道路的历史；另一方面也包含着一种近代史冲动——在社会主义阵营里争取更高地位，从而在整个世界格局里实现大国重塑。把中国建设成一个道德上优越、社会经济上正义繁荣、国家能力上显赫强大的国家——这是一个全方位优越的新的世界力量——构成了中共政治浪漫主义的心理基础。

这种酝酿于近代挫折的历史心理，使中共在新中国成立后一步步朝着政治浪漫主义滑堕而去，越来越偏离"经济基础决定上层建筑"这一审慎的命题。当主观意志有了一种浪漫迷狂时，一切理性的规约都将被踩在脚下，被当作保守主义、"小脚女人"，在道义上完全变成消极的事物了。那种狂飙突进的、藐视一切法度和成规的冲动，反而成为可歌可泣的大无畏精神了。在这种氛围下，1957 年之前审慎建立的各种制度、法律，形成的各种宪制性惯例、规矩，一步步被突破、摧毁了。规范宪制走向了虚无，"文化大革命"时期的领袖体制，就是这种非规范的不稳定格局。[1]

政治浪漫主义和法律虚无主义造成了中国社会政治全方位的挫折。随着中共对经济–政治关系结构理解的转换，政治理性主义逐渐进入到中国社会政治生活里。

1978 年，中国共产党展开了对前 30 年执政史的反思。今天看来，反思的重要成果就是矫正政治浪漫主义、回归政治理性主义。在经济基础与上层建筑的关系格局中，重新确立"经济基础决定上层建筑"的思想逻辑与活动原则。所谓"实事求是"，"摸着石头过河"等命题，都是政治理性主义的同义词，也都是"经济基础决定上层建筑"关系格局的具体映现。政治理性主义氛围使中共重新在"经济基础决定上层建筑"这一结构下思考政治问题，中国宪制也因此走上了一条相对顺畅的道路。

---

〔1〕 这一段法律虚无主义与制度虚无主义的历史，参见许崇德：《中华人民共和国宪法史》，福建人民出版社 2003 年版。

自 20 世纪 80 年代以来，中国宪制在基本结构上重新回归党国体制，并对党国体制逐渐规范化。对于党国体制的改革，中共将其纳入到是否有利于经济建设和社会稳定这一判准之下。凡是有利于经济建设和社会稳定的，就确认体制改革的合法性；凡是不利于经济建设和社会稳定的，就否认其合法性。这是对"上层建筑适应社会经济发展"命题的一种具体实践。

在政治理性主义原则的主导下，近 30 年的中国宪制有了诸多现代性内涵。它不仅在理念上遵循法治（法制）的大方向，而且在具体层面，职能分工和权力分立得到了一定程度的践行，并且以规范的方式被不断强化。

为什么中共要回归政治理性主义？这个问题显得相当重要。思考中共回归政治理性主义的原因，是对维持政治理性主义的自觉，同时也是对维持中国宪制健康发展路径的自觉，以及对宪制发展道路中可能遇到的障碍的预警。

对理性主义的回归，根源于作为政治主体的中共在两个层面的自觉。首先是国家目标方面的自觉，然后是政治治理形式方面的自觉。

改革开放之前的 30 年，宗奉世界无产阶级革命思想的中共，行为方式逐渐非理性化。在社会主义阵营里，中共自 1957 年开始有了明显的争夺阵营盟主的意识。它不仅仅在政治意识形态上开始探问"谁是真正的马克思主义者"这个问题，而且在国内政策上，围绕争夺盟主这一目标，进行了一系列的调整。"大跃进"根本上是"富国强兵"目的下的一种宏大的经济建设规划，后来的"文化大革命"，相当程度上，或者是在初衷上，可能也是追求一种意识形态纯洁化进而追求意识形态领导权和话语权的运动。在这些政治规划的后面，我们都能隐约看到与苏联对抗和竞争的影子。近代史的挫折情绪酝酿着后来非理性的狂飙突进，我们把眼光放长、贴近历史脉搏去理解那个时期包含的政治心理，也能在某种程度上触摸到它自身的逻辑。然而，成败有因果、事情有本末，狂放的政治意志终究无法突破历史理性的既有格局。经过 30 年的奋争后，中国还是没有改变贫穷落后的面貌。这种残酷的现实对中共及整个中国来说，无异于当头棒喝。中国要实现民族主义目标，光靠恢宏的意志是不够的。1980年前后，中共开始调适国家目标，不再以世界无产阶级革命为基本视野，也不再直接追求某种思想和政治的社会主义盟主地位，转而以民族国家为基本思维单位，韬光养晦，埋头于国家经济和物质的现代化。[1]国家目标的调适为整个中国的社会政治生活转型提供了一种新的精神格局。纲举目张，在新的精神格局下，中国社会政治生活有了新的形态。

伴随着国家目标的调适，政治生活方式的反思与转轨也展开了。制度虚无主义和法律虚无主义导致政治生活的失序，并进一步导致整个社会经济生活的失序。政治决策者与执行者之间、官与民之间，都丧失了正常的沟通交流渠道；理性的逻辑被抛弃、人的基本尊严和权利无法得到保障、预先规划的社会经济目标无法得到有效实现……在这种严重情形面前，政治浪漫主义得到了反思，政治理性主义开始回潮。政治理性主义回潮首先是重新确认"经济基础决定上层建筑"这一关系架构，然后是重新确认民主与法治的政治发展方向。改革开放以来，政治制度、行为方式的变革不再依循先验的革命意识形态，而是依循经济社会发展的客观需要。体制变革、宪法修改、法律颁布的合法性论证，都是以是否适应和是否有利于经济建设、社会稳定繁荣为标准的。"以经济建设为中心"不仅仅是指政治生活以经济的发展为中心，也指政治体制和法律体系的演进以经济的发展为中心。那种期望以政治能动性推进经济社会大跃进的思维被总体上否定了。新近出现的"以问题倒逼改革"的命题，是"经济基础决定上层建筑"的同义表达。民主与法治是政治体制演进的基本方向，它配合着"经济基础决定上层建筑"这一命题，使上层建筑在方式和程序上维持理性。在中共的思想体系中，民主意味着集思广益、上下通达、理性审慎；而法治意味着官有仪范、民有守则、权力有界限，社会政治领域里都有章可循、有法可依、有既

---

〔1〕 基辛格这位颇具现实主义气质的美国外交家，对于中国在20世纪80年代国际政策的转向，有过冷静的观察，参见〔美〕亨利·基辛格：《论中国》，胡利平等译，中信出版社2012年版。

定的尺度。这两个方面的自觉，实质上是对历史教训的总结；某种程度上，也是对后发国家社会政治现代化规律的趋近。

确立合理的民族主义目标、坚持理性的政治-经济观念，是中共从改革开放之前 30 年的执政史中得出的教训，也是中国宪制向前推进的前提。前事不忘，后事之师，这两个层面的教训，是以沉重代价换来的。如果它们无法得到保持，中国现代化还将陷入曲折，宪制发展还将出现反复。

从"古今之变"的历史大视野来看，中国作为一个后发现代化的大国，国家意志、民族精神、社会政治观念、政治生活形式等都需要在摸索之中才能得到合理定位。历史中的曲折与苦难让目视它的人感慨万端，所谓天地不仁、以万物为刍狗，历史是踩着人的头盖骨前进的。然而，吸取历史的经验并保持理性审慎和开明豁达，则是后来人应该做到的。

第五章
宪法实施与中国法的体系构建

　　近年来，我国学界研究宪法实施与监督问题取得了丰硕的成果。这些成果集中于四个方面：一是宪法实施与监督主体研究，以全国人民代表大会（以下简称人大）的组织建设与职能建构为论题，探索其宪法实施与监督的主体地位、权力配置与运行等问题；〔1〕二是研究宪法实施与监督的基本程序制度；〔2〕三是关于宪法司法化与宪法解释问题的探讨；〔3〕四是中外宪法实施与监督的比较研究。

　　美国学者考文对司法审查的起源与理论背景的研究堪称经典。考文认为美国宪制的秘密在于最高法院通过行使合宪性审查权，将宪法危机转化为司法问题进行审慎处置，司法审查有效地维护了宪法的权威。〔4〕另有学者分别以案例与法理论证了联邦最高法院作为宪法守护者的地位与作用。〔5〕德国学者施莱希等对宪法实施与监督

---

　　〔1〕　参见翟小波：《论我国宪法的实施制度》，中国法制出版社 2009 年版。
　　〔2〕　参见陈冬：《宪法监督程序研究》，中国检察出版社 2011 年版。
　　〔3〕　参见陈云生：《宪法监督司法化》，北京大学出版社 2004 年版；另参见上官丕亮："当下中国宪法司法化的路径与方法"，载《现代法学》2008 年第 2 期。
　　〔4〕　参见［美］爱德华·S. 考文：《司法审查的起源》，徐爽编译，北京大学出版社 2015 年版。
　　〔5〕　参见［美］斯坦利·L. 库特勒：《最高法院与宪法：美国宪法史上重要判例解读》，朱曾汶、林铮译，商务印书馆 2006 年版；另参见［美］基斯·威廷顿：《司法至上的政治基础》，牛悦译，北京大学出版社 2010 年版。

的研究也有借鉴价值。[1]

既往研究成果促使我们进一步思考法治中国实践面临的问题：如何将韦伯所谓的卡里斯玛型政治转变为宪法的法理型统治？宪法是最高法，是实在法律体系的核心，我国良法体系的建构与法治建设的关键就在于宪法的实施与监督。

古代自然法高于实在法，现代宪法取代了自然法的高级法地位。因而，实在法体系要成为一个良法体系，必然要确立宪法的最高实在法地位，必然要加强宪法的实施与监督，从而实现良法的统治由自然法之治变为宪法之治。我国人民代表大会制度是一种将人民意愿转换成国家意志的复杂运思机制，全国人大主导的宪法实施与监督制度的实质是"社会的思想器官"。[2]以全国人民代表大会为主体的宪法实施与监督模式，符合宪法及宪法性法律的文本规定，符合现代民主政治的内在规定性。宪法实施与监督制度包括三类基本程序：立法与重大行政决策的科学程序、民主程序与合宪性审查程序。这些基本程序以公正、公平、公开等原则为基础，因而能够确保所有成员不断达成稳定的宪法性价值共识。中国特色社会主义法律体系的价值内涵包括公民权利、市场交易秩序与安全、民主政治、先进文化、民生、国家安全、生态环境等，这些实体价值惟有通过宪法实施与监督程序才能实现。我国的宪法实施与监督模式和运行程序具有中国特色，以依宪治国为核心的法治中国建设是综合考虑历史与现实各种复杂因素之后的政治选择与决断。

宪法是近现代社会的新事物，中国对宪法的接纳，不是对西方国家的效仿，而是深思熟虑后的自主性选择。[3]宪法作为实在法对古代自然法的取代，无论对于西方还是中国，都具有根本性的政治哲学意义。因此，我们对实证主义法学作政治哲学层面的概念分疏，

---

〔1〕 参见［德］施莱希：《德国联邦宪法法院地位、程度与裁判》，刘飞译，法律出版社 2007 年版；另参见［德］卡尔·施米特：《宪法的守护者》，李君韬、苏慧婕译，商务印书馆 2008 年版。

〔2〕 ［法］埃弥尔·涂尔干：《职业伦理与公民道德》，渠东、付德根译，上海人民出版社 2006 年版，第 64 页。

〔3〕 参见王人博：《中国近代的宪政思潮》，法律出版社 2003 年版，第 51 页。

论证宪法的实在法价值；结合对中国宪法的文本解读，同时作制度上的比较，这或许能够将宏观理论关怀与微观实证分析统一于对宪法实施与监督制度的研究中，获得对这一制度及其意义的较为完整的认识。

第一节　宪法与中国法的现代化

中国法的现代化可从两个方面进行考量：一方面，现代中国是东方古老文明的新生，中国法的现代转型无疑是法制史上的一场深刻革命，与传统法存在着质的区别；另一方面，随着国际交往的日趋扩大与深入，各国法律彼此之间的接轨或趋同程度，也是衡量法的现代化的一个重要标准。由此可见，现代化一词的内涵不仅涉及历时性的问题，即法律类型的新陈代谢，而且指向共时性的问题，即人类生活大规模交往合作的模式、情境与意义。

随着人类的交往与合作模式不断地突破血缘与地域的限制，现代社会在时间与空间、政治与经济、宗教与文化、法律与道德等多个维度上呈现出迥然不同于传统的面目。择其要者有三：其一，现代法所表征的社会交易模式与政治体制是迥异于君主制或贵族制的立宪政体。立宪政治旨在保障个体人格，明晰权利界限，维护交易秩序与安全，从而维护与扩大人类交往与合作的基础和范围。其二，现代社会的治理需要将人际互动纳入非人格化的规则秩序，这种非人格化的规则秩序是一种实在法秩序，而不是一种自然法秩序。其三，实在法体系具有突出的形式主义特点，良法之治更多地是指形式法的统治，宪法在实在法体系中具有特殊的重要性，是因为它取代了自然法，成为实在法体系正当性的基础。

一、立宪民主政治

辛亥革命之后，中国舍弃君主制而选择共和政体，我国是东方最早迈进现代政治门槛的国家。中国政体演进历史以公元前221年秦帝国的建立为界限可分为两大阶段，前一阶段是封建宗法制帝国时期，后一阶段是郡县宗法制。大一统帝国时期，两者的区别表现为"封建之失，其专在下，郡县之失，其专在上"。虽然有此区别，但是两者也有共性，尤其与现代中国相比，这种共性更为突出，即传统中华帝国以君主制、宗法制、大一统这三个政治特质贯穿始终，而儒教作为其意识形态支撑，与这三者是表里相通的。同时，法家思想也是传统帝制的重要支柱，有为的君主往往是"外施仁义而内多欲"，也即"儒表法里"。

儒学价值观念源于传统中国的血缘宗法等级社会结构，而法家多少有些偏离这一结构，与现代西方形式主义法的精神略有相通之处，主张法律应当具有公开性、一般性与明晰性，强调统治者治国应当"壹赏、壹刑、壹教。壹赏则兵无敌，壹刑则令行，壹教则下听上"。[1]此处的"壹"含有平等或无等差的意思，是对宗法等级一定程度的否定。宗法等级社会的"差序格局"将人们限定在狭隘的社会生活范围之内，适合于小型共同体的政治秩序，而难以适应人口众多、族群复杂、幅员辽阔的大型社会的需要。因此，随着政治体规模的扩大，"差序格局"所依赖的血缘纽带势必趋于松弛，非人格化的形式主义规则的重要性则相应地提高了。职是之故，秦朝大一统帝国须要倚重法家，而此后的历代王朝，也必须坚持最低限度的法家原则，方能使帝国得以维系。当然，不是说儒学"天下归仁"的主张从理论上不能适应大型社会，而是说它的"亲亲"等宗法血缘联结原则超出一定范围就不具有可行性，在实践中难以贯彻到底，难以从"内圣"开出真正的"外王"，因此必须依赖法家提供的最低限度的技术支援。

古典政治哲学的"儒法互补"能够协调大一统政治与小农经济之间的内在冲突。儒家教义是基于血缘与地缘联结的农耕生活方式的学理表述，"天下归仁"的理念或许只能为帝国的宏大框架提供理想层面的价值目标；而法家虽然不讲血缘等差，但是能够在技术层面解决大型帝国的治理与整合。当然，总体上，儒法在帝国统治策略当中并不是等量齐观的，儒学在不触动自身核心的前提下而有选

---

[1]《商君书·赏刑第十七》。

择地吸纳法家、道家等诸子百家的价值元素之后，或多或少克服了其"外王"方面的不足，因而能够长期居于官学的地位。"独尊儒术"的根源在于传统中国宗法血缘社会结构一直未发生质的变化，民众的交往与合作方式囿于农耕生活提供的规模，由此也决定了法家的学说虽然有一定的影响，却受制于宗法社会结构以及与其相适应的儒家伦理价值，法家强调的法的形式理性因此难以成长，它所推崇的法制迟迟不能演进至现代的形式主义法律类型。

要注意的是，法家思想实际上不可能成为如秦晖所言的传统中国帝制的支配性价值系统。[1]在农耕经济生活方式占据主导地位的传统乡土中国，整个社会的交往与联合不得不以家族（宗族）、村社为基本的单位（即小共同体），所有这些单元之间缺少有机的、内在的分工与协作关系。因而，整个社会只能是一种马克思所说的"袋装马铃薯式"的机械结构，[2]法家所能提供的帝国大一统框架具有内在的脆弱性。"大共同体本位"概念不能解释传统帝国为何不可避免地陷入周期性的解体危机。诚然，"编户齐民"，"君臣上下贵贱皆从法"，以科举取士为基础的官僚制度，都是法家追求"形式理性"的表现与结果，但最为根本的是，小共同体诸如宗族、村社、庄园、藩镇等必然会蚕食帝国赖以为基础的"编氓"。因此，"五口之家"这一典型的小农单位与大一统的帝国彼此之间具有深刻的内在冲突。小农离小共同体近，离大共同体远，"天高皇帝远"隐喻的是小农经济天然地亲近宗族、村社，而本能地疏远帝国的权力。法家学说盛行与皇权伸张之时，大多是帝国遭受内部或外部巨大压力之时。此时，皇权的触角才能够深入到社会的细微之处，直接抵达无数的臣民个体；而在平常状态下，君主官僚体制的权力总是蓄而不发，帝国的平静时期，法家不可能有大的作为，而只是以大一统的形式承载宗法秩序的实质内容而已。

大一统的帝国形式对于中国以农耕经济为基础的宗法小共同体

---

[1]　参见秦晖："'大共同体本位'与中国传统社会（上）"，载《社会学研究》1998 年第 5 期。

[2]　参见《马克思恩格斯选集》（第 1 卷），人民出版社 1972 年版，第 693 页。

是一种必需的政治框架。如果缺少这种政治形式，众多的宗法小共同体彼此之间将会处于无休止的利益冲突与混战状态，[1]不仅如此，它们也无力对抗来自北方游牧民族的侵扰。当然，这些小共同体之间也有经济上的交往与联系，需要超然的政治权威从中协调，也就是说，大一统政治有其经济方面的内在要求。但是，小共同体之间的经济关系不是形成大一统帝制的直接的决定性因素，比较而言，小共同体之间的无序竞争与地缘政治压力这两个因素才是建立中央集权帝国的真正动力。历史上秦政以郡县制代替封建制，将中央权力向下延伸，即是对这种内外压力的回应。因此，传统中国社会究竟是大共同体本位，抑或小共同体本位，实际上取决于这种内外压力的大小及其持续时间，不可一概而论。就中国历史的大部分时期而言，官方崇奉法家化的儒学，民众则附属于地方性的小共同体，而较少与大一统的权力中心发生直接的统治与服从关系。惟其如此，"无讼"才是乡土社会宗法伦理生活追求的理想，而"送法下乡"则只能在类似明初洪武帝统治的那一短暂时期出现。

无疑，前现代的政治体在根本价值取向上是小共同体本位，而不可能出现大共同体本位，更不可能出现个体本位。对个体价值的尊崇一直到近代才在西方率先出现，同样，中国传统政治也不存在个体本位。中国传统社会的个体价值在国（大共同体）与家（小共同体）的紧张对峙中，是没有回旋空间的。

立宪民主政治取个体价值为本位，这一近代政治新事物的产生有深刻而复杂的原因。根据涂尔干的解释，个体价值本位源于高度发达的劳动分工，劳动分工与交换的不断扩大与深化，必然要打破血缘共同体，弱化地方共同体，而以职业共同体取而代之。社会分工愈发展，社会成员的差异性愈大，在这种不断递增的差异性中产

---

〔1〕 即便传统帝国的"庙堂"提供了大一统的政治形式，这种形式也是脆弱的、有限的，难以填补"庙堂"与"乡土"之间的虚空，这就导致传统中国人没有结构清晰、秩序井然的社会，只有茫茫江湖；除了作为熟人世界的有限范围（即小共同体），就置身于陌生人组成的混沌的交互空间——"江湖"。参见李恭忠："'江湖'：中国文化的另一个视窗——兼论'差序格局'的社会结构内涵"，载《学术月刊》2011年第11期。

生了对个性与个体价值的尊重。[1]但是，职业共同体与国家共同体像传统社会一样，都可能压制个体，因此，个体价值只有在国家与职业共同体的相互制衡当中，根本上是在平等个体彼此之间的相互制衡当中才可得以保存。与传统社会不一样的是，这种制衡是随着劳动分工发展而不可避免的结果。现代国家的宪法和相应的法律体系则是这一制衡的文本与制度表现，用社会契约论的语言来说，宪法是劳动分工导致的独立个体彼此之间立约的结果。因此，现代宪法的产生根本上源于高度分化的社会人类交往合作的需要，源于对个体价值必须予以保障的需要。当然，宪法的产生也有深刻的知识论上的原因。

二、自然法与实在法

西方古典政治哲学在知识论上有一个重要的假设，即包括人类在内的万物都是处于一个有目的和有意义的自然秩序之中，自然秩序与自然法相依相存，人类必须探知并遵循自然法才能实现有意义的、至善的生活。[2]传统中国也有近似的观点，这就是《尚书》中关于"天"的解释，"敬天法祖"亘古以来都是传统中国的最高政治准则。宋明理学发展出精致系统的"天理"学说，与西方自然法表述有异但旨趣相近。

既然预设存在着自然法或天理，那么就有可能进一步假设，人类是有认知自然法的能力的。然而，这种能力并非平等地为每个人所拥有，只有少数天赋高于常人的明智之士才能够先知先觉，发现自然秩序中的至善，掌握自然法，并以自然法统治普通民众，要求每个人按照自然秩序所赋予他们的地位，各得其所，各尽其能，实现最高的人生意义。自然法高于实在法，实在法是自然法的模仿，或者是自然法的影子。自然法是惟一正确的客观法则，实在法作为

---

〔1〕　参见［法］埃米尔·涂尔干:《社会分工论》，渠东译，生活·读书·新知三联书店 2000 年版，第 361、365 页。

〔2〕　参见［美］列奥·施特劳斯:《自然权利与历史》，彭刚译，生活·读书·新知三联书店 2006 年版，第 128 页以下。

其人工仿制品，可能会远离自然法而走样或扭曲，因而，必须以自然法为标尺审视、衡量、评估实在法，以保证实在法不偏离正确的轨道。由此来看，现代合宪性审查制度与古代自然法理论之间存在着隐秘的关联。只不过，古代智慧的统治者"口衔天宪"，以天命对人事、自然对人为、法则对习俗进行审判，以"天宪"或自然法对实在法进行审查裁判。古今合宪性审查制度之间的传承与转换在此处一目了然，只需将"天"置换成"民"，将"天宪"代之以"人民的宪法"，就能够在形式上实现这一转换。这一转换的意义是深远的，先不论"人民的宪法"与"天宪"各自内涵的区别，只就形式上看，从"天宪"到"人民的宪法"，其中的神圣性与权威性是相同的，一以贯之的。无论"人民的宪法"与"天宪"有何不同，它至少从"天宪"或自然法这一绵延数千年的"道统"叙事中继承或保留了神圣的价值，这对于现代合宪性审查制度而言，无疑是保证民众信服的不可或缺的情感与信念资源。换句话说，自然法在当代虽被否定，但是它的超验性、神圣性依然为世俗政治所眷恋与信靠。

然而，问题是宪法自身也是实在法，何以能够取代自然法而成为鉴别实在法优劣的最高准则？回答这一问题，或许只能从知识论上加以辨析。

古典政治哲学的上述两个假设涉及到三个问题，即有无真理或自然法？如果有的话，那么人能否发现与认识自然法？如果人能够认知自然法，那么以谁认知的自然法为准？第一个问题类似于"上帝是否存在？"人言言殊，见仁见智，可以存而不论。关键是后两个问题，古人的答案是肯定而明确的，一如前述，惟有明智之士或圣哲凭借天赋或天启而先于普通人知觉自然法，众人信之随之即可。然而，自霍布斯、洛克与休谟以来，这两个在古人看来不成问题的问题，却是必须重新认真对待的，他们给出了与先哲柏拉图截然相反的两个答案。

首先，即便自然法存在，人类也不能真正发现与认识自然法或天理。这是因为从认识论上说，人与物之间横亘着不可逾越的认知障碍，作为感知主体的人必须通过自身的感官去认识事物，这一感官遮蔽了事物的本来面目，我们感知的事物不等于事物本身。感觉印象与观念是人与物、感官与外物刺激相互作用、相互影响的结果，知识即观念，而观念既非人本身固有，也不是纯粹的物。人类关于事物的观念或知识，充其量只是事物的不真实的摹本，而不是事物本身。同理，如果存在着关于客观事物的自然法则，人类却不可能真正认知它，那么我们关于自然法的观念与知识不可能与自然法相符。柏拉图相信像自己这样的哲学家能够走出意见的洞穴，从"影子世界"迈进"理念世界"，这在今人看来，只是理性的自负。

其次，现代政治哲学的一个重要观点是，人与人是平等的，每个人的观念与知识都应该得到平等的尊重与对待。因而即便我们能够真正地认识自然法，但正如一千个人眼中有一千个哈姆雷特，人对自然法的认识也一样，见仁见智，难以定于一尊。

无论自然法是否存在，确定无疑的是，我们不仅难以辨识自然法，而且难以在关于自然法的认识与理解上达成一致。既然自然法晦暗不明，众说纷纭，不足信亦不足恃，那么人类的政治秩序如何建立？实在法如何获取正当性？

因此，现代政治哲学主张，政治秩序不可能源于自然法，而只能依靠契约与权威，以同意的政治取代智慧的统治，通过权威而非真理立法。[1]现代政治的实质是以众人同意的权威"创制"实在法，而不是依赖智慧的统治者"发现"自然法，[2]这就意味着实在法体系不再是对真理或自然法的系统解释，而只能是对政治体全体成员的共识的权威表述与宣示。实在法体系实质是人民的共识或意志的权威、规范、系统的宣告，在这个形式严整的体系之中，宪法是最为基础、最为权威的共识，宪法从而取代自然法成为实在法的正当性源泉。宪法本身也是实在法，其权威性与正当性直接诉诸人民的意志，而不必祈求天意难测的自然法。宪法的实施与监督，是以宪法而不是自然法或天理为最高权威，审查、规范、监督普通实在法的运行。正如古典时代一样，实在法依然受到严格的制约与监

---

[1] 参见［英］托马斯·霍布斯：《利维坦》，黎思复、黎廷弼译，商务印书馆1985年版，第137页以下。

[2]［美］列奥·施特劳斯：《自然权利与历史》，彭刚译，生活·读书·新知三联书店2006年版，第143页。

督，但不一样的是，制约与监督的根本依据是作为实在法的宪法，而不是自然法或天理。至于作为人民意志的化身的宪法，则又像自然法或天理一样，是不受任何制约的，即使真的存在着天理或自然法。宪法实施与监督的理由，除了自然法不足为恃之外，还有一个重要的理由，即宪法是法律因果链条的"第一因"，宪法乃是实在法概念天国的"上帝"。

三、形式法治与宪法

宪法与以宪法为基础的实在法体系构成逻辑严密的形式法体系。法律体系是指效力等级不同的法律共同组成一个相互之间具有内在逻辑关联的规范整体。形式主义法律体系强调法律的层次性、逻辑性、关联性、确定性，它是政治共同体社会关系与秩序的制度表现形式。因此，法律体系与社会生活是形式与内容的关系，与法律体系相对应的政治与社会生活也具有层次性、逻辑性、关联性与确定性。当然，内容与形式是相辅相成、相互影响的，法律体系不仅反映或表征社会关系与社会秩序，而且能够积极建构与维护政治体的社会关系与社会秩序。

构建逻辑清晰、前后一致、可以覆盖任何实际情况的完备的法律体系是形式理性法治方案的基本要求。[1]形式法治的主要设想是：法律必须是"完美无缺"的法律命题体系，人类的每一种社会行为都必定能够被纳入法律的框架进行分析。因此，法律术语不仅能够表述、分析与法律没有关系的问题，而且，任何具体案件都必定能够通过逻辑的方法从抽象的法律命题中导出裁决。[2]这个理想型的法治方案不排斥伦理、道德、价值等实质内容，相反，形式理性能够最大限度地体现社会需要的政治、经济、文化和道德上的诸多实体价值凝固于法律规范体系之中。实际上，变动不居的实体价

---

〔1〕 参见［美］P. S. 阿蒂亚、R. S. 萨默斯：《英美法中的形式与实质——法律推理、法律理论和法律制度的比较研究》，金敏、陈林林、王笑红译，中国政法大学出版社2005 年版，第3 页。

〔2〕 参见［德］马克斯·韦伯：《论经济和社会中的法律》，张乃根译，中国大百科全书出版社1998 年版，第62~63 页。

值必须通过复杂的程序、概念和命题等法律形式予以协调、规范和确定，并以主权者命令这种权威而公开的形式加以识别与认可。由于社会的基本价值共识已经最大限度地为法律形式所吸收，形式与实质合一，因此，形式合法性（legality）即等于实质正当性（legitimacy）。形式理性的法律体系由于其可确定性与可计量性，从而限制了实体价值的变动不测对交易秩序的威胁，实现了对社会生活交易风险的有效规制。

规则体系之所以能够完全覆盖社会实际情况，是因为成文法体系作为具有逻辑关联的规则整体不过是对社会生活因果关系的系统表述。社会生活与秩序按照自身的因果律有序地运行，这一因果律不是自然因果律，不是古典政治哲学所说的自然法，法律体系作为政治体成员的共识，是人们对社会生活因果律的共同认识与理解。完备的法律体系从应然的角度而言，必须能够覆盖社会生活中因果关系的全部，当然这在实际上是不可能实现的一种法律理想国。然而，法律体系的建构应朝着这个方向努力。从社会生活与社会秩序的因果关联性上说，人的所有具有社会意义的行动。都在法律规范的约束之下，因此这些行为都是法律行为。或者是对法律的遵守，或者是对法律的违反，无论如何都具有法律意义。所有的法律规范都存在着对应的社会行为，而人类的一系列社会行为本身构成了完整的因果先后关系。某一社会行为必然是后一行为之因，又是前一行为之果，在这一长串的具有因果关联的行为系列中，没有断裂与例外。因此与社会行为对应的法律规范体系当然就是一个完整自足的因果逻辑体系。既然如此，从结果回溯原因，就法律体系而言，从具体的法律决定追溯其原因，最后必然会找到第一原因，也就是宪法规范。在宪法规范与某一特定的具体法律决定之间，是一长串的法律法规，它们构成完整的法律逻辑链条。就社会行为而言，某一个特定行为的最初原因则是政治体创建之时的制宪行为。可见，宪法实施是法律因果逻辑的展开，而宪法监督则是法律因果关系得以展开的保证。

法律体系不仅需要符合形式逻辑，而且还必须具有形式可识别性。实在法必须以语言、文字、仪式、符号等形式而能够为公众所知晓，人们才能够易于认知，易于遵行。由此可见，实在法约略等同于成文法、制定法，具有清晰可辨的外部形式，从而能够与自然法区别开来。成文宪法之所以能够取代自然法的高级法地位而作为监督普通实在法的标准，这种形式上的可识别性也是重要原因。

四、宪法的现代性

现代宪法是一个新的政治语词，不可能在古代社会找到它的对应物。不过，我们或许可将古代希腊的 *Politeia*（政治体）概念或者中国古代的"祖制"比拟为今日的宪法，从而可对古今宪法进行比较。

诚然，古代宪法与近现代宪法均指政治社会的基础，有相同的内涵，即政治体的基本权力结构与权力关系，或者说，都属于"治人"与"治于人"之道。但是，它们之间的区别也是深刻的。

第一，知识论基础不同。古代西方以柏拉图的"理念论"为人类认识世界的基础，进而认为宪法或政体的基础是自然法或自然正义；近现代宪法则以霍布斯、洛克等人的"经验论"为基础，否认这种为人类理性认识所不及的超验的自然法与自然义务，主张同意而非智慧是政治的根本，因而宪法只能是人民的政治意志与契约共识的权威载体。

第二，人性论前提不同。古典政治哲学假设人的本质是政治动物，政治秩序是自然秩序的一部分。因而，人生而是统治者或被统治者，最高的统治者则是自然法，人只有自然义务而没有自然权利。近现代宪法则否认人具有内在的规定性，强调人的存在先于人的本质，人不仅创造自身，而且创造政治社会。宪法以主观权利否定了客观法则，以人人平等的自然权利为出发点与归宿。

第三，政治的目标不同。古代宪法是政治理想主义，近现代宪法则是政治现实主义。由于古典政治哲学着眼于人的完善来对待道德和政治事务，因此，古典政治的前提是否认人与人之间自然的平等，[1]政治的功能指向实现人的德性完善这样的目标。而现代政治

---

〔1〕 参见〔古希腊〕柏拉图：《理想国》，郭斌和、张竹明译，商务印书馆1986年版，第128~129页。

的目标只在于满足人们的权利保障的需要，不负责人性的完善。

第四，对政府的要求不同。古代宪法追求最佳政府，近现代宪法只要求正当合法的政府，要求对政府权力进行限制与规范。Politeia（政治体）与 constitution（宪法）的区别与最佳政体与合法政府的区别对应，前者意指"完美的生活方式"或"完美的城邦"，它囊括人的生活的全部内容，这与古人对政治的高度期待相一致；后者是一个现代概念，而且首先是一个法律概念，这个概念与政府相联系〔1〕，并预设了有限政府的原则。

第五，古今宪法所呈现的形式不同。古代的"政体"或"祖制"以自然法为内涵，由于这一内涵的不确定性，以致其无法以明确完备的形式表现自身。古人相信自然法或天理的存在，却难以对其进行系统的阐明与表述，自然法始终是一种模糊不清的话语。相比之下，近现代宪法普遍采用成文法典形式，具有明确的最高法、根本法地位。

近现代宪法自 17 世纪以来与时俱进。20 世纪以来，宪法又有新发展，国家对公民财产权的规范与限制更多，对社会利益与公众福利更为关注。另一方面，立法权与行政权的作用与影响此消彼长。随着工商社会中人们之间的经济政治联系的进一步扩大与深入，政府对社会经济和文化的干预也日益加深。这些新变化表现为国家权力格局出现较大的调整，国家权力在纵横两个方向上向中央集中；同时，国家权力进入经济和文化领域，对公民权利产生越来越大的影响。因而，对公民基本权利保障的需求与日俱增，与之相应，旨在保障公民权利的宪法实施与监督制度也就更为紧迫地被提上世界各国政治与法治建设的日程。

中国法治是世界普遍性法治进程的一部分，加强宪法实施和监督以实现公民权利的根本保障是法治中国建设的目标。我国是后发现代化国家，通过宪法实施监督以推进法治建设的任务尤为艰巨。法治建设的基础与关键是宪法的实施与监督，这缘于宪法是人民意

---

〔1〕〔美〕列奥·施特劳斯：《自然权利与历史》，彭刚译，生活·读书·新知三联书店 2006 年版，第 137~138 页。

志的集中体现，是通过科学民主程序形成的根本法，是我国社会主义法律体系与法治体系的根本。依法治国首先必须依宪治国。因此，我国各族人民、一切国家机关和武装力量、各政党和各社会团体、各企业事业组织，都必须以宪法为根本准则。宪法规定，全国人民代表大会及其常委会是最高国家权力机关，负责对违反宪法的行为进行追究和纠正。惟有全国人民代表大会切实履行宪法实施与监督的职责，方能全面实现依宪治国，实现中国法与政治的现代转型与构建。

第二节　全国人民代表大会与宪法实施

法治中国建设的逻辑起点是制定良法。先有良法而后方能有善治，只有加强宪法实施与宪法监督，才能建立有中国特色的社会主义良法体系。举例言之，为了将中央政府统一领导和地方社会与经济建设的能动性与创造性相结合，2015 年修改的《中华人民共和国立法法》（以下简称《立法法》）扩大了地方立法主体的范围，该法第 72 条规定，除了原先根据三级立法体制而享有立法权的城市之外，全国 300 个左右设区的市的人大，都有权结合本地实际进行立法，对宪法与法律等上位法进行具体化、细则化规定。如此广泛而密集的地方立法权配置，必将带来地方性法规数量的增加。立法先行原则有利于发挥立法对地方经济与社会发展的引领与推动作用；同时，这也将宪法实施与宪法监督提上了更紧迫的日程。惟有加强全国人大及其常委会的宪法实施与监督职能，健全宪法解释程序机制及立法备案审查制度，方可真正建成完备统一的法律规则体系。

一、代表机关至上

我国的政体是人民代表大会制度。人民主权是宪法确立的基本原则，人民通过人民代表大会制度实现对国家的治理。《宪法》规定："人民行使国家权力的机关是全国人民代表大会和地方各级人民代表大会。"人民代表大会制度，是根据民主集中制原则，通过普选，组成全国人民代表大会和地方各级人民代表大会，以人民代表大会为基础，建立其他国家机构，实现人民当家作主的一种基本政治制度。国家的一切权力属于人民是人民代表大会制度的逻辑起点；选民民主选举代表是人民代表大会制度的前提；以人民代表大会为基础建立其他国家机构是这一基本政治制度的核心；对人民负责，受人民监督是人民代表大会制度的关键。

人民代表大会制度是我国实现社会主义民主的基本形式。社会主义民主就其本质来说是人民主权，这种民主需要通过一定的形式才能实现，人民代表大会制度是实现人民民主的基本形式。在我国各种实现民主的形式中，人大制度是最重要、最基本的形式，人大制度能够直接反映和准确体现我国人民民主专政的国家性质，是其他政治制度得以建立的基础，代表了我国政治生活的全貌。与传统的政体相比，人民代表大会制度具有巨大的优越性，这表现在它不仅便于人民管理国家，集中统一地行使国家权力，而且便于将这种集中统一领导与地方主动性和积极性很好地结合起来。

人民代表大会政体是一种间接民主制形式。间接民主是现代政治的必然选择，它的必然性源于社会分工与交换或者社会分化的高度发展。民主体现在主权是建立在每个人同意以及每个人对于政治生活的参与的基础之上。社会共同体中的每个人都是平等的，他们都是自我利益的最终裁判者。在民主政治生活中，人们不可能做到完全的自治，他治是一种必要的社会分工。在根本上，他治是自治的延伸，而不是专制政治和古典政治对自治的完全取代。民主政体固然是多数的统治，但是人民的直接管理既容易受激情摆布，而且在一个高度分化的社会中也不现实，"不安定、不公正和带进国民会议里的混乱状态，事实是使平民政府处处腐败的不治之症，而这些情况始终是自由的敌人赖以进行最为华而不实的雄辩的特别喜爱和效果最好的题目"。[1] 纯粹而直接的民主制只适用于一个由人数不多的公民组成的社会，这些公民亲自组成并且管理政府。它本身既

---

〔1〕［美］亚历山大·汉密尔顿、约翰·杰伊、詹姆森·麦迪逊：《联邦党人文集》，程逢如、在汉、舒逊译，商务印书馆 1980 年版，第 45 页。

不稳定，而且也不适宜于一个大型社会。为了克服纯粹民主制的不治之症，必须引进代议制，实行间接民主或代表式民主制，它虽然是不纯粹的民主制，却能够克服纯粹民主制的弊端。

尽管人民代表大会制度是我国民主政治的基本形式，但是，它不仅不能排斥直接民主，而且还需要以直接民主形式作为必要的补充。这体现在两个方面：首先，虽然作为人民代表大会制度前提的普选，在县、自治县、设区的市这一级以上是间接选举，但是，包括这一级本身及其下的乡镇人民代表大会则是由直接选举的代表组成的。随着经济社会的发展，直接选举的范围也会逐渐地扩大。其次，《宪法》第 2 条第 3 款明确规定，人民依照法律规定，通过各种途径和形式，管理国家事务，管理经济和文化事业，管理社会事务。这是一个概括性条款，为我国实现包括直接民主在内的民主形式的创新、发展与完善提供了广阔的空间。它的另一层宪法意义也是深远的，即全国与地方各级人民代表大会是宪法的执行机关，人民创造的其他民主形式也是对宪法的执行，是人民主权的表现形式。

代表机关至上是近代英国资产阶级革命胜利之后遵循的民主政治原则。纵观世界已经实行民主政治的国家，大都确立了代议机关在国家权力体系中的主导地位，即使是奉行三权分立的美国也不例外。我国 1954 年制宪之时，结合国情创新代议制度，在宪法中规定全国人民代表大会是最高国家权力机关，也就是将代表机关至上确立为宪法的基本原则。

人民代表机关至上具有深刻的学理基础。从政治学原理上分析，中国是一个主权法人，其人身化的代表是我国宪法规定的国家主席，而国家最高意志的整合与实现机关是全国人民代表大会。因此，就形式而言，国家主席是主权者代表机关；就实质而言，全国人民代表大会是主权者代表机关。人民是主权者，但人民不是一大群人的偶然聚集，而是一个统一于其代表者的共同体，组成中华人民共和国这一共同体的每个人的意志与人格集中于主权代表者，也就是集中于全国人民代表大会这惟一人格。因此，人民主权所具有的惟一性、至上性、不可分割性也就表现为主权代表者即全国人民代表大会的最高宪法地位。

二、制宪机关抑或立法机关

我国的一切权力属于人民，人民是宪法的制定者、实施者、监督者、解释者。人民创造了包括人民代表大会制度在内的所有政治、经济、文化、社会等各方面的规则与制度。在逻辑先后关系上，先有人民行使制宪权立宪，然后才有人民代表大会制度。如潘恩所说："宪法是一样先于政府的东西，而政府只是宪法的产物，一国的宪法不是其政府的决议，而是建立其政府的人民的决议。""政府如果没有宪法，其权力就成了一种无权的权力。"〔1〕

有了宪法之后才能依据宪法组织全国人民代表大会（以下简称"全国人大"）。然而，1954 年宪法却是第一届全国人大制定通过的，宪法与全国人大究竟孰先孰后？欲释此疑，就必须将全国人大分别作两种身份看待，即全国人大兼具制宪机关与立法机关两种性质：作为制宪机关的全国人大，是人民、主权、制宪权的化身，没有全国人大，也就没有宪法，全国人大先于宪法而存在。而且，在这个意义上，全国人大的行为不可能违反宪法；全国人大作为立法机关，它的产生、组成、任期、职能等都源于宪法的规定，没有宪法，就没有全国人大，宪法先于全国人大，全国人大是宪法的实施机关与执行机关。就此而论，全国人大的行为有可能违反宪法，并须承担由此而产生的违宪责任。现行《宪法》第 62 条第 11 项规定，全国人大有权改变或者撤销其常务委员会不适当的决定。撤销是一种宪法责任，全国人大常委会作为立法机关须承担自己违反宪法的责任，同理，全国人大本身作为立法机关，其做出不适当的或违反宪法的行为的可能性也是存在的。

全国人大既是制宪机关又是立法机关。诚然，人民是宪法的制定者，制宪权根本上属于人民所有，但是，人民的"出场"与"在场"必须通过全国人大这一组织形式。一如前述，人民不是一群个体的偶然聚集，而是一个有着内在联系的有机整体，人民要呈现或

〔1〕［美］托马斯·潘恩：《潘恩选集》，马清槐译，商务印书馆1981年版，第146、250页。

表述自己，就必须也只能通过适当的、特定的组织形式。这也就是国体与政体的关系，无政体，则国体无从表现；无国体，则政体只是空洞的存在。中华人民共和国是人民统治与人民采用人民代表大会制度进行统治的实质与形式的统一体。在政治学原理上，如果我们将宪法当作是原初契约，那么，全国人大就是契约之外，为我们每个参与立约者所委托的第三方主权代表者，它代表我们每个人的人格，它的决定就是每个参与立约者的决定。最为重要的是，人民的行动必须通过全国人大的形式作出。因此，虽然人民是宪法的制定者、实施者、监督者与解释者，但是具体到行动层面，则主要托付于全国人大这一具体制度形式。

必须指出的是，全国人大相对于其他国家机关而言的宪法优势在于两个方面：一方面，全国人民代表大会是制宪机关，在此意义上它是最高权力机关，其他国家机关都是它创建的，甚至可以说，全国人大的立法机关身份也是它创建的。另一方面，全国人民代表大会是国家立法机关，它的地位高于所有其他如行政、司法、军事等国家机关。作为立法机关的全国人大，它的宪法地位固然高于行政、司法与军事等机关，但是，不能说立法机关创建了它们，否则，宪法本身就没有必要在创设全国人大之外，又另行对行政、司法、军事等国家机关进行规定了，反而只需规定人大制度，全国人大再以立法对行政、司法、军事等国家机关进行规定。简言之，即人民首先以宪法创设全国人大，然后全国人大再以法律设置其他国家机关，而这显然与宪法的现行规定不符。这一点对于理解宪法实施与监督具有重要意义。

三、宪法实施的概念

宪法实施是法律实施的一种具体形式，是指宪法规范在现实生活中的贯彻落实，包括宪法适用和宪法遵守两个方面。宪法适用是指国家机关对宪法实现进行的有目的的干预，确保令行禁止。宪法遵守是指宪法主体，尤其是国家机关严格依宪法行使职权。有学者对宪法实施的概念作出了更为细致的分解，其认为，宪法实施就是宪法的执行和遵守，具体包括四个方面：宪法适用、违宪审查、宪法解释和宪法遵守。这四个概念的内涵相互之间存在着一定的重叠。其中，宪法适用、违宪审查和宪法解释这三个概念虽然各有侧重，但大体上是交叉重合的，可用宪法适用这一概念涵盖违宪审查与宪法解释。

据凯尔森的纯粹法理论，法的执行即是法的适用，法的适用包括两个方面的内容：其一，依据高级规范创设低级规范，低级规范包括针对不特定对象的、可反复适用的普遍性规范，以及针对特定对象的、不能反复适用的个别规范；其二，依规范之授权实施制裁。[1]据此，宪法的适用可分为两类，一类是依据宪法进行立法活动，或者创设普遍规范对宪法的条文和术语的含义进行阐明，或者依据宪法作出具体的个别决定。概括言之，这类宪法适用即依据宪法创设普遍规范或个别规范；另一类是依据宪法对违宪行为进行制裁。与宪法的直接适用相区别，宪法的间接适用是指宪法先由代表机关转化为更具体的规范，再由相应机关通过适用此具体规范来适用宪法。

我国宪法的直接适用包括两大类，即特定宪法主体直接依据宪法创设普遍规范或个别规范，以及违宪审查或宪法监督。违宪审查，是指享有违宪审查权的国家机关通过法定程序，以特定方式审查和裁决某项立法或权力行为是否合宪的制度，是宪法监督的重要手段，目的在于保证宪法实施，维护宪政秩序。宪法监督是指为保证宪法实施所采取的各种办法、手段、措施和制度。违宪审查与宪法监督几乎是同一概念，均指对违反宪法规则的行为进行纠正与制裁。宪法解释虽然不像宪法监督或违宪审查那样以纠正违宪为目的，但却是宪法监督经常运用的工具。

除了宪法适用，宪法遵守也是宪法实施的重要一面。全国人民代表大会、国务院、最高人民法院等国家机构按照宪法规定建立，它们的职权遵照宪法规定运行。当然，"国家机构规范实施即是宪法

---

[1]　Kelsen, *Pure theory of Law*, University of California Press, 1967, p. 235. 转引自翟小波：《论我国宪法的实施》，中国法制出版社 2009 年版。

实施"的观念片面强调权力规范的实施，却忽略了人权规范实施才是宪法实施的本质与目的。[1]宪法的基本内容由权力规范与人权规范两大部分组成，权力规范实施虽是宪法实施的一个重要方面，但它不能取代人权规范的实施。

宪法遵守与宪法适用构成宪法实施的完整内容。宪法遵守强调对宪法规则的尊重与服从，宪法适用则强调违反宪法规则的责任追究。但是，宪法适用包括依据宪法规范创设低级规范的行为，这与宪法遵守的概念存在着一定的交叉关系。因此，本书对宪法实施的论述以宪法适用为主，而不对宪法遵守进行专门分析。

本书所定义的宪法实施仅限于宪法的直接适用而排除间接适用。能够直接适用宪法的国家机关主要有全国人大及其常委会、国务院、中央军事委员会、最高人民法院、最高人民检察院等中央国家机关、宪法授予立法权的地方各级人大及其常委会，以及民族自治地方的各级人大及其常委会。无疑，全国人大及其常委会是直接适用宪法的最主要的国家机关，其他国家机关一般是通过直接适用全国人大及其常委会制定的法律，从而间接适用宪法。只有在没有相关法律的情况下，直接依据宪法规定而行动时才是直接适用宪法。因此，区别宪法直接适用与间接适用有两个标准：一个标准是，国家机关的权力行为与宪法之间有无法律作为中介；另一个标准是，国家机关的权力行为在宪法上有无直接授权。

以国务院为例，国务院的大部分行为都是直接适用法律而间接适用宪法。这是因为立法机关已经为国务院职权的行使制定了相关法律，只有存在法律空白时，国务院才可直接适用宪法。当然，依第二个标准，国务院直接适用宪法，还必须有宪法的明确授权。《宪法》第89条第1项规定："（国务院）根据宪法和法律，规定行政措施，制定行政法规，发布决定和命令。""根据宪法和法律"这个措辞表明，在缺少法律明确规定时，国务院可直接适用宪法。相比之下，《宪法》第90条对于国务院各部委的要求是"根据法律和国务院的行政法规、决定、命令，在本部门的权限内，发布命令、指示

---

[1] 参见范进学：《中国宪法实施与宪法方法》，上海三联书店2014年版，第6页。

和规章"。这条规定里没有提到宪法，因此，国务院部委不能直接适用宪法，而只能通过法律和国务院的行政法规、决定、命令间接适用宪法。

再以有立法权的地方人大为例。依标准一，设区的市以上各级人大以直接适用法律和行政法规为主，以直接适用宪法为辅。根据《宪法》与《立法法》的规定，惟有在两类事项上可直接适用宪法：其一，属于地方性事务，不需要制定全国统一的法律和行政法规，但需要制定地方性法规的事项；其二，除了只能保留给法律规定的事项之外，其他事项国家尚未制定法律或者行政法规的，可以先制定地方性法规。依标准二，设区的市以上各级人大的立法权均有宪法与宪法性法律作为依据。

因此，能够直接适用宪法的只有中央国家机关、有立法权的地方人大、民族自治地方人大三类主体。此处要注意的是，最高人民法院也很少直接以宪法为依据作出司法判决。因此，除最高人民法院外，各级人民法院不能在判决书中直接引用宪法规定，即不能直接适用宪法。严格区别宪法的直接适用与间接适用，其意义是多方面的。

首先，通过对宪法实施的严格定义，清晰界定"违宪行为"的外延，进而确定我国宪法监督或违宪审查的范围。如果宪法实施仅指对宪法的直接适用，那么违宪行为的主体就会非常有限，即主要是指中央国家机关、有立法权的地方及民族自治地方的人大这三类主体。除了全国人大及其常委会之外，其他主体直接适用宪法的行为非常之少。这些行为或者表现为普遍规范，即基本法律、一般法律、行政法规、其他中央国家机关的规范性文件、地方性法规、自治条例和单行条例，或者表现为具体的决定和命令等个别规范。由于这些行为都是对宪法的直接适用，因此存在违宪的可能性。逻辑上，宪法监督或违宪审查的范围也只限于这些行为。以国务院为例，由于它很少直接适用宪法，因此，尽管国务院的行政法规存在着违宪的可能性，但是与违反法律的可能性相比，实际上非常之少，国务院之外的其他主体亦然。如此定义的宪法实施及相应的违宪行为概念，将使违宪行为的外延大为缩小，对大多数国家机关行为的审查只可被归为违法审查而不是违宪审查。

其次，严格区分违法审查与违宪审查，可进一步健全我国的纵向权力体制，构建效力完善、等级分明的法律体系，强化上位法对下位法的统领作用。这是因为违法审查对下位法的适用责任明确化了，下级国家机关原则上只能直接适用上级国家机关制定的普遍规范或个别规范，而不能直接诉诸宪法。这对于理顺权力关系，明确权力行为的监督职责与责任追究，提高权力效能都是有利的。

再次，由于将大量的间接违宪行为审查即违法审查排除在宪法监督之外，这就使得我国违宪审查的范围大为缩小，有利于突出违宪审查的权威与价值，有利于全国人大及其常委会减少工作负荷，将更多资源投入到对少数违宪案件的审查中，提高审查效益。

最后，有利于全国人大及其常委会加强自我约束，进一步提高其作为国家权力中枢的权威性。与其他能够直接适用宪法的主体相比，全国人大及其常委会对宪法的直接适用行为数量与频率最高，违宪审查的主要客体也就是全国人大及其常委会的立法或决议。违宪行为比违法行为的后果更为严重，宪法责任远大于法律责任，全国人大及其常委会对人民负责，它所要承担的责任是宪法责任，重大的宪法责任与全国人大及其常委会的最高国家权力机关地位是相适应的。这就必然要求全国人大及其常委会作为立法机关，即直接适用或执行宪法的国家机关，加强自我约束，审慎决策。另外，由于全国人大及其常委会的所有行为都是对宪法的直接适用，因此，这些行为受到的公众监督力度也应该远大于对普通国家机关的行为的监督。公众或选民的监督将会推动全国人大及其常委会改进工作，增强其作为代表机关的民主性、正当性和权威性。

综上所述，确立宪法至上，实行依宪治国，构建以宪法为核心的、有中国特色的社会主义法律体系和法治体系，就必须加强宪法实施，而加强宪法实施的前提是对宪法实施的概念作出清晰而严格的定义。我们认为，宪法实施包括宪法适用与宪法遵守两个方面，两者之中应该以宪法适用为主要方面；而宪法适用包括宪法的直接适用与间接适用，两者之中应该以宪法的直接适用为主要方面；宪法的直接适用包括规范（普遍规范与个别规范）创设与宪法监督两个方面；直接适用宪法的主体有中央国家机关、有立法权的地方、民族自治地方人大及其常委会，这三类宪法主体以全国人大及其常委会为中心直接适用宪法；对这些直接适用宪法行为的监督权专属于全国人大及其常委会。简言之，宪法实施是指全国人大及其常委会和国务院等其他中央国家机关、有立法权的地方、民族自治地方人大及其常委会直接适用宪法创设普遍规范与个别规范，并专门由全国人大及其常委会对这些直接适用宪法的行为进行宪法监督，旨在实现人民主权的法治化过程。

四、宪法监督：主体、范围与方式

（一）作为宪法监督主体的全国人大

宪法实施包括宪法的直接适用与违宪审查或宪法监督。宪法遵守是宪法实施的一个重要方面，有其独立的价值。但是，宪法的直接适用实际上可将宪法遵守包括在内，只不过前者侧重于从可能违反宪法的角度加以考量，而遵守宪法与违反宪法是一体两面的问题。因此，我们对宪法实施的定义不能忽略宪法遵守的价值。就法律适用原理而言，包括宪法监督在内的法律监督也是一种法律适用，即是说，宪法监督也是宪法适用之一种。但是，本书定义的宪法实施概念将宪法监督与宪法适用两者并列，宪法适用仅指前述三类主体对宪法的直接适用，而宪法监督只限于全国人大及其常委会对这些直接适用宪法的行为的合宪性审查。因此，宪法实施是指宪法直接适用与宪法监督两个方面构成的有机整体，这两个方面存在着内在的逻辑关联。后者以前者为前提，没有对宪法的直接适用，也就没有对此种适用行为的监督；而没有宪法监督，则宪法适用行为将会失去宪法的约束，从而置宪法为一纸空文，宪法适用也就丧失了任何意义。

如前所述，只要属于直接适用宪法的行为都是宪法监督的对象，除了全国人大及其常委会之外，其他主体如国务院、中央军委、最高法院与最高检察院等中央国家机关，以及有立法权的地方与民族自治地方人大及其常委会很少直接适用宪法。这些主体的行为涉及更多的是法律实施而非宪法实施，是法律监督而非宪法监督，是违法审查而非违宪审查，只有少数直接适用宪法的行为才属于宪法监督的对象。比较而言，全国人大及其常委会的行为才是宪法监督的主要对象，这就提出了一个监督者自我监督的正当性、可行性问题：全国人大及其常委会的自我监督或许不符合"任何人不得为自己案件的法官"这一自然正义原则。

那么，全国人大"自作合宪性审查裁判官"难题的破解之道何在？

逻辑上，全国人大既是立法机关，又是制宪机关，后一身份高于前一身份。《宪法》第62条第1、2项规定，全国人大行使修改宪法，监督宪法实施的职权；第67条第1项规定，全国人民代表大会常务委员会行使解释宪法，监督宪法的实施的职权。《宪法》的这些规定表明，宪法修改权、宪法监督权、宪法解释权这三项权力惟全国人大及其常委会享有，它们不是普通的立法权，而是制宪权的延伸。与立法权相比，制宪权是真正的创始性的权力，立法权不过是对宪法的执行。立法权不能通过立法改变宪法，更不能违反宪法；而制宪权可以对宪法进行立、释、改、废，制宪权不可能违宪，就像人民不可能违宪一样。因此，当全国人大作为制宪机关代表人民"出场"时，它所作出的宪法修改、宪法解释、合宪性裁决等都不可能违宪，至多能够说它们违反自然法或天理（在一定意义上，包括宪法解释在内的宪法监督已经不是直接适用宪法，因为宪法监督可能会改变宪法本身，宪法监督不同于法律监督，法律监督不能改变作为监督依据的法律本身）。然而，现代政治哲学中的人民意志就是自然法或天理，人民意志即宪法，说制宪机关的行为违宪，就如同说人民自己与自己作对一样荒谬。诚然，全国人大的宪法监督权高于立法权，是终极性的制宪权的一部分，具有制宪权的性质。全国人大以制宪机关的身份审查作为立法机关的全国人大的立法，是制宪机关监督立法机关，而不是立法机关的自我监督。但是，说到底，全国人大毕竟有制宪机关与立法机关两重身份，理论上固然可将这两重身份相互分离，但实践中又如何真正加以区分呢？

实际上，有两个标准可用以区分全国人大的制宪机关与立法机关身份。第一个标准无疑是全国人大所行使的权力的性质，如果其权力行为是直接适用宪法制定普遍规范或个别规范，即普通的立法权或议决权，此时，全国人大自然是立法机关的身份。而如果它行使的是对法律、行政法规、地方性法规、自治条例、单行条例，以及其他有权直接适用宪法的主体所作出的具体决定等（再次强调，除法律之外，后五种如果是对法律的直接适用，则应当归入违法审查或法律监督范畴）的审查权，则是宪法监督权，此时，全国人大的身份是制宪机关。可见，全国人大所行使的权力的性质取决于其权力行为所针对的事项。这里的困难在于，全国人大自身的立法事项与宪法监督事项之间难以区别。但是，无论如何，全国人大的立法须受到宪法限制，这是无疑义的，如果有越界的嫌疑，即可归入到宪法监督范围。为了更好地区别宪法监督权与立法权，还须引入另一个重要的具有操作性的标准，即程序标准。以宪法修改权的行使为例，它与普通立法权相比，最为直观的区分标准是程序要求不同。《宪法》第 64 条第 1 款规定："宪法的修改，由全国人民代表大会常务委员会或者五分之一以上的全国人民代表大会代表提议，并由全国人民代表大会以全体代表的三分之二以上的多数通过。"此条款确立了两个可辨的区别标准，即提案程序与通过程序，都远比普通立法严格。有此标准可循，我们即可判断宪法修改权与普通立法权之不同。同理，宪法监督权的行使可适用比普通立法更严格的程序标准，通过确立与提高程序标准，实现全国人大制宪机关与立法机关这两重身份的实际分离，最终实现裁判者与当事人身份的分离，解脱全国人大自作法官的尴尬。

当然，全国人大在逻辑上确定无疑地具有制宪机关与立法机关两重身份，前一身份是人民主权代表者，是真正的国家最高权力机关；后一身份固然也优越于行政、司法等其他国家机关，但是，却低于且必须服从其制宪机关的身份。同时，我们也可依全国人大行为所针对的事项与适用的程序标准不同，而识别其何时是制宪机关，何时是立法机关，从而不仅在逻辑上，而且在事实上实现全国人大制宪机关与立法机关两重身份的分离。然而，说到底，如果是同一机构、同一群人对待、处理同一事，例如，制定某一法律，又对这一法律进行复审，那么，尽管前一阶段的制定程序（立法程序）不如后一阶段的复审程序（宪法监督程序）严格，这仍然不能彻底解决该机构自作法官的问题。

自作法官不符合自然正义，其弊端是：其一，裁决者与当事人合一，裁决者利在其中，难以公正无偏；其二，自我复审容易受先前成见与思维定式的掣肘。我们认为，如果审查制度设计合理，全国人大宪法监督权的具体运作完全可以避免这两个问题。对于第一个问题，我们可设想具体情境以觅解决之道。例如，全国人大作出为本机构增加某项福利的决议但无宪法依据或有违宪嫌疑，该决议被提交全国人大复审。一方面，可提高法定得票数，以增加复审通过的程序难度；另一方面，可设置人大代表的公共人格与自然人格相互分离的制度，即惟有人大代表在职时可享受此福利。诚如洛克所言："在组织完善的国家中，全体的福利受到应得的注意，其立法权属于若干个人，他们定期集会，掌握由他们或联同其他人制定法律的权力，当法律制定以后，他们重新分散，自己也受他们所制定的法律的支配；这是对他们的一种新的和切身的约束，使他们于制定法律时注意为公众谋福利。"[1]如果这两点制度仍然未能阻止该福利法案复审通过，那么只能说全国人大的宪法监督结果修改、补充、更新了宪法规定，这是制宪权的延伸，因而具有无可争议的正当性。需要补充的是，宪法监督或复审程序提高法定得票数具有深刻的超越技术层面的价值。前一情境中，如果全国人大的决议特别关照某一特定社会群体，因为涉嫌"不适当"也即违宪而被提交进入宪法监督程序，由于复审通过必须获得更多的赞成票，那么此一特定利益将会得到更多人大代表的审慎思考与讨论，而人大代表具有广泛的利益背景，宪法监督过程中的利益竞争与整合力度要远超立法程序。因而，严格的宪法监督程序能够充分保障全国人大宪法监督权的正当性。

第二个问题的解决相对容易一些。全国人大具体承办监督事项

---

〔1〕〔英〕约翰·洛克：《政府论》（下），叶启芳、瞿菊农译，商务印书馆1964年版，第89~90页。

的工作机构可以由对预备复审的事项无成见或"前见"者组成，或者委托无特定立场的民间机构，对拟监督事项提出初步议案，然后提交全国人大审议。

因此，全国人大主要的宪法性权力有三：一是直接适用宪法，依据宪法制定法律或作出决议；二是为保证自己制定的法律得到实施，对其他国家机关执法行为进行"合法性审查"的权力；三是监督宪法实施，对包括自身在内的前述三类特定主体的直接适用宪法的行为进行"合宪性审查"的权力，即宪法监督权。前两种权力合称立法权，也就是说将"违法审查权"作为立法权的延伸，第三种权力即"违宪审查权"或宪法监督权要高于立法权。如果说立法权是全国人大作为立法机关所享有的权力，那么宪法监督权则是全国人大作为制宪机关所享有的权力。比较这两种权力可知，立法权诚然优越于行政、司法、军事等其他国家权力，但是从政治学逻辑上说，不能说它是最高国家权力，只有制宪权以及作为制宪权延伸的宪法监督权才是真正的最高国家权力。

（二）违宪审查的范围

各国宪法监督或违宪审查的内容和范围不尽相同。概括地说，违宪审查的范围包括以下几类国家权力行为或准国家权力行为：[1]

1. 规范性文件。规范性文件是指那些适用范围广、具有普遍效力的规则和原则的集合体。除了法律文件之外，还包括政党、利益集团和公司制定的章程。法律文件是指具有法律性质的规范性文件，它包括立法机关制定的规范性文件、行政机关或其他授权组织制定的规范性文件、司法机关制定的规范性文件。

2. 特定个人的行为。特定个人是代表人民行使国家权力的，因而在一定条件下特定个人的行为或活动应该列入违宪审查的范围，具体包括：故意违反宪法，违宪后果严重的行为，比如，破坏国家基本制度，削弱民主制度，危害国家领土完整，侵犯公民基本权利，或严重渎职、滥用权力等行为。

3. 国家机关之间的权限争议。国家机关之间的权限争议，包括

---

〔1〕　参见林广华："违宪审查制度研究"，中国社会科学院 2002 年博士学位论文。

代议机关与行政机关之间的权限争议，行政机关相互之间的权限争议，司法机关与行政机关的权限争议，司法机关相互之间的权限争议，中央与地方之间的权限争议等。德国宪法规定，当联邦议院、联邦参议院、联邦政府、议员、政党等宪法主体中任意两者之间发生宪法权限争议时，都可以请求联邦宪法法院作出裁决；另外，联邦与州之间、各州之间发生的权力纠纷，也属于联邦宪法法院关注的领域。[1]

4. 选举争讼。选举过程中可能出现违宪事件，因此需要对选举进行监督。如法国宪法委员会不仅负责审查议会立法的合宪性，而且负责审查选举活动及全民公决的合法性，并且最终确认其法律效力。宪法委员会对选举争讼的审查包括：审查总统选举的合法性并由它公布选举结果；裁决议会两院议员选举中的法律争议；监督公民投票程序的合法性，并公布其结果。[2]

5. 国际条约。国际条约是否属于违宪审查的范围有两种看法：一是宪法优越论。该观点认为，宪法是国内最高法律，签订条约是一种国事行为，无论是条约的实质内容还是签约的程序，都必须与宪法相一致，否则就构成违宪。二是条约优越论，即国际法优于国内法。该观点认为，条约涉及到国与国之间的利益关系，如果条约与宪法相抵触，宪法应服从于条约。[3]

我国的违宪审查范围可通过主体、对象进行严格界定：主体上，惟有全国人大及其常委会享有宪法监督权，即违宪审查权；监督与审查对象只能是全国人大及其常委会等中央国家机关、有立法权的地方、民族自治地方国家权力机关这三类主体直接适用宪法的行为。

（三）违宪审查的方式

违宪审查的方式是指具体进行违宪审查的步骤和方法。从世界各国的宪政实践来看，违宪审查的方式各有不同，但基本方式不外乎以下几种：

---

[1] 参见韩大元主编：《外国宪法》，中国人民大学出版社2001年版，第133页。
[2] 参见韩大元主编：《外国宪法》，中国人民大学出版社2001年版，第86~87页。
[3] 参见陈云生：《民主宪政新潮——宪法监督的理论与实践》，人民出版社1988年版，第28页。

1. 以审查的对象是否已经发生法律效力为标准，可分为事先审查、事后审查、事先审查与事后审查相结合三种方式。

（1）事先审查又称预防性审查。这种审查方式通常适用于法律、法规和法律性文件的制定过程，是指在法律、法规和法律性文件正式颁布实施之前，有权机关对其是否合宪进行审查。[1]

事先审查可以避免违宪的法律、法规等带来不良的社会效果。违宪审查机关工作积极主动，把关严密，可防患于未然，从而保障公民的基本权利和正常的社会秩序。事先审查也有利于维护宪法和法律的权威。某项法律、法规颁布实施后，如果与宪法龃龉不合，那么既会破坏整个法律体系的协调一致，又会造成广泛的社会疑虑和争议。事先审查能够尽量避免或减少法律法规违宪的可能性，维护宪法的权威。

当然，事先审查也有缺陷。法律是否存在违宪的问题有时并不在文字上表现出来，只有在法律适用中才会发现。同时，由于时间有限，任务繁重，只能进行重点审查，难以做到周全无遗。

（2）事后审查是指在法律、法规和法律性文件颁布实施之后，或者在特定行为产生实际影响之后，有权机关对其是否合宪进行审查。

事后审查的首要优点是能够提高违宪审查的准确性。法律的词语表达、规范体系的序列、立法目的及原则等方面存在的违宪问题可以通过事先的抽象审查得到解决。然而，法律文件在实施过程中所必然产生的现实法律关系、法律效果是否与宪法相一致，则只能通过事后审查才能作出确切的判断。其次，事后审查有利于维护宪法的权威性、连续性、稳定性。及时有效的事后审查，能够最大限度地排除法律性文件与宪法相违背的情况，保证法律性文件的实施、变动与宪法保持一致。最后，事后审查能够增强宪法弹性，适应社会现实变化。根据社会生活的需要，审查机关可结合具体案件对宪法规定作出新的解释，既不用修改宪法，维护宪法的稳定性，又能

---

[1]　参见周叶中主编：《宪法》（第 2 版），高等教育出版社、北京大学出版社 2005 年版，第 376 页。

够使宪法适应社会发展，保持宪法活力。[1]

事后审查也有其不足之处，事后审查的具体性、个案性和消极性等特点决定了审查带有一定的随意性，对法律规范性文件、行政决定、命令的审查是不系统的、不全面的。

（3）事先审查和事后审查相结合。由于事先审查和事后审查两种方式各有优缺点，通过互补可以进一步完善和健全宪法监督体制。有鉴于此，现代宪政发展的趋势是把这两种方式结合起来，以期收到相得益彰之效。

2. 以审查对象是否依托具体案件为标准，可分为具体审查和抽象审查。具体审查是指具有违宪审查权的机关通过审理具体案件，就所适用的法律是否合宪的问题，作出有约束力的裁决的一种违宪审查制度。抽象审查是指就立法是否与宪法相一致进行的一般性判断。无论法律、法规在实施中是否引起争讼，有权机关都可以对其进行合宪与否的判断。

3. 根据审查程序的不同，可分为普通程序的审查和特殊程序的审查。

（1）普通程序的审查有两种情况：一是指宪法监督机关以普通工作程序进行合宪性审查，没有建立专门适用于审查监督的特殊程序；二是指司法机关以普通司法程序实行合宪性审查。由普通法院负责违宪审查的国家，其违宪审查程序与普通的刑民诉讼程序没有差别。

（2）特殊程序是指有权机关为实施违宪审查而设立的特殊方式、方法和步骤。奥地利、德国、意大利的宪法法院都制定了适用于违宪审查的特殊诉讼程序。[2]

4. 以违宪审查的起因为根据，可分为附带审查、起诉审查和提请审查。

（1）附带审查是指司法机关在审理案件过程中，因涉及拟适用

---

〔1〕参见李春燕："论宪法修改"，载胡建淼主编：《宪法学十论》，法律出版社1999年版，第47~48页。

〔2〕参见［美］迈克尔·辛格、刘慈忠："德意志联邦共和国宪法法院对个人申诉的管辖权"，载《环球法律评论》1983年第5期。

的法律、法规和法律文件是否违宪的问题，而对该法律、法规和法律文件所进行的合宪性审查。

（2）起诉审查一般是指有关国家机关、社会组织或者公民在自己的宪法权力（利）受到或可能受到侵犯时，依法诉请宪法实施保障机关对特定的法律性文件或行为的合宪性进行审查。

（3）提请审查是指特定的国家机关或国家高级公职人员依法将有异议的法律性文件或行为，提请该国的宪法实施保障机关进行合宪性审查。法国、葡萄牙、斯里兰卡、伊朗等国都实行这种违宪审查方式。

根据上述分类标准，目前我国以备案为主的违宪审查方式属于事后审查、抽象审查、普通程序审查、提请审查。

五、违宪审查的模式

（一）违宪审查的基本模式

违宪审查模式是指在宪法实施监督理论指导下，由违宪审查主体、对象、方式、方法和原则等构成的可供人们理解、把握和仿照的固定形式。因各国所奉行的政治理念、政治体制、法律和历史文化传统的不同，在选择能够承担违宪审查任务的主体上也有所不同。相应的，各国所建立的违宪审查模式亦各不相同。以违宪审查权的归属为标准，这些模式主要包括：司法机关审查模式、立法机关审查模式、专门机关审查模式、复合审查模式四类。[1]

1. 司法机关审查模式，是指以美国为代表的，普通法院在审理具体案件中，对该案件适用的法律和法规的合宪性进行审查、裁决的一种违宪审查模式。

司法审查制度对于民主政治具有深远意义。司法审查实质是少数对多数的制约，能够将精英的智慧与民主的平等相互结合，实现权力制衡的共和精神；司法审查在发现和克服立法缺陷上，针对性强、反应及时灵活；司法审查将启动审查程序的权利交于人民，既

---

〔1〕周叶中主编：《宪法》（第 2 版），高等教育出版社、北京大学出版社 2005 年版，第 415 页以下。

能保障人权，又可激发人民的政治热情；司法审查同时具有消极性、个别性的特点，只是在个案中拒绝适用法律的某项条款，因而不会造成与立法权关系的失衡。其不足主要是：容易形成法官专横；司法机关本来是依照宪法规定而设，却反过来判定宪法的原意似乎也于理不合；[1]民主正当性不足；司法审查主要是具体的个案审查，它不能撤销违宪的法律及法律性文件；违宪性裁决的效力具有不确定性和有限性，司法权属于被动性权力，且受立法、行政权力制约，法院对违宪案件的裁决，如果当事人不服，还可以上诉或申诉，司法审查的终局性并非绝对。

2. 专门机关审查模式，是指由宪法所规定的专门机关对法律、法规等文件的合宪性进行审查、裁决的一种违宪审查模式。可分为德国式特设司法机关审查和法国式专门政治机关审查。

特设司法机关即宪法法院审查模式的优点是：宪法法院地位超脱、权限广泛，它不仅有权审查当事人提起诉讼的相关法律是否合宪，而且有权审查没有当事人提起诉讼的有关法律是否合宪；作为专职的司宪机关，不审理普通的刑民案件，能够保证违宪审查的专职有效；程序灵活，审查方式多样，既可进行抽象性专门审查立法合宪性，也可进行具体性个案审查；审查具有权威性和终局性。特设司法机关审查模式亦有不足之处：宪法法院容易卷入政治纷争，或为党派斗争所利用，或成为与宪政体制中心不同的另一政治中心，不利于政局稳定；[2]同时如果案件堆积，精力和人手可能难以应付。

专门政治机关审查模式的特点在于专门政治机关的职权主要是政治性职权。例如，法国宪法委员会的首要任务是监督共和国总统的选举，审查选举申诉，并且公布投票的结果。同时法国宪法还规定，在发生争议的情况下，宪法委员会有权就国民议会议员和参议员选举的合法性作出裁决。

3. 立法机关审查模式，该模式是宪法或宪法惯例所确立的立法

〔1〕 参见董和平主编：《宪法学》（第2版），法律出版社2007年版，第128页。
〔2〕 参见董和平主编：《宪法学》（第2版），法律出版社2007年版，第129页。

机关负责审查、裁决违宪案件的一种违宪审查模式，以英国与中国为代表。

立法机关审查模式的优点在于：宪法监督具有高度的权威性和统一性，审查方式直接而迅速。但该模式也有缺陷：实效性、经常性和专门性不够理想，因为立法机关本身担负着繁重的立法任务，加上违宪审查的专业性强、工作量大，立法机关往往缺乏精力和时间对所有的法律、法规进行合宪性审查，更不可能受理具体的违宪诉讼；审查结论不具有直接的司法强制性，因而效力有限。正是因为该模式存在上述缺陷，所以英国在司法实践中赋予普通法院以部分违宪审查权，从而形成后来的复合审查模式。

4. 复合审查模式，是指一国的违宪审查权由两个或两个以上的国家机关行使，并根据法律规定或国家认可的权限、程序和方式对违宪案件进行合宪性审查和裁决的一种模式。目前，该模式中有由议会、政府和法院共同行使违宪审查权的瑞士模式；有由国家权力的最高领导机关和检察机关共同监督宪法实施的朝鲜模式等。比较典型的是由宪法委员会与行政法院并行审查的法国模式和由议会与普通法院并行审查的英国模式。

复合审查模式的特点在于审查主体的双重性或多重性，且各审查主体相互分工、密切配合，使违宪案件得到有效审查。不过，该模式也有违宪审查权分散、不统一的缺陷。

(二) 全国人大的违宪审查

根据《宪法》和《立法法》的规定，全国人民代表大会及其常务委员会享有违宪审查权，负责监督宪法实施。全国人大及其常委会对立法以及其他规范性文件的合宪性审查实现了制度化、规范化。

我国现阶段的违宪审查制度有符合国家体制，违宪审查具有权威性，审查权行使具有统一性和公正性等优点。但也有不足之处：全国人大及其常委会身兼多职，使得违宪审查没有成为一种专职性和经常性的工作；监督方式单一，偏重对立法的事先、抽象性审查，忽略对于一般规范性文件以及其他权力行为的事后、具体性审查；缺乏程序保障，难以操作；违宪制裁措施的严肃性、强制性和惩罚性不够，宪法监督的威慑力弱；启动违宪审查程序的主体范围过窄。

按照《立法法》的规定，启动违宪审查程序的主体为国务院、中央军事委员会、最高人民法院、最高人民检察院和各省、自治区、直辖市的人民代表大会常务委员会。其他国家机关、企业事业组织以及公民对违宪审查只有建议权，没有启动权。[1]

为解决这些问题，我国宪法理论与实践做了很多有益的探索。在程序保障方面，理论界普遍主张制定宪法监督法，对违宪审查程序作出完善、周密的规定。在审查机构设计方面见仁见智，其中代表性的主张有：建立"混合型"的以普通法院为主的合宪性审查制度，由普通法院主要是最高人民法院或专门设立的宪法法院行使违宪审查权；[2]全国人大下设一个与人大常委会平行的宪法委员会专司违宪审查职责；[3]全国人大下设一个性质及职责与各专门委员会相同的宪法委员会，协助全国人大及其常委会监督宪法实施；把现行的全国人大法律委员会改为宪法和法律委员会，在其原有职权基础上增加违宪审查权。

完善我国违宪审查制度首先应立足于现行政治体制和实际可行性；其次要充分利用现有法律资源，尤其是宪法资源。从我国政治体制看，合宪性审查模式的选择应当符合人民代表大会制度这一根本的政治制度。全国人大在国家体系中处于主导地位，具有最高性和全权性，其他国家机关相对于它来说则具有从属性，因而，另外设立独立的违宪审查机构不具有可行性。我们应该改革完善现行体制，克服全国人大及其常委会在自我审查方面存在的一些弊端，而不是增加制度成本，另寻捷径。从宪法资源来看，宪法已经赋予全国人大及其常委会以宪法监督权。同时，宪法还规定，设立各专门委员会协助全国人大及其常委会的工作，专门委员会中的法律委员会，可以协助权力机关行使违宪审查权。有鉴于此，我国应当坚持

---

〔1〕 参见王志民："中国特色违宪审查制度的完善"，载《江西社会科学》2008 年第 8 期。

〔2〕 参见周永坤："试论人民代表大会制度下的违宪审查"，载《江苏社会科学》2006 年第 3 期。

〔3〕 参见费善诚："试论我国违宪审查制度的模式选择"，载《政法论坛》1999 年第 2 期。

实行全国人大及其常委会进行合宪性审查模式，并在以下方面，对其予以健全和完善：

第一，明确全国人大、人大常委会受理违宪案件的范围、权限和方式。推动我国合宪性审查体制进一步完备。

第二，加强全国人大及其常委会的机构建设，促使违宪审查运行的具体化。加强全国人大法律委员会的建设，促使其协助全国人大及其常委会履行宪法监督的职权，使之更加明确化、具体化和程序化；赋予法律委员会对法律、行政法规和地方性法规的合宪性初审权或预审权，对不应该受理或不必受理的案件的裁定驳回权等，并在积累违宪审查案件经验的基础上，赋予其部分违宪审查的实质性权力。

第三，制定程序规则，建立健全违宪审查程序制度。全国人大可制定宪法监督法，对违宪审查的方式、步骤和时限等作出具体、细致的规定。

第四，适当扩大违宪审查程序启动主体的范围。除了国家机关之外，应该赋予公民、法人或其他组织等社会主体违宪审查启动权。这些社会主体的利益受到违宪行为的直接影响，有充分的动力提出违宪审查请求，如后文所论，这些主体可采用诉讼的形式间接启动违宪审查程序。

第三节　宪法实施的基本程序

宪法实施是指特定的国家机关对宪法的直接适用，以及对这种适用的监督，它既是法律实施与监督的一部分，又是法律实施与监督的基础。作为法治中国建设与中国法的体系建构的逻辑起点，宪法实施与监督与普通的法律实施与监督不同，必须遵循特殊而严格的实施与监督程序。宪法实施与监督的基本程序可分为三大类：民主程序，如听证制度、回避制度等；科学程序，如立法评估程序、专家咨询论证程序等；合宪性审查程序，如备案审查程序、宪法解释程序等。

立法是直接适用宪法，是宪法实施的基本方式，立法程序属于宪法实施程序。立法程序以及以立法为主要监督对象的宪法监督程序构成了基本的宪法实施程序，其目的在于建构和完善有中国特色的社会主义良法体系与法治体系。一如后文所论，此处的"良法"概念，具有形式与内容两个方面的标准。形式上，要求法律必须结构严谨合理、体系和谐协调、语言规范统一。内容上可细分为科学性与民主性两个要求：科学性指法的内容的合规律性，即符合事物性质，反映时代精神，适应客观条件；民主性是指法的价值的合目的性，即体现人类正义，实现人民利益，促进社会进步。[1]宪法实施与监督的科学程序、民主程序、合宪性审查程序分别有针对性地保障法律的科学性、民主性、形式合宪性与正当性。

一、科学程序

（一）立法评估程序

立法评估包括立法前评估与立法后评估两个阶段。立法前评估，主要评估立法的必要性、合法性、协调性和可操作性，评估立法要设计的重要制度和规则的约束条件，评估立法对经济、社会和环境的预期影响，达到立法配置资源的公平与效率。立法后评估，重在评估立法实践，评估法律法规对经济、社会和环境的实际影响，评估社会执法、司法和守法的具体问题。立法评估运用定性评估与定量评估的方法，旨在衡量法律法规的公正和效率。[2]可见，立法评估的范围较为广泛，既有合宪性、合法性评估，又有科学性、可行性评估。本书强调对立法的科学性评估。立法评估程序是推进科学立法的重要程序保障。我国当前立法实践探索的立法联系点制度、征求人大代表意见制度、立法项目征集与论证制度，皆具有立法评估程序的要素，这些程序制度既能保证立法的民主性，又可增强立法的科学性与合理性。

---

〔1〕 参见李步云、赵讯："什么是良法？"，载《法学研究》2005 年第 6 期。另参见李桂林："论良法的标准"，载《法学评论》2000 年第 2 期。

〔2〕 参见席涛："立法评估：评估什么和如何评估（上）——以中国立法评估为例"，载《政法论坛》2012 年第 5 期。

立法前评估的目的是解决和克服立法设计的制度、规则的约束条件，尽量在重大制度设计上达成各方意见一致，减少立法的试错成本。立法前评估程序包括实地考察、专题调研、问卷调查、召开讨论会座谈会等方式。这些程序的实质是收集素材和意见，对各种素材和意见进行辨析、分类、量化，运用影响分析方法、成本收益分析方法、成本有效性分析方法，评估法律制度的经济影响、社会影响和环境影响，评估法律的成本和收益。

立法后评估程序旨在考察立法之后经济、社会和环境出现的新情况、新问题，评估社会所提出的修改法律、废止法律或者制定新法的要求。立法后应该评估法律法规对经济、社会和环境的实际影响，评估法律法规生效后执法、守法而产生的实际成本和收益。[1]

（二）专家咨询论证程序

专家咨询论证，是指围绕经济、社会发展和改革开放中遇到的全局性、战略性、综合性问题，组织专家进行深入研究、科学论证、提出对策，为立法与公共决策提供科学的咨询论证意见，以保证决策的科学性、民主性、合理性、合法性、正确性和实效性。[2]

专家咨询论证程序的基本要求有四个方面：首先要整合智力资源，建立各级各类决策专家咨询论证体系。其次，发挥民间智库的作用，促进专家咨询论证机构与组织的发展。民间智库在决策咨询论证中，思路新颖、见解独特、效率较高、独立性较大，可以迅速对各种信息及数据进行收集、整理和分析，完成各类定量和定性研究报告。再次，成立高效的组织协调机构。要由一个专门机构承担起联结政治决策与专家学者研究咨询的职责，包括组织专家对公共决策和重大政策的出台提供咨询、论证；对关乎国家和地区发展的全局性、综合性、战略性的重大决策和重大问题设立专项课题，组织专家进行相关研究；组织专家顾问团及其他智囊机构开展与公共

---

〔1〕参见席涛："立法评估：评估什么和如何评估（上）——以中国立法评估为例"，载《政法论坛》2012年第5期。

〔2〕参见梅宪宾："关于建立专家咨询论证制度的思考"，载《人大建设》2005年第7期。

决策相关的研究；加强国家决策机关与专家之间的信息沟通，建立畅通的沟通渠道等。最后，完善专家咨询论证的相关法律，以法律形式将专家咨询论证确定为宪法实施与监督的必经程序。

二、民主程序

（一）听证

立法听证程序是体现公众参与、民主决策的基本制度。立法过程中应当听取各方面意见，听取意见可以采取座谈会、论证会、听证会等多种形式。立法听证会主要是对立法过程中出现的具体的、存在利益冲突或争论的有关问题进行质证与辩论的程序。[1] 2015 年修订的《立法法》第 36 条规定：“法律案有关问题存在重大意见分歧或者涉及利益关系重大调整，需要进行听证的，应当召开听证会，听取有关基层和群体代表、部门、人民团体、专家、全国人民代表大会代表和社会有关方面的意见。听证情况应当向常务委员会报告。”听证程序是公众民主参与立法或重大决策的基本途径和方式。

听证程序权利是利害关系人参与立法或公共决策的民主权利。公共决策事项的利害关系人有得到立法听证通知的权利；有聘请律师参加听证的权利；有提供证据的权利；有互相辩论的权利；有获得立法机关答复的权利等。另外，利害关系人还需承担一定的义务，如按时参加听证；不得提供虚假证据等。当然，听证程序对于决策事项利害关系人而言，主要是一种程序权利，是对公共权力行为的有力约束，是强制性法律程序。

（二）回避程序

立法回避制度是指享有立法权的机关或其组成人员在立法过程中，因其与所制定的法案或所处理的事务有利害关系，为保证立法实体结果和程序进展的公正性，根据当事人的申请、立法人员的请求或有关机关的审查决定，一定的职权机关依法终止其职务或职权

---

〔1〕 参见汪全胜：“立法听证初论”，载《法学杂志》2002 年第 4 期。

的行使并由他人代理的一种法律制度。[1]

正当法律程序是立法"第三方评估或起草"等回避制度的法理基础。在立法回避程序中，正当法律程序最基本的要求与适用标准是立法者的中立地位，违背了中立性要求则构成违反正当法律程序原则。立法者的中立性是正当法律程序原则对立法者的最基本要求，也是立法过程中最低限度的公正要求。

立法者中立性的基本要求有以下方面：第一，立法者给予不同的立法参与主体平等参与的机会，对各方的主张、意见、所持利益予以同等关注；第二，立法者不应有支持一方，反对另外一方的预断或偏见；第三，立法者不得在语言或行为上表现出偏见；第四，立法者不得进行任何被认为影响立法决策公正性的公开或非公开的评论；第五，在处理本部门、本地方的利益与整体的、国家的利益关系时要公正权衡，不应为自己本部门、本地方谋取利益等。

三、合宪性审查程序

我国的合宪性审查程序主要是备案审查程序与宪法解释程序。《宪法》规定，全国人大及其常委会行使宪法监督权，《立法法》则初步确立了合宪性审查程序。不过，要注意的是，《立法法》未将违宪审查与违法审查相区分，两者实际上适用同一程序。

（一）备案审查程序

《立法法》关于备案审查制度的规定主要是：其一，以专章对现有的备案制度进行了体系化的梳理；其二，将行政法规纳入向全国人大常委会备案的范围；其三，首次在立法层面上将"审查"与"备案"联系起来。《立法法》所规定的不是立法机关的主动审查，而是被动审查。[2] 2003 年，全国人大常委会《行政法规、地方性法规、自治条例和单行条例、经济特区法规备案审查工作程序》规

---

〔1〕 参见汪全胜："立法回避制度论"，载《山东大学学报（哲学社会科学版）》2004 年第 4 期。

〔2〕 参见陈道英："全国人大常委会法规备案审查制度研究"，载《政治与法律》2012 年第 7 期。

定，将违宪审查方式修改为被动审查和主动审查相结合的方式。

然而，与主动审查相比，《立法法》规定的被动审查制度实际上可能达到更好的效果。被动审查制度有助于减少审查部门的工作量，从而提高其工作效率。同时，被动审查制度更有助于审查机关有的放矢，从而提升审查的效果。

当然，备案与审查是不同的程序，既可相互结合，也可相对分离。总体而言，被动审查制度符合我国目前的宪法监督实际，应当在以下两个方面继续完善：[1]

第一，简化审查标准。违宪审查只应集中在形式审查上，即审查法律法规的制定是否在制定机关的权限范围内、是否符合法定程序、是否符合法律法规之间的一致性和法律法规与宪法之间的一致性，除非审查对象的内容具有明显的不适当，否则一般不应列入违宪审查的范围之内。

第二，完善启动程序。推动违宪审查进程的重要力量是普通公民，然而，根据《立法法》规定，普通公民只有"建议权"，对审查监督机关没有约束力。如果普通公民的审查建议能够以行政诉讼的形式向法院提起，由受案法院报请最高人民法院向全国人大常委会提出审查的要求，那么，这种建议权就能够变成强制性的诉权。

(二) 宪法解释程序

宪法解释是探求宪法规范内涵的一种活动，旨在追求解释的合理性、正当性与宪法秩序的稳定性。宪法解释的意义在于透过宪法现象，在各种社会问题中寻求宪法价值，其实质在于：一方面是对宪法问题的发现，另一方面是对宪法问题的判断与解决。宪法解释可以统一人们对宪法规范的认识，确立与扩大宪法价值体系的共同基础，为宪法运行机制的完善提供合理的基础，使宪法在持续性与变化中满足开放性价值的实现。[2]

全国人大常委会宪法解释的事由主要包括：宪法的规定需要进

〔1〕 参见陈道英："全国人大常委会法规备案审查制度研究"，载《政治与法律》2012年第7期。

〔2〕 参见韩大元："《宪法解释程序法》的意义、思路与框架"，载《浙江社会科学》2009年第9期。

一步明确具体含义的；宪法实施中出现新的情况，需要明确宪法依据的；法律、行政法规、地方性法规、自治条例和单行条例、规章等规范性文件可能与宪法相抵触的。

宪法解释程序的启动分为四种情形：[1]第一是预防性解释的情形，也就是国家在立法时，对宪法规定有疑义请求解释的，全国人大常委会应当受理。第二是抽象审查性解释，即虽然并没有个案的发生，但国务院、中央军事委员会、最高人民法院、最高人民检察院、省、自治区、直辖市的人民代表大会常务委员会，60 人以上全国人民代表大会的代表或者一个代表团发现法律、法规等与宪法相抵触而提出请求的，应当受理。其他主体提出的，只能作为一种建议，可以受理，也可以不受理。第三是具体审查性解释，即人民法院在审理案件过程中发现法律、法规等与宪法相抵触的，应中止案件的审理，报经最高人民法院请求全国人大常委会解释，全国人大常委会应当受理。第四是个人请求的情形。原则上个人不得直接请求解释宪法，而只能参照第三种情形，即具体性审查解释，个人可以以诉权的形式通过法院间接启动宪法解释程序。

四、宪法实施程序的反思性整合

国家是社会的思想器官。现代大型社会的政治事务需要慎思明辨，需要复杂的政治法律设施对全社会的意愿与需要进行反思性整合。社会环境越复杂，就越容易变化莫测，社会结构也必然会发生同样的变化，而且，要想实现这样的变化，社会就必须认识自己，有能力进行反思。民主政体不仅是一整套的权力组织与运行机制，也是一整套的沟通、甄别、批判与反思的思考机制。社会通过民主制度反思与审视自身，从而获得有关其自身的最纯粹自觉的意识，"思考、反思和批判精神越是能够在公共事务中发挥重要作用，国家就越民主"。因此，民主政体的实质是一种将众多个体意识转换成国家意志的复杂运思机制，"民主的本质及其特征，是人们与整个社会

---

[1] 参见韩大元："《宪法解释程序法》的意义、思路与框架"，载《浙江社会科学》2009 年第 9 期。

的沟通方式",〔1〕民主政体就公共议题进行沟通、辩论、批判、反思的过程,体现了现代政治与法律治理的特点,即注重多元利益的参与、沟通与协作。据涂尔干之见,这种多元利益之间的关系,表明了高度分化社会的契约团结;而契约团结的法律形式乃是恢复法或协作法,作为协作法的代表,宪法实施程序是民主政体的运思过程的基本法律形式。

民主的真正性质体现在国家意志与民众意识的融合程度以及融合的适当方式。大众民主时代,立法者必须强化信息能力,实现外部信息汲取和审慎立法之间的有效均衡,如此才能提供高质量的立法。〔2〕国家意志与社会意识是两个相对分离的不同层面,如何以及在何种质量上实现两者的融合,是检验民主政体优劣的两个标准,即方法与质量。融合的质量根据两个方面进行确定:一方面,就两者融合的"质"而言,国家意志不是对大众意愿不经反思的简单回应,不是"民声"的传声筒,否则,这样的民主实际上就返祖到了原始民主,国家作为"社会的思考器官"岂非多余?而现代国家的代议机构又如何区别于部落酋长会议?现代社会基于大众话语的"压力型立法",是立法者思考与信息能力不足的典型表现,立法者不能应对法律规制活动的知识与信息挑战,仓促应对民意的立法往往欠缺应有的冷静、客观、慎重与全面,背离理性立法的内在机理,决策的后果堪虞。〔3〕代议机构必须对"民声"与"民情"进行反思、辩论、批判、整合,将其提升为国家意志,如此才能实现国家意识与民众意识的良好融合。另一方面,就两者融合的"量"而论,国家意志应当能够最大限度地覆盖到尽量多的民众,将边沁的"最大多数人的幸福"与波普的"最小痛苦"立法原则相结合,真正充分地实现人民主权。高质量的立法依赖于创制、规范法律的过程与方式,也就是宪法实施监督程序。

政体运思的基本过程与方式构成了宪法实施程序。国家将民众

---

〔1〕 [法] 埃米尔·涂尔干:《职业伦理与公民道德》,渠东、付德根译,上海人民出版社 2006 年版,第 70 页。

〔2〕 参见吴元元:"信息能力与压力型立法",载《中国社会科学》2010 年第 1 期。

〔3〕 参见吴元元:"信息能力与压力型立法",载《中国社会科学》2010 年第 1 期。

意识的原材料锻造成为国家意志的过程、方式方法，即国家权力的运行过程、运行方式方法，具体表现为国家的立法、司法与行政执法过程。运用这些权力的相应的法律程序，是立法程序、司法程序与行政程序，它们的权威与效力都源于宪法实施程序。既然国家意志与社会意识的融合方式是检验民主政体的又一个标准，那么，作为这种融合方式主要表征的宪法实施程序也就成为民主制的标志，以及衡量民主程度的准绳。具体言之，宪法实施程序是组织、规范、协调国家权力的规则，是构建、表述与实现政治意志的方式方法，宪法实施程序既是检验权力组织与运行效果的标尺，也是衡量国家整合、反思与批判能力高低的圭臬。

通过反思性整合以实现政治上的合众为一是宪法实施程序的基本功能。这也是程序法之所以被涂尔干归类为协作法的原因。现代社会是利益与价值分化多元的社会，虽然用"上帝已死"表达对"礼崩乐坏"之后诸神之争、价值混战、社会失序的担忧，有些言过其实，但是任何社会都必须依靠最低限度的价值共识而得以维系。在众声喧哗的时代，如果社会生活依然像传统社会那样保留着模糊不清、混乱不明和无意识的状态，"整个集体生活依然完全是由各种意识不到的传统、成见以及依稀难辨的情感组成的，根本没有什么机构与方法能够阐明它们"，[1]那么，社会就会一成不变，难以发展进步。在这个意义上，宪法实施程序不仅能够协调整合价值之争，而且能够吐故纳新，不断地积累共识，改变与重塑人们的价值观念，从而推动社会的改革与进步。当今社会发展日新月异，观念与制度变革遍及政治、法律、经济、文化等几乎所有的社会领域。"正因为更多的事物可以纳入到集体讨论之中，所以才会有更多的事物得以实现。相反，传统主义则是其他政治形式的特征。这种情况在假民主中表现得非常明显，我们从低级社会中就能够找到例子，这些社

---

〔1〕[法] 埃米尔·涂尔干：《职业伦理与公民道德》，渠东、付德根译，上海人民出版社 2006 年版，第 70 页。

会根本没有能力抛弃传统和习俗。"[1]传统与习俗的价值革新离不开法律程序的技术支持，无论是政治上的议会决断，行政上的日常执法，还是司法上的审判过程，都应该严格遵守相应的法律程序。立法程序、行政程序、司法程序能够确保我们的政府不断与民更始，与时更新。当然，无论我们的价值观念如何更新，时代如何前进，社会如何变化，都必须始终坚持最低限度的价值共识，即对权利价值的尊崇与维护。保障与发展人格或人的权利是国家的目的与义务，是宪法实施程序本身，也是任何法治与道德共同体得以建构于其上的基础。

第四节　中国特色社会主义良法体系

宪法实施与监督不仅要求法律体系形式上符合宪法的规定，而且要求这一法律体系在实体价值上契合宪法确立的建设富强、民主、文明的社会主义国家的目标。根据这两个标准衡量，新中国成立以来特别是近 30 年来，我国的立法工作成就巨大。截至 2011 年 2 月底，全国人大及其常委会已制定现行有效法律 239 件、关于法律问题的决定 75 件、法律解释 14 件，国务院已经制定现行有效行政法规 700 件、地方人大已经制定现行有效地方性法规 8600 多件。[2]2011 年 3 月，全国人大常委会委员长吴邦国宣布，中国特色社会主义法律体系已经形成。我国的法律体系由在宪法统领下的宪法相关法、民商法、行政法、经济法、社会法、刑法、诉讼与非诉讼程序法等七大部门法构成，包括法律、行政法规、地方性法规三大层次。目前我国涵盖社会关系各个方面的法律部门已经齐全，各个法律部门中基本的主要法律已经制定，与法律实施相配套的行政法规和地方性法规基本齐全，法律体系内部总体上做到了科学、和谐、统一。

中国特色社会主义法律体系，是全面实施依法治国基本方略、

---

[1]　[法] 埃米尔·涂尔干：《职业伦理与公民道德》，渠东、付德根译，上海人民出版社 2006 年版，第 71 页。

[2]　参见全国人大常委会法制工作委员会研究室编：《中国特色社会主义法律体系读本》，中国法制出版社 2011 年版，第 17 页。

建设社会主义法治国家的基础，是新中国成立以来经济社会发展实践经验制度化、法律化的集中体现。这一法律体系内含中国特色社会主义的本质要求，符合改革开放和社会主义现代化建设的时代要求，体现继承中国法制优秀文化传统和借鉴人类法制文明成果的文化要求，体现结构内在统一而又多层次的科学要求。因此，我国当今法律体系是具有中国特色的社会主义良法体系。

一、实证主义的良法概念

现代实证主义法学所强调的"良法"概念不同于亚里士多德的定义，它不是指超验的客观法则，而是指人类意志的主观产物，是"主权者的命令"。现代意义上的"良法"概念偏重法律的逻辑形式的要求。"所谓的良法不是公正的法律，因为任何法律都不可能是不公正的。法律是主权当局制定的，这种权力当局的所作所为都得到了人民中每一个人的担保和承认。人人都愿意如此的事情就没有人能说是不公正的。国家的法律正像游戏的规则一样，参加的人全都同意的事情对他们每一个人说来都不是不公正的。良法就是为人民的利益所需而又清晰明确的法律。"[1]

奥斯丁是分析实证法学的奠基者。这是因为他对霍布斯与边沁的"法律命令说"第一次清晰而系统地作了详尽发挥。边沁追随霍布斯的法律定义，认为法律是立法者意志的表达，是禁止、允许或容忍某种行为的命令，法律的实质是"主权者的命令"。"归根到底，法律只不过是命令，禁止或允许，是人类意志的产物。就边沁而言，法律只是人工产品，而所谓的自然法是根本不存在的。"[2]边沁的法律定义完全与道德无关，他拒绝承认法律的定义与遵守法律的任何道德理由相联系，守法之所以至关重要在于人们认同法律的功利内容。他坚持认为，法律就是法律，"法律的存在是一回事，

〔1〕［英］托马斯·霍布斯：《利维坦》，黎思复、黎廷弼译，商务印书馆 1985 年版，第 270 页。

〔2〕H. L. A. Hart, *Essays on Bentham*: *Studies in Jurisprudence and Political Theory*, Oxford: Clarendon Press, 1982, pp. 23~24.

法律的好与坏是另外一回事"。[1]霍布斯"被公认为杰里米·边沁与约翰·奥斯丁的先驱"。[2]奥斯丁直接师承边沁，对于霍布斯则礼敬有加。[3]事实上，奥斯丁也确实为传承这两位先师的"法律命令说"作出了巨大贡献。

奥斯丁将法律定义为靠强制制裁执行的主权者的命令。法律或实在法由主权者、命令和制裁三要素构成。

"主权者"是法律的第一要素，既指君主或其他形式的主权团体，也包括主权者的下属代理者，如法官。法律的第二个要素是"命令"，它有五层含义：第一，发布者是立法者或主权者；第二，必须通过制定或认可的公开形式，为人所能够识别；第三，具有明确的义务内容；第四，是针对不特定人或事的普遍性要求；第五，命令的实质是主权者或立法者的意志。法律的第三个要素是"制裁"，法律的制裁仅限于明确规定的惩罚。

以"法律命令说"为基础，奥斯丁主张建立法律规范体系的完整结构。他认为，成熟的法律体系是完整的、门类齐全的、封闭的逻辑结构体系，从这个体系自身原则出发运用逻辑推理的方法就可以得出确定无疑的法律结论，而不必顾及伦理、道德、政治、社会需要等限制。任何法律体系都是由等级严明的规范体系构成的，最高等级是最高法律规范，即宪法规范，而下一级规范必须服从上一级规范。[4]奥斯丁运用的概念诸如主权者、命令、制裁、习惯性服从、法律的效力、实效等，将法律从外在的社会世界和政治世界的模糊性、复杂性中解放出来，同时，依据这样一套术语及其内在的

---

〔1〕 H. L. A. Hart, *Essays on Bentham: Studies in Jurisprudence and Political Theory*, Oxford: Clarendon Press, 1982, p. 28.

〔2〕 James R. Stoner, Jr., *Common Law and Liberal Theory: Coke, Hobbes, and the Origins of American Constitutionalism*, Lawrence, Kansas: University Press of Kansas, 1992, p. 69.

〔3〕 参见 [英] 约翰·奥斯丁：《法理学的范围》，刘星译，中国法制出版社 2002年版，第 300 页。

〔4〕 奥斯丁的法律体系理论内在地包含于"法律命令说"中，也就是包含在奥斯丁的"主权"概念之中。参见约瑟夫·拉兹：《法律体系的概念》，吴玉章译，中国法制出版社 2003 年版，第 7 页。

关联性和逻辑性，奥斯丁的法律体系理论结构得以呈现。[1]

实证主义的"良法"体系及其运行更多的是从法律的形式意义上进行考量。法律形式问题是现代西方法治历史上的中心问题，西方近代法律的理性化是注重法律形式与法律程序的结果，某种意义上，法律的理性化等同于规则实质内涵的形式化、程序化、外部化。[2]形式理性法代表了高度逻辑化的普遍性思维模式，这种思维模式是法典化或形式理性法主张的认识论基础。形式理性法有五个特征：第一，法律裁决是将法律命题适用于案件事实的结果；第二，就法律推理的逻辑方法而言，必须严格依形式逻辑的方法，从抽象命题到具体结论；第三，法律体系是由逻辑上存在必然关联的全部法律命题构成，作为体系化的法律，它必须是自足自洽的；第四，若问题不能以法律术语建构或表述则没有法律意义；第五，法律规则能够表述或概括现实的社会行为，因此，规则与行为是一一对应的，现实的行为无非是对规则的适用或违反。确定性与可计算性是衡量法律的形式理性程度的基本标准，而要达到此标准，就必须尽可能地推进法律的形式化、程序化、外部化。[3]

法律形式能够完美地承载与表述社会认同的实体价值。这是形式理性追求者不可动摇的信念，因此，人们不应该也不必再诉诸法律规则之外的实体价值，以所谓的自然法、天理、良知等作为拒绝法律的借口。立足于形式理性法的立场，形式合法性与实质合法性是一回事，两者是完全融合的，从法律的形式性出发，通过逻辑推理得出的结论，在实质上也必然是正当的。[4]

实证主义的"良法"主要是指法律的形式方面的优劣，即要求法律的文字表述简洁、明确、具体、易懂；规范体系完整、协调、

---

〔1〕 参见张浩：《法律体系的自治性》，中国政法大学出版社 2012 年版，第 16 页。

〔2〕 参见［德］马克斯·韦伯：《儒教与道教》，王容芬译，商务印书馆 1995 年版，第 200 页。

〔3〕 参见陈林林："陪审在现代法治社会中的功能——以形式合理性为中心的若干思考"，载《法律科学·西北政法学院学报》2001 年第 5 期。

〔4〕 参见黄金荣："法的形式理性论——以法之确定性问题为中心"，载《比较法研究》2000 年第 3 期。

一致；法律程序透明、开放、公正，易于人们交流。可见，"良法之治"在很大程度上取决于法律形式的品质。形式法治既需要借助法律形式固化、表述复杂的社会、政治、经济关系，也需要法律形式规范、构建与整合这些关系。实证主义的良法概念尽管具有显著的形式主义的外在特征，似乎排除了法律形式之中的道德与价值考量，强调法律与道德的"分离命题"，但实际上，霍布斯、边沁、奥斯丁、哈特这些实证主义法学家的法律概念，都是在他们各自的价值哲学的基础上论证良法概念的。因此，现代政治哲学的良法概念并非摒弃其他价值的空壳。形式合法性之所以等于实质正当性，是因为社会的基本价值共识已经最大限度地为法律形式所吸收，形式与实质合二为一。就此而论，我国"良法"体系的构建，不仅需要符合形式理性标准，而且必须具有价值上的正当性。

二、中国法的价值：富强与自由

我国宪法所确立的社会主义核心价值观是"富强、民主、文明"。《宪法》序言指出："国家的根本任务是，沿着中国特色社会主义道路，集中力量进行社会主义现代化建设。……把我国建设成为富强、民主、文明的社会主义国家。"这是中国必须长期坚持的宪法共识。国家富强是宪法确立的第一位价值目标，"民主"与"文明"即便不是手段，也只能列于"富强"之后而作为第二位与第三位价值。自开启近代转型以来，中国将国家富强列为首要的价值追求，形成中国特有的"宪政-富强"范式。[1]这其中既有对西方挑战的回应，也有中国自身主动的选择。一直以来，学界多以为国家富强与个体自由之间存在着内在的矛盾。严复说："治权大张，而个人犹得惟所欲为者，虽三尺童子，知不然矣。"[2]又说："即在吾国，使后此果有盛强之日，吾恐政府之柄，方且日张，民有自由，降而益少。以政府之由于无责，而转为有责，殆亦势所必至之事。何者？

---

〔1〕 参见王人博：《宪政的中国之道》，山东人民出版社 2003 年版，第 122 页。
〔2〕 《严复集》（第 5 册），中华书局 1986 年版，第 1285 页。

使其不然，便无盛强之日故也。"[1]实际上，对"宪政－富强"范式也可作出有利于个体自由的解释。在传统政治哲学中，无论是中国还是西方，都坚持"天理高于人欲"，或者自然法高于权利，而"人欲"与"权利"几乎是同义词。现代政治以权利作为宪法的最高价值，权利先于宪法，权利保障的结果是宪法。根据洛克与斯密的哲学，人类"贪欲"释放的直接后果就是"富强"，由此可见，国家富强与个人自由并不必然冲突。不惟如此，国家富强还是个人自由的原因，而个体自由与权利则是社会发展与国家富强的结果。

国家与公民之间或者说社会与个体之间不是只有冲突，还有更多的协调一致。人的社会性与个性是同步增长的，个体愈独立，社会愈团结，或者说，人的个性差异愈大，社会结构便愈复杂，而社会的组织力也愈强。在个体与社会相一致的意义上说，所谓社会或个体本位的类型划分是不严谨的。英美国家是个体本位的国家，强调个体的人格与价值。同时，英美社会的集体主义情感之强烈不逊于所谓社会本位的国家，其组织力与集体力甚至更为优异。因而，以社会与个体协调机制之优劣划分，取代社会本位与个体本位的分类或许更为恰当。但是，后者已经是约定俗成的分类，况且，个体本位并非意味着绝对排斥社会，而社会本位也不意味着不容个体。因此，我们仍取此种分类。不过，要注意的是，我们以个体本位类型指代协调机制更为健全的社会。也就是说，如果以社会与个体关系的协调机制的高低进行划分，个体本位的英美国家比之于社会本位的欧陆国家，前者的协调与组织能力更高。

在国家与公民、社会与个体相互协调一致的意义上，尊崇并推进个体权利价值与国家对富强的追求不仅不存在冲突，而且是相互协调一致的。一般认为，法国学者涂尔干的社会学理论是"社会本位"，然而，实际上，他的社会学理论中的国家概念仍然是为彻底的个人主义进行论证。这种理论与自然权利论没有根本区别，区别只在于个人权利的实现方式上，或者说，两者对于国家的功能的看法有分歧。

---

[1] 《严复集》（第5册），中华书局1986年版，第1291页。

提升与丰富人的本性是国家的首要功能。在这点上，涂尔干对于一些自然权利论者的批判或许是正确的。个人生来就具有某种权利，这也是其存在之根本，并且，这种与生俱来的权利几乎是自足自主的权利，国家的功能只限于防止个人滥用自身的自然权利。涂尔干将此观点归之于卢梭与康德或许不甚公允。但是，无论如何，此观点限制了国家的功能与作用。既然权利与生俱来，是先天的，那么，国家就没有必要介入进来构造这些权利。事实上，国家与个人能够同步成长壮大。国家强大不仅不会妨碍个人，而且，国家越强大，个人越会受到尊重。因此，国家决非只有限制个人滥用权利的作用，相反，国家是在创造、组织和实现这些权利。实际上，"人之所以为人，只是因为他生活在社会之中。如果把所有带有社会根源的事物全部从人那里排除掉，那么人就只能成为动物了，与其他动物为伍。正是社会把人提升到了超过物质自然的水平……"〔1〕涂尔干的这个主张虽然带有柏拉图"德性"政治的理想主义痕迹，但是，两者在知识论基础上存在着本质的区别，涂尔干的国家根本上不是"智慧的统治"，而仍然是以权利保障为最高价值的现代国家。

因此，近代中国的"宪政-富强"范式蕴含着对自由与权利的价值追求，也符合现代社会发展的总体趋势。尽管直到 2004 年制宪者才将"国家尊重与保障人权"写进宪法，但是，宪法序言所载明的最高价值"富强"这一目标，实质上已经隐而不彰地包括了对人权的追求。因此，我国立法的首要价值是依法保障公民权利，保障公民人身权、财产权、基本政治权利等各项权利不受侵犯，保障公民经济、文化、社会等各方面权利得到落实，实现公民权利保障法治化。尊重和保障人权是我国社会主义法律体系的核心价值。

三、法律体系与价值体系

法律体系自治性的实现要在形式化的体系建构基础上，与立法的价值指向相互对应、相互一致。法律体系不是一个空洞的公理化

---

〔1〕 ［法］埃米尔·涂尔干：《社会分工论》，渠东译，生活·读书·新知三联书店 2000 年版，第 49 页。

的概念体系，这一体系的价值内涵既不外在于、也不先在于法律体系，也就是说，以宪法为基础的法律体系与以权利为内核的价值体系，两者是表里一致的关系。在中国特色社会主义法律体系的建构过程中，出发点是承载富强与人权价值这一基本理念的宪法，在此基础上衍生出次一级的制度群，然后再衍生出具体的规范。这是一个从上到下、从抽象到具体、从宪法到法律、行政法规、地方性法规，直到个别规范的价值指引与规范生成过程。"相对于基本的法律理念而言，个别的法律规范直接面对众多的个别事实和价值诉求，所以其规范性和有效性需要上位的规范或者制度予以证成和保障，而这个过程同时又是一个自下而上的整合和规范性生成的过程。无论是自上而下的过程还是自下而上的过程都向我们表明一点，规范体系的形式化、结构化建构与其内在的意义生成是一体化的。"〔1〕因此，我国社会主义法律体系的建构是法律与价值之间双向互动一体化的过程，从最高的富强与人权价值到具体的价值诉求，诸如社会与市场的交易秩序与安全价值、民主政治价值、文化价值、民生价值、国家安全价值、生态环境价值等，是一个从上到下的价值衍生或价值推演过程；而具体多样的个别价值通过各级规范的平衡与整合，逐步返回宪法最高价值的过程又表明，宪法的基本价值内核与具体的个别的价值诉求之间，不只是一个单向的价值统摄过程，而且是一个逆向的价值反馈过程。因此，抽象价值与具体价值、宪法规范与个别规范，它们之间是一个通过层次分明的规范体系而实现的价值双向互动的、循环往复的过程。

以富强与人权理念为核心的价值体系不仅是一个价值生成与整合的动态过程，而且是一个价值理念不断形式化、外在化、结构化的规范体系的建构过程。因此，中国特色社会主义法律体系的建构是一个规范与价值、形式与内容相互作用、表里贯通的统一工程。以宪法确立的国家富强与个人自由这一最高价值为基础与核心，我国的社会主义法律体系建构必须统摄、回应、整合国家与社会广泛的价值需求。

---

〔1〕 张浩：《法律体系的自治性》，中国政法大学出版社 2012 年版，第 219 页。

（一）财产交易秩序与安全

市场经济秩序是我国社会主义法律体系的基本价值指向，社会主义市场经济本质上是法治经济。立法必须保证市场在资源配置中起决定性作用，必须以保护产权、维护契约、统一市场、平等交换、公平竞争、有效监管为基本导向。我国的社会主义市场经济立法，首先要加强和健全以公平为核心原则的产权保护制度，创新适用于公有制多种实现形式的产权保护制度；其次要完善激励创新的产权制度、知识产权保护制度和促进科技成果转化的体制机制。加强市场法律制度立法，编纂民法典的最终目标是促进商品和经济要素自由流动、公平交易、平等使用，从而保障交易安全、保障公平竞争的市场秩序。

（二）民主政治

民主政治同样是我国立法的基本价值取向。民主政治既需通过社会主义法律体系的形式表述自身，也需社会主义法律体系予以保障，法律的保障作用表现在通过立法实现社会主义民主政治的制度化、规范化、程序化。因此，我国的民主政治立法必须以保障人民当家作主为核心，坚持和完善人民代表大会制度，坚持和完善中国共产党领导的多党合作和政治协商制度、民族区域自治制度以及基层群众自治制度，推进社会主义民主政治法治化。立法要继续完善人民代表大会制度、国家机构组织法、选举制度等；要加强社会主义协商民主制度立法，推进协商民主广泛多层制度化发展，构建程序合理、环节完整的协商民主体系；同时，要进一步完善和发展基层民主制度，通过立法不断推进基层民主和行业自律，提高自我管理、自我服务、自我教育、自我监督。

（三）其他价值

我国社会主义法律体系的其他价值目标还包括文化、民生、国家安全、生态环境保护等，这些价值也都是我国立法的重点方向与目标，是社会主义法律体系必须统摄的。

法律体系与价值体系的关系，是循环往复的互动关系，国家通过立法指引、确认、巩固社会经济革新的成果，而社会进步与价值更新又反过来促进立法的不断完善。一般而言，社会生活差不多总是走在法律的前面，法律只是对既存事实的确认与表述，法律因其滞后性而永远要比社会生活的前进慢半拍，两者之间的"缺口"或大或小，但不可能实现无缝隙对接。梅因说："因为法律是稳定的；而我们所谈到的社会是进步的，人民幸福的或大或小，完全决定于缺口缩小的快慢程度。"〔1〕因此，尽管立法具有一定的前瞻性，能够引领社会变革，但是总体而言，改革与发展总是走在立法的前面，只是没有走得过远，必须做到"于法有据"，而立法在很大程度上是通过前述的宪法实施程序来汇聚、整合、表述改革与发展过程中的价值共识的。

第五节　依宪治国的中国道路

法治是近代以来人类政治文明发展的总体趋势，随着人类交往合作的规模与秩序的不断扩展，以宪法为核心的实在法规则的地位与作用在国家治理体系中越来越重要。普遍性规则治理是中国意图实现的政治目标，西方法治经验可以为我们提供借鉴，但其自身具有不可避免的局限性。法治中国建设是以依宪治国为基础的法治治理这一普遍性历史进程中的一部分，依宪治国的中国道路的特殊性源于中国社会特殊的历史、文化、政治、经济以及国际环境等。中国在法治体系的现代转型过程中必须认真对待与解决四个方面的特殊问题：历史传统、文明体量、内部整合与后发困境。

一、法作为协作型普遍性规则

法治是以宪法为核心的普遍性规则的治理。法治概念由来已久，中国有传统法家的治国学说，西方有古希腊亚里士多德的法治定义与主张，〔2〕均反映了人类对政治与人的关系的思考与认识，也表明法律自古就有重要的作用与影响。法律与道德、伦理、宗教等其他

〔1〕　［英］梅因：《古代法》，沈景一译，商务印书馆 1959 年版，第 15 页。
〔2〕　参见［古希腊］亚里士多德：《政治学》，吴寿彭译，商务印书馆 1965 年版，第 199 页。

规则一样，其功能是表述、建构与维系某一特定政治体的社会生活与政治秩序。用涂尔干的话来说，任何法律类型都表征相应的某一种社会连带关系，社会连带关系分为两个基本类型，早期的机械社会与现代的有机社会，前者以简单劳动分工为基础，后者以复杂社会分工关系为基础，任何社会或者接近于前者，或者接近于后者。[1]早期的机械社会对应着以刑法为主的压制型法律，而现代有机社会则以宪法为核心的协作型法为主导。[2]

早期人类社会以血缘与地域共同体作为基本的政治联合形式。这与生产力低下、社会未充分分化相关，人们生活于部落、宗族、家族等小共同体组成的封闭而狭隘的社会秩序之中，也就是生活于"熟人"社会当中。[3]社会交往规则以宗教与道德伦理为主，这是宗教或伦理社会而不是法治社会，法律不是主导性的规则，有限的法律几乎都是刑法，中国古代如此，西方古代亦然。同时，古代东西方社会均在不同程度上将法律与正义相联系，认为法律的内涵指向正义与善，[4]这种法哲学观念与当时事实上普遍将法律等同于刑法，突出刑法的压制功能并不矛盾。有学者认为，中国古代的法即刑，而西方法的内涵指向正义，这是中西法的概念的本质差异。[5]然而，这一观点似乎并不准确，至少在根本的政治哲学层面，东西方都相信自然正义或天理的统治，因而，古代政治哲学层面的法，不可能单单指"刑"或"惩罚"。[6]早期机械社会结构原始且单一，生活于其中的人们过于同质化，人们的情感观念相近，在几乎静止的共同生活中习得共同的生存与生活方式，养成共同的行为习惯。即便是历史上以善治著称的帝国，其社会生活的支配性规则也不是

---

[1]　[法] 埃米尔·涂尔干：《社会分工论》，渠东译，生活·读书·新知三联书店2000年版，第91页。

[2]　[法] 埃米尔·涂尔干：《社会分工论》，渠东译，生活·读书·新知三联书店2000年版，第93页。

[3]　参见费孝通：《乡土中国·生育制度》，北京大学出版社2012年版，第69页。

[4]　[美] 列奥·施特劳斯：《自然权利与历史》，彭刚译，生活·读书·新知三联书店2006年版，第137～138页。

[5]　参见梁治平：《法辨》，中国政法大学出版社2002年版，第80页。

[6]　参见王人博："水：中国法思想的本喻"，载《法学研究》2010年第3期。

法律。例如，古罗马帝国，中国秦朝以后的帝国，法律均有相当程度的发展。罗马法演进至公元二至三世纪已然臻于成熟，[1]其中很多概念与技术可为现代社会所用，然而，这些帝国统治下的臣民仍然是以小共同体的地方生活为主，血缘与地缘共同体社会的生存规则是习俗而不是法律，人们多以内在视角对待习俗，而以外在视角对待法律，[2]帝国的法律框架对于其臣民而言，是敬而远之的。

　　法律的社会政治角色到了近代发生了深刻的嬗变，从边缘走向中心，成为政治联合与国家治理的基本形式。这一变化首先发生于欧洲，然后渐次扩展，越来越多的国家与地区认识到法律规则的社会角色与作用的变化。根据涂尔干的社会学理论，法律的历史变迁是从压制型法向协作型法的演进。随着劳动与社会分工的快速发展，人们之间的分工越细，差异越大，个性越突出，这一日益增长的分工与差异必然要求人们之间产生越来越复杂、越来越紧密的劳动交换与合作。社会组织化、统一化程度与个体价值、个性的受尊重程度这两者之间，不是此消彼长的关系，而是相互增益，相互促进的关系。社会团结得越紧密，个体的个性越增长；而个体价值越受尊重，社会便越团结。[3]现代政治共同体不是建立于血缘与地缘的纽带之上，而是通过越来越复杂的职业连带关系而联合起来的，这正是涂尔干主张现代议会制必须以职业利益团体取代地域团体作为选举单位的原因。[4]

　　如本章第一节所论，个体价值惟有在大共同体与小共同体之间的制衡之中，才能够获得保障。就个体与组成国家大共同体的众多次级群体的关系而言，在劳动分工造成的职业与社会分化的情况下，个体不可避免地要归属于某类职业群体或利益团体。个体、群体、国家三者之间的互动与均衡是保持和平之道。个体可以依托次级群

---

〔1〕　参见谷春德主编：《西方法律思想史》，中国人民大学出版社 2014 年版，第 51 页。

〔2〕　参见［英］哈特：《法律的概念》，张文显译，中国大百科全书出版社 2003 年版，第 90 页。

〔3〕　［法］埃米尔·涂尔干：《社会分工论》，渠东译，生活·读书·新知三联书店 2000 年版，第 49 页。

〔4〕　［法］埃米尔·涂尔干：《职业伦理与公民道德》，渠东、付德根译，上海人民出版社 2006 年版，第 83 页。

体对抗国家的专制，但是个体也可能为所属的群体所压迫，因而他又必须转而依靠国家获得解救。在分工发达的大型社会里，必然会形成众多的职业与利益团体，它们很自然地会把与其有关的所有人结合起来。这样的小共同体不能享有过度的自治权，否则，每个次级群体在大社会中通过某种方式形成一种小社会，这样的群体会以惟我独存的态度来对待其成员，将其成员牢牢封闭起来，抑制他们的发展，此时所发生的任何事情，都好像整个社会不存在一样。因此，"无论这些特殊的集体力居于何处，国家的权力都必须削弱它们；如果它们惟我独尊，为所欲为，就会将个人完全置于它们的绝对控制之下"。[1]

可见，惟有在分工高度发达的现代社会，个体、小共同体与大共同体三者之间才有必要且有可能取得适当的平衡。政治的和平稳定是法治的基础，而现代法治与传统法治的区别在于古今"法"的不同。现代法是涂尔干意义上的协作型法，以宪法为核心的契约法、民商法、行政法、诉讼法所共同构成的协作型法体系，表征的是现代大型社会的分工合作关系。同时，古今"法"不仅功能不同，从压制转向协调，更重要的是现代法以个体权利为价值内核，这是格劳秀斯、霍布斯、洛克等自然权利论者的思想贡献。如果说自然权利论者主张实在法必须以个体权利为旨趣。具有鲜明的价值倾向的话，[2]那么，涂尔干则从社会实证分析的角度，发现尊崇人格不只是一种价值追求，更是一种社会事实。尊崇与实现个体权利价值是宪政与法治的终极目标，西方法治似乎昭示了这一前景。然而，在当今世界普遍的法治进程中，西方的道路却并不完全是一个值得追仿的"先进"。

二、法治的西方经验

西方法治经验对于当下中国的法治建设无疑具有借鉴价值，然

---

〔1〕 ［法］埃米尔·涂尔干：《职业伦理与公民道德》，渠东、付德根译，上海人民出版社 2006 年版，第 53 页。

〔2〕 ［英］托马斯·霍布斯：《利维坦》，黎思复、黎廷弼译，商务印书馆 1985 年版，第 260 页。

而法治及其西方的经验却并非没有局限性。这种局限性表现在两个大的方面：其一，西方法治从现在看来，至多是一个不算很差的榜样，但是仍问题多多，远非完备无缺。其二，从西方法治演进历史来看，英美的宪政与法治总体上比较顺利，而大部分盎格鲁文化圈之外的西方国家，尤其是欧陆国家在政治法律的现代转型过程之中，屡受挫折。20世纪的两次世界大战是对英美主导的世界政治经济秩序的挑战，这种挑战附带针对英美所代表的法治秩序，这或许在某种意义上也表明了英美法治的特殊性。因此，法治总是具体而特殊的，而不可能存在一个普适性的模式。

法治本身的缺陷无须多论，这方面的批判卷帙浩繁，大多来自西方文化自身的反省与思考，而后发现代化国家与地区普遍处于对自身困境的焦虑和对西方法治的追仿之中，对法治的局限性尚不遑多虑。要重申的是，法治从形式上看是理性规则的统治，而在实质上是激情的统治，如果颠倒理性与激情的主从关系——形式主义法学容易将形式理性推崇到极致，而忘却了自己的出发点是激情——其后果要比古代自然法学说更为严重。在古代自然法的统治之下，人类尚可保留一些自由，而在现代实在法的严密法网之下，权利愈多，则自由愈少。另外必须指出的是，法律不仅需要承认（confession），而且还需要信仰（faith），如果人们对法律只有外在行为的表面服从，而没有发自内心的真正认可，对待法律只有外在视角，而没有内在视角，那么，法治的事业也很难实现其预期的效果。[1]当然，现代自然权利哲学为法治提供了强大而持久的信念支撑，但是自然权利学说毕竟不是宗教，将超越性的彼岸世界完全保留给私人自治，事实证明这是非常危险的。公民宗教的人格崇拜能否支撑法治，也不是毫无疑问的。当然，超验性问题已经不只是法治的问题，我们不可能对法治抱过多的期待。

英国法治路径的特殊性对于效仿者而言即意味着其历史经验的局限性。英国的普通法法治脱胎于中世纪的历史，有几个重要因素

---

〔1〕 Carl Schmitt, *The Leviathan in the State Theory of Thomas Hobbes*, *Meaning and Failure of a Political Symbol*, London: Greenwood Press, 1996, pp. 62~63.

使得其法治得以平稳实现向现代的转型。首先，公元 11 世纪，欧洲自蛮族征服罗马以后迎来经济、人口、文化的复兴，封建制自给自足的地方性生活为人口、资源不断增长的流动性所动摇，经济贸易联系与交往伴随着持续的战争，打破了中世纪沉闷的静止的状态。[1]其次，恰在此时，从欧陆入侵英格兰的诺曼贵族为这片新征服的土地建立了一个相对强大的王权；并且，征服者威廉一世通过"索尔兹伯里誓约"改造了英格兰的封建制度，使得王权成为联结众多封建领主的坚强纽带，结束了公权分散化、碎片化的历史，英格兰的政治与法律不再像欧陆那样一盘散沙，而是实现了公共权力的统一。[2]再次，须注意的是，英国的王权统一是以一种特殊的方式实现的，也就是以司法集权的方式实现的，[3]而较少通过行政高压与军事征服，这与英国王权与封建僧俗贵族的领主权之间的政治均势密切相关，可以说，英国走上法治或者说司法化治理的道路，在很大程度上是这一均势政治的自然结果。[4]最后，却并非不重要的是，英国的地缘政治优越于欧陆国家，岛国的地理位置与欧陆不远不近，恰到好处，既能保持彼此之间的政治、经济与文化交流，又能够相对减轻军事安全压力，从容不迫地完成国内的政治统一与整合，以及对远洋的殖民与贸易。历史的机缘以及良好的内外部条件，都有助于形成具有英国特质的均势政治与温和政治。[5]

北美与南美差不多同时作为西方的新大陆殖民地在近代起步，

〔1〕 参见 [法] 勒内·达维：《英国法与法国法：一种实质性比较》，潘华仿等译，清华大学出版社 2003 年版，第 5~6 页。

〔2〕 F. W. Maitland, *The Constitutional History of England*, Cambridge: Cambridge University Press, 1908, pp. 161~162.

〔3〕 参见周威：《英格兰的早期治理：11~13 世纪英格兰治理模式的竞争性选择》，北京大学出版社 2008 年版，第 129 页以下。另参见李栋：《通过司法限制权力：英格兰司法的成长与宪政的生成》，北京大学出版社 2011 年版，第 101 页以下。

〔4〕 参见 [美] 巴林顿·摩尔：《民主与专制的社会起源》，拓夫等译，华夏出版社 1987 年版，第 348~349 页。

〔5〕 托克维尔对美国与法国的地缘政治环境的比较分析，同样适合于英法两国的情况。参见 [法] 托克维尔：《论美国的民主》（上），董果良译，商务印书馆 1988 年版，第 140~141 页。

然而后来的发展却差别较大，这可能与它们各自的宗主国的影响有密切关系。虽然北美殖民地人民摆脱英国而独立建国，但是，独立战争在英美人眼中或许只是一场内战，故国与新邦之间血肉相连，美国法治只能算是对英国模式的复制。1789 年美国宪法似乎并无多少新意，尽管这一世界上首部成文宪法具有强烈的"顶层设计"的理性色彩，其实，却只能算是对普通法法治经验的总结与升华；诚然，美国人在与英国人"兄弟阋墙"时期一度排斥普通法，但是，普通法精神已经与他们的生活方式融为一体，成为决定美国法治走向的"路径依赖"。

西方以英美为典范的法治是多种特殊历史因素的综合结果，在很大程度上具有自然演进的特点，必须具备适合的土壤与气候。英美法治是一种政治上的特产，难以通过移植而批量地再生产出来。当然，英美法治也体现出一种普遍性，即涂尔干所说的协作型法的品质。协作型法必须与高度发达的社会连带关系相适应。人类处于越来越复杂、越来越广泛的交往与合作的历史进程之中，作为这一人类合作关系的表征的协作型法治或现代法治，是面对这一关系模式的任何人都必须认真对待的。就此而论，法治方略不仅是西方人或英美人的独创，而是所有参与这一合作过程的人彼此之间互动竞争的结果，每个参与者都有自己独特的贡献。

三、超越的可能性

辛亥革命结束了中国两千年的帝制，确立了中华文明现代转型的方向。经过大约一个世纪的努力，中国初步建成现代民主政治，实现了政体的根本性革命，这就为法治中国建设奠定了坚实的政治基础。中国能够为世界普遍性的法治进程作出自己的独特贡献，并在作出这一贡献的过程之中，借鉴吸收其他包括西方在内的人类文明成果，取其精华而弃其糟粕，实现了借鉴与超越并行不悖的中国法治现代化。

众所周知，中国法的现代化面临的机遇与挑战异乎寻常。就法治建设必须认真对待的问题与困难而言，大致有四个方面：历史、体量、内部整合与后发劣势。这四个问题或许是其他现代化类型，包括西方、日本等文明所不曾有过的，是中国的特殊问题。就历史而言，现代中国继承了 3000 年不曾中断的高度发达的文明，一如后文所论，这可以转化为现代化的资源与优势。但是，从另一方面看，历史所塑造的自负与排异的文明性格也是前进的包袱，文明的惯性使得其转向艰难，需要巨大的努力与耐心，甚至可能要通过几代人的接力才能实现旧邦新造。辛亥革命距今已逾百年，中国的跨越与发展一直没有放慢步伐，在此基础之上，21 世纪初，我们又提出中华民族"两个一百年"的奋斗目标，这表明法治中国建设的历史性创举不是一朝一夕之功。

法治中国建设必须面对的第二个问题是，中国是一个体量巨大的政治体。这一巨大的共同体包容了众多的人口、族群、宗教、文化，这显然与欧洲近代提出的"民族国家"概念不同，中国要构建的不是普通意义上的"民族国家"。实际上，民族国家这一概念或许并不适合中国的现代国家构建的方式与目标。即便"利维坦"式的美国联邦制创新，也并不能简单套用到中国的国家建构之上。由于这一问题特有的中国性，我们必须而且只能超越这些西方观念，通过创造性的努力，探寻前人未走之路，最终实现东亚这片大陆的政治秩序与文明类型的重构与新生。

由第二个问题而带来的是，中国这一巨型文明体的内部整合难度也相应地大为增加，这可能也是中国所独有的问题。传统中国虽然是大一统帝国，但是，帝国框架更偏重于外在的形式，内部的社会生活秩序仍然是松散的农耕社会结构，人们以血缘与地缘这一联合方式而形成相互分隔、甚至相互排斥的众多小共同体。一如涂尔干所论，现代协作型法如法人概念、公司法规等则皆源于大型社会合作的需要，狭隘封闭的地方性生活不需要这一类型的法律。因此，如果不能实现农耕生活方式向工商社会的转变，将以血缘与地缘为基础的机械团结社会变成以职业分工利益为基础的有机团结社会，那么，法治中国建设就会缺少内在的根本动力。

最后，由悠久的文明历史所衍生的另一个问题是后发劣势的困境。[1]这个负面效应可能只有在中国这样的历史悠久的大国才会产生。近代中国遭遇西方侵略之前，中国文明虽然存在诸多的问题，甚至有明季黄宗羲对君主制政体的儒学反思，但是，中国文明毕竟是一个自洽自足的系统，具有较强的自我修复与自我更新能力。在经受历史上各种危机考验的同时，中国文明也逐渐形成一种自负的文化性格，这种文明的自负容易导致对外来文明的拒斥。后发劣势就是由于这种文明心态而导致的"体用分离"后果，即满足于器物与技术层面的学习与模仿，而不作深层次的价值与制度上的反思与更新。"中体西用"使得我们难以深入地融入世界、积极地参与国际秩序的建构；而被动参与所不可避免地带来的挫败感，又使得自己越来越对外部世界感到格格不入，这就会沉沦到一种不可收拾的恶性循环中。所幸中国文明基因中仍然保留着顽强的自我反省精神，传统文化也不缺少包容与开放的品质。中国的历史文化传统并非都是负资产，如果注意发掘其中积极的因素，古为今用，是能够为当代法治中国建设提供益处的。

我们以距离当下法治中国建设主题最为接近的法家思想为例，来探索传统文化的创造性转换的可能性问题。由于法家思想从"国"的层面思考问题，因而，它能在一定程度上超越以血缘与地域利益为基础的小共同体本位，也就是超越家族、宗族的层面，思考与应对更为广大的社会合作与社会秩序的建构问题。诚如王人博先生所言："普世主义的法治概念能够解释中国法家的思想，法家也能够在以下的问题上说明普世主义的法治概念：中国法家撇开法律的'私人领域'，而集中在'公共领域'展开讨论；它除却法律的道德因素，而注重法律的工具性和实效性；与此相联系，它不是从'道德律令'里去发现法律的合法性，而是告诉我们法律依赖于权力，权力是法律合法性的真实来源；它主张统治者应依靠法律治理国家，而不是依靠超验的或经验的抽象道德法则进行统治；法律不但要实施赏罚，而且也要界分权力，因而国家权力应是清晰的而不是模糊

---

[1]　Sachs，Jeffrey，Wing Thye Woo and Xiaokai Yang，"Economic；Reforms and Constitutional Transition"，*Annals of Economic and Finance*，2000（2），p. 135.

的，是可预期的而不是恣意的；法律通过赏罚的规则指引人们的行为从而形成秩序，人民必须服从法律的秩序，而这种'服从'既有'畏惧真实'，也有'自悦真实'；能够指引行为的法律既要遵循一定的'自然法则'，也要遵行一些客观准则；法律资源的享有应具有一定的平等性，而且执行法律的人要做到'司法公正'；一个尊重人性的法律制度也应在不同的意义上对人本身给予尊重；一个依法而治的国家所追求的目标不是人人为善，而首先是国家自身的强大和富足。"[1]这一段话表明，法家学说确实存在着与现代法治理念相契合的地方，至少在法的技术层面，它与现代形式主义法治学说并不冲突。

现代形式主义法学以实证主义法学为代表，强调法与道德的分离，坚持"法律命令说"，即认为主权是法律的正当来源，实在法秩序是一个自治的严格按照因果逻辑关联建立起来的体系。至少从表面看，形式主义法学似乎仅从技术层面构建法律帝国，这与法家学说不谋而合，因而古代中国的法家能够与现代西方的实证法学共享"最低限度的法治概念"。形式主义法学居于当代西方法学的主流。美国学者富勒是一个自然法学家，然而，他的学说却更多的具有法律实证主义色彩。自然法学固然是价值法学，富勒的价值法学对法律的实体价值却言之甚少，而且这些比较少的立论，也表述得相当抽象。"法律是使人类行为服从于规则之治的事业"，[2]此定义具有很强的实证主义意味，而对法律的价值言之不详。不仅如此，富勒所提出的两个基本的实体自然法：保持人类目的的形成过程的健康性，保持人类交流渠道的开放性，[3]也更多地带有形式主义法学的性质。"人类目的"与"健康性"皆无确切所指，而"形成过程"与"交流渠道"显然指向法律程序。因此，一点不奇怪，作为自然法学家的富勒其实要比其学术对手新分析实证法学家哈特更为强调

---

〔1〕王人博："一个最低限度的法治概念——对中国法家思想的现代阐释"，载《法学论坛》2003 年第 1 期。

〔2〕Lon L. Fuller, *The Morality of Law*, New Haven: Yale University Press, 1969, p. 106.

〔3〕谷春德主编：《西方法律思想史》，中国人民大学出版社 2014 年版，第 249 页。

法的形式理性，后者所提出的"最低限度自然法"，比富勒的实体自然法更具实质性。新自然法学向形式主义法学靠近，其根本原因在富勒的实体自然法中已经说明。无论是人类目的形成过程的健康性，还是人类交流渠道的开放性，都表明一个更大规模的社会合作时代的到来，而这也正是涂尔干所说的劳动高度分工的结果。与发达的社会连带关系相适应，实在法规则必须与道德相分离，否则，道德偏好的不确定性、私人性、冲突性都会增加合作的成本与难度，阻碍更为紧密、更为广泛的社会连带关系的形成。

但是，形式主义的实在法体系并非没有道德价值作为基础，自然权利或者对个体人格的尊崇是其价值的核心，尽管这一价值非常抽象，但惟其如此，才能减少价值纷争，实现最低限度的道德共识，并以此共识为基础不断地扩大人类的合作规模。由此来看，法家的法治概念是有着极大的局限性的，它虽然反对"亲亲"原则，反对小共同体本位，却不得不屈服于宗法伦理价值。因而，即使在技术层面，它也可能难以接受英美法中的"沉默权规则""证据排除规则"等，因为这些规则显然是指向权利价值的。

因此，当代中国法治建设可以发掘传统，如法家的"最低限度的法治概念"等思想资源，但是法家思想必须实现其根本价值的嬗变。法家这一贡献不过是中华文明传统智慧的一部分，其他可以实现创造性转换的思想资源也很丰厚，这是当代中国法治建设超越西方经验的有利条件。中国文明内部具有现代转型的历史基础，而就外部环境而言，人类的大规模合作时代已然到来，中国无法回避，必须而且只能认真对待。积极参与，在与其他文明的互动中共同推进世界普遍性的法治进程，并且在其中作出自己的贡献。

四、宪政的中国道路

宪政是法治的标志，依宪治国是法治中国建设的中心。新中国成立以来，我国宪政建设采用的是政府推进型模式，以国家富强和人民幸福为目标，取得了有目共睹的成就。同时，我们也清醒地看到了中国宪政之道的艰难。中国幅员广阔，历史悠久，人口众多，实现我国社会的现代化转型，任务非常艰巨；近代以来，我们引进、移植域外的法制，需要较长的时间予以消化吸收；就我国百余年宪政建设的成就来看，离宪政生长所需要的社会基础还有差距；政府推进型模式自身也有缺陷，宪政旨在限制国家的权力，政府推进又必须发挥国家权力的主导性和能动性，这本身就存在需要着力克服的内在矛盾。因此，中国的宪政之道应该将政府推进与自然演进结合起来，实现国家权力和社会力量在宪政建设中的良性互动。

（一）市场经济的根本性

市场经济是权利经济。权利主体自愿交易合作，限制政府权力的干预，追求普遍性规则的治理。宪政的诸要素，如权利、民主、法治、权力制衡等，均萌生于市场经济推动的国家与市民社会分离的进程之中。市场经济对宪政的基础作用表现在它能够培育具有独立人格的多元平等利益主体。市场经济是以产品或利益交换为机制的经济生活形式，交换或交易机制内在地要求进入市场的主体之间身份平等、意志自由，因此，市场经济的本质是权利经济。人们通过市场竞争锻造其"独立人格"，逐渐形成民主思想和权利义务等观念，增强主体意识，成为享有独立地位和诉求的权利主体。

第一，契约型社会连带机制的形成必须借力于市场经济。市场和交换促使社会分工和分化的发展，社会愈分化，人们彼此愈依赖，社会合作愈密切。与传统的家庭、宗族组织基于血缘的联系或特定的"身份"不同，现代市场经济社会的合作和组织必须以契约为纽带，形成契约型社会连带机制，实现"从身份到契约"的社会转型。

第二，市场力量能够推进国家与市民社会的相对分离。在市场经济社会中，国家关心的是公共的普遍利益，是人们根据法律和政策进行活动的公域；市民社会则是人们按照契约性规则寻求各自需要的满足的私域。国家和市民社会的分离为限制政府干预私人领域提供了前提条件。

第三，高度分化的市场经济社会必须实行普遍性规则的治理。市场经济基于发达的社会分工与合作，分工越发展，人们之间的交往与合作越需要突破血缘和地域等限制。市场秩序是依靠非人格化规则保障的，交易半径不断扩展的秩序。市场秩序排斥权力至上和人治，排斥行政权本位，它主要依靠主体平等、意思自治的法律规范调整。内在地要求法律的权威至上，要求遵循普遍性的规则，崇尚法治，这正是宪政的根本精神所在。

（二）契约文化和宪政建设

尽管近代中国引进了西方的法技术，但是在法文化层面，传统的礼法精神仍需进一步革新。深层的观念较之于表面的制度更不易变革，而且，法技术与法观念相互脱节必然会对宪政转型形成掣肘。因此，推进社会主义宪政建设，必须重新认识法的功能，树立法律信仰；必须将权利的元素注入中国法的内涵中，更新人们对法的认识，培养公民对宪法和法律的理解和信任，最终树立宪法和法律至上的信仰。

确立宪法至上信念必须从根本上革新礼法文化，培植契约精神。中国古代法的精神可归纳为两个命题：中国古代社会是身份社会；中国古代法律是伦理法律。[1]这种实质非理性的法，使得法律的普遍性、确定性和可预期性等价值难以实现。中国古代法突出宗法社会的秩序价值，即礼法文化。儒家的社会秩序观否认社会是整齐划一的，认为人有贵贱上下之分；儒家主亲亲，以亲亲为人之本，[2]宗法社会的秩序主要由五种社会关系构成，即以血缘远近为基础的五伦：君臣、父子、夫妇、兄弟、朋友。五伦是儒家思想的中心，政治最高的鹄的。[3]以礼法文化为基础的中国古代"法治"须经契约精神的革新方能真正走向现代法治。

（三）良宪之治

良宪之治的前提是要有良好品质的宪法。根据实在法的标准，良宪是价值正当性与形式完备性的统一体。

宪法的正当性指宪法的内在价值取向，即宪法规范应当体现公认的平等、自由、权利精神，充分表达人民的意志和利益。宪法的正当性首先表现为人民掌握制宪权，只有公民直接或者间接选举的

---

〔1〕 梁治平：《法辨》，中国政法大学出版社 2002 年版，第 19 页。

〔2〕《礼记·大传》云："人道亲亲也"。《中庸》云："仁者人也，亲亲为大"。

〔3〕 参见瞿同祖：《瞿同祖法学论著集》，中国政法大学出版社 2004 年版，第 307 页。

代表制定的宪法才具有正当性，政府只有按宪法规定选举产生才具有合法性，宪法是政府正当性的来源，而不是相反；其次表现为制宪程序的正当性，即作为社会成员合意的宪法是通过一系列的步骤、方式和方法而形成的，这些步骤、方式和方法必须符合法治的精神；最后表现为宪法内容的正当性，即宪法规定的内容要正确反映国家的实际情况，包括历史传统的、现实的权利需求与供给的协调和权力的平衡状况等。

形式上完备的宪法表现为良好的立宪技术、宪法结构与宪法程序。宪法规范的设计、构造和语言是否科学、合理、明确，直接影响宪法的功能和作用。宪法规范应该围绕国家权力和公民权利的关系进行设计，减少非规范性条文，增加规范性条文，多用授权性规范和强制性规范，以保证宪法具有规范的效力、功能和作用。

良宪的形式标准还要求构建完备的程序规则。因此，必须规范宪法的运行程序，加强宪法实施保障机制。宪法关于自由的实体规定，必须由正当的法律程序来保障，"自由的历史基本上是奉行程序保障的历史"。[1]反观我国的宪政实践，重实体、轻程序的现象比较严重。法治中国建设应该首先着眼于完善宪法实施与宪法监督程序，完善宪法解释、宪法修改和违宪审查制度，保证宪法的正常运行。只有真正依宪治国，加强宪法实施与监督，才能实现中国法的体系建构与现代转型。

---

[1] The opinion of the Court delivered by Justice Felix Frankfurter in LcNabb v. United States , see *United States Supreme Court Reports* (*87Law. Ed Oct . 1942Term*) , The Lawyers Co-operative Publishing Company, 1943, pp. 827~828. ——美国联邦最高法院大法官 F. 福兰克弗特。转引自季卫东：《法治秩序的建构》，中国政法大学出版社 1999 年版，第 9 页。

第六章
法治与中国政府

当代中国政府的法治化历程，始于20世纪80年代的改革开放，至今已有30多年。从历史渊源来看，它酝酿于"文化大革命"时代中的那些反面教训。物极必反，"文化大革命"将一切制度化、程式化、法制化的社会政治机制都推入到被质疑、被否定的境地里；"文化大革命"之后的中国，反思新中国成立30多年来的政治得失，重新确立了民主、法治的政治发展方向。于是，政府法治化得以启动。

政府法治化是对法律虚无主义、政策治国和指令治国的矫正。相当程度上，20世纪80年代逐渐展开的政府法治化，也是对新中国成立后30多年政治经验的更新，是向政治现代化迈进的一大步。在中国的现代化转型过程中，政治现代化进行得尤为艰难曲折；政府法治化的启动，是政治现代化中的一项关键成就。[1]冷峻地审视中国60多年的现代化历史、政治发展史，对于政府法治化的如是评价，当不算为过。

在这一章中，我们就着力审视法治与中国政府这一主题。

---

〔1〕 福山在分析政治发展时，认为国家能力、法治、政府责任化是现代政治的基本要素，法治是权力规范化和秩序稳定化的前提。参见［美］弗朗西斯·福山：《政治秩序的起源》，毛俊杰译，广西师范大学出版社2012年版。

第一节　实践历程中的政府法治化

政府法治化包含三项基本内容：一是政府组织规范化；二是政府活动程序化；三是政府权力责任化。

政府组织规范化是指通过立法机关建章立制，确立起结构清晰、体系完整、权力明确的政府组织。政府组织是政府权力的承载者，组织的规范化和完备化是政府法治化的首要条件。在"文化大革命"时代，政府组织体系被破坏，整个公共权力的运转，有人事而无组织。"文革"后，法治的首要任务就是恢复和重建国家机关体系，使公共权力有规范、完整的担纲主体。

政府活动程序化，则是指通过行政程序法，将权力运转纳入到既定的程式之中，遏制其可能存在的权力滥用。中国在 20 世纪 90 年代启动的行政程序法立法，包括行政处罚法、行政许可法、治安管理处罚法、行政强制法以及正在起草论证的综合性的行政程序法，构成了政府活动程序化的基本规范。这些规范也塑造着中国政府权力的运行方式。

政府权力责任化在法治的领域里，主要表现为通过行政诉讼，使公民有机会挑战不合法的行政决定，从而使政府权力向公民直接承担责任，从根本上塑造责任政府。就一般政治原理来说，政府权力责任化的方式有多种，包括议会问责、监察问责、司法审查、公民质询和罢免等。但在当代中国法治发展过程中，行政诉讼是最具现代性品格和最具现实发展前景的政府权力责任化方式。

当代中国政制是一种行政主导的政制，政府（行政）权力是公权力的核心。中国政治现代化涉及到民主、法治、公民社会养成诸端，政府法治在推进过程中是社会政治风险最小、朝野共识最大的一个方面。

接下来对政府法治化的内涵进行详细阐释。

一、政府组织的规范化

晚清以来，中央权威失堕，整个中国在内忧外患面前处于紊乱状态，国家政制也在总体的民族危机中解钮崩盘。

清王朝有自己的政府制度，但随着共和革命、军阀混战的兴起，旧有的政府制度在中央层面和地方层面都丧失了经纬。共和革命首先使中央政府制度一直处于不稳定、无定型的状态。国民党人主持制定的《中华民国临时约法》、袁世凯主持订正的《中华民国约法》，以及袁世凯的"洪宪复辟"，都使中央政制不断发生更迭。袁世凯死后，北洋军阀陷入混战，不仅导致了中央政制进一步的紊乱，也导致了地方政制畸变，诸多地方民政政府异化为军阀政府，民事管理异化为军事统制。从袁世凯后期到南京国民政府成立的这十几年里，中国政府制度陷入前所未有的无序状态。[1]1927年，南京国民政府成立，通过一系列战争，终于逐渐建立了中央政府体系，建立了大致有条理的高层体制。然而，在地方层面，地方的实质割据导致地方政府体系建设并没有取得太大成效。及至1937年，日本帝国主义全面入侵中国，中国进入全面抗战的紧急状态中。中国战争失利、国土沦丧，国家政制建设被骤然打断；尚未沦丧的国土处于军事化管理状态，沦丧的国土在日本和汉奸势力的统治下基本也处于军事化管理状态。在八年抗战过程中，虽然在中央高层不断有宪制努力，但整个国家的政府体系都军事化了。接下来的四年内战，进一步阻却了政府体系的健康演进。[2]

回顾民国近40年的历史，中国一直缺乏一个成体系的政府，中央层面在宪政与集权中挣扎，地方层面则因割据势力和战争而旧制堕落、新制未成。这是中国社会政治现代化转型过程中的一个失范期。

1949年中国共产党以武力打败了国民党政府，实现了中国大陆的政治统一。这是政府体制发展健全的良好契机。然而，在随后的30年里，由于政治上的动荡，政府体制建设一波三折。1949年中共联合各民主党派，通过《中央人民政府组织法》《共同纲领》，建立

---

〔1〕 卞修全对这段宪制历史进行了梳理，参见卞修全：《近代中国宪法文本的历史解读》，知识产权出版社2006年版。

〔2〕 关于民国时期的军事、政治和现代化建设状况，参见［美］费正清、费维恺编：《剑桥中华民国史》（上、下），刘敬坤、杨品泉等译，中国社会科学出版社1998年版。

了系统的中央政府体制；[1]1954 年颁布《宪法》，中央政府体制建设进一步得到完善。在地方层面，逐渐由军事管理体制转化为民事管理体制，地方政府建设也在新中国成立几年后迅速展开。从 1949 年到 1957 年，中国中央政府体系和地方政府体系建设都取得了卓越成就；一种上下贯通、令行禁止的行政组织系统从晚清以来首次重现中国大地。中国缺乏有效政府的局面在这个时候得到了彻底扭转。

然而，多灾多难的近现代中国似乎注定了要历尽劫波。1957 年之后，中国政治浪漫主义、非理性主义蔓延，一种制度虚无主义、法律虚无主义不断滋生扩展，新中国成立后的政府体系建设在这种氛围中被不断侵蚀、破坏。1957 年之后，中共开始加强对国家职能机关的归口管理，政府的一部分权力被中共党组织接管，以党代政的现象开始普遍化。于是，中共中央与国务院及其各部委之间的权限开始模糊，地方的党委与政府的权力界限也同样模糊起来。"人民公社"这种权力混合的地方政权实体，随着其层级的升高，进一步把法定的地方政府组织体系虚化。至 1966 年的"文化大革命"，整个中国政治体系总体上都受到激烈冲击，从中央到地方的行政系统被大面积破坏；残留下来的部门，其法定权力也遭到不同程度的流失；"革命委员会"接管了原有政府体系的部分职权。整个"文革"时期，国家再次处于总体紊乱的状态，有人事而无制度，公权力随着人事变化而变化，政制建设倒退到极其糟糕的状态。[2]

这 30 年的政治史，前 8 年是政制现代化和规范化的时期，后 20 多年则是政制逐步走向紊乱化和非理性化的时期。就契机而言，1949 年中国政治统一后，政府建设应当是一直向前推进的。然而，政治上的挫折导致政府体系建设的挫折；相应地，政府理性化、规范化原则的放弃，也在相当程度上催化了总体政治的挫折。其中教训，颇为深刻。

---

[1] 关于《共同纲领》从动议到具体的起草制定过程，陈扬勇给予了详细的历史考证。参见陈扬勇：《建设新中国的蓝图：〈中国人民政治协商会议共同纲领〉研究》，社会科学文献出版社 2013 年版。

[2] 许崇德在宪法史叙事中，阐释了 1957 年之后中国法律虚无主义、制度虚无主义的相关历史状况。许崇德：《中华人民共和国宪法史》，福建人民出版社 2003 年版。

20 世纪 70 年代末开始的改革开放，是当代中国社会政治的一场全方位转型。政治发展和制度建设重新回到理性主义的轨道上来，政府组织的规范化重新启动。回顾最近 30 多年，政府组织规范化主要表现在两个方面：一是政府组织结构的重建和职能岗位的确定化；二是政府公职人员进出政府体系的规范化。这两个方面的作为，使当代中国政府组织处于总体理性和总体稳定的状态。

（一）政府组织结构的重建

1978 年全国人大对 1975 年制定的宪法进行修改，实质上就已经启动了政府组织结构重建的进程。在此之后，1982 年制定了新的宪法，以及陆续制定和完善的《国务院组织法》《地方各级人民代表大会和地方各级人民政府组织法》，使中央政府和地方各级政府组织有了大体完整的架构。中国行政体系到目前形成了国务院、省（自治区、直辖市、特别行政区）、市（州、盟）、县（区、旗）和乡（镇、民族乡）五个层级。每个层级的政府领导各职能部门，主体结构上已比较清晰；同时，各行政部门与中共党委各部门、各级人大及其部门的对接也大体顺畅。这是中国步入现代化以来第一次拥有官僚理性化的政府组织体系；回顾百年历史，在政府组织建设上取得如此成就，当属来之不易。

（二）职能岗位的确定化

官僚理性的政府组织结构，须在职能岗位的微观层面进行定岗定职，才能使整个体系的功能顺利展开。近 30 多年来，中国行政岗位编制在逐渐摸索中取得一定的理性经验：就规范的层面而言，具体岗位设置了相关职能，具体人员的权力和责任都大体得到了界定；在此基础上的公务员绩效考核也一定程度地展开。[1]但是，从实践层面来看，职能岗位确定化还尚未得到充分实现。诸多行政部门，尤其是中部和西部欠发达地区的行政部门，其职能岗位还处于职事含混、权责不明的状态。

（三）政府公职人员进出政府体系的规范化

正在健全完善的公务员考试制度，是政府体系规范化的一个不

---

[1]　参见《中华人民共和国公务员法》。

可忽视的方面。揆诸两千多年的中国政治史，中国政府一直缺乏民主性，但并不缺乏开放性，政府开放性在相当程度上弥补着其民主赤字。早在战国时期，商鞅就确立了以军功代替身份的晋爵授职机制，封建身份在政府职位获取中逐渐没落，"平民政府"开始兴起。汉代发展出以品德和才能为核心的察举制度，隋唐发展出完善的科举取士制度。[1]自此，中国政府的"平民化""开放化"就有了制度依托。隋唐以来的科举制度使政府权力具有了相当程度的开放性，使其得以通过公平程序向社会选取公务人员。这是中国政治文明发展史中一个引人注目的成就。然而，在 20 世纪，传统的政府制度遭到了冲击，科举取士制度于 1905 年被废止了。整个民国时期和中华人民共和国成立后的前 30 年，旧的使政府具有开放性的经验被抛弃了，新的政治民主又没有确立起来，政府组织方法没有定轨。这是一个新旧交替、两头不着边的时代。从大历史的视野来看，1980 年之后逐渐确立起来的公务员考试制度，就不仅仅是中华人民共和国的一个政治进步了，也是向整个中国政治史经验的回归。公务员考试制度在精神上继承了科举取士制度，并使之在现代语境中拥有了现代形态。[2]

公务员考试制度在政府组织规范化方面具有积极的意义。在没有规范的公务员进出机制的时代，常常会出现因人设职的情况。因人设职与理性主义、规范化追求相悖反，它经常成为破坏政府组织体系的一个消极因素。公务员考试制度的基本原则是以职取人，编制和岗位在先，人员进入在后，整个过程围绕政府职能要求而展开。这样的一种人事考选机制，对于政府组织规范化来说，发生着一种正本清源的作用。思考政府组织问题时，不仅需要注意组织结构、岗位确定，更需要注意公务员考选机制在其中的意义。如果公务员

---

〔1〕钱穆在传统政治史研究中，把科举制度界定为中国式的政治开放和政治民主制度。参见钱穆：《中国历代政治得失》，生活·读书·新知三联书店 2012 年版。

〔2〕中国近代以来，诸多思想家和政治家都试图从历史传统中汲取制度资源，孙中山在其"五权宪法"设计中，除了立法、司法、行政三权之外，还有考试和监察两项权力；后两项权力与传统政治中的科举、监察制度相互承续。参见孙中山："五权宪法"，载《孙中山选集》，人民出版社 2011 年版。

考试制度被放弃，政府组织体系的规范化成果可能会发生严重倒退。另外，公务员考试制度也为政府行政能力提供了保障。实质上该制度也是一种选贤任能的制度，通过考试筛选，能力卓越的人进入了政府体系，充实了政府的人力资源。能干的公务员群体与有活力的政府组织有着密切的关联，公务员群体素质优化，亦是政府体系本身的优化。

政府组织规范化问题是中国社会政治现代化问题中的一个具体层面。由于整体现代化进程尚在艰难行进中，政府组织规范化也面临着诸多困境。概而览之，困境有三：一是党政关系不明确导致政府组织体系处于不稳定状态；二是社会经济的发展导致政府组织体系需要随时调整变革；三是缺乏民主监督和法治规制导致的权力腐败侵蚀着政府组织体系。如是三端，构成了中国政府体系规范化进程中的难题，难题不解，会麻烦层出。

下面，我们对这三个方面的问题进行具体阐释。

中国共产党一党主导的"党国体制"，使政党与政府之间的权力关系处于边界模糊的状态。近30多年里，党与政府的关系虽然大体上有了界分的轮廓，党负责宏观决策，政府负责具体执行，但在某些特殊时期和特殊领域，二者之间逾越权限的情况也会出现。一旦彼此逾越权限，就会出现党委和政府两套组织体系对同一事件实施管理，从而导致彼此的职能紊乱。党政关系问题是中国政治体系里具有宪制意义的问题，党政关系的明确化、规范化是宪制发展的一个内在要求。在二者关系稳定的条件下，政府组织规范化方能顺利推进。[1]

另外，中国社会经济处在转型过程中，社会经济的转型也需要政府职能和组织的不断调适。整个中国从高度集中的计划经济时代走向自由经济时代，原有的政府体系是集权的、全能的，但为了适应社会经济形势，政府需要在权力上不断下放、在组织结构上也不

---

〔1〕 政治分工一直是近现代政治理论的一个核心问题，各种权力有不同的性质，它们代表着不同的功能，甚至代表着不同的社会力量。白芝浩在阐释英国宪法体制时，就对不同的宪法机构之职权、社会功能进行了阐释。参见〔英〕沃尔特·白芝浩：《英国宪法》，夏彦才译，商务印书馆2005年版。

断变革。近30年的历史，是一部政府体制改革的历史，在未来相当长的时间内，以适应社会经济发展为目的的政府体制改革还将持续。政府体制改革是政府组织规范化的契机，但同时也构成了规范化过程中的不稳定要素。改革的进展与规范化过程之间的张力，也将长期存在。

最后，政治生活中民主监督的缺失与法治制衡的疲软，亦使政府组织规范化处于不利境况之中。政治组织是一个运动中的有机体，它在权力行使过程中会因为各种压力和诱因而产生自身异化的冲动，比如人事编制的扩张、权力的膨胀、组织纪律的松弛堕落等。这些异化冲动，只有通过民主监督和法治制衡才能抑制，然当今中国，这两个方面的力量都不足。[1]这也构成了政府组织规范化过程中的一个软肋。

二、政府活动程序化

如果说政府组织规范化致力于中国政府主体层面的塑造和现代化，那么政府活动程序化则致力于政府权力运转的现代化。[2]前者构造了行政权力主体，后者构造了行政权力展开的方式、路径和形态。行政权力程序化是政府法治化的自身内涵，它的进展亦是政府法治化自身的推进。

从当代中国政治发展史来看，政府活动程序化的启动蕴含着一种政治理念的转化。中国共产党及其所宗奉的马克思列宁主义，对政治权力有着独特的认知架构。对于阶级敌人来说，政治权力是一种压迫力，但对于人民自身来说，政治权力则是干部与群众密切互动而形成的共同意志。为此，在所谓"人民内部"的内政治理中，政治权力的行使过程是一个"从群众中来，到群众中去"，"密切联系群众"，在干部主导下群众积极参与的开放的、民主的过程。在这

---

〔1〕 关于中国政治民主问题的阐释，参见闫健：《民主是个好东西：俞可平访谈录》，社会科学文献出版社2006年版；《让民主造福中国：俞可平访谈录》，中央编译出版社2009年版；李铁映：《论民主》，中国人民大学出版社2007年版。

〔2〕 季卫东从程序的概念特征、功能结构、与现代社会的关系几个方面，系统阐释了法律程序的意义。参见季卫东：《法律程序的意义》，中国法制出版社2004年版。

种生动活泼、民主开放的过程中，权力的行使不需要既定的外在范式和程序，只需要一种密切的官民互动。依此权力观，如果对权力行使过程进行程序化和规范化，不仅没有必要，反而还会造成消极障碍。在中共早期政治意识形态里，若有若无地存在着一种将行政法制视为官僚主义的情绪，究其根源，或在于斯。[1]

隐匿在"密切联系群众"里的这种"大民主"的权力观，在政治实践中造成了"文化大革命"时代的社会政治混乱。改革开放后，法治化的权力观开始出现，与"大民主"权力观在政治建设中展开竞争。到目前为止，两种权力观在不同领域都存在着，"大民主"的权力观主要应用在政治伦理教育的方面，而法治化权力观则更多地贯彻于制度建设方面。法治化权力观是对改革开放之前政治实践挫折展开反思的产物，它是政治民主和政治文明的关键要素。政府权力程序化，本质就是法治化权力观在行政权领域的落实。

接下来，我们就政府活动程序化的原理、政府活动程序化的实证形态和其面对的问题逐一阐释。

（一）政府活动程序化的原理

"从群众中来，到群众中去"，"密切联系群众"等观念中蕴含着一种假设，即权力是官民共同意志的施展，它本身是一种善良的、无侵害性的力量。依据这种假设，任何对权力进行防范和制约的措施，都是多余的，甚至是有害的。作为官民共同意志的公共权力应当畅行无阻地去追求它的目标，从而实现人民的幸福。然而，在法治化权力观念里，则存在着与之相反的另一种假设，任何权力都存在堕落的基因，权力无限制，就会被滥用。由于人类社会的生活需要秩序，所以不得不组建公权力，但公权力本身具有侵害性，所以它在本质上是一种"必要的恶"。[2]为此，就需要对公权力进行限

---

〔1〕 参见毛泽东："反对官僚主义、命令主义和违法乱纪"，"镇压反革命必须实行党的群众路线"，载《毛泽东选集》（第5卷），人民出版社2008年版。

〔2〕 在西方政治学文献中，美国联邦党人所发表的意见，可谓把"权力是必要的恶"阐释得最为清晰简白。参见［美］亚历山大·汉密尔顿、约翰·杰伊、詹姆斯·麦迪逊等：《联邦党人文集》，程逢如、在汉、舒逊译，商务印书馆2004年版。

制，而法律规范是限制公权力的基本方式。

在"大民主"权力观念下，中国采用政治运动、群众运动、阶级斗争的方式来处理公权力堕落的问题。改革开放后中国进入法治时代，开始在特定领域接受"权力是必要的恶"这一观念，并采用法治的方式来解决公权力堕落的问题。

接受"权力是必要的恶"，对于中国政治现代化来说，是一个不小的进步。权力容易腐化、"权力是必要的恶"等观念，会使中国朝野上下对权力运行保持一种警惕，从而确立起将权力活动程序化、规范化的心理基础。政府法治化的推进，也有赖于这一心理基础的不断夯实。

在目前的中国，"大民主"的权力观在意识形态领域比较活跃，而法治化权力观则在制度建设领域发挥作用，二者处于博弈竞争的状态里。如果"权力是必要的恶"这一类观念被稀释，政府权力的运行就会返回到非规范化、非理性化的道路上去。在推进政府权力程序化的过程中，持守权力易腐这一观念，深刻把握权力活动程序化的内在原理，显得相当必要。

（二）政府活动程序化的实证形态

政府活动程序化通过一系列行政法立法而展开，这些立法为政府活动提供了行为程序和模式，使权力展开过程有了约束性的路径。

1996 年，《行政处罚法》颁布，对行政处罚的实施原则、具体类型、实施主体、管辖权范围、实施程序、当事人参与权等事项进行了规定。《行政处罚法》是第一部以限定行政权、将行政权纳入规范模式和既定步骤为目的的国家立法。政府对公民的行政处罚权通过这部法律得到了系统的程序化。2004 年，《行政许可法》颁布，该法在精神原则上承续《行政处罚法》，以程序化行政权为目的，使行政许可权力的实施过程变成了一个步骤明晰的、开放的、公众得以参与其中的平台。2005 年，《治安管理处罚法》颁布，它是对治安管理处罚领域的规范化。具体的治安处罚权，在各个环节上都得到了细致规定。2011 年，《行政强制法》颁布，行政强制行为在其中得到具体规范，权力展开的过程被细化。具有暴力品格的行政强制行为因为这些规范性程序而变得理性温和。

以上四部法律构成了政府活动程序化的主要内容，它们将几类与公民生活密切相关的行政权力纳入程序制度中。目前正在起草论证的《行政程序法》是更为一般的规范，它致力于将所有行政活动都予以程序化、步骤化。这些行政程序立法，究其实质，是对行政决定、权力过程的理性化，它是利用程序规则对权力自身进行改造的努力。依托这些程序模式，权力的任性、专横、肆意将会有所减少，它内含的侵害性也会因此得到部分消解。

（三）政府活动程序化过程中的问题

文明的本质，就是通过禁忌、规范来抑制欲望和意志中的非理性成分。文明程度越高，禁忌和规范就越多，意志和欲望所受到的规制就越多。为此，人类的进步在相当程度上表现为人类的自我约束。法律作为人类文明的成果，即是人类自我规训、自我约束的措施。[1]在行政法中，对政府活动实施程序化，用既定模式和程序来塑造权力运转路径，一方面对行政权构成了约束，另一方面也是政治文明的题中之意。

然而，高度发达的中国文化，面对这一问题，却未能及时转圜过来。传统中国文化对于"礼"这种社会规范，有过深刻的论述，指出礼是驯化人的伦理规范，它的细致性和具体性是必要的。只有通过这些细致和具体的伦理训练，人才能在生活中得体合宜、上下有分、尊卑有别、各得其所。对于这些礼数仪则，如果不耐其烦，人就会野蛮化。彬彬有礼的君子，总是在具体的礼仪中养成的。这些对于伦理规范的意识，体现着中华文明的深刻性。[2]但是，中国文化对于现代性的法律，则又潜伏着一种工具主义和实用主义的态度，致使人们习惯于从行政效率、便宜行事的维度来理解程序规则，一旦程序规则在行为主体那里构成了负担，便会产生一种程序虚无主义的心理倾向。

回顾20多年的行政法治史，行政程序规范并未得到严格执行，

---

〔1〕在中国文化中，韩非子深究人性，然后提出一断于法的治理理念，对人性与规范之间的阐释极其深刻。参见《韩非子》，上海古籍出版社2013年版。

〔2〕荀子从人性出发，阐释了礼对于规导人性、由恶趋善的意义；在荀子的视域里，礼的运作与文明几乎成了同义词。参见《荀子》，上海古籍出版社2001年。

程序在相当多的场合被当作"走过场"、形式主义、文牍主义。这种现象的背后，存在着多种原因，而轻视程序的法律文化心理，是一个非常值得注意的因素。昔在先秦，中国人就明了"博学于文，约之以礼，可以弗畔"的深刻道理；到今日，治国之道由"礼"变为"法"，昔日的具体而微的"礼"变成了理性实证的"法"。规范的面目稍一改变，人们怎么就理解不了，就朝着程序虚无的道路上滑落了呢？

公法之治的基本内核就是程序之治。通过程序把公权力规训到既定的路径上，防止它肆意越权、无节制地滥用。程序之于政治文明，不是一种外在的、无关紧要的文牍形式，而是一种改造权力自身结构、优化权力品质、抑制权力堕落基因的内在设置。政治文明在相当程度上就是法治昌明，而法治昌明的关键就在于公权力依法定程序运行。在传统文化语境中，有礼和无礼是一种文野之别；在现代性语境中，程序是否得到尊重，也构成了政治生活的文野之别。轻视程序的心理倾向若不矫正，政府法治很难深入。

三、政府权力责任化

政府权力责任化是指政府在行使权力的过程中，需要对国民负责。权力对国民负责在古代政治中就有具体表现，如依据"天之生民而立之君"等观念，一旦皇帝失政，就当向国民下罪己诏。这些行为中已包含着政府责任的概念，但还没有明确化。到了近代，民主、天赋人权、人民主权的思想普及开来；洛克、卢梭的社会契约论缔造了民权为本、公权为用的政治观念模式，政府责任就在这种现代政治精神氛围中明确树立起来了。[1]

政府向国民承担责任的形式有多种，常见的有议会问责、公民质询和罢免、监察问责、行政诉讼等。就其类型而言，可分为两类：一是承担政治责任，议会问责、公民的质询和罢免归属之；二是承担诉讼责任，行政诉讼即为典型。

---

[1] 参见 [英] 洛克：《政府论》（下），叶启芳、瞿菊农译，商务印书馆 1993 年版。另参见 [法] 卢梭：《社会契约论》，何兆武译，商务印书馆 2003 年版。

政治责任和诉讼责任相辅相成，二者彼此助力、共同推进，使政府权力责任化进程走向深入。然而，处于转型过程中的中国政治，在政府权力责任化方面的状态并未圆满，政治责任机制虚置，诉讼责任机制在艰难行进中。我们先对二者状况进行一番审视。

近代中国政治面对的一个基本国家状况就是国民为"一盘散沙"。为实现救亡图存、民族复兴的政治使命，需要用一种政治机制把分散的国民整合起来。[1]中国共产党在革命过程中采用了"民主集中"这种政治方法。该方法的实质，是在中共党委主导下，集思广益、官民协力，一起办事。1949年之后的30年里，在政治探索过程中，民主异化为制度虚无主义的"大民主"，集中异化为领导的"一言堂"。改革开放以来试图恢复健康的"民主集中制"，但始终集中有余，民主不足。人民代表大会、政治协商会议等民主机制并未把政治民主圆满贯彻，民主在政治生活中始终处于赤字状态。[2]以民主为基础的政治责任机制，如人民代表大会问责、质询、罢免等制度，始终没法发挥实效。宪法和法律规定的公民及人民代表对政府的政治责任的追究权利，基本沦为具文。1990年前后，《行政诉讼法》实施，民告官的诉讼机制启动，政府的诉讼责任追究有了规范的制度渠道。20余年来，行政诉讼在政府责任追究问题上，虽步履蹒跚，却显得一枝独秀，使人产生了比较乐观的预期。

当下政治责任机制和诉讼责任机制的状况，似乎显示了这样一个道理：中国政治发展往往是从具体层面、技术化层面来突破，以问题为中心而展开的政治现代化措施比较容易取得成效。这或许就是一种经验主义渐进改良的政治发展路径吧。

接下来，我们围绕行政诉讼机制来阐释中国的政府权力责任化问题。

行政诉讼机制首次在当代中国的官民结构中塑造了民的主动地

---

〔1〕梁启超在1902年就充分注意到中国小农社会个体之间的分散状况，针对这一问题，他提出了系统"改造国民性"的思想。参见梁启超："新民说"，载《饮冰室合集》（第4卷），中华书局2015年版。

〔2〕李铁映系统阐述了中国政治语境中的民主概念和民主制度形式，并将它和西方民主制度相互区别开来。参见李铁映：《论民主》，中国人民大学出版社2007年版。

位。依照中共意识形态，中共及其成员是先进阶级的代表，是整个民族的先锋队。当中共取得政权后，中共干部与一般国民的关系，就成了"先进分子－一般群众"的身份结构了。在这种"干部－群众"的关系模式中，干部是主动的、积极的、具有客观优越性的因而也具有政治权威的，而群众则是被动的、追随的和被领导的。如是的官民关系结构，使一般国民处于消极的客体地位。然而，随着这种官民关系模式在实践上的受挫，尤其是随着改革开放以来商品经济、市民社会的产生，新的官民关系模式呼之欲出。在保持意识形态大体稳定的情况下，中国开始在具体社会政治领域引入法治和现代行政管理技术，官民关系在特定领域发生了结构变化。行政诉讼制度的确立，就是官民关系变化的一个引人注目的事件。具体言之，1989年颁布的《行政诉讼法》，为国民合法挑战政府权力提供了一个制度平台；国民在这个制度平台上，具有与行政机关平等的诉讼地位。依据《行政诉讼法》，当具体的行政行为侵害了公民合法权利时，权利受到侵害的公民可以将行政机关诉至法院，要求中止、废止行政决定或宣布行政决定不合法，或对自己的损害提起国家赔偿。在行政诉讼过程中，法院是裁判者，权利受到侵害的公民和行政机关是平等的当事双方；公民对行政机关的控告，是一种以法律为依据的控告，有别于传统社会中的臣民向上级官员或皇帝的哀告、伸冤。从学理上讲，当代中国是一种共和体制，人民拥有国家主权，一切权力来源于人民并对人民负责。但就具体的政治机制而言，行政诉讼制度则是首次把人民主权理念予以有限度地落实。审视当代中国政治，也只有行政诉讼这一制度确实地、常态地、规范地使人民成为政府权力负责的对象。[1]

在中国几千年的政治史中，几乎都是官为主体、民为客体，官尊民卑的关系结构一直延续到近代。中华人民共和国成立后，虽然接受了共和、民主的观念，但阶级先锋队的意识形态及军事战争中权力集中的实践经验，使得合理的官民关系并没有确立起来。改革

---

[1] 陈端洪对中国行政诉讼制度在官民关系、宪法制度层面的意义有过分析阐释。参见陈端红：《宪治与主权》，法律出版社2007年版。

开放需要调动国民的创造性和积极性，不得不释放社会空间，收缩公共权力，于是才有了行政诉讼这种蕴含着新的官民关系结构的机制。行政诉讼制度是打破官尊民卑关系格局的第一个实质突破点，也是落实政府责任的第一个长效机制。政治意识形态的先锋队思维和行政法治领域的公民权利思维或将长时间并存，它们是两种不同逻辑的思维观念。然而，随着中国社会经济现代化不断推进，市民社会不断发育，由行政诉讼制度开启的国民主动、官民均衡、政府责任等机制也将会得到扩展，此或大势所趋也。

行政诉讼制度使政府的每一个具体行政行为都得向行政相对人负责。换言之，行政诉讼制度缔造了一种政府权力需要具体负责的机制。根据《行政诉讼法》，具体行政行为侵害公民合法权利时，权利被侵害的当事人有权对该行政行为的合法性提起诉讼，并请求法院作出特定处理，从而维护或救济自己的权利。这种以具体行政行为和具体事件为对象的诉讼，使政府机关必须也在具体层面承担责任，或是中止自己的权力行为，或是撤销已经实施的权力行为，或是采取其他救济措施。在传统社会政治结构中，由于社会个体处于消极地位，政府行为往往要等到造成大面积伤害，才能得到纠正，而这种纠正往往是政策性的纠正。行政诉讼制度则使政府权力一旦具体展开，就可能面临合法性挑战；那种大面积的权力滥用，会因这一制度的存在而得到遏制。行政诉讼制度提供了一种"以权利制约权力"、以公民个人抑制行政滥权的规范平台。一旦有了具体确定的追责主体，政府责任就不能逃匿在大而化之的意识形态遁词里，这是行政诉讼制度在政府权力责任化中特有的优势。

尽管行政诉讼制度是中国政府权力责任化过程中一项可观的机制，但行政诉讼制度本身并不完善，与政府权力责任化的大势未能匹配。细究中国行政诉讼制度的困境，有两个方面需要细致阐述：一是中国司法在整个政治体系中力量薄弱，无法在结构上形成对政府权力的有效制衡；二是中国政治生活整体上还没有突破官尊民卑的格局，行政诉讼这一制度在整个政治体系中成了一支孤军挺进、单独作战、缺乏后援的力量。

在国家权力体系层面，中国属于一种行政主导的结构形态，行政机关是权力中心，司法机关则权能弱小。这一格局，大体也是历史造成的。近代中国积贫积弱，内有战争割据，外有敌国入侵，如何缔造强大的国家权力以救亡图存，成了政治的基本主题。100 多年的中国政治史，贯穿其中的核心精神即是富国强兵。[1] 在此主题和精神指引下，当代中国政治也相应形成了以行政为主导的体制，行政权力远远超越立法、司法权力。进至改革开放时期，国家生活转而以经济建设为中心，规范和限制公共权力、保证个体和社会的自由成了政治生活中的必要元素，司法的职业化和司法权的夯实也随之展开。但是，行政主导的宪制格局依然没有被突破，司法权在整个宪制体系中依然非常羸弱。以规范和限制行政权力、保障公民合法权利为宗旨的行政诉讼制度，在整个宪制格局中就显得势单力孤，难以充分履行其职能。

行政诉讼制度的优化完善，相当程度上有赖于中国宪制结构的优化完善。行政诉讼制度是司法权的一部分，司法权的政治权重的提升，是行政诉讼充分实现制度目的的前提。当中国综合国力提升、国家的国际处境大为改善的时候，以富国强兵为主旨的行政主导体制或发生变革，行政、立法、司法的关系格局或有所优化。当此之时，包含了行政诉讼制度的司法权或将对行政权形成有力制衡，政府权力的责任化或将深入下去。

官尊民卑的官民形势，是行政诉讼功能发挥的另一个障碍。特定的制度是整个社会政治体系的一个部分，它的运行往往取决于大环境。目前的中国，由于社会经济尚处在现代化早期，社会力量还没有超越政治力量，私权（right）在公权（power）面前还处于劣势，加之民主匮乏，整个社会政治基本上还处于威权治理的格局下。[2] 为此，保障私权以制约公权的行政诉讼制度，在整个社会政治体系

---

〔1〕 王人博对近现代中国时代精神和政治精神有过系统阐释，并指出这些精神原则与宪法制度、法律制度之间的关系。参见王人博：《中国的近代性：1840~1919》，广西师范大学出版社 2015 年版。

〔2〕 通过保障私权的方式来限制公权，也是政治发展和法治发展的一种路径。参见徐爽："以权利制约权力——社会主义法律体系与基本权利立法实践的发展"，载《政法论坛》2011 年第 6 期。

中，虽春江水暖、领风气之先，但终究为大局所累、行进艰难。

诉诸历史经验，当社会经济还没有充分现代化时，政府公权往往享有优越地位，社会公民则常常是被统治的客体。只有等到社会经济充分发展，国民在财富、社会活动能力、政治活动能力方面饱满充沛，公权重、民权轻、官尊民卑的形势才会倒转过来，那些制约公权力、保障公民权利的实证制度，才能有效运转。社会层面的富庶繁荣，是扭转当下官民关系的现实基础，也是行政诉讼制度突破困局的外在条件。

政法制度的研究，不仅仅要关注其实证具体的方面，也要关注其精神格局的方面。一项具体制度只有在合适的社会政治语境中才能发挥其功能，如果与语境违逆，则往往会被虚置。[1]行政诉讼制度是中国政府权力责任化过程中开风气之先、又实证具体的一项制度。它一方面顺应着中国政治发展大势、远景可期，另一方面又和目前社会政治环境有些不协调，在展开过程中阻力重重。政府权力责任化是政治进步的一个基本方面，它的实现需要较长的时间，在此趋势中担任先锋的行政诉讼制度，应当得到不断坚持和强化。

第二节　宪制视野中的政府法治化

社会政治如同棋局，一子浮动，全局变更。中国政府的法治化，亦即行政法治的展开，不仅是对行政权自身的重塑，它还具有宪制变革的意义。从宪制变革的整体视域来审视正在推进的政府法治，我们能够得到诸多新鲜的认识。

在近现代政治哲学中，政府公权力是一种"必要的恶"：所谓必要，是指国家的生存、社会的秩序和基本的公共服务都需要它才能得以维持；而所谓恶，则是指政府权力如果没有约束，就会被滥用，会异化为侵害社会自主和公民自由的消极力量。为此，现代政治不

---

〔1〕 前联邦德国总理施密特就对德国缺乏民主传统情况下如何一步步走向民主的过程有过深刻的自觉。施密特非常注意历史传统与社会政治发展之间的关系。参见［德］赫尔穆特·施密特：《不在其位》，许文敏译，青岛出版社 2010 年版。

仅要求建立强大的政府权力，还要求对这一权力进行规范、制约，以存其利、去其弊。[1]

回顾中国近现代政治历史，建立强大政府并使政府权力理性化、责任化，历程颇为坎坷艰辛。自晚清以来，中国的政府权威逐渐失堕，导致外有敌国入侵，内有攻伐变乱。新中国成立之后，随之而来的政治浪漫主义又一步步使政治系统发生紊乱；"文化大革命"时期，制度虚无主义、法律虚无主义普遍蔓延。直到 20 世纪 70 年代末，情况才有所改观。中共反思自身执政历史，否定政治浪漫主义，走向了政治理性主义，并以民主、法治作为政治发展的方向。[2]自此之后，中国的政府法治化逐步展开。1989 年颁布的《行政诉讼法》、1996 年颁布的《行政处罚法》、2004 年和 2011 年颁布的《行政许可法》和《行政强制法》等一系列法律，使政府权力逐步程序化、责任化。

政府法治化是一种优化宪制体系的积极力量。宏观视之，有三个方面需要细致阐明：其一，政府法治化会使行政权、立法权、司法权和检察权的关系得以重新配置，使宪制结构发生优化；其二，政府法治化会促进官民关系的优化，使权力与权利之间的关系更趋均衡；其三，政府法治化过程本身亦是权力理性化、权力品质提升的过程，整个政治体系会因之得以改进。

当代中国宪制是行政主导的体系，行政权在整个宪制中权重最大，而立法权、司法权和检察权则比较弱小。政府法治化的过程伴随着人大立法活动过程、司法职业化与法院系统强化过程以及检察权扩展的过程，在这一系列互动过程中，立法、司法和检察系统都得到了充实，旧有的宪制结构在悄然发生着变化。各职能系统的专业品格越来越凸显，分工越来越具体明确；行政权独大、其他权力弱小的宪制格局逐渐变为权职司明确，并逐渐趋于彼此间理性分工

---

[1] 关于权力之恶及其遏制的阐释，参见［美］亚历山大·汉密尔顿、约翰·杰伊、詹姆斯·麦迪逊等：《联邦党人文集》，程逢如、在汉、舒逊译，商务印书馆 2004 年版；另参见［英］洛克：《政府论》（下），叶启芳、瞿菊农译，商务印书馆 1993 年版。

[2] 许崇德先生从宪法史的角度阐释了 1957 年之后中国法律虚无主义、制度虚无主义的相关状况。参见许崇德：《中华人民共和国宪法史》，福建人民出版社 2003 年版。

的格局。当各机关朝着分工明确、职能充实的方向行进时，宪制结构也就不断优化了。

政府法治化也为官民关系的调整、国家与社会关系的均衡提供了契机。改革开放前的体制，是国家社会合为一体、高度集中的半军事化体制；改革开放启动了市场化进程，国家权力开始后退，市民社会得以孕育发展。政府法治化是这一进程在政治上的反映，它逐步界分国家与社会，约束和规范公权力，确认和保障个体自由。在相当程度上，政府法治化过程也是当代中国官民关系重塑的过程，这一过程不断趋向于国家与社会均衡、权力与自由均衡的结构形态。

在现代政治治理中，行政权是直接管理社会的权力，它与社会生活的联系最为密切。相比于立法、司法等权力，行政权力是公权力体系中最具有"暴力"（power）品格的一支；对它实施驯服，过程最复杂、任务最艰巨。当代中国 60 多年的政治史，是以行政权为核心的公共治理历史；当实现了行政权的法治化时，整个国家权力体系的品格将为之一变，整个国家政治治理的面貌也将为之一变。

接下来，我们就对这三个方面详细阐释。

一、宪制结构的优化

政制总是回应着社会经济生活。在草昧未开的渔猎时代，政治生活比较简单，部落酋长以个体权威就能实施治理。进至农业时代，人的活动能力增强，政治共同体规模扩大，为了维持基本的秩序，需要一种职能相对强大的政府，像中国古代那样三公九卿、君主官僚结构的政制就出现了。到了近现代，工商业成为核心经济产业，社会流动性加强、社会经济生活高度复杂化，此一状况向国家政治提出了极高的要求。分工明确、权责清晰、权力分支之间理性制衡的政制体系，是适应现代社会经济生活的普遍形态。[1]

回顾中国百年政治史，对于政制原理、义理方面清晰昭彰，过

---

〔1〕 福山系统阐释了从原始时代到法国大革命这段文明历程中的政治发展，提出了一些颇有见地的看法。参见［美］弗朗西斯·福山：《政治秩序的起源》，毛俊杰译，广西师范大学出版社 2012 年版。

程却艰难曲折。在晚清，有识之士即已明了优良政制对于社会经济发展的功能，他们努力发动了维新变法、立宪运动，以图改良政制，推进社会生活与经济产业的现代化。然而，在内忧外患的国运衰微时刻，这些运动失败了。清王朝的崩溃意味着中央权威的失堕，其后 30 多年的历史，都围绕着建立强大国家政权以救亡图存这一主旨展开。袁世凯 1916 年的洪宪称帝，是一种失败了的以传统皇权制度建构中央权威的努力；段祺瑞的武力统一主张，是一种以军事实力造就政府权威的努力，尚未得以全面展开；南京国民政府 1928 年形式上统一全国，随后几年逐步在实质上扫除了地方割据，但最后被日本侵华战争所阻断。1949 年，中国共产党战胜南京国民政府，在大陆实现了统一、建立了高度集权、令行禁止的中央权威；至此，中国近代以来的政治统一，中央权威重建才得以实现。[1]

1949 年到 1978 年这 30 年里，中国通过政治上高度集权的方式推进社会经济现代化进程，其中又一波三折，但总体上还是建立起了大体完备的现代国民经济体系。1978 年之后，中国启动改革开放，发展商品经济和市场经济，原有的高度集中的政治体系就面临着自身转型变革的任务。

通过 1982 年颁布的《宪法》，中国在政治体系上大体恢复了五四宪法体制；八二宪法和五四宪法在宪制基本架构上具有延续性。[2] 在此体制中，中共领导和行政主导是其关键。在政党与国家的层面，中共及其各级党委负责决策，各级国家职能机关负责执行；在国家机关的层面，行政权是主导，其他各项权力虽然在形式上具有较高地位，但并未得到充实。行政机关是中共政治意志的核心执行机关，亦是国家机关体系中权力重心所在的主导性机关。政府法治化和宪制结构的优化，就是在此基础上展开的。

1980 年以来宪制结构的优化，概括说来，约有三端。首先是行

---

〔1〕 美国汉学家孔飞力从知识分子政治参与、政治竞争、政府能力等角度，解释了中国政治现代化的艰难历程。参见 [美] 孔飞力：《中国现代国家的起源》，陈谦、陈之宏译，生活·读书·新知三联书店 2013 年版。

〔2〕 关于八二宪法与五四宪法之间的延续及差异，蔡定剑曾进行过分析阐释。参见蔡定剑：《宪法精解》，法律出版社 2006 年版。

政权的收缩和规范，其次是立法权的夯实，最后是司法、检察权的强化。这三者中，行政权的收缩与规范是整个宪制格局变化的焦点。

就政治层面而言，改革开放的过程实质上是政府收缩、社会自由空间扩大的过程。旧有的国家控制的计划经济体制，是一种半军事化的社会政治体制。这种体制下，生产生活均按照国家计划进行，社会和个人缺乏自主空间。这样的体制持续了 30 多年，它一方面为中国产业现代化奠定了基础，建立了现代社会经济所赖以存在的重工业体系，另一方面也导致社会经济缺乏内在活力，行年越久、制度越僵化、生产效率越低。1980 年前后，借政治领导人更替之机，中国社会政治转轨，启动改革开放，力图有步骤地放开市民社会空间，以调动和激发社会活力，进而加速中国社会经济现代化进程。在政治上，原有的高度集中的管理体制也面临变革。政府权力首先从农村撤退，赋予农民有限的生产经营自由；农村基层由半军事化管制变为一般行政管理；80 年代中期，城市工业产业改革，计划体制有所松动，市场空间放活，行政权力逐渐由具体的计划指令权变为中立的市场管理权。在三大产业、城乡改革的过程中，政府角色发生了变化，逐渐退出直接的生产经营领域，退回到了公共管理领域。

在原有的计划经济和半军事化社会管理体制中，政府权力因事而发，它需要以灵活变通的姿态应对具体生产生活事务。在此语境下，政府权力的基本形式是政策和指令。及至商品经济进程启动后，政府权力逐渐收缩，蜕变为中立的管理者，政府本身就不再大面积接触具体的生产生活事务；其权力行使方式，开始以规范的、反复适用的、抽象的法律法规为形式了。政府权力的收缩与政府权力形式的变化是同一过程，政府权力法治化和规范化在这一过程中逐渐得以实现。

政府权力的法治化促使立法机关积极行使其职能。在五四宪法和八二宪法的规范体系中，全国人民代表大会是国家权力机关，国务院由其产生、受其监督、对其负责；全国人大及其常委会制定的法律，国务院得执行。然而，在改革开放之前的时代，全国人大的法定职能并未得到充实，它仅仅是一个应付舆论观感的虚置的机关，被称为"橡皮图章"。改革开放开启了政府法治化过程，依法行政需要立法机关进行法律供给，于是，全国人大的立法职能在此过程中得到了充实；各行政管理领域的立法，如森林法、环境保护法、水法、工商管理法、交通管理法、税法、治安管理法等方面的法律法规，得以一一制定。在起草论证和审议通过这些法案的过程中，全国人大专业力量得到了充实；并且依据宪法，全国人大还具有对这些法案实施的监督检查权，这些监督检查权的激活，使全国人大的宪制地位得到充实。[1]

在政府依据政策和指令进行计划式管理的时代，政府享有动议、制定计划、实施计划的权力，立法机关几乎是多余的。权力尚未形成分工协作、政制也不需要进一步的职能分化，全国人大沦为"橡皮图章"，也是势所必然。可是，当政府法治化启动，全国人大的立法职能就需要激活以响应此进程了。全国人大作为立法机关、法律监督机关，与行政机关、执行机关就彼此对接上了。宪法的规范设计，如果没有实质政治形势和权力格局来充实，就只能是纸上具文。相关宪法条文的落实，实赖于中国政治的现实发展。

司法权和检察权的充实，也和政府法治化过程密切关联。在原有宪法设计中，司法机关只是刑事审判和民事审判的职能机关，属于处理社会事务的公权力机构，它的政治地位与政府的具体职能部门几乎没有差别。然而，当市场化进程启动，社会经济事务越来越现代化，尤其是行政诉讼的确立，司法系统在宪制结构中的地位发生了改变。通过发布司法解释，最高人民法院变成了拥有一定社会经济事务管理立法权的机关；通过行政诉讼，地方法院具有了制衡行政机关的法律地位。并且，随着行政诉讼形态的完善和司法体制改革的推进，相对于行政权，司法系统将拥有更大的政治权重。[2]

检察机关是法律监督机关，它负责监督法律实施。在中国法治

---

[1] 蔡定剑曾对人民代表大会制度的原理、组织、职权和运行机制进行过系统阐释。参见蔡定剑：《中国人民代表大会制度》，法律出版社 2003 年版。

[2] 关于最高人民法院的宪制地位和政治功能，喻中结合最高人民法院的报告进行了实证分析。参见喻中："论中国最高人民法院实际承担的政治功能——以最高人民法院历年'工作报告'为素材"，载《清华法学》2006 年第 1 期。

尚未步入轨道时，检察机关的法律监督职能亦是虚置；但随着法治化的深入，社会政治围绕法律而展开，检察机关的法律监督职能也逐渐激活了。依据宪制架构，行政和司法机关都是法律实施机关，二者都在"法律监督"的范畴内。对于行政机关的法律监督，目前正在兴起的行政执法活动检察监督机制，非常具有积极意义。对涉事行政机关发送"检察建议书"，即是行政检察监督的形式之一。宪法中的检察制度上承中国古代的监察制度，是一种体制内的对行政权的制衡力量；在民主比较匮乏的当代，检察权在监督制约行政权方面，有巨大的空间。当检察权进一步充实后，政府法治化与规范化在宪制层面的条件就更加充分了。[1]

宪制是一个有机整体，宪制结构的优化过程，相当程度上体现为立法、行政、司法、检察机关职能充实、彼此分工制衡的过程。通过分工制衡，整体的宪制才能理性化，也才能遏制"文化大革命"历史上带来严重灾难的政治浪漫主义和制度虚无主义。政府法治化是由市场经济和社会开放所催生的，它又进一步激活和强化了国家立法、司法和检察职能。总体看去，中国宪制结构的优化，以社会经济发展为触媒、以渐进变革为形式而展开。

政府法治化不仅促进了中央国家机关的格局优化，还促进了官民关系的均衡。国家与社会、政府与市场、权力与权利、官与民，在政府法治化的进程中，其关系亦得以改进。

二、官民关系的均衡

官民关系是政治生活中的关键议题。古代中国的"天生之民而立之君"，[2]欧洲的洛克、卢梭的社会契约论，都是探究官民关系

---

〔1〕 孙中山在其"五权宪法"设计中，除了立法、司法、行政三权之外，还设计了考试和监察两项权力；后两项权力与传统政治中的科举、监察制度有着渊源。参见孙中山："五权宪法"，载《孙中山选集》，人民出版社 2011 年版。

〔2〕 在中国古代政治思想中，孟子、黄宗羲具有相当开明的意识，他们曾深入思考过君与民的关系问题。参见杨伯峻：《孟子译注》，中华书局 2009 年版；（明）黄宗羲：《明夷待访录》，中华书局 1981 年版；金耀基：《中国民本思想史》，法律出版社 2008 年版。

的经典论述。在实证宪法上，官民关系则体现为权力与权利、秩序与自由，基本权利条款即是对民的地位的确认与保障。

每个个体都是一种欲望的力量，这些个体之间的欲望会产生矛盾，矛盾进而会激发为纠纷、战争。于是，就吁求一种超越的力量来协调个体间的关系，权力和政府就产生了。权力和政府的实质是公共秩序，建立起有效政府、维持基本的公共秩序，是政治生活的首要目标。然而，秩序的类型，是多种多样的，有的秩序能充分容纳个体自由，有的秩序则严重压制个体自由。优良政治的一个标志就是秩序与自由的均衡，既能维持秩序，又能保障自由。回看整个人类政治发展史，几乎就是一部秩序与自由折冲樽俎、寻求均衡的历史。[1]

在一个政治体中，如果政府权威不足，则公共秩序难以维持，小则盗贼蜂起，大则内战连绵。1949 年之前的中国近现代历史，即是这样一种政府权威不足的状态。然而，如果政府权威过大、国民自由匮乏，社会活力则会逐渐丧失，整个国家趋于僵化，1949 以后 30 年的当代史，就存在这样的问题。于是，改革开放可以看作是对国家与社会、权力与权利的调整。政府法治化在宪制层面的另一层意义，就在于它导向了一种官民均衡的状态。

历史的演进，经常出现矫枉过正的现象。通过大起大落的波动，社会政治的态势才逐渐趋向均衡。中国近代以来的官民关系历史，回顾起来，让人感慨不已。传统中国是一种小农社会，在小农社会中，人们的生活主要是和土地打交道，直面大自然。故人与人之间，除了自然血亲关系外，缺乏普遍化、开放化的公共生活，人民呈现出"一盘散沙"的状态，或者是"一袋马铃薯"的状态。这种小农社会关系在中国延续了 3000 多年。及至近代，西方商业文明入侵中国，小农文明的人际关系显示出极大的缺陷。在工商业社会，分工发达，人与人之间的联系紧密，国民之间通过商业和社会生活，形成了一个有机整体。在其基础之上的国家，财政汲取能力、产业开

---

[1] 黑格尔把中国、印度、伊斯兰、希腊、罗马和近代西欧文明编进一个文明进化谱系中，并阐释了各大文明秩序的精神结构。参见 [德] 黑格尔：《历史哲学》，王造时译，上海书店出版社 2001 年版。

发能力、国土建设能力都非常强大。相比小农社会，工商业社会的国民是一个有机体，是一股拧成团的绳子，非常有活力、有力量。面对西方工商业文明的压力，中国开始现代化转型。转型的一项内容即是改变社会分散状态，建立起有活力的、有凝聚力的现代社会；然而，对于后发的中国来说，这样的目的，不能等待自然演进，而是需要强力来催化。梁启超在 1902 年发表的《新民说》，即是对这一问题的回应。[1]康有为在 1911 年之后倡立孔教，期望用宗教的方式来解决中国社会"一盘散沙"的状态。[2]南京国民政府开展的"新生活运动"，期望以半军事化方式将社会组织起来。[3]中国共产党则发起各种群众运动。1949 年新中国成立后，通过农村土地改革、三大产业改造，终于在 1957 年左右实现了以政治权力统制国民与社会的近现代目标，中国社会"一盘散沙"的问题最终以全权政治的方式进行处理。

然而，问题在于，西方工商业社会中的社会连带、社会活力是通过产业发展而自然生发的，那是一个现代产业体系替代小农经济体系的自然演进过程，资本的力量把分散的小农纳入到市场中来。在此基础上产生的强大国家，亦是社会政治自然发展的结果。当代中国则是以政治力量来代替资本的力量，代替自然演进的过程。这在一定程度上取得了成功，建立了中国现代产业体系，为改革开放后的中国社会政治发展打下基础。但是，这一人为的、政治推动的社会连带化过程，是无法得到持续进展的。回顾历史，我们发现，改革开放实质上也是对政治统制社会的矫正，是对"一盘散沙"的中国近现代问题的否定之否定。"一盘散沙——全权统制——释放社会自由"，百年中国社会政治历史，在大起大落中开始趋向平和，官

---

〔1〕 梁启超在 1902 年流亡日本时，就已经充分注意到了中国小农社会个体之间的分散状况，针对这一问题，他提出了系统"改造国民性"的思想。参见梁启超："新民说"，载《饮冰室合集》（第 4 卷），中华书局 2015 年版。

〔2〕 康有为面对中国国民一盘散沙、礼崩乐坏的状况，曾期望用"孔教"这种半伦理、半宗教的措施来应对。参见汤志均编：《康有为政论集》（下），中华书局 1998 年版。

〔3〕 美国学者费正清曾对民国时期的军事、政治和现代化建设状况有过系统阐释，参见［美］费正清、费维恺编：《剑桥中华民国史》（上、下），刘敬坤、杨品泉等译，中国社会科学出版社 2006 年版。

民关系开始趋向均衡。在这一过程中，政府法治化是一股引人注目的力量。

政府法治化是如何推进官民均衡的呢？总体看来，它包含两个方面：一是原有的以计划和指令为形式的政府权力退出社会经济生活领域；二是在社会经济生活领域重建公共规范，政府转变为中立、超越的规范守护者。

1949 年之后，中国模仿苏联建立了高度集中的计划经济体制，社会经济生活被安排进统一的政府日程中，各产业的生产经营按照政府计划展开，农民、工人、服务业从业人员及其他社会人员，依照严格的生产生活纪律行动。[1]整个国家犹如一个机器，每个个体是这架机器上的螺丝钉。政府以计划、指令的方式管辖各部门的运作。对于社会个体来说，政府计划和指令是行为的准则，个人意志没有自由发挥的余地。进入 80 年代，国家寻求新的生产生活局面，开始逐步允许个人和社会拥有一定的自主空间。在农村展开的包产到户，在城市和工业展开的服务业、工业产业生产经营改革，其宗旨就是将政府权力逐步撤出社会生产生活领域。30 多年来，农业、工业、服务业以及其他新兴产业在原有的计划经济体制中从无到有、从小到大；这一过程，既是社会发展之力，也赖政府职能转型之功。政府由原来的生产生活指挥者，逐渐变为超越的、中立的公共服务者和管理者。

在计划经济时代，政府权力实质上是一种生产经营管理权。这是一个公权力代替社会权力的时代，原本由企业家、商务经理、劳务主管行使的权力由政府行使。改革开放以来的政府职能转型，即是放弃这一部分直接管理生产生活的权力，退出社会生产经营的领域。理解当代中国政府法治化的过程，须深入理解政治职能转型这一要点。所谓法治化，并非将原有的以计划、指令方式存在的权力转化成具有实证法律规范支持的权力，这是对政府法治化的一种误解。实质上，政府法治化首要的意义在于，政府将计划经济时代那种直接的生产经营管理权转化为中立的社会管理权。这一过程不仅

---

[1] 参见林毅夫：《解读中国经济》，北京大学出版社 2012 年版，第 70~71 页。

仅涉及实证规范层面的变化，更是政府权力内涵的现代化。

政府撤出生产生活领域，并不意味着这一领域恢复到完全自治、完全自由的状态。政府所撤出的，只是直接管理生活的那种权力；它在撤出的同时，又以法律规范的方式为社会经济生活提供了基本准则，社会各主体围绕这些准则展开活动。为此，政府法治化在官民关系重塑方面，另一层含义就是为社会重建公共规范，使国民在公共规范下发展自主意志、实现个人自由。

对于当代中国来说，社会重建的过程，不仅仅表现为将"一盘散沙"的小农社会塑造成由公共权力管制的计划指令型社会，更表现为在现代教育、交通、技术等条件下将计划指令型社会转变为法治的自由社会。这种自由社会不再是彼此分散的社会，不再是缺乏内部活力的社会，也不是没有共同规范的弱肉强食的社会，而是围绕法律而展开的公平竞争的社会。在学术上，它被称为"市民社会"，西方思想家亚当·斯密、休谟、黑格尔都对这一以近现代商品经济为内涵的社会形态有所论述。它的核心在于，有一套成熟的私法（private law）规范，社会围绕这套规范自由运转，政府提供基本的公共服务，如维持基本秩序、维护社会风尚、保护生态环境、完善福利体系，并对社会经济的运行展开宏观调控。在社会重建的过程中，政府法治化首要的任务就是为社会经济活动提供规范，并以自身权力和公共服务来维持这些规范。依法展开的行政管理和法院系统的司法诉讼，使自由社会处在公共权力的规范化保障之中。[1]

在理解国家与社会、权力与自由的关系时，有一个微妙复杂的问题需要慎思明辨。在现代性语境中，国家与社会之间不是一种蔼然无关、对立并存的格局，而是一种分而不隔、彼此协力的状态。在英美先发现代化国家中，首先发育起来的是现代社会，它以工商业为主要产业，围绕商品经济规律和市民社会规范自由运作；在此基础上逐渐产生现代国家，现代国家反过来为市民社会提供公共服务，如金融银行体系、自由税收体系、社会保障体系、统一的行政

---

〔1〕 有学者对私法制度的起源、精神原则和制度形态进行过梳理考证，参见易继明：《私法精神与制度选择》，中国政法大学出版社2003年版。

司法体系等。社会在国家的保障下依据自身规范运转，国家以市民社会活力为着眼点展开行政、立法和司法服务。这是来自历史经验的现代社会政治发生学范式。然而，20 世纪以来，诸多后发国家僵硬理解国家与社会的关系，在社会经济尚未步入现代化的条件下展开社会与国家的对立，将前现代的"一盘散沙"的社会直接带入"国家-社会"的框架内，导致政治的民主化、政府的法治化在相当程度上被虚置，社会的现代化迟迟无进展。诸多非洲国家，以及亚洲的印度，都存在这样的问题。回顾中国近现代历史，19 世纪末的中国社会处于小农经济的形态中，经过洋务运动、南京国民政府时期的社会经济建设，依然没有发生实质变化。1949 年之后，中国共产党以国家强力将整个社会纳入到行政编制中来，强制实施三大产业的改造，其过程痛苦而曲折。改革开放以来，政府转换自身职能，逐步收缩了对社会生产生活直接进行计划、指示的权力，同时围绕社会经济事务提供一般公共服务和行政管理，重新界定了政府与社会的关系，使社会和个体获得了相当的自由空间。这一曲折过程所包含的社会经济转型，对于整个国家结构的优化来说，在某种程度上是不可或缺的。

现代政治体的一个标志，就是社会与国民是动力之源，政府和国家是社会活力的维护者。现代政府的职能不是直接介入社会经济生活，而是以保障者的身份来维护社会自主和个体自由，使它们的潜能得到充分发挥。中国政府是近现代历史的产儿，它从计划经济体制中走来，其职能转换和自身法治化尚在进行过程中。而官民均衡的格局远景虽然可期，但道路尚长。

三、公共权力的理性化

优良政制的核心精神就是权力的理性化。权力本身具有暴力品格，它的不正当使用会给社会和个体带来伤害。宪制体系的一系列措施，如权力分立、司法审查、多党竞争等，最终目的都是为了使公共权力变得理性、温和，以存其权能、去其暴虐。改革开放以来启动的政府法治化进程，亦是以权力理性化为目的的政治发展过程。

　　近代以来的中国政治面临两个核心主题：一是建立强大国家权力以求民族自强，二是使权力得到驯服以求优良政治。1949 年，中国共产党取得国家政权，建立了强大的政府，使整个社会在政府统制下运行，各大产业强制进行了现代化改造。到了 80 年代的改革开放时期，中国政治面临的已不再是强大权力缺乏的问题，而是如何将强大国家权力改造成为理性、温和、能持续推动中国现代化进程的高品质权力的问题了。

　　当代中国虽然属于现代范畴，但冥冥之中却与历史上诸多王朝演进节奏类似。以古鉴今，某些问题或可得到清晰呈现。话说，上马打天下，却得下马治天下。秦始皇采申商法术、农战立国，以武力扫荡六合。在取得天下之后，继续实行法家苛政，不幸二世而亡。后世各朝，均注意吸取秦朝教训。汉代经历高祖、吕后、文帝、景帝几朝，至武帝时四海归一，再无大的内部威胁。武帝时，皇权达到极致，对社会经济的统制程度也达到顶峰。武帝之后的昭帝、宣帝，逐渐改变汉武帝时的劳民政策，缓和官民关系，采取守成政策，王朝逐渐趋于稳定，文治压过武功。以武功为主的政治，多严苛残酷；以文治为主的政治，则较为温和宽简。唐、明、清几个统一王朝，均是在武力统一、武功开拓之后，逐渐采用宽缓的文治取得较长时间统治的。[1]当代中国的前 30 年，一方面需要应付国际压力，另一方面需要展开社会经济的现代化改造，国家政治严苛紧凑，权力统制深入社会各个方面，这与历代王朝的武功时代若合符节。然而，武功不可长恃、苛政难以持久；当政治稳定时，需要重新恢复相当程度的社会自由，如此方为长治久安之道。细细追究，在这一道理背后，其实也是政府职能的转型和权力品格的提升过程。武功时代的"非常政治"行使的是暴力性权力，而承平时代的"日常政治"行使的是理性权力。[2]当代中国以武力建立政权、以高度集权的方式完成社会整合，30 年之后，逐渐转向一种文治性质的统治；

---

　　〔1〕　参见钱穆：《国史大纲》，商务印书馆 2013 年版；钱穆：《中国历代政治得失》，生活·读书·新知三联书店 2001 年版。

　　〔2〕　关于当代中国从"非常政治"到"日常政治"的转型，高全喜从宪制的层面进行了自己的阐释。参见高全喜：《从非常政治到日常政治》，中国法制出版社 2009 年版。

政府法治化即处在这一转型中，它意味着权力性质的改变和权力品格的提升。

在立法、行政、司法和检察这四支宪制性权力中，直接参与社会治理、关涉公民权利义务的，主要是行政和司法权力。由于司法权力自有其程序和行为模式，本身具有相当强的理性特征，故最需加以规制和提升品格的就是行政权力了。行政权力在现代社会承担着多种职能，它的理性化对于社会和国民个体来说，以及对于整个政治体系来说，都具有相当普遍的意义。[1]

政府法治化是行政权力理性化的基本方式，它主要表现在两个方面：一是权力范围的限定（defined）；二是权力过程的开放与民主。

20 世纪 80 年代之前，中国的国家与社会界限不明晰，国家权力渗入到社会生活的各个方面，对国民实现了全方位管制。改革开放后，国家逐渐撤回这种直接管制的权力，释放了一定的社会自由空间。在农村、城市工商业和其他社会领域，国民获得了一定的自主性。政府权力撤退的过程，并不是政治衰败、政府控制力减弱的过程，而是一个政府职能转换、权力行使边界法定化的过程。《宪法》《国务院组织法》《地方各级人民代表大会和地方各级人民政府组织法》《环境保护法》以及《道路交通安全法》等法律，规定了各级政府及其职能部门的权限。经由这些法律，行政权力的内容得到了"菜单化"处理，"权力之外即为自由"的原则得到了部分实现。

所谓"把权力关进制度的笼子里"，首要的就是对行政权力的范围进行限定。当行政法对各行政机关的职权进行限定之后，权力就不能任意使用，社会和国民就能免于权力的无限度侵害了。在中国古代主流政治观念里，政府权力被假定为一种类似于父权的东西；在中国共产党的政治意识形态中，政府权力被假定为一种"为人民服务"的权力；这两种权力观都从根本上将权力视为具有"善"的

---

〔1〕关于政治权力之间的差异与属性，美国政治学家古德诺有过细致论述，参见[美] 弗兰克·古德诺：《政治与行政：政府之研究》，丰俊功译，北京大学出版社 2012 年版。

品格，故从国民权利角度对权力进行防范和监督的措施始终发育不全。[1]30 多年里颁布的这一系列政府组织规范、行政权力授权规范，使中国政府的权力首次在法律的层次上大体得到限定，这是中国政治转型中一个引人注目的成就。

从英美普通法中发展起来的程序技术，使行政权自身得到了改造。现代之前的权力是一种一端指向另一端的高权意志，权力主体与客体之间只有命令与服从。然而，行政程序的引入，则使行政权力程序化、开放化，甚至一定程度地民主化了。[2]行政主体需要充分听取相对人的意见才能启动行政行为；在行为过程中，相对人是活动的主动参与者，其意志和意见得以在行政过程中发挥作用。自1996 年的《行政处罚法》颁布实施以来，全国人大颁布了《行政许可法》《行政强制法》《治安管理处罚法》，这些法律为行政权力提供了一套行为程序和行为模式，作为行政相对人的个体得以借这些法律设施进行公共参与，将自己的意志纳入到行政权力的运行过程中。

中国自古以来缺乏民主生活，及至当代，民主仍然匮乏；公共权力缺乏民主机制的约束，往往会造成专横、冷漠、滥用。当民主的前景尚不明朗时，从技术层面的行政法治入手，就事论事地使公民得以介入公权力运行过程，也算是一种暂时性的替代策略了。中国目前正在制定对所有行政行为都统一适用的行政程序法，如果该法颁布并能得到有效实施，中国的行政权力品质将因之而得到提升，整个国家公权力的面貌也会因之焕然一新。

20 世纪 80 年代，中国刚刚从"文化大革命"的政治灾难中走出，民主和法治成为全党共识，官方和社会都期冀着通过民主和法治的推进，来实现政治的优化。回顾过去 30 多年的政治发展史，在20 世纪 80 年代民主被热烈探索，但在 20 世纪 80 年代末期，因民主

---

〔1〕 参见 ［德］赫尔穆特·施密特：《不在其位》，许文敏译，青岛出版社 2010 年版。

〔2〕 程序对于政治文明的意义，可参见 ［英］丹尼尔·汉南：《自由的基因》，徐爽译，广西师范大学出版社 2015 年版。另参见季卫东：《法律程序的意义》，中国法治出版社 2004 年版。

诉求与政治体制发生了严重冲撞并得不到妥善调和，民主发展的进程自此受挫。同时宪法上规定的各级人民代表大会的民主功能进展迟缓；其他形式的民主，如协商民主，也始终没有取得突破性进展。民主有多重功能，比如激发国民的政治主体意识和公共意识，表达国民政治诉求，实现社会各等级的均衡等，但最重要的的功能，当是从根本上重塑公权力，使公权力成为一种被授予的、服务于国民的、受国民实质监督的权能——民主使权力把持者由主权者变为国民公仆。[1]比较而言，民主是改变权力品质的根本性政治装置，而法律是改变权力品质的具体技术手段；二者之于公权力品格的提升，犹如鸟之两翼。当中国民主始终无法取得突破时，行政法治却在过去 30 多年一路前行，在技术层面做出了相当卓越的努力。

政治发展的确是一个系统工程，要实现公共权力的理性化，除了法治、民主之外，还需要社会经济的充分现代化。当我们回视英国和美国两个先发国家政治史的时候，它们在 19 世纪的政治，平等、公正、理性等价值理念也是颇有限度的。一直到 20 世纪中期，随着社会经济高度繁荣，宪政和法治的政治美德和政治文明才逐渐惠及绝大部分国民，制度红利才开始普遍化；绝大部分国民才实质地享有自由、民主、权利保障、公共参与这些现代政制的优质供给。法治演进、公权力品质提升与社会经济现代化程度在节奏上是一致的。今日中国，法治运行的社会经济条件和政治条件也并不优越，"有法不依""执法不严"的问题在行政法治上常常出现。行政法治中的这种困境，它既是行政法治、政府法治自身的问题，也是中国政治发展和社会经济现代化的问题。研究和思考中国政府法治问题，除了技术层面的考量外，还需要充分关注政治体系演进和社会经济发展这些更宏观的问题。

---

〔1〕 约翰·密尔曾对代议制进行过系统阐释，他比较了不同类型的政制，指出了代议制在品格上的卓越之处，及其对于政治权力的改造功能。参见 ［英］ 约翰·密尔：《代议制政府》，汪瑄译，商务印书馆 1997 年版。

第三节 法治化中的国务院与中国宪制

政府法治是宪制演进过程中的一个环节，欲深入追究政府法治问题，须从整体着眼，从整个宪制体系来审视政府的处境。

在中国宪制结构中，中共中央、全国人大和国务院三者之间的关系，是最为错综复杂的。它们不仅在理论上尚未得到合理阐释，在实践中亦是处于不断调整的不定型状态里。如此尚未稳定的宪制关系形态，使政府法治化的展开面临一个复杂的语境。此处，我们力图直观地去把握宪制架构，并在这一基本架构中阐释国务院的宪制地位及在政府法治化进程中所面临的问题。

佛家在度化众生的时候，往往引导凡人先破除名相，超离执迷，然后才能得大智慧。在研究阐释中国宪制问题时，"名相"问题亦是一个需要认真克服的问题。首先，实证宪法的制定包含了官方意识形态话语，诸多实质宪制问题隐含在这些意识形态修辞中；其次，中国宪法学本身淹没在自由主义意识形态话语里，这些自由主义意识形态经常会变成理解中国宪法的偏见（prejudice）。这些"名相"问题，既是政治习惯和文化习惯问题，又是认识论的问题。唯有努力将其破解超越，对中国的宪制阐释，才能得到些贴近实质的见识。

对于"法治化中的国务院与中国宪制"这一问题，我们从三个方面予以分析：

1. 中国宪制的基本结构。在现代政治中，大致有两种制度类型，一种是宪政政治，其政治中心在宪法规范方面，宪法提供了公共制度平台，各政党力量以追求公共职位为己任，展开竞争。在此结构中，宪法是"形式"，是公共的、中立的机制；而政党是"质料"，是社会性力量。回顾各国宪政史，美国、日本、德国等，都是在确立了宪法架构之后，才逐渐围绕宪法产生出政党。另一种是一党主导的政党政治，其政治中心和权力中心在某一特定政党方面。该政党以武装斗争夺取政权，成为实质的政治主体之后，再以立宪方式建构国家制度，从而将党权延伸和转化为国家权力。在这种一党主导的政党政治中，党权是核心和主体，国家建制只是党权的延伸和实证化；政党与国家机关，是决策者与执行者的关系。列宁式的苏联宪制，民国时期的"训政"宪制以及当代中国宪制，即属此类。在当代中国宪制结构中，中国共产党是宪制中的权源所在，全国人大和国务院则是中共权力的延伸。这一宪制属性和权力结构，从中国近现代历史处境中生成。

2. 国务院与中共中央、全国人大的宪制关系。在一党主导的宪制结构中，中共是权力核心，全国人大和国务院只是中共中央政治意志的职能机关。具体言之，中共是政治决策机关，全国人大和国务院是执行机关；全国人大承担了组织和立法职能，国务院承担了行政职能。在整个宪制格局中，中共中央与全国人大、国务院并不处于同一权力位阶，前者是主导性的、主动性的，后两者是承受性的、被动性的。回顾当代中国 60 多年的宪制史，"党政关系"一直摇摆不定，实质上是中共中央"主动性"分寸尚未拿捏好，时而主动性太强，"以党代政"，侵夺国家职能机关的权能；时而主动性太弱，造成党权虚化、宪制变异的危机。在总体宪制结构中，国务院一方面要对中共中央负责，另一方面又要对全国人大负责，两种责任的性质相当不同。随着整个宪制的法治化演进，这两种责任也处在不断变化调整中。

3. 法治化与国务宪制处境的变迁。一党主导的宪制结构在法治进程中会发生自我演进。这种演进在具体实践中，我们无法去预测；但在基本结构方面的状态，则大致可以预期。法治化的实质是规范化，它将促使当代中国宪制由政治性、决断性走向规范性、常规性。在此过程中，中共中央与全国人大、国务院的关系会朝着常态化方向前行：全国人大作为立法机关，宪制权重会有所增加；国务院将面临实质性"双重负责"的状况——对中共中央的政治责任和对全国人大的法律责任。在法治化过程中，国家职能机关层面的法治化相对容易推进，但中共作为执政党，其自身的规范化是国家职能机关法治化的前提——如果中共中央无法进一步规范化，它不恰当的政治决断可能会导致国家职能机关层面的法治化成果受到损害。然而，作为执政党的中共，它又需要在规范化和能动性两个层面保持一个平衡，因为过度的规范化会损害政治灵活性。在此，中共中央

"依宪执政"就主要包含两项内容：一是依照宪法支持全国人大、国务院充实权能，履行法定职责；二是寻求自身适度的规范化，使之能长期处于政治理性和政治审慎的状态中。

接下来，我们就对上三个方面的问题展开细致的阐释。

一、中国宪制的基本结构

从政制类型来看，现代政制主要有两种类型，一种是宪政政治，一种是一党主导的政党政治。二者的宪制结构不同，历史渊源也有差异。

欧洲近代革命的一个基本成果就是确立"契约论"的政治思想，将国家和政府看作一个由人民授权组成的公共机构，这个机构依照宪法运行，对人民负责。[1]在此政治思潮的影响下，英国宪政逐渐充实，美国和法国通过美国革命和法国革命建立起了代议制宪政政府，国家权力民主化、法治化。宪政政治的一个基本特点就是宪法作为一个公共制度平台，各政治力量围绕宪法展开博弈，合法争取政治职位，从而实现自我决策。

在宪政政治之外，苏联依照马克思的无产阶级政党理论，形成了一党主导的政党政治。这种政制的特点是，主导性的无产阶级政党是国家政权的核心，它依照阶级理论宣示自己的统治合法性，宪法本身只是组建国家职能机关的工具。一党主导的政党政治的真实的宪制结构是政党拥有决策权，其他宪法所设置的立法、行政、司法和检察等机关享有执行权；党与国家机关犹如大脑与手臂，双方在不同位阶上相互合作，实现政治治理。[2]

---

〔1〕 关于契约论政治思想，参见［英］洛克：《政府论》（下），叶启芳、瞿菊农译，商务印书馆 1993 年版；另参见［法］卢梭：《社会契约论》，何兆武译，商务印书馆2003 年版。

〔2〕 中国共产党领导人在不同时期都强调了中共的领导核心地位，他们的论述包含多个层面的理由，比如，邓小平曾说："自从十月革命以来，更证明了没有共产党的领导就不可能有社会主义革命，不可能有无产阶级专政，不可能有社会主义建设……实际上，离开了中国共产党的领导，谁来组织社会主义的经济、政治、军事和文化？谁来组织中国的四个现代化……"参见《邓小平文选》（第 2 卷），人民出版社 1994 年版，第 166~170页。

在宪政政治中，宪法是基本平台，各政党只是社会性力量，后者依赖前者而生存；若宪法不存，政党就失去了实现自己功能的舞台。整个政治的重心在宪法制度层面上，国家职位是公器，各政党和社会力量依法角逐，就其位而谋其政。[1]与之不同，在一党主导的政党政治中，政党是独立的、先在的权力实体，它往往是实质的制宪者；宪法上的国家职位，仅仅只是政党权力的延伸，是实现政党政策的机制化代理。政党可以依据自己的政治判断和政治意志，不断重塑宪法，重塑国家机关的机构体系和职能安排。在这种政党政治中，政党与国家职能机关之间的关系问题，是宪制结构的核心，其权重相当于宪政政治中权力分立与制衡。为此，在考察政党政治的宪制结构时，政党是宪制结构中的关键要素；若失察，则会造成根本性的遮蔽。[2]

中国近代政治历史，几乎就是宪政政治与一党主导的政党政治之间的试错史与竞争史。站在历史的后见之明来回顾这段百年政治历程，使人体味到天地不仁、历史理性的冷酷无情。1895 年甲午战争结束之后，中国上层有了政制危机的意识，于是在 1898 年开始了戊戌变法。戊戌变法的实质，是师法日本明治维新，在强化皇权的基础上改造国家政治体制，以兴民权、鼓民力，建立一套官民振作、殖产兴业、富国强兵的政制。[3]戊戌变法失败后，1905 年左右清政府在内外危机之下，开始了立宪运动，立宪运动总体上继承了戊戌变法的精神，但朝野力量在关键制度安排上发生了分歧，旋即失败。[4]辛亥革命后，共和立宪兴起，国民党人制定了《中华民国临时约法》，期望以此约法来协调各种政治力量，重建中国的宪政秩序，实现民权主义和民生主义；但行之未久，革命党人和北洋政治势力发

---

[1] 关系西方宪政体系及其原理、制度，参见张千帆：《西方宪政体系》（上、下），中国政法大学出版社 2004 年版。

[2] 1927 年之后的国民党政府在"训政"过程中，也特别强调政党在宪制中的地位。参见居正：《法律哲学导论》，商务印书馆 2012 年版。

[3] 康有为在呈送朝廷的奏折中，对变法维新的理由、措施、步骤进行了详细阐释。参见汤志均编：《康有为政论集》，中华书局 1981 年版。

[4] 关于晚清以来立宪运动状况及其团体，台湾历史学者张玉法有过详细阐释。参见张玉法：《清季的立宪团体》，北京大学出版社 2011 年版。

生分裂，中央权威进一步失堕，中国陷入军阀混战。以上三次运动，从根本上可视为宪政政治的尝试。〔1〕处在小农社会的近代中国，没有把这套政制良好地运转起来。20 世纪初的中国，外有亡国灭种之祸，内有生灵涂炭之灾，如何改变现状？苏联一党主导的政党政治为中国提供了新的示范，中国的现代性转型由立宪政治转向了列宁式政党政治。继续革命的孙中山一方面坚持民族、民权、民生的"三民主义"，另一方面改造国民党，使之集权化，欲借国民党实现中国的"军政统一"与"训政开化"，走向以党治国的路子。这种政治精神与列宁政制的精神若合符节。〔2〕1920 年前后兴起的中国共产党，在政制精神上则是完全师法列宁的一党主导的政党政治，在1949 年新中国成立后，便将这种政制全面展开，其基本结构延续至今。我们今天讨论中国的宪制与政府法治，其内在精神实可上溯到90 年多前的那段历史。

如果说宪政政治的建国思路是先立宪法，然后围绕宪法培育社会力量参与政治，从而实现兴民权、鼓民力，实现政治的民主化与国家的现代化，那么，一党主导的政党政治的建国思路，则是在社会中先缔造一个强大、完整的政党，该政党通过奋斗，取得国家统治权后，再由政党来塑造国家政权体系，充实政权形态，形成高度统一的"党政国家"体系。两种政制下建国思路的不同，导致宪制结构的不同。在研究当代中国宪制时，如上这一区分辨异，是展开理论阐释的前提。

党领导国家机关这一宪制格局，在 60 多年的当代政治史中，一直延续着。1949 年中国共产党在中国大陆取得军事上的胜利，实质上已经掌握了政治领导权。为了巩固以军事支撑的政权，夯实其合法性基础，也为了安置革命过程中的政治盟友，中共联合各民主党派，通过了《中国人民政治协商会议共同纲领》和《中央人民政府组织法》，建立了以中共为主导、各民主党派参与的联合政府。联

---

〔1〕 宪政文化及其体制在近代中国的历程，参见王人博：《宪政文化与近代中国》，法律出版社 1997 年版。

〔2〕 关于国民党的"列宁主义化"，王奇生进行过详细的历史考察。参见王奇生：《党员、党权与党争》，上海书店出版社 2003 年版。

合政府是中共与各民主党派合作的延伸，其权力内核是中国共产党。[1]1954年，中国政治上趋于稳定，三大产业的社会主义改造也已经开始，中共重新设计国家体系，颁布了《宪法》，确立了以中共为权力核心，人民代表大会为立法和组织机构，国务院为行政机构，最高人民法院为司法机构，最高人民检察院为法律监督机构的"党国体制"。原有的各民主党派及政治协商会议被定性为宪制之外的政治组织。五四宪法确立了政党为内、国家为外的宪制结构，较之1949年的体制，在形式上似乎更为整齐，更能体现列宁式政制的精神。[2]1957年之后，中共在政治浪漫主义的影响下，欲加快现代化建设进程，在政制上收紧党权，五四宪法确立的"以党领政"的机制逐渐变成"以党代政"；各级党委设立了对国家机构的归口管理机构，将立法、行政、司法、检察等机关的某些权力收回到党委机关来；国家职能机关体系权能被一定程度地削弱。1966年之后的"文化大革命"时期，中共以领袖权威为支撑，不仅将国家职能机关体系大面积虚置、废止，甚至中共本身的组织亦遭大面积破坏，代之以综合性的"革命委员会"。改革开放后，经过几年的恢复，1982年颁布了现行《宪法》，在基本结构上重新回归五四宪法的宪制结构。[3]整个20世纪80年代，"党政分离"成为政治发展中的主题，但1989年，党对国家机关的领导再一次被强调，党的核心地位又一次被强化。之后20年，"加强和改善党的领导"成为宪制主题中的高频话语。

如上宪制历史，呈现出几个清晰的特点：首先，中国共产党的党权是宪制中的原始和核心权力，国家机关的权力只是延伸性权力、功能性权力。60多年的政治史，中共政治核心的地位一直没有动摇

---

[1] 新中国成立初期，中国以《共同纲领》为架构确立了政权体制。关于《共同纲领》从动议到具体的起草制定过程，可参见陈扬勇：《建设新中国的蓝图：〈中国人民政治协商会议共同纲领〉研究》，社会科学文献出版社2013年版。

[2] 关于五四宪法的制定过程，参见韩大元：《1954年宪法制定过程》，法律出版社2014年版。

[3] 参见许崇德：《中华人民共和国宪法史》，福建人民出版社2003年版。

过，但国家机关体系及其权能，却屡经变换。[1]这可以看作是一党主导的政党政治的非实质性调适，是当代中国宪制的一种非本质化变迁。其次，党权与国家机关权力有相当差异，党权实质上是一种政治性权力，而国家机关权力实质上是一种专业性权力。在社会分工复杂化之后，如果党权这种政治性权力直接管理社会经济事务，就会造成紊乱。1957 年之后党权扩展、以党代政，以及"文革时代"的"革命委员会"这种综合性权力机制，都在不同程度上造成了政治治理的灾难。改革开放后，社会经济生活越来越复杂，中共与各国家机关之间如何维持妥当的关系形态，使国家机关的专业性权力充分施展以进行良好的社会治理，是中国宪制中的关键问题。[2]

立足实证的现行《宪法》，也能看出这种党国体制的宪制结构。《宪法》主要分为序言、总纲、公民基本权利和义务、国家机构四个部分。宪法以序言的形式阐释了中国共产党作为政治领导核心的宪制地位，指出该地位不是由社会契约构建的，而是在近现代救亡图存、解决核心政治问题的过程中形成的；总纲、基本权利和义务是中共在执政过程中持守的政策原则；国家机构是实现这些原则的功能性机关，它们在中共的领导下展开工作。党、国家机构、政策原则是宪法的三项基本内容，它们构成了中国宪制的权力结构形态与政治活动纲领。

对当代中国宪法的理解，如果在区分宪政政治和一党主导的政党政治的基础上展开，就不会出现语境误植，就能以一种直观的方式洞察到宪法文本中真实的宪制结构了。中国宪法中的宪制结构在价值上的优劣，不能成为干扰我们透视宪法内涵的障碍。相反，只有在把握真实宪制结构的前提下，我们方能对这一宪制的形态、特

---

〔1〕　在特殊的"文化大革命"时代，中共领袖取得凌驾于党的超越权威，虽然党组织在一定程度上被破坏，但中共政治权威借由领袖的持守，特殊时代一过，立即回复为常规的党权——中共权力并未遭遇大的威胁。

〔2〕　政治与行政、统治性权力与专业性权力的区别，美国政治学家古德诺曾专门阐释过。参见［美］弗兰克·古德诺：《政治与行政：政府之研究》，丰俊功译，北京大学出版社 2012 年版。

征、问题有所察照。

二、国务院与中共中央、全国人大的宪制关系

一党主导的政党政治，是理解国务院宪制地位的基本背景，也是理解国务院与中共中央、全国人大宪制关系的框架结构。在此背景和结构中，中共中央是权力重心所在，是政治性机构；而全国人大和国务院是中共党权的延伸，是职能性机构。高度政治性的党权须依赖充分专业化的立法和行政权才能在复杂的现代社会结构中展开良好治理；同时，立法和行政权的施展，需要政治性的党权给予充分支持。如上即是当代中国"党国体制"的宪制机理所在。

列宁式的一党主导的政党政治，其核心的权力结构就是执政党对国家机关的领导。作为权力核心的政党是政权的基础，它不仅以革命的方式建立了国家政权，在和平时代，还将继续在政治、政策原则和组织上领导国家立法、行政和司法检察机关；政党与国家机关之间的关系，恰如马拉大车，无马不成行。在共产党自身的意识形态论述里，党的领导是社会主义事业沿着正确方向前进的保障，是抵御政治堕落的保证；作为先进阶级代表的共产党，它提供的政治道路和政策原则是国家走向民主和文明的条件。透过这些意识形态，我们有所省思地看，会发现这种以党领政、权力集中的政制，它可能缘起于后发国家现代化赶超战略。后发国家与发达国家同处一个世界，同处一个彼此竞争的环境，它无法以自生自发、自然演进的节奏来实现国家社会的现代化，只能通过政治上的主动，以政治力强行推进产业的现代化转型和升级，有计划、有所侧重地推进社会经济的发展，以求在短时间内达到发达水平。

中国宪制结构中的国务院，虽然是国家层面的行政机关，但它与民主宪政体制里的中央行政机关有相当大的差异。依循如上所阐释的原理，我们从比较制度学的层次来阐述国务院与中共中央、全国人大的关系，进而来说明国务院的宪制地位。

首先，中共中央与国务院的关系是决策与执行、命令与服从的单向权力关系。在党国体制的宪制结构里，执政的中国共产党是宪

制结构里的基本要素。中共对国务院的领导，通过三种方式来实现，即政治领导、思想领导和组织领导。所谓政治领导，即中共中央的政治原则和政策方针须得到国务院的尊重和执行；所谓思想领导，是指中共的政治意识形态须得到国务院组成人员的认同；所谓组织领导，即中共中央通过人事安排和内置于国务院的"党组"实现对国务院的组织上的领导。国务院是一个实体，但此实体的政治原则、意识形态和组织人事均源于中共中央。在过去60多年政治史中，中共中央与国务院的权限划分几经变动。在这些权力格局的变更中，中共均是主导者，国务院均是承受者。与之对比，在西方民主宪政体制中，政党和政府的关系则是另一番模样。政党往往只是勾连社会与国家的中介性力量，它的主要功能是举行选举，协助本党候选人争取国家机关的职位。在日常政治运行中，政党对本党出身的国家公职人员，无论是总统、总理或是议员，约束力较弱；在某些政治体内，政党几乎沦为单纯的选举机器。在宪法上，政党往往不具有实证宪制地位，它被视为社会力量。[1]一经对比，中国党政关系格局与宪政体制中的党与政府关系格局，差异之大犹如霄壤。

其次，国务院与人大的关系取决于中共与整个国家机关体系的关系。在当代中国宪制结构里，国务院需要对两个机构负责，一个是中共中央，另一个是全国人大。如果单从《宪法》第3章国家机构来看，国务院与全国人大的关系，类似于宪政内阁制中的政府与国会的关系，国会通过民主选举产生政府，政府对国会负责、受国会监督。然而，这种理解是一种误解，它忽略了《宪法》序言中关于中国共产党宪制地位的阐释。理解国务院与全国人大的关系，须结合上文反复阐释一党主导的政党政治这一原理，才能获得对事物的真实认知。具体言之，国务院与全国人大之间，并不构成单独的权力博弈格局；其背后的中共中央，才是决定国务院与全国人大关系的关键力量。从1954年到1980年这段时间里，中国主要依赖政

---

〔1〕 古德诺亦阐释了美国宪法体制中的政党，他将其视为一个类似于公司那样的社会性力量。参见［美］弗兰克·古德诺：《政治与行政：政府之研究》，丰俊功译，北京大学出版社2012年版。

党政策和政府指令治理国家，全国人大作为立法机关，它的立法职能没有得到充分发挥，仅仅只是在形式上起到组织政府、法院、检察院的作用，宪法监督职能也在法律虚无主义的氛围中被虚置。及至改革开放，政府职能转型，社会管理需要更多的规范性法律，全国人大才开始充实其立法职能。在这个过程中，中共中央决定以民主和法治作为政治发展原则，支持全国人大行使职能，并通过人事制度改革，充实全国人大的专业性力量，这是国务院与全国人大关系格局变化的关键。在可预见的未来一段时间，中共中央十八届四中全会关于实施全面依法治国的决定，将进一步充实全国人大的力量、提升全国人大在宪制中的权重。

理解国务院的宪制地位，关乎如何理解宪法。当代中国宪法是由中国共产党主导制定的，宪法之立，可以看作是中共以党权塑造国权。在宪法所包含的宪制结构中，中共自身不是宪法之外的力量，而是宪法本身的基本构成要素。中共依照马克思列宁主义的无产阶级政治理论，认为自身是社会主义建设的领导者，在革命胜利后，依然负有领导国家政权的职责。为此，在制定宪法时，将中共自身安排进宪制架构里，就成为其立宪时遵循的一个基本原则。"党对国家机关的领导"不是一个宪法之外的政治原则，而是宪法之中的基本规范。[1]在西方宪政政治的宪法中，宪法主要包含国家机构和基本权利两个部分。国家机构的运作，主要通过民主选举以及立法、行政、司法各机关的分权协作来实现，宪法运转的过程是一个开放民主、权力制衡的过程。然而，在一党主导的政党政治的宪法中，宪法则包含了执政党、国家机关、政策原则和基本权利四个部分；宪法的运作主要是通过执政党的领导实现，在这一高权领导过程中也会有民主要素，但民主不是开放竞争的民主，而是执政党主导之下的被限定的民主；宪法运作的过程本质上是执政党领导并支持国家机关履行法定职能的半封闭过程。国务院作为国家职能机关，既在中共的领导下运行，也在全国人大的监督下运行，它对二者均负

---

[1]《宪法》序言对中国共产党的领导地位进行了阐释。在理解《宪法》文本时，不应当忽视序言中的内容。

有责任。总体而言，国务院对中共中央所负责任为政治与政策责任，即对中共中央的政治意志和政策方针负责；对全国人大所负责任为法律责任，即对国家立法负责。两种责任的内涵和责任轻重，视国家总体的宪制格局状况而定。

国务院是中华人民共和国的中央政府，它的宪制地位需要在总体宪制格局中确定。中国政治的现代化转型使宪制格局一直处于调适变迁的过程中，国务院的宪制地位也尚未恒定。这种状况会导致政府法治化面临一些宪制性障碍。

三、法治化与国务院宪制处境的变迁

当代中国政治在前 30 年里行进曲折、历经磨难。在 1980 年前后，中国共产党反思过去 30 年的政治历史，将民主和法治作为政治发展的两项基本原则。自兹而后，30 多年又过去了，中国政治的法治化获得了相当成就。宪制结构大体稳定，政府法治有所推进，市民社会的私法法治逐渐确立，司法体系的职业化也正在推进，整个国家总体上朝着法治化方向不断迈进。2014 年，中共中央十八届四中全会再次确认了“依法治国”的原则。这是对过去 30 年的社会政治法治化成就的肯定，也是对未来政治发展的一个规划。

法治化的本质是规范化，将行为主体纳入到既定的规范之中，使规范成为行动的准则。政治的法治化意味着中国政治将不断规范化，各机构在权能方面将明确化，行为活动方面将程序化，权力运行方面将责任化。[1]法治化是对权力体系及权力属性的改造，这一改造过程，也是宪制结构演进的过程亦是国务院宪制处境变迁的过程。

法治对于中国政治而言具有两个方面的意义：一是权力属性的改造；二是权力结构，尤其是宪制结构的演进。就宪制结构而言，法治化会带来那些变化呢？立足中国宪制，法治化所带来的宪制变

---

〔1〕　关于法治的基本理念和制度，以及中国近 30 年的法治发展历程，参见王人博、程燎原：《法治论》，广西师范大学出版社 2014 年版；另参见程燎原：《从法制到法治》，广西师范大学出版社 2014 年版。

化主要体现在三个层面：其一，中共自身的规范化；其二，全国人大职能的充实；其三，国务院对中共中央和全国人大均承担实质性责任。

我们接下来就对这三项内容进行细致阐释。

中国共产党作为宪制结构中的关键要素，它处在中国法治化架构之内。中国政治的法治化，意味着中共本身将逐渐走向规范化。

在一党主导的政党政治体制之内，中共的规范化有其独特的内涵。中共是中国政制结构中的权力主体，但此一权力主体，又与君权神授式的封闭性的权力主体不同。依照其意识形态论述，中国共产党的权力是建立在革命历史和政治民主基础上的。中共以武装斗争的方式完成了国家统一，取得了国家政权；在具体执政过程中，它又需要不断回应社会与国民的政治诉求。中共没有将选举民主充分发展起来，而是以"群众路线"的方式来实现它对民意的回应。作为政制内的权力主体，它一方面通过展开与国民的政治互动来汲取和充实政治能量，从而避免自身的僵化与政治合法性的枯竭；另一方面，又要以权力主体的身份来运行政治权力，做出政治决断。[1]中共这一政治主体，是一个需要不断回应社会、保持政治活性的主体；一旦过分官僚化，它就会丧失自身政治活性，从而僵化衰败。然而，在法治化趋势中，它又须将自身权力进行相当程度的规范化，以避免权力在运行中出现超越政治理性、严重突破国家宪制体系，造成"文化大革命"那样的灾难。

法治对于中共来说，并非是规范性越强越好。它作为核心政治决策机关，过分的规范化会使整个政党陷于文牍主义、形式主义，进而会使它无法针对复杂的处境做出最佳的政治决策，也无法灵活地回应国民的政治诉求。中共自身的规范化，以政治理性和政治审慎为最高诉求，它需要在规范化与能动性之间找到一个平衡。如果情势能一直朝着良好的方向进展，中共自身可能会形成某些原则性的"规矩"，这些"规矩"实质就是一种宪法惯例，而原则性"宪

---

[1] 美国学者沈大伟专门研究过中国共产党的运行机理及其演进逻辑。参见［美］沈大伟：《中国共产党：收缩与调适》，吕增奎、王新颖译，中央编译出版社 2011 年版。

法惯例"之中包含着权变空间。[1]

全国人大的职能充实是法治对中国宪制的第二项影响。在一党主导的政党政治中，当法治尚未充分展开时，政之所出主要在中共中央。但是，随着法治的展开，诸多直接关系国计民生的政令就不再是以政党决议的形式出现了，而是以国家法律的形式出现。全国人大的立法权在此过程中也逐渐充实起来。在旧有的政策治国形态中，中共中央直接对相关事务做出决策和安排，其他国家职能机关接榫执行。当法治展开后，中共中央对相当部分的事务，只是做原则性部署，全国人大依据中共中央部署，依赖立法技术制作法律文本。这一过程，包含着政治权能的转移。

在议会内阁制的体制中，议会是国家政制的中心；在原则上，它的职能可以无限扩大，"除了不能把男人变为女人外，其他职权它都具有"。议会职能的扩大意味着国家主权权力的充实。然而，在中国宪制结构中，全国人大只是中共中央在国家层面的职能机构，它的职能扩张受制于整体的宪制结构。具体说来，中共中央是权力核心，对全国人大拥有政治领导的权能；全国人大作为国家层面的立法和组织机关，它的职能扩充需要与中共中央的政治领导相协调。[2]

国务院对中共中央与全国人大的双重负责，是法治化产生的第三项影响。八二宪法在语言修辞上存在着张力。列宁式政治体制，是以无产阶级政党作为政治核心的，这个政治核心不仅在意识形态上占据领导地位，而且现实地享有并行使公权力。国家层面的机关仅仅只是党的职能机关，它们负责实施党的政治决策。这套结构源自"巴黎公社"的政治实践，在列宁和斯大林那里基本定型。中国共产党继承了这套政治理念，并使这一政治体制在宪法上成为中国宪制的基本架构。然而，在具体制作宪法文本时，为了迁就民主宪

[1] 英国宪法学者白芝浩在阐释英国宪法体制时，就充分注意其中惯例性原则，这些原则构成了英国宪政的重要部分。参见 [英] 沃尔特·白芝浩：《英国宪法》，夏彦才译，商务印书馆 2005 年版。

[2] 蔡定剑曾对人民代表大会制度原理、组织、职权和运行机制进行过系统阐释。参见蔡定剑：《中国人民代表大会制度》，法律出版社 2003 年版。

政学说体系中的政治理论，中共将自身宪制地位用《宪法》序言的方式加以阐释，同时把国家机关体系叙述成一个看起来自足的体系——全国人大是最高国家权力机关，国务院及其他国家机关由它产生、对它负责、受它监督。由此，实质的宪制结构和宪法文本之间就产生歧义了；如果不注意从中国宪制发生学的角度理解宪法文本，就容易把中共误解为民主宪政体系下的政党，从而把国家机构体系误解为完整自足的体系。

在过去 60 多年的宪制史中，全国人大作为最高国家权力机关，其职能不同程度地虚置，但它并没有造成中国宪制的停摆，原因就在于中共中央这一权力核心没有在宪制上缺位。法治化过程客观上激活和充实了全国人大的职能，国务院对中共中央独家负责的宪制格局将逐渐改变。

我们可以参照中国古代政制史来理解法治化过程中的当代中国宪制。在隋唐时期，中国形成了结构完备的君主官僚制，即皇帝统御的三省六部制，皇帝作为最高负责人，其下有中书省（隋为"内侍省"）、尚书省和门下省。中书省负责动议决策，尚书省领衔六部并负责执行，门下省负责封驳审核。这样的君主官僚制，实质形成了两个权力层次，一是主权者的皇帝，二是国家层面的职能机关。掌领行政职责的尚书省，一方面要对皇帝负责，另一方面又要对中书省的动议决策负责。但两种责任是不一样的，对皇帝的责任，是抽象政治责任；而对中书省的责任，则是具体事务性责任。由于传统中国政治没有妥当处理好皇权与官权之间的关系，导致"三省六部制"在隋唐时昙花一现，没能持存下去。然而，隋唐时期的"三省六部制"为我们理解和推进当代中国宪制提供了历史经验。法治的根本追求就是将政治纳入规范的轨道，使相关宪制机关各尽其责，形成分工协作的稳定体系；在其中，中共中央作为领导机构，既能在政治上担负总体责任，又能将自己限定在理性、妥当的权力范围内；全国人大作为组织和立法机关，能充分履行职权，像历史上的"中书省"那样，将主权者的原则性政治意志转化为具体的法令和决议；而国务院，像历史上的"尚书省"那样，总理各部，既对主权者承担抽象政治责任，又对立法机关承担具体的执法责任。[1]

但愿今人胜古人，中国古代本来已经发展出良好的宪制结构，"三省六部制"包含着相当的政治理性；如果这一制度形态能不断完善，中国政治就不会在唐宋以后走向君主集权的形态了。回顾古代历史，"三省六部制"不能得以坚持，主要原因就在于皇权对官权的侵越，作为本应负总体责任的皇权，在具体事务中不断插手，扰乱了各职能机关的权限，进而导致职能机关不断衰亡，走向了明代的"皇帝－内阁机制"和清代的"皇帝－军机处机制"。[2]"三省六部制"衰落的过程，实质是政治分工衰落的过程，也是政治权力侵越行政权力，决策权力侵越执行权力，价值权力侵越技术权力的过程。古代政制史为今日中国宪制发展提供了某种反面教训，我们对此不可不察。

---

〔1〕　关于中国古代政制，参见钱穆：《国史大纲》，商务印书馆 2010 年版；钱穆：《中国历代政治得失》，生活·读书·新知三联书店 2005 年版；严耕望：《中国政治制度史纲》，上海古籍出版社 2013 年版；阎步克：《中国古代官阶制度引论》，北京大学出版社 2010 年版；阎步克：《从爵本位到官本位》，三联书店 2009 年版。

〔2〕　参见钱穆：《中国历代政治得失》，生活·读书·新知三联书店 2005 年版。

第七章
法治与中国社会

第一节 推进多层次多领域依法治理

党的十八届四中全会指出，我们要坚持系统治理、依法治理、综合治理、源头治理，提高社会治理法治化水平；深入开展多层次多形式法治创建活动，深化基层组织和部门、行业依法治理，支持各类社会主体自我约束、自我管理；发挥市民公约、乡规民约、行业规章、团体章程等社会规范在社会治理中的积极作用。原因在于，这些社会规范根植于民间，与国家正式法律相比，它更适合民间社会的不同情况，具有"对症下药"的特点。

一、基层社会的依法治理——以村委会为例

改革开放之初，中国农村社会急需一种与家庭联产承包责任制相适应的乡村治理模式进行公共管理，原因在于原有的人民公社治理模式已经不能适应形势的发展和时代的需要。1979 年 10 月，发端于广西河池宜州市合寨村新村屯的，村民自发组织管理村庄公共事务的模式开始进入中国共产党的政治视野，经过几年的试点和调研，《中华人民共和国村民委员会组织法》于 1988 年 6 月 1 日开始试行，1998 年 11 月 4 日正式通过，2010 年 10 月 28 日进行了修订。自该法颁布实行开始，中国政府通过法律手段，以村委会形式推行乡村治

理的基层民主实践，开始了新一轮改变村庄治理的传统模式的尝试。至今，这一尝试已经地进行了 35 年。截至 2009 年年底，全国共有村委会 59.7 万个。[1]我国的村委会制度在全国各地的农村已经日渐成熟，并开始发挥其公共管理的职能。村委会发挥公共管理职能的重要手段之一就是村规民约的制定与执行。村规民约的内容主要涉及村风民俗、公共道德、社会治安等方面，其目的在于调整村落内部关系，维持村落秩序，维护村落的共同利益。村规民约在村落公共管理方面的重要作用已经得到共识，因而很多学者提出的社会主义新农村建设的若干标准中都包括"一份文明进步的村规民约"或"村民自治章程和村规民约建设"的相关内容。

村规民约，又称乡规民约、民族团结规约、族规民约、议约或约款等。传统的村规民约一般由村庄中的权威组织或全体村民会议制定，内容主要涉及村风民俗、公共道德、社会治安等方面，其目的在于调整村落内部关系，维持村落秩序，维护村落的共同利益，形式上成文的居多，也有不成文的。[2]由于村规民约功能与价值的趋同性，因而各地的村规民约在内容上必然有一定的相似之处，但是毕竟各个村落的自然条件、人口构成、发展方式、文化基础等有着很大的不同，这就在客观上要求各地的村规民约在具有一定共识性的基础上还应突出地方特色。村落治理实践中运行良好的村规民约都具有一定的地方特色，主要有如下几种类型：

第一，加强对传统文化的保护。例如，《贵州省从江县岜沙村村规民约》第 25 条规定，要保持古朴的传统意识，凡是 7 岁以上的男子头式都要留发髻，并终生保持这种发式，如不留发髻，就不能享受国家给予的优惠政策待遇。这是因为岜沙苗族是苗族的一个支系，男子头式是这个支系的重要特征之一，为了保护该传统文化并使其顺利传承，遂在村规民约中做出前述规定。这些规定因地制宜，具有地方特色，它以当地岜沙苗族的传统文化为基础，促进了传统文

---

[1]　数据来源：中华人民共和国民政部《2009 年民政事业发展统计公报》。

[2]　方慧：《少数民族地区习俗与法律的调适——以云南省金平苗族瑶族傣族自治县为中心的案例研究》，中国社会科学出版社 2006 年版，第 142~144 页。

化的传承与发展，凸显了"法的中国性"。

第二，加强防火安全管理。例如，《贵州省雷山县上郎德村村规民约》之"防火安全"中规定，寨子发生火灾势头时，大家要集中精力到火源地点赶扑火源，不准农户或个人以任何借口私自搬运自己的东西。这是因为该村建筑都是木质的吊脚楼，村落整体被列为全国重点文物保护单位，防火在该村的重要程度要远高于其他村落，因而村规民约中对防火做出了特别的规定。

第三，促进男女平等。例如，《河南省登封市大冶镇周山村村规民约》第 3 条规定，积极协助村党支部推荐入党积极分子，在推荐的入党积极分子中，女性比例争取达到 50%。第 4 条规定，支持和鼓励妇女参政议政，在换届选举中，村两委、小组长和村民代表中女性代表不得少于 50%。

第四，规制主要的社会问题。例如，《新疆克孜勒苏柯尔克孜自治州阿图什市哈拉竣乡制定乡规民约》，规定治理酗酒行为，营造新农村建设良好社会风尚。对国家干部及离退休老干部酗酒的，发现一次，停发一个月工资，发现第三次，给予全乡通报批评，年底不允许参加考核；对低保户酗酒的，发现一次就将其列入黑名单，停发 3 个月低保金，发现三次后将停发其家属低保金；对农牧民群众酗酒的，也将纳入黑名单，不允许享受国家各项惠民政策，并处以相应的罚款。《云南省金平县白乐寨村规民约实施细则》第 24 条规定，凡种植罂粟和吸毒者，罚款 1000 元。

二、行业依法治理

行业的依法治理是行业自律的内在要求，是任何一个行业健康发展的根本保证，也是落实"小政府、大社会"理念的必然要求。本书在此以新兴非物质文化遗产行业加以说明。由于各种非物质文化遗产扎根于普通民众的社会生活之中，为了促进非物质文化遗产的传承与发展，我们还要通过各种方式鼓励各地民众保持其传统生活方式，这对于我国的文化振兴与文化强国战略也是必不可少的。例如，布依族蜡染在布依族民众中得到了很好的传承，很重要的原因在于在绝大多数布依族聚居地区，布依族群众的婚礼上要穿着传统的布依族服饰，而不是现代的婚纱。布依族的传统服饰都是由蜡染布制作的，并配以织锦等作为装饰。此外，我们还要尊重非物质文化遗产传承的规律，重视非物质文化遗产发展的科学性，例如，有些地方的蜡染制作过程中将传统的板蓝根染料改为工业染料，不仅在洗染过程中对周围环境造成污染，还失去了传统蜡染对皮肤的保健作用，长此以往也会失去市场的认可，这种对非物质文化遗产技艺的"改良"就是不成功的、不科学的。正因为如此，也为了使非物质文化遗产能够得到更加广泛的市场认可度，贵州省在广泛征询代表性传承人和有关专家意见的基础上，于 2012 年 9 月 18 日发布了苗族刺绣和苗族银饰锻造技艺的地方标准（贵州省地方标准 DB52：DB 52/T 761—2012 地理标志产品黔东南苗族刺绣；DB 52/T 760—2012 地理标志产品黔东南苗族银饰），以此来规范非物质文化遗产的传承与保护。黔东南苗族银饰的地方标准在制定过程中的起草单位还包括了三家苗族代表性传承人创办的公司，分别是：黔东南苗乡侗寨文化传播有限公司、黔东南苗妹银饰有限公司和贵州印象苗族银饰刺绣公司。

在黔东南苗族刺绣的地方标准中，所采用的面料必须是以棉、麻、丝天然纤维或化学合成纤维以及皮革等为原料生产的面料。绣线必须是以棉、麻、丝天然纤维或化学合成纤维，以及金属或类金属丝为原料生产的，可用于刺绣的线。设计应运用苗族传统造型文化理念进行造型设计，或采用苗族传统刺绣工艺作工艺设计。总体工艺应符合以下要求：通幅应平整服帖；排线应均匀，不应露底；针法均匀，不露针脚。具体的工艺要求如下：

1. 平绣，绣平面平整，针脚整齐。

2. 破线绣，平针绣绣线排列整齐，有光滑感，绣片用双圈锁边，锁线清晰，密度适当，链扣间距均匀，锁边与绣面间不露底，破绣平面不发毛刺。

3. 锁绣，锁扣距离相等，装饰性强。

4. 绉绣，褶皱高度一样，平整有立体感。绣面用盘绣包边轮廓，盘绣转角不能呈凹包。

5. 辫绣，环编圆圈大小一致，线路清晰、流畅。辫绣环编圈大小一致，圈边交差间距均匀，绣面纹路流畅自然。

6. 盘绣，编带松紧一致，盘带平整，排列整齐。编扁平带子稍紧，带子铺图稿平整，不允许有露底，转角凸显颗粒适当，不能过高。

7. 打籽绣，结粒排列整齐，疏密一致。用绞钉绣镶边。打籽颗粒大小松紧一致，粒间排列整齐，绞线镶纹样轮廓到位，不漏底布。

8. 粗打籽，有粗犷感，视觉冲击力强，排列整齐到位。

9. 数纱绣，不错数经线、纬线数和格子数，挑线平整。

10. 贴绣，平贴和立体贴，整体感强。包边钉线针距均匀，包边材料宽窄一致，大小一致。

11. 叠绣，堆贴整齐，纹理自然，整齐。

12. 绞钉绣，绞线镶边，缠绕紧密、包边到位。

13. 钉线绣，排列均匀，间隔相等。

14. 戳纱绣，戳纱穿纱牢固。缀平绣用针数纱准确，几何纹样不走形。

15. 织绣，织锦经纬致密牢固。织绣位置适当，色彩鲜明，图案面积不宜过大，有画龙点睛效果。

16. 锡绣，金属箔条宽窄一致，穿纱牢固。

在产品质量方面，对刺绣材料、绣品理化性能要求都有相关的要求。在产品的规格与设计工艺方面，要求成品与原设计图纸要求相符。工艺品绣品规格尺寸大小偏差不大于1cm，服用性绣品按选用考核标准规格尺寸允许偏差要求考核。绣面平整，针脚整齐，绣线松紧一致，间隔均匀，走线绕圈大小一样，排列整齐，不错绣，不漏绣，不露底稿。做到绣片洁净、绣面色泽光亮。绣花效果符合相应工艺分类要求。全部采用手工，用针将绣线按照一定图案和色彩在面料上穿刺，运用各种工艺，以缝迹构成花纹。平整、整洁、干燥，不熨黄、不掉色，不走光，无死折。破洞、破边、经纬不匀、油迹、绣迹、污迹、水渍、浆斑、霉斑。

在黔东南苗族银饰的地方标准中，除了对主体材料、配件材料、有害物质限量、质量允差的要求外，还制定了黔东南苗族银饰传统工艺产品的等级要求。具体见下表：

序号	缺陷名称	优等品	一等品	二等品	合格品
1	表面灰白色	不允许	不允许	不太严重灰白色	有灰白色
2	表面有锉、刮、锤痕迹	不允许	只有放大镜才发现的痕迹	一般难发现痕迹	有轻微的锉、刮、锤痕迹
3	表面有裂痕、沙眼、杂质	不允许	不允许	有微小沙眼，无裂痕，无杂质	有较小沙眼和杂质
4	边棱尖角不光滑，有毛刺	不允许	边棱尖角不光滑，无毛刺	边棱尖角不光滑，毛刺不刮手	允许
5	虚焊，漏焊	不允许	虚焊、漏焊不大于1%	虚焊、漏焊不大于5%	虚焊、漏焊不大于8%
6	焊疤	微小焊疤不超过5%	微小焊疤不超过10%	一般焊疤不超过10%	明显焊疤不超过10%
7	编结丝疏密误差	不超过2%	不超过5%	不超过8%	不超过15%
8	錾刻线条凌乱，层次不分、错刻、漏刻，刻线到位率差	刻线到位差不超过5%，其余不允许	刻线到位差不超10%，其余不允许	錾刻线条不太流畅，主次不是很明显，刻线不到位超10%	錾刻线不太均匀，层次较差，有漏刻超过5%，刻线到位差超过15%
9	拉丝粗细不匀	不允许	不允许	丝粗细不匀，还超过2%	丝粗细不匀，超过5%
10	搓丝松密不均匀	不允许	不超过2%	不超过5%	不超过10%
11	色泽与材料不一致	不允许	不允许	不允许	色差不超5%
12	表面有水渍	不允许	不允许	不允许	不超过表面积的2%

三、社会规范的调整效果更为良好

从当前我国转型社会的特殊国情以及行政管理的实践看，社会规范与国家正式法律都是不可或缺的，传统上的使用国家法的领域中运用国家法的调整手段仍是必不可少的，而有些领域则可以国家法为基础，引进社会规范的调整手段，这可能会起到事半功倍的效果。在此，我们仅以一个西部地区农村的防火社会规范来加以说明。

以贵州省雷山县的郎德上寨为例，苗族人居住的黔东南州境内沟壑纵横，山峦延绵，历有"九山半水半分田"之说，属于典型的山区。为了节约土地，苗族村寨大多依山傍水而建，巧妙地利用地势，有"占天不占地"之说。因地势形成的吊脚式木结构瓦顶或者杉皮盖顶楼房，大都是人住吊脚楼的楼上，楼下起辅助功能，如饲养家畜家禽，堆放肥料、燃料，存放农具等。同时，苗族一般聚族而居，形成连片的吊脚楼群，颇为壮观。这样的居住格局一旦发生火灾极易成片燃烧，一家着火，殃及多家甚至全寨，从而给扑救工作带来麻烦，不仅难以组织人员进行救火，而且大型救火设备难以施展。近年来，极具民族特色的苗族村寨成了全国乃至全世界的旅游胜地，例如，作为全国重点文物保护单位的郎德上寨旅游业发展迅猛，游客数量不断增加，尤其在每年的7月至9月，郎德上寨处于旅游旺季，苗族传统节日、艺术表演吸引了来自世界各地的游客，在宣传苗族传统文化、带动当地经济发展的同时也在很大程度上增加了消防的难度。除了人数较多，不易开展消防工作之外，游客的消防意识也较为薄弱，且大多数游客对于苗族有关防火的村规民约和防火制度知之甚少，吸烟、烧烤、用电等成为较大的火灾隐患，常常会引发火灾，不仅给当地人民的生命和财产造成了极大的损失，也给少数民族传统建筑、艺术等造成了破坏。

通过对郎德上寨村委会的走访，我们发现村规民约中存在大量与火灾的预防、救援相关的条款，比如"柴草不能乱堆乱放"，"村民须自觉参加宣传教育和培训，爱护公共消防器械"，"家中不可以存放大量的汽油、酒精、香蕉水"等规定，且有对引起火灾的人处以类似于"四个一百二"的惩罚措施。通过调研及对整个村庄的走访、观察，我们认为郎德上寨的村民防火意识强，随处可见防火安全的标识和消防栓、灭火器、蓄水池，柴草也不存在乱堆乱放的情形。村规民约中关于防火的规定如下：

（一）每位村民有义务保护消防设施，故意破坏消防设施的，除承担刑事、行政责任外，视情节轻重缴纳违约金 500~2000 元，并限期恢复消防设施。

（二）引发一次火警的缴纳违约金 120 元，引发火灾的一次缴纳违约金 2000 元，交纳违约金的 20% 交给村委会，80% 交给该片区农户开展消防宣传。

（三）若发生森林火灾，除按法律追究相关责任外，造成 1 亩以下损失的，缴纳违约金 200 元。造成超过 1 亩以上的按 1 亩 100 元缴纳违约金，罚款所得作为火灾扑救经费外，并由该户对所烧森林进行造林。

此外，该寨还建立了"十户联防"和"应急救护制度"，由消防队贯彻实施。具体内容包括：大约每十户人家组成一个火灾联防集体，由专职消防队指定一户家庭的成员作为组长，负责对本组的十户人家进行防火的宣传教育及告诫。平日里，十户人家相互监督，彼此提醒不要乱堆乱放；一旦有火情发生，毗邻的家庭也是帮助防火救险的及时力量来源。参与应急救火的力量主要有受灾户自己、专职消防队员、义务消防队员、民兵、村委会、"十户联防"的邻居及其余村民。专职消防队员在收到火险报警或观测到火险的第一时间赶赴现场，在民兵、各村寨的义务消防队员、村委会成员、"十户联防"的邻居及其余村民等的共同协助下进行灭火工作。该村村规民约还规定："郎德上寨发生火灾势头（火源）时，大家要集中精力到火源地点赶扑火源，不准农户或个人以任何借口私自搬迁自己的东西"，这是苗族生产生活互助习惯法的典型表现。在访问苗学专家雷秀武先生时，他告诉我们，在苗族人看来，救火是一个道德品质的"试金石"，可以反映村民的集体观念和互助精神。当村寨里有火灾发生时，村里所有的青壮年应当全员出动去救火。然而，这时往往会出现一些胆小怕事的人不愿去救火；出现一些自私自利的人，只管自家的利益而对他人利益不闻不问。村规民约的此条规定让一些临阵脱逃的人遭受"背离的惩罚"。由我们调查得到的实际数据可知，近年来，除了大约每年一二起小型的火灾，郎德上寨没有发生过大面积的灾情，且小型火灾全部在第一时间被扑灭，并无蔓延到别家的情况。

第二节　构建多元化的纠纷解决机制

一、纠纷解决主体多元化

（一）民间社会解决机制

民间社会纠纷解决机制主要是民间社会各种力量对纠纷当事人的斡旋、说和、劝导和调解。调解是一种在第三方参与或主持下，兼顾双方当事人的利益，根据双方当事人的合意解决纠纷的方式。在该过程中，"纠纷主体在一名或多名中立者的协调下，系统地对纠纷中的争点进行分析。考虑各种可能的解决办法，最终达成一个能满足各方需要的解决方案"。[1]调解要依据的民间法包括：禁忌、习俗、习惯、习惯法、村规民约、宗教教规戒条等民间规范，它们是乡土社会的"活法"。解决纠纷的主体使用的各种社会权威，在不同的地域，其地位和影响力各不相同，不同权威之间往往还呈合作态势。

在中国的传统社会，民间权威调解是一种古老的、传统的解决民间纠纷的方式，在传统的社会生活中发挥着重要的作用。民间权威调解的基础是传统社会对民间权威的认可、血缘地缘关系、传统的公平理念、宗法制度、祖先留下的规矩、乡规民约、村规民约等，其所遵循的是传统的礼仪、道德、制度、习俗等，一旦调解成功，

---

〔1〕齐树洁："纠纷解决机制的演变与 ADR 的发展"，载《福建法学》2002 年第 1 期。

纠纷双方即自觉落实，不再反悔。民间有自己的民间权威，当地群众把这些民间权威的教导视为金科玉律，具体有如下几种情况：

第一，家庭内部出现纠纷时，一般都在内部自己解决，并不外扬。有时民事纠纷和轻微的刑事纠纷也由亲友或者邻里中的长者、有威信的人出面说和、调停，规劝双方当事人谅解、让步，由于邻里和亲友与当事人交往较多，平时了解较深，这种调解往往能及时有效地化解矛盾，是民间调解的重要组成部分。对于家庭内部的纷争，有些民族通常还由母舅运用"舅权"来主持调解纠纷，"天上的雷公，地上的舅公"，母舅在不少民族中有着特殊的地位。

第二，家族（宗族）中的族长、威望长者调解族内邻里纠纷是传统的纠纷解决方式之一。虽然严格的宗法制度已经被破除，但是这一调解方式在农村仍然比较普遍。家族（宗族）调解是以少数民族社会中的血缘关系为基础的，因此我们可以看到一种现象：在同一民族的聚居区，民间调解解决纠纷情况较普遍且成功率较高，而在多民族杂居区其比例要低一些，且成功率也要低。

第三，历史上，少数民族部落、村寨的头领在解决本部落、本村寨内部纠纷中发挥着重要作用。例如，壮族的"寨老"、苗族的"榔头"、瑶族的"石牌头人"、侗族的"理老"、傣族的"寨父寨母"、藏族的"寨首（错米）"等，他们是民间纠纷的天然调停者。尽管这些"寨老""师公"们现今的地位已经远不如前，但是他们对村寨中的公共事务仍然发挥着或大或小的作用。例如有些地区的哈尼族夫妻在离婚时仍然遵守着"砍木休妻"的习俗，即离婚时夫妻双方通常会找有威望的老者作为见证人，然后将一段小木棍砍成两截，各取一半，以此作为离婚的证明，而所找的见证人往往就是村中的"寨老"。而且，"寨老"还会通过参与到村委会的人民调解中发挥影响。

第四，作为一种历史文化现象，宗教仍将伴随着人类社会的发展而长期存在。我国很多少数民族都有宗教信仰，发生纠纷时，通过宗教组织和宗教人士调解解决的不在少数。在云南的一些苗族村落里，由于正式的司法制度解决纠纷的成本过高，苗族群众倾向于以"大事化小，小事化了"的方式来化解矛盾，很多人表示从未有过上法院的念头。穆斯林之间发生纠纷时，也经常在清真寺排解纠纷，评判曲直。"伊协"、清真寺等宗教团体和组织以及阿訇、"活佛"等各类宗教神职人员在少数民族群众中有一定的威望，发挥他们在化解矛盾纠纷方面的作用，能使问题尽早尽快地得到解决，有利于社会和谐稳定。

（二）人民调解

人民调解是指在人民调解委员会的主持下，依法对民间纠纷当事人说服教育、规劝疏导，促使他们在平等协商、互相谅解的基础上达成协议，从而消除纷争的一种群众自治活动。人民调解委员会是（农村）村民委员会或（城市）居民委员会下设的调解民间纠纷的群众性组织，在基层人民政府和基层人民法院指导下进行工作。人民调解是我国特有的一种解决民间纠纷的制度，是现行调解制度的一个重要组成部分，在整个矛盾纠纷解决机制中发挥着基础性作用。

民族地区的很多村委会还懂得利用民间传统权威的力量来化解纠纷。村委会或者村委会下属的调解委员会在调解纠纷方面经常依靠传统民间权威的配合来完成工作。以贵州省贵阳市花溪区石板镇的镇山村为例。镇山村是城市郊区的一个布依族聚居村寨，其自治组织——村民委员会依照国家法律合法选举产生。镇山村村民委员会在对民间纠纷的调解过程中都会邀请村中有一定威信的前辈参与，这实际上是传统上的寨老调解纠纷制度的延续，把村民委员会调解与寨老调解制度很好地结合起来，深得纠纷当事人的信任，保证了调解的成功以及调解协议的顺利实现。〔1〕

（三）社团（行业）组织调解

简言之，社团调解就是由社会团体进行的纠纷调解活动。社会团体又称社团组织、非政府组织、社会中介组织等。我国1998年9月25日发布的《社会团体登记管理条例》第2条规定："社会团体是指中国公民自愿组成，为实现会员共同意愿，按照其章程开展活

---

〔1〕 罗英婆、班林涛："镇山村民族民间纠纷调解问题的调查与思考"，载《贵州民族研究》2008年第2期。

动的非营利性社会组织。国家机关以外的组织可以作为单位会员加入社会团体。"可见，社会团体是群众性组织，对自己的成员负责。对于成员间或者成员和其他个人、单位间发生的纠纷，团体一般会出面进行调解，解决争议。社团调解属于民间调解的一种。目前，有的地区正在探索和尝试在社团组织内建立调解委员会，专门调解纠纷。

在少数民族地区，除了一般的社会团体以及各类行业组织外，有些民族还有自己的社会团体，如广泛存在的少数民族联谊会等，这类团体是政府与少数民族群众之间的桥梁和纽带，对于处理民族地区民间纠纷甚至民族纠纷都起着积极作用。

（四）仲裁裁决机制

仲裁是解决争议的正式制度的一种，即争议双方当事人在争议发生前或争议发生后达成协议，自愿将争议交给法定仲裁机构做出裁决，该裁决对双方都有约束力。仲裁制度在我国确立后，对于我国的纠纷解决机制的多元化起到了重要作用。我国的仲裁委员会在受理争议案件时，还充分发扬了传统的调解做法，将调解与仲裁相结合，在当事人双方自愿的前提下，能调则调，但调解并不是仲裁的必经程序。那么，仲裁制度在我国少数民族地区的实施状况又如何呢？我们以土家族为例进行说明。

我们认为，仲裁制度在以土家族为代表的少数民族地区运用较少的原因可能有：其一，我国《仲裁法》规定的仲裁范围限于合同纠纷和其他财产权益纠纷，而部分不涉及财产请求的公民名誉权和隐私权的侵权纠纷则显然被排除在外；其二，《仲裁法》第 3 条规定，婚姻、收养、监护、继承纠纷不能仲裁，而这些纠纷又恰恰是包括土家族在内的各民族经常发生的纠纷；其三，由于民族地区群众大多对仲裁制度确实缺乏足够了解，也很难达成合意选择仲裁这一纠纷解决方式；其四，目前仲裁手续仍较为繁琐，收费标准也高于法院诉讼；其五，"一裁终局"是把"双刃剑"，一方面它有高效便捷的优点，另一方面，当事人一旦遭到不公正对待，只能去法院申请撤销裁决，而如果法院判决不予撤销，当事人又不能上诉，最终将造成难以挽回的损失。另外，仲裁机构自身没有强制执行权，一旦一方当事人不主动履行仲裁裁决,另一方当事人最终还得去法院申请执行,这也导致了当事人遇到争议的第一反应往往是"上法院"而非"找仲裁"。因此,要充分发挥仲裁制度在民族地区纠纷解决机制中的作用,就必须努力提高少数民族群体的整体文化素质,加大法律的宣传普及力度,同时要进一步完善有关的制度建构,使当事人有足够的信心选择仲裁。

(五)司法解决纠纷机制

现代社会强调司法权强化与统一,司法诉讼已成为解决纠纷最后的,但也是经常用的途径。随着少数民族民众的权利意识的增强,进入新世纪以后,总体而言,少数民族民众运用司法途径维护自己权益的频率在逐步增加。在所有的纠纷解决手段和制度中,诉讼的数量和所占的比例也在迅速提高。司法解决纠纷主要包括法院调解和法院判决两种形式。

法院调解,又称诉讼中调解,是一种特殊的调解活动,是指诉讼中双方当事人在法院审判人员的主持和协调下,就争议的问题在自愿、平等的基础上进行协商,从而解决纠纷的活动和诉讼制度。一般认为,法院调解只存在于民事诉讼和刑事附带民事诉讼中,行政诉讼和刑事诉讼不能调解。除法院调解外,其他方式的调解如民间调解、人民调解、行政调解、仲裁调解等,都不具有诉讼性质,调解所达成的协议一般不具有强制执行的效力。法院调解是一种诉讼内纠纷解决机制,它既是法院的一种诉讼活动,也是法院结案的一种方式,这是法院调解与民间调解之间最根本的区别。少数民族当事人选择法院调解的重要动力就在于法院调解的权威性和强制执行力。

调解制度强调纠纷的彻底解决,重视当事人与法院的合作以及当事人之间的协商,追求的是一种妥协的正义,同时注重成本的降低;而判决过程则并不必然要求当事人完全的合作,追求的是法定的正义。比如当事人不出庭时,法官可以作出缺席判决。这是调解与判决的一个重大差异。很多法院在探索和尝试吸纳民间的权威参与到调解当中,以求调解收实效。例如,宁夏回族自治区海原县人民法院结合民族地区特点,大胆探索人民法院重大案件的多元化调解方式。2007 年 5 月，海原县法院制定的《特邀调解员实施办法》规定，现担任自治区、市、县人大代表、政协委员的宗教界知名人士，可参与调解人民法院重大交通肇事、刑事附带民事赔偿案，涉及众多群众房屋拆迁和征地补偿案件，法院多次调解未果且在当地有影响的民商事和刑事附带民事赔偿案件。办案法官在案件诉讼过程中，经过三次调解未果，认为邀请特邀调解员有调解可能，在报告主管院长或院长同意后，特邀调解员在法官的主持下，凭"人民法院邀请函"参与案件调解。[1]

实践证明，这种以依法调解为主导，集法院调解与民间调解于一体的诉讼调解方式，更易被民族地区的群众所理解和接受，调解成功率更高，社会效果也更好。可见，国家力量与民间力量的有效整合对于解决纠纷具有十分重要的意义。但当有些纠纷当事人之间冲突较深，分歧较大，难以达成调解的，就必须"当判则判"了。对于一些新型的纠纷，传统的纠纷解决机制难以解决的，这时就不得不诉诸法律，依靠现代诉讼的方式来解决纠纷、维护自己的合法权益，而这类纠纷的当事人之间往往在观念上差异较大，难以达成调解，最后只能用判决的方式结案。

二、纠纷解决手段多元化

（一）尊重传统

社会规范的调整方式打破了传统的国家法依靠警察、监狱等国家法律系统的强制力保证实施的国家法调整方式，更多地依靠比较切合当地实际的软性实施方式，如自律、激励、制度、文化、信仰、制裁、惩戒等。

例如，2004 年 1 月~2 月发生在云南省临沧市临翔区下某乡两个自然村关于一块"仙石"的纠纷解决过程就说明了这一点。2004 年 1 月，该乡下 A 村村民把 B 村境内一块传说是有"仙气"的石头抬

---

[1] 周崇华、刘学军："邀宗教人士参与案件调解"，载《法治日报》2007 年 7 月 10 日第 5 版。

到 A 村村口，以获好运。B 村村民知道此事后情绪激动，很快结群成队，当夜就到 A 村索要"仙石"。在争吵中 A 村村民打伤了 B 村村民。于是两个自然村群众情绪激动，若处理不当就会导致两村大规模械斗。当地政府及相关部门介入此案后，首先在所有权权属上进行确认，认为"仙石"所有权确属 B 村。对此两村都没有争议，问题是应如何把"仙石"抬回原处，B 村提出 A 村应举行仪式，并在 A 村抬回的路上要放鞭炮。这一要求 A 村村民不能接受，因为按照本地民间信仰，这将对 A 村产生不利影响。同时"仙石"本应由 A 村村民抬回放回原处。但当地政府担心，若 A 村村民在抬"仙石"回去的路上出现"仙石"损坏等问题，纠纷将更为激化。最后选择由相邻的 C 村村民来抬，因为 C 村与 B 村相近，且有共同利益，但在此纠纷中没有卷入，同时满足 A 村的要求，在抬"仙石"出 A 村时不放鞭炮，但 A 村得杀猪请客向 B 村道歉。此纠纷最后得到顺利解决的根本原因在于灵活运用了国家法与传统习惯，解决程序上也认可了民间的一些方式。[1]

《宪法》第 4 条规定，各民族都有使用和发展自己的语言文字的自由，都有保持或者改革自己的风俗习惯的自由。《民族区域自治法》第 10 条规定，民族自治地方的自治机关保障本地方各民族都有使用和发展自己的语言文字的自由，都有保持或者改革自己的风俗习惯的自由。在前述"仙石"纠纷的案例中，民族自治地方的政府恰恰是依据《民族区域自治法》的规定，尊重了当地少数民族保持自己风俗习惯的自由，妥善处理了纠纷，否则可能不利于基层社会关系的和谐与稳定。

（二）促进多方参与

事实上，在我国的基层社会，大量的纠纷在民间得到了妥善解决，这为国家节约了大量的司法资源，也有利于基层社会的良治。之所以会有如此良好的社会效果，主要在于基层社会中多种社会力

---

[1] 胡兴东："西南少数民族地区多元化纠纷解决机制的构建"，载《云南社会科学》2007 年第 4 期。

量的共同参与。还是以前述的郎德上寨为例，纠纷矛盾的解决渠道是多元并且层层递进的。发生在村民之间的矛盾，村民们首先会选择让家中的长辈或者寨老去帮助调解纠纷和矛盾，小的矛盾一般都会在长辈的调解下得到很好的解决。如果是寨老不能解决的矛盾，村民们通常会诉诸村委会帮助解决。在郎德上寨，由于一直以来的团结和集体主义的思想，村委会的领导们在村民心目中的地位都是很高的，逐渐由传统社会寨老的社会功能向村委会组织职能过渡，村民们信任村委会的领导，并且村委会的领导也都本着尽职尽责的心态为村民们尽心服务。如果在村委会不能解决的矛盾，可由当事人提出申请，经村委会介绍后，请求郎德镇人民调解委员会派人到村子里面进行矛盾的处理，处理结果仍然由村委会负责监督执行。

（三）原则性与灵活性相结合

这是发生在 2004 年 10 月孟连县傣族拉祜族佤族自治县某傣族村的案件。该县内某村寨中一位傣族男性公民 A 认为该村另一村民 B 强奸了其妻子，当地派出所与司法部门调查后认为证据不足，不予受理。为此，当事人 A 不服，在村寨内传播 B 村民有强奸行为，损坏了 B 村民的名誉，导致 B 村民和其妻子不能正常生活。虽然当地司法部门对 A 进行了批评教育，当事人 A 还是不服，并宣称要与 B 一命抵一命。B 村民只好向当地法院起诉。法庭在调解时仍然不能解决纠纷，反而有激化矛盾的趋势。2005 年 3 月，法院提出按当地习俗来解决，当事人双方立即同意，最后按照当地习俗由法官主持进行了"请客"解决。[1]

从上述案例可知，民族自治地方的法院的调解与一般地区法院的调解本质上并无不同，但是具有自己的特点，最显著的特点就是比较注重依当地的风俗习惯来进行调解。国际上针对少数民族的纠纷解决，习惯法的法律规定不是很多，在国际劳工组织 1989 年通过

---

〔1〕 官波："法律多元视野中的西南少数民族习惯法"，云南大学 2005 年博士学位论文。

的《关于独立国家土著和部落民族的第 169 号公约》中有相关规定，其第 8 条规定："（一）在对有关民族实施国家的法律和法规时，应当适当考虑他们自身的习惯和习惯法。（二）当与国家法律制度所规定的基本权利或国际上众所公认的人权不相矛盾时，这些民族应有权保留本民族的习惯和各类制度。在必要的时候，应该确立某种程序，以解决实施这一原则过程中可能出现的冲突。"此外，2007 年 9 月 13 日，联合国通过的《土著人民权利宣言》第 33 条规定，土著人有权根据国际上承认的人权标准促进、发展和维护其机构体制及其独特的司法习俗、传统、程序和惯例。虽然该宣言也不适用于我国，但其精神实质和合理内核值得我们借鉴。2009 年 7 月 24 日，最高人民法院通过了《关于建立健全诉讼与非诉讼相衔接的矛盾纠纷解决机制的若干意见》，强调了通过调解等多样化的方式解决纠纷的重要性。在本案中，民族自治地方的法院是行使国家审判权的司法机关，本身具有国家法所赋予的判决的强制力，但法院没有运用判决的方式去解决纠纷，而是以自身的权威为基础，在尊重当地风俗习惯的前提下，通过协商来解决纠纷。这种做法取得了良好的社会效果，体现了原则性与灵活性的结合。

三、化解纠纷的配套制度的多元化

党的十八届四中全会报告指出，我国应构建对维护群众利益具有重大作用的制度体系，建立健全社会矛盾预警机制、利益表达机制、协商沟通机制、救济救助机制，畅通群众利益协调、权益保障法律渠道，把信访纳入法治化轨道，保障合理合法的诉求依照法律规定和程序得到合理合法的结果。

（一）社会矛盾预警机制

社会矛盾预警机制具有综合性，其根据我国群体性事件的危害程度进行预警分级，建立预警发布、预警响应、预警解除等配套机制，这也是社会矛盾预警机制的题中应有之义。各级应急组织机构分级负责，形成一个覆盖面广、反应灵敏、渠道畅通的群体性事件的信息网络，进而增强应对群体性事件的针对性、实用性和可操作性。这是在充满高度风险的当今社会考验政府执政能力的重要指标，也是化解纠纷的前提之一。

（二）利益表达机制

利益表达机制就是在承认个体正当利益的基础上，允许社会成员通过正常合法的渠道和方式表达自己的利益诉求的机制。因此，利益表达的过程就是利益表达主体向政府、执政党表达自己的利益诉求，政府和执政党对各类利益进行协调，在政府政策层面上达成各种利益间的高度整合，使分散的特殊利益整合为国家的整体利益的一种过程。利益表达机制的实质是畅通公民的表达渠道，维护公民的表达自由。[1]在 1948 年的《世界人权宣言》里，表达自由第一次被联合国成员国通过公约的方式宣布为对它们具有约束力的国际法规范。第 27 条规定："人人有权自由参加社会的文化生活，享受艺术，并分享科学进步及其产生的福利。"第 29 条第 2 款对这一权利在行使时所必须接受的限制做出了规定："人人在行使他的权利和自由的时候，只受法律所确定的限制，确定此种限制的唯一目的在于保证对旁人的权利和自由给予应有的承认和尊重，并在一个民主的社会里适应道德、公共秩序和普遍福利的正当需要。"《公民权利和政治权利国际公约》将表达自由的权利扩展到适用所有的媒体："人人有自由发表意见的权利，此项权利包括寻求、接受和传递各种消息和思想的自由，而不论国界，也不论口头的、书写的、印刷的、采取艺术形式的或通过他所选择的任何其他媒介。"我国《宪法》第 35 条规定，中华人民共和国公民有言论、出版、集会、结社、游行、示威的自由。在全面依法治国的背景下，我们必须认识到，公民的利益表达只要在法律的框架内进行，就必须维护其表达自由。

（三）协商沟通机制

完善协商沟通机制的实质是促进公民的有效参与，公民的参与权是党的十七大报告提出的"新四权"。党的十七大报告强调：我国要坚持国家一切权力属于人民，从各个层次、各个领域扩大公民有序政治参与，最广泛地动员和组织人民依法管理国家事务和社会事

---

〔1〕 董成："论利益表达机制及其功效"，载《湖南社会科学》2007 年第 5 期。

务、管理经济和文化事业；要健全民主制度，丰富民主形式，拓宽民主渠道，依法实行民主选举、民主决策、民主管理、民主监督，保障人民的知情权、参与权、表达权、监督权。党的十八大报告进一步指出，加快推进社会主义民主政治制度化、规范化、程序化，从各层次各领域扩大公民有序政治参与，实现国家各项工作法治化。参与权包括选举权和被选举权、监督权等参政权的相关内容，也包括参与社会生活的决策权。按照一般的看法，选举权和被选举权是公民个体享有的重要的政治权利，而非抽象的集体（如"人民"）所能享有的权利，我国宪法还确立了公民对国家机关及其公务人员的职务行为进行监督的权利。当前，我国急需建立健全公民对社会生活决策的有效参与。同时，要符合安德鲁·亚克兰先生设计的公共参与真实性的基本原则：①包容性。公众参与的参加人要包括所有现存利益相关人和将要被某个决策影响的利益相关人，这些人包括老人、妇女、少数派以及社会活动家等难召集的社会群体。②透明、公开。确保提供给所有的利益相关人所有的信息，并告知他们哪些部分的信息缺失或尚不确定，告知他们通过公众参与能够产生什么样的影响，公众能影响什么、不能影响什么以及接下来的步骤将会怎样。③尊重允诺。对利益相关人和纳税人保持尊重，给予他们适当的优先权和资源，向他们证明即便是了解和采纳与既存观点相矛盾的意见也是尽力而为。④可达性。给所有人提供不同的方式，确保人们不会因语言、文化或机会等原因被排除在参与之外。⑤有责性。在参与程序结束后尽快向参与者提供一份明确的说明，告知其参与意见是否对结果产生了影响、如何影响以及产生影响的原因。确保接下来的诸如决策或执行计划的反馈路径保持顺畅。⑥代表性。公众参与的组织者必须有一种理念，即决策者提出的观点是能够被改进的，如果观点本身就是错误的，要相信其能被改正。那些参与和被咨询的人应该能够感觉到：政府会认真地对待他们的心声，有些事情是可能被改变的。⑦相互学习。鼓励公众参与的组织者和参与者彼此学习和借鉴，这意味着程序要尽量保持交互性和增量性，以便构建一个互相理解、互相尊重的关系网络。⑧有效性。从一开始就筹划如何使参与程序发挥更大功效。[1]

（四）救济救助机制

所谓社会救助指的是，国家和其他社会主体对于遭受自然灾害、失去劳动能力或者其他低收入公民给予物质帮助或精神救助，以维持其基本生活需求，保障其最低生活水平的各种措施。社会救助是最古老、最基本的社会保障方式，在矫正市场失灵，调整资源配置，实现社会公平，维护社会稳定，构建社会主义和谐社会等方面发挥着重要的和不可替代的作用。[2]《社会救助暂行办法》（以下简称《办法》）自 2014 年 5 月 1 日起施行，依据有利于统筹社会救助体系建设，不断完善托底线、救急难、可持续的社会救助制度，形成保障困难群众基本生活的安全网。这一立法的重要意义在于：一是构建了社会救助制度体系，主要包括最低生活保障、特困人员供养、受灾人员救助、医疗救助、教育救助、住房救助、就业救助、临时救助等八项制度以及社会力量参与，这是我国第一次以法律制度形式明确社会救助制度体系的内容。二是加强了社会救助统筹协调。《办法》规定由国务院民政部门统筹全国社会救助体系建设，各部门按照各自职责做好相应的社会救助管理工作，并要求建立健全政府领导、民政部门牵头、有关部门配合、社会力量参与的社会救助工作协调机制。三是坚持了社会救助城乡统筹发展。《办法》坚持城乡统筹发展的理念和要求，确保党和政府的关怀，广泛惠及城乡所有困难居民。四是强化了社会救助家庭经济状况查询核对机制。《办法》要求建立信息核对平台，根据救助申请及获得救助家庭的请求、委托，由县级以上民政部门代为核查其收入状况、财产状况。这为今后科学、准确认定社会救助对象并完善退出机制，确保社会救助公平、公正实施奠定了基础。[3]

---

〔1〕 蔡定剑主编：《公众参与：欧洲的制度和经验》，法律出版社 2009 年版，第 20～21 页。

〔2〕 朱勋克："社会救助立法的一般指向"，载《重庆社会工作职业学院学报》2004年第 4 期。

〔3〕 "两部门介绍《社会救助暂行办法》"，载 http://www.gov.cn/sinwen/2014-03/17/content-26403.htm，最后访问日期：2014 年 3 月 17 日。

第三节　推动全社会树立法治意识

一、法治宣传教育

党的十八届四中全会指出，坚持把全民普法和守法作为依法治国的长期基础性工作，深入开展法治宣传教育，引导全民自觉守法、遇事找法、解决问题靠法。坚持把领导干部带头学法、模范守法作为树立法治意识的关键，完善国家工作人员学法用法制度，把宪法法律列入党委（党组）中心组的学习内容，列为党校、行政学院、干部学院、社会主义学院的必修课。因而，法治宣传教育是全社会树立法治意识的基础性工作，也是落实全面依法治国战略的根本保证，必须常抓不懈。

（一）法治宣传教育的对象突出重点

长期以来，国家普法规划始终将公务员、青少年学生等群体视为普法工作的重点对象。在法治宣传教育的过程中，除应落实好对这几类人员的普法工作外，尤其应当抓好广大干部特别是领导干部的学法、用法工作。普法实践表明，领导干部在整体推进法治宣传教育工作中具有十分重要的示范带头作用。对于群众而言，最好的普法就是将法律知识运用于法治实践，在法治实践中培养起尊法、守法的行为习惯。对此，领导干部带头学法、用法、依法办事恰是最具说服力、最有实效的普法方式之一。领导干部是执法的一个最重要的群体，从某种程度上说，他们对法治的认识和了解程度，直接关系到法治的实施效果。近年来，随着我国干部离退休制度和干部任免调动制度的建立和发展，干部之间的变化流动频率加快。因此，在领导干部中普及法治的频率和力度也要加快加强。只有以广大干部学法、用法为龙头，不断强化领导干部尊法守法、唯法而行的具体实践，才能在群众中树立起法律的最高权威，真正带动群众做到信法、尊法、用法、守法。同时，广大干部在法治宣传教育的过程中往往发挥着中流砥柱的骨干作用，因为他们大多来自于人民群众之中，熟悉群众的生活方式和风俗习惯，知晓群众的疾苦，与群众有着天然的联系。因此，通过组织各级干部深入学习法律法规，强化他们依法行政的工作能力和水平，将有利于发挥他们在群众中的表率作用，而这些干部的现身说法、普法活动也将得到群众的积极响应和认可。此外，领导干部法治观念与法律素养的提高，还将有利于促使他们将"学法知责"和"依法履职"相结合，帮助他们正确树立起社会主义核心价值观，从而全面提高他们执政为民、依法保障群众合法权益的服务意识和依法妥善解决社会矛盾和纠纷的能力。

此外，还要进一步加强对青少年的宣传，把法治教育纳入国民教育体系，从青少年抓起，在中小学设立法治知识课程。这是开展法律普及和宣传教育的一个基本工程。鉴于我国各类社会问题的长期性和重要性的特点，法治的普及和教育也应有长远打算，在各民族公民的青少年时代，即应注意培养他们的法治观念和守法意识，这对加强我国法治建设、提高全民的综合素质将产生深远影响。

（二）法治宣传教育的内容突出重点

开展普法工作的重心在于围绕党和国家各项工作的大局，安排、落实以《宪法》为主的法律法规的宣传教育工作，以提高群众和广大干部的法律意识和法律素质。在此过程中，应始终坚持将学习贯彻《宪法》作为法治宣传教育的首要任务。《宪法》是国家的根本法，是治国安邦的总章程，加强宪法教育，有助于在各民族干部群众中牢固树立起党的事业至上、人民利益至上、宪法法律至上的法治观念。因此，在新时期、新阶段，各级政府和社会工作部门仍应把《宪法》的宣传、学习当作普法工作的重点，并以此为基础，努力提高各级干部群众对法律法规重要性的认识和遵照、落实这些法律法规的自觉性。

同时，法治宣传教育与普及的内容还应紧密结合各地区的实际特点，因地制宜地开展工作。以人为本、服务群众是法治宣传教育的根本出发点，只有开展以关注民生为目标，以解决群众最关心、最直接、最现实的具体问题为重点的普法工作，才能切实达到引导群众依法表达利益诉求、依法维护自身权益的工作目标，从而持续、深入地推进法治建设工作。如西藏自治区拉萨市在具体落实"五五"普法规划的过程中，针对藏族群众的宗教信仰问题，除向他们大力宣传《宪法》《民族区域自治法》《刑法》等法律法规外，还向他们广泛宣传《宗教事务条例》《西藏自治区〈宗教事务条例〉办法（试行）》和《治安管理处罚法》《预防未成年人犯罪法》《道路交通安全法》等有关宗教事务管理和社会安全方面的法律法规，真正做到普法工作贴近生活、贴近实际，极大地提高了当地群众学法、用法的热情。

二、引导全民自觉守法

党的十八届四中全会指出，我们要牢固树立有权力就有责任，有权利就有义务的观念。加强社会诚信建设，健全公民和组织守法信用记录，完善守法诚信褒奖机制和违法失信行为惩戒机制，使尊法守法成为全体人民的共同追求和自觉行动。结合"六五"普法工作的推进，法治宣传教育与普及工作的目标也应与时俱进，逐步由强调法律法规内容的宣传普及向注重对群众的权利意识、民主意识和自觉意识的培养上转变，以进一步加大对法律法规的宣传力度为手段，不断增强群众维权、守法的法律意识，营造学法、遵法、用法的良好社会氛围，进而达到促进我国经济和社会又好又快发展的更高目标。

（一）满足群众日益增加的法律需求和对公平正义的期望

随着近年我国经济社会的发展以及民主法治建设步伐的加快，群众对于法律的需求也日益增强，要求公平正义和公共服务的期望越来越高，要求当家作主，依法参与社会、集体各项事业管理，实现政治、经济、文化等各方面权利的期望也越来越高。群众对权利、民主、法律、公平正义的迫切需求，既为我们继续推进法治的宣传与教育提供了强大动力，也为我们进一步深入开展全民守法工作指明了前进方向。加强法律法规的宣传教育与普及工作，为群众积极营造学法、知法、用法的渠道，不断满足群众日益增强的法律需求，将是我国法治宣传教育工作长期而神圣的使命。

（二）牢固树立依法维权观念

过去，由于历史原因，许多群众民主法治意识不强，依法维护自身权益的观念较弱，更多依靠民间规则来调整社会关系，形成一种自我维权的相对封闭的格局。但随着社会发展进程的加快，跨区域间人口交往的频繁，各地群众的生活环境发生了巨大转变，依靠自我维权已无法适应形势变化，运用法律手段依法解决矛盾纠纷、表达自身诉求为越来越多的群众所接受和支持。只有通过对法治的宣传教育，才能使群众切身感受到：要真正实现文明富强和人民当家作主，就必须提高法律素质，建立法治社会；要过上安居乐业、和谐安宁的幸福生活，就必须遵纪守法，依法维权。因此，继续深入开展对法律法规的宣传、教育，进一步强化群众的权益观念和民主意识，使他们切实知晓法律赋予他们的权利、义务，切实懂得依法维护自身的合法权益，切实掌握正确运用法律武器与违法犯罪作斗争的方法，既有利于增强群众明辨是非的能力，又有助于调动群众遵法、用法的积极性，更为促进各民族间依照法律相互包容、理解从而实现和睦相处、和谐发展奠定扎实的基础。

三、增强法治的道德底蕴

党的十八届四中全会指出，我们要加强公民道德建设，弘扬中华优秀传统文化，增强法治的道德底蕴，强化规则意识，倡导契约精神，弘扬公序良俗；发挥法治在解决道德领域突出问题中的作用，引导人们自觉履行法定义务、社会责任、家庭责任。道德与法律的关系是法学理论关心的重要命题之一。一般来说，道德是指人类现实生活中由一定经济关系所决定，以善恶为评价标准、依靠社会舆论、内心信念和传统习惯所维持的调整人与人、个人与社会、人与自然界之间关系的原则和规范的总和。[1]公民道德是一个国家所有公民都必须遵守和履行的道德规范的总和。《公民道德建设实施纲要》把公民基本道德规范集中概括为20个字：爱国守法、明礼诚

---

〔1〕 牛正兰、李朝东："当前思想道德领域存在的突出问题及对策"，载《甘肃社会科学》2013年第6期。

信、团结友善、勤俭自强、敬业奉献。

在全面依法治国的大背景下，重提公民道德建设具有更为深远的意义。在现代国家，法律调整的对象仅限于人们的外在行为，单纯的思想或动机不是法律所调整的对象。而道德所调整的不仅仅是人们的外在行为，它还规范人们的心理动机。即使在调整人们外在行为的问题上，道德所调整的范围也比法律要广泛。[1]但是，对于"最低限度的道德"，它同样是法治所追求的目标，道德与法律在此达成共识。更进一步来说，中华民族的传统美德在全面依法治国过程中同样占据重要地位，如诚信、仁义等，对于社会征信体系建设及社会主义市场经济的有序健康发展具有不可替代的作用。很多非政府组织所提出的《人类责任宪章》中都包含有"己所不欲，勿施于人"的条款，也有学者在此基础上进一步增加了"己所欲，亦勿强施于人"的条款，倡导不同人群之间的互相尊重。

第四节　创新法治人才培养机制

一、加强法学学科建设

在法学学科建立之初，就有一大批长期从事相关理论与实务的优秀人才投入到法学学科的建设之中，为整个学科的发展奠定了一个较高的起点。随着学科体系的完备、教学制度的规范、研究条件的改善和法治工作实践的不断发展，越来越多的中青年学者充实到了法学学科的教学和科研中来，他们学术扎实、思维活跃、富于创新精神，已经成为法学教学和科研工作长足发展的重要推动力。法学学科的学术影响力进一步扩大，从开始仅有的几所高等院校逐步扩展，现在已经形成由科研院所、高等院校和专业学术团体构成的完整的科研体系。随着国家对于法治建设的高度重视，法学学科在法治建构、发展、完善等各环节的所具有的直接针对性，使其独特

---

[1] 黄海洋："我国社会转型期道德滑坡的法理思考"，湖南大学 2012 年硕士学位论文。

的学科价值也日益凸显。实践是学科的生命，这句话在法学学科的发展历程中得到了良好的诠释。在新的历史时期，我们应当在充分总结以往发展成果和经验的基础上，针对法学学科的弱势给予集中的关注，以使该学科为国家法治建设大局提供更多、更好的支持效用。坚持用马克思主义法学思想和中国特色社会主义法治理论全方位占领高校、科研机构法学教育和法学研究阵地，加强法学基础理论研究，形成完善的中国特色社会主义法学理论体系、学科体系、课程体系，组织编写和全面采用国家统一的法律类专业核心教材，并纳入司法考试必考范围。

就其他相关学科而言，它们的发展也在很大程度上对法学学科产生了积极的影响。由于政策与法律的天然关联而对法学颇显重要的政治学等学科，在很大程度上研究法治实施基础的经济学学科，在法治实施过程中作为直接实现手段和途径的政治学、公共管理学科等相关学科的发展程度实际上构成了法学学科发展的外围学科环境，因此也是我们在探讨法学学科建设的过程中绝对不能忽略的一环。在以往的学科建设工作中，我们对这些相关学科的重视程度远远不足，因此在新的历史时期我们应当转变观念、拓宽思路，为法学学科构建良好的外围环境，以实现法学学科同其他相关学科的共同进步和规模发展。

二、建设高素质法治专门队伍

我国的法学教育与人才培养，自新中国成立至今已断断续续走过了 60 多年的发展历程。回望这 60 多年的发展，不同的时代背景和社会诉求对法学人才的教育培养也提出了不同的要求。我们的法学教育体制也一直都在积极学习和借鉴其他国家和地区的先进经验，从设立法律硕士学位到在高校法学教育中逐步引入案例式教学、模拟法庭、法律诊所等措施。法学人才队伍的建设具有重要的意义。首先，它为法治事业的繁荣和发展提供了强大的智力支持。法学人才是法治事业的直接建设者，其群体规模、专业素养等与法治建设的实施与实现息息相关。其次，它是法学学科传承与发展工程的重要组成部分。法学人才是继承既有的法学研究与发展成果、开拓法学发展未来的核心力量，法学人才队伍建设的成效直接关系到法学未来的发展趋势和态势。最后，它是中国特色社会主义法制建设的重要组成部分，是中国特色社会主义法学人才建设不可或缺的要素。

当然，我们还应当看到，虽然法学人才建设具有重大意义且已经取得了令人瞩目的成效，但是在人才的规模、质量、应用价值的实际体现等方面，仍不能令人满意。因此在可预见的未来，应当加大投入力度，对法学人才队伍的建设给予充分的重视，使其成为真正能够在新历史条件下肩负起法治建设重任的中坚力量。早在2011年，教育部中央政法委员会出台的《关于实施卓越法律人才教育培养计划的若干意见》就指出："培养应用型、复合型法律职业人才，是实施卓越法律人才教育培养计划的重点"，要"适应多样化法律职业要求，坚持厚基础、宽口径，强化学生法律职业伦理教育、强化学生法律实务技能培养，提高学生运用法学与其他学科知识方法解决实际法律问题的能力，促进法学教育与法律职业的深度衔接"。因此，我国在100多所高校中设立了卓越法律人才教育培养基地，其中59所为应用型、复合型法律职业人才教育培养基地，24所为涉外法律人才教育培养基地，12所为西部基层法律人才教育培养基地。同时探索实施高校与法律实务部门人员互聘的"双千计划"，旨在有针对性地实施和完善我国的法学教育人才培养模式，进一步提高法学教育的质量和水平。这就要求法学教育机构把思想政治建设摆在首位，加强理想信念教育，深入开展社会主义核心价值观和社会主义法治理念教育，坚持党的事业、人民利益、宪法法律至上，加强立法队伍、行政执法队伍、司法队伍建设；抓住立法、执法、司法机关各级领导班子建设这个关键，突出政治标准，把善于运用法治思维和法治方式推动工作的人选拔到领导岗位上来；畅通立法、执法、司法部门干部和人才相互之间以及与其他部门具备条件的干部和人才之间的交流渠道。

法学这一学科本身包含的错综复杂的社会关系决定了法学人才的培养绝对不是单一环节可以囊括的。从法学教育培养目标的设定，法学教育的分层体系，不同法学专业的课程设置，再到高校法学教育与司法考试、法律职业之间的衔接，法学教育的评估等等，都与法学人才的教育和培养息息相关。另外，目前我国的司法考试实行的是无资格限制的报考方式，并没有像美、日、韩那样，将考生资格限制在正规法学院的毕业生范围内，这一规则的实行在一定程度上考虑到了中国的现实国情，但是另一方面也造成了高等院校法学资源的浪费，即受过正规法学教育的学生因不能通过司法考试而无法从事相关法律职业，与没有受过正规法学教育的学生但通过司法考试掌握一定的技能之后便可以顺利进入法律职业之间的矛盾。因此，法学教育和人才培养的研究应将法律人才输送的各个环节衔接起来，进行综合性的研究。十八届四中全会公报还提出了对高素质法治专门队伍的要求，即推进法治专门队伍正规化、专业化、职业化，提高职业素养和专业水平；坚持立德树人、德育为先导向，推动中国特色社会主义法治理论进教材、进课堂、进头脑，培养造就熟悉和坚持中国特色社会主义法治体系的法治人才及后备力量；建设通晓国际法律规则，善于处理涉外法律事务的涉外法治人才队伍；完善法律职业准入制度，健全国家统一法律职业资格考试制度，建立法律职业人员统一职前培训制度。

三、创新法治理论和法学研究

实践中的新情况、新问题是法治理论和法学研究的风向标。一方面，我国正处在中国特色社会主义建设的蓬勃发展阶段，国民经济的高速发展、制度建设的摸索行进、多元文化的交融、社会问题与矛盾的空前集中以及国际形势的复杂多变等因素，造成了每天都有大量的新情况、新问题不断涌现。我国的法治建设关系到整个国家与社会的和谐与稳定，更同民族宗教、国家安全等问题具有千丝万缕的联系，因此在面对法治实践过程中涌现的新情况、新问题的时候必须加倍谨慎。而理论研究作为客观实践的主要智力支持，恰恰能够从更高的角度对这些新情况、新问题进行客观、理性的审视与分析，再形成科学的应对方案最终实现对这些新情况、新问题的良好解决。另一方面，实践中不断发生的新情况和新问题为理论研究的进一步深化提供了难得的素材和样本，需要得到理论研究的重视与回应。理论研究的根源和基础在于制度实践，正是实践中反馈的大量的客观情况与问题才不断为理论研究输送丰富的素材和样本，这也是理论研究对制度实践时刻确保科学的指导效用的核心前提。总之，对新情况、新问题进行理论的思考和再加工，最终转化为应对策略与解决方案再施用于这些新情况、新问题的解决之中，这种实践和理论研究的良性互动与循环为法治工作的发挥、完善源源不断地注入了新鲜的活力。

此外，十八届四中全会公报还提出了很多创新法治人才培养、选拔、录用的具体机制，如建立从符合条件的律师、法学专家中招录立法工作者、法官、检察官制度，畅通具备条件的军队转业干部进入法治专门队伍的通道，健全从政法专业毕业生中招录人才的选拔机制。还特别强调，要加强边疆地区、民族地区法治专门队伍建设，尽快培养一批懂得少数民族语言和文化，能够作为民族地区法治事业发展中坚力量的专门人才。在具体实施层面，还提出加快建立符合职业特点的法治工作人员管理制度，完善职业保障体系，建立法官、检察官、人民警察专业职务序列及工资制度。

第八章
司法体制与司法改革

第一节　何为"司法"

"司"者，"执掌"，"主管"也。从"司"的甲骨文字形上看，"司"表示"一个人用口发布命令"，有统治、管理之义。"司法"一词的整体含义当为掌管、运用法律。在现代社会，司法（justice），又称法的适用，通常指国家司法机关及其司法人员依照法定职权和法定程序，具体运用法律处理案件的专门活动。司法是实施法律的一种方式，对实现立法目的、发挥法律的功能具有重要的意义。在现代国家"权力分立"的体制下，司法与行政、立法之间有严格的界限和区分。然而，词义的简单清晰并不能弥合学者在这一概念上的分歧，"司法"的内涵与外延仍存在诸多争议，至今很难有一个比较统一的定义。那么，究竟何为"司法"？学术界主要有以下三种观点：

第一，将司法等同于审判。此种观点以三权分立学说为基础。三权分立学说的代表人物孟德斯鸠认为每一个国家都有三种权力：立法权、有关国际法事项的行政权、有关民政法规事项的行政权。"依据第三种权力，国家惩罚犯罪或裁决私人讼争。我们将后者称为司法权力。"[1]西方国家多采此观点，一般将司法定义为"法院或

---

[1]　[法]孟德斯鸠：《论法的精神》，张雁深译，商务印书馆1961年版，第155页。

者法庭将法律规则适用于具体案件或者争议"〔1〕，将司法权定位为"法院和法官依法享有的审理和裁判案件，并作出有拘束力的判决的权力，与立法权、行政权相对"。〔2〕这一定义是最为严格意义上的定义，将"司法"与创制法律规范、施行行政统治等活动明确地区分开来。

第二，将司法界定为诉讼。这种观点认为"司法是国家司法机关依据法定职权和法定程序，具体应用法律处理案件的专门活动"。〔3〕由此，司法除法院对纠纷的裁判活动之外，还包括检察院的相关执法活动；相应地，司法权就是指审判权和检察权，司法机关包括法院和检察院。

第三，将司法定义为广义的纠纷解决活动。"在现代意义上，司法是指包括基本功能与法院相同的仲裁、行政裁判、司法审查、国际审判等解决纠纷机制在内，以法院为核心并以当事人的合意为基础和国家强制力为最后保障的，以纠纷解决为基本功能的一种法律活动。"〔4〕由于强调司法的国家属性和社会属性，司法制度的内容广泛，具体包括：侦查制度、检察制度、审判制度、证据制度、司法行政管理制度、劳动改造制度、劳动教养制度、人民调解制度、律师制度、公证制度、仲裁制度、国家赔偿制度等。

中国政治法律体制沿革中的"司法"则具有自身的特质和丰富的内涵。八二宪法制定之初，时任党中央书记处书记的胡乔木负责组织宪法起草工作。他曾考虑效仿美国的立宪体制，撤销检察院，将检察权归司法部行使，由司法部长担任总检察长。1981 年，彭真接替胡乔木组织起草宪法后，改变了原来的宪法草案框架，〔5〕"坚决抵制了试图撤销人民检察院，推行美国式政治体制的主张"，并在

---

〔1〕 参见 ［英］戴维·米勒、韦格、波格丹诺主编：《布莱克维尔政治学百科全书》，邓正来译，中国政法大学出版社 1992 年版，第 6 页。

〔2〕 参见薛波主编：《元照英美法词典》，法律出版社 2003 年版，第 750 页。

〔3〕 张文显主编：《法理学》（第 2 版），高等教育出版社 2003 年版，第 276 页。

〔4〕 杨一平：《司法正义论》，法律出版社 1999 年版，第 26 页。

〔5〕 许崇德："彭真与 1982 年宪法的修改工作"，载《中共党史资料》（第八十辑），中共党史出版社 2001 年版，第 56~69 页

宪法草案中增加第 135 条，明确了检察院和公安机关、法院的关系，[1]由此将我国的司法体制基本确立下来。根据《宪法》第 123 条和第 129 条，我国的司法机关是人民法院和人民检察院，司法权包括审判权和检察权。

依据《宪法》规定，我们自然可推定司法制度指的是审判制度和检察制度，然而在实践中，我国官方文件通常将司法制度定义为："一整套严密的人民司法制度体系，包括侦查制度、检察制度、审判制度、监狱制度、仲裁制度、司法行政管理制度、调解制度、律师制度、公证制度、国家赔偿制度、法律援助制度等。"[2]不难看出，在界定司法权和司法机关时，政府采取了第二种观点，而在定义司法制度时却采用了司法的广义理解，即第三种观点。所以在我国，"司法"外延的边界是变动不居的，基本上介于中义和广义这两个层面，我们也将在此基础上展开讨论。

研究中国司法的架构、原则、理念与变革，不应把它作成"中国的西方理论"，或者"西方理论在中国"，而应当在中国的叙事框架下尽力发现中国问题、解释中国现象并探索解决方案。本章中，我们将"司法"界定为诉讼活动，相应地，司法权包括审判权和检察权，司法机关是指人民法院和人民检察院，而司法制度只包含审判制度和检察制度。之所以将其他制度排除在外，主要是考虑到"司法"一词内涵和外延的统一以及逻辑的周严；如此，才能为其后的思考和论证提供一个统一的前提。无论在哪种观点下，"司法"的中心自然都是审判，司法制度的中心也是审判制度。所以，我们的研究重点就放在当下审判体系的组织架构、原则、理念以及未来的改革方向之上。

---

〔1〕 许崇德：《中华人民共和国宪法史》，福建人民出版社 2003 年版，第 842~843 页。

〔2〕 参见中央人民政府门户网站：http://www.gov.cn/guoqing/2005-05/24/content_2582470.htm。

第二节 我国现行审判体制的架构与司法改革之方向

我国现行《宪法》规定："中华人民共和国的一切权力属于人民。……人民行使国家权力的机关是全国人民代表大会和地方各级人民代表大会。"人民代表大会制度是我国的根本政治制度，"国家行政机关、审判机关、检察机关都由人民代表大会产生，对它负责，受它监督"。这样一来，国家权力的配置和运行确立起了"一大一府两院"的基本架构，具体表现为人民代表大会领导下的"一府两院"。依照《宪法》规定，法院对权力机关（立法机关）负责，因此不可能具有西方司法旨在制衡立法和行政权力的功能。但从历史来看，法院又是在中国共产党领导下建立起来的，这与西方国家通过司法来控制政党活动的情形也有所不同。为进一步认清我国司法权配置的实际界限，我们将对法院与党的关系，上、下级法院之间的关系进行研究。

一、法院与党委

早在抗战时期，中共中央便确立了在组织上实行党委对党、政、军、民、学等各项事务一元化领导的方针，以克服各部门间"统一精神不足、步伐不齐、各自为政"的弊端。[1]"党委一元化领导"[2]作为中国共产党在战争年代的宝贵经验，在 1949 年后仍被沿用。时任全国人大常委会委员长的彭真同志就曾指出："我们说，各级公、检、法机关，还是由各级党委来统一领导，党的领导还是一元化。这个一元化，我们长期经验证明是好的。"[3]中国的改革是一

---

〔1〕 参见"中共中央关于统一抗日根据地党的领导及调整各组织间关系的决定"，载《王稼祥选集》，人民出版社 1989 年版，第 328~339 页。

〔2〕 就政治层面来说，每一级政权内的人大、政协和一府两院五套班子的党组都由党委产生，向党委负责，党组必须服从党委的决定。而这五套班子当中的党组均发挥领导核心的作用。因此，在各级政权中，党委都具有支配地位，总揽全局，统一各方。

〔3〕 彭真："关于社会主义法制的几个问题——在中央党校的讲话"，载《红旗杂志》1979 年第 11 期。

次漫长的国家转型过程。在这个过程中，经济体制、社会结构、文化观念都在发生剧烈变化，各阶层间的矛盾也不断凸显，法治作为现代国家的重要治理方式被高层愈加重视。与此同时，党委对法院等政法机关的领导，也在决策层中得到突出强调，在措辞上被简练地表述为"党管政法"〔1〕。"党管政法"与"党管干部"〔2〕一起构成了当代中国法院系统权力运作格局的基本原则。〔3〕

　"党管政法"主要体现在"党管干部"，而"党管干部"又主要体现在上级党委对法院院长任命的主管权。法院院长"走"的是政府的行政职级，1979年中共中央第64号文件规定：地方各级人民法院院长都应当从具有相当于同级党委条件的干部中慎选。〔4〕法院院长的职级相当于同级政府首长副职，高于同级政府其他职能部门的负责人。例如，基层人民法院院长一般配备副县长一级干部，中级人民法院院长配备副市长一级干部，高级人民法院院长配备副省长一级干部。法院院长的职级确认后，副院长、庭长、审判长、审判员的职级也随之确定，法院内部组织人事管理因此而明确。依据中组部的规定，干部管理"采取分级管理，层层负责，适当下放人事管理权"，"中央原则上只管下一级主要领导干部"。〔5〕例如，在高级人民法院中只有院长是副省级干部，由中央管理，法院内的其他干部则由省委、省委组织部管理；基层法院也是如此，院长由市委、市委组织部管理，院内其他干部则也县委、县委组织部管理。这样，我国四级两审制下的每一级法院内都是嵌套的、双层组织管理体制，这是党委对法院组织人事管理的基本结构。

　法院院长的任命决定权在党委内部归属于上级党委，但是法院

　〔1〕　参见《中共中央关于加强和改进党对政法工作领导的意见》（中发［2005］15号）。

　〔2〕　参见《公务员法》第4条："'党管干部'的内涵就是党委负责干部的产生、任命、考核、奖励、免职，具体工作中由党委组织部专门负责管理干部。"

　〔3〕　刘忠："党管政法思想的组织生成史（1949~1958）"，载《法学家》2013年第2期。

　〔4〕　参见《中共中央关于坚决保证刑法、刑事诉讼法切实实施的指示》（中发［1979］64号）。

　〔5〕　参见《中共中央管理的干部职务名称表》。

所在地的本级党委对于法院院长的产生也起到了重要的作用。法院院长作为上级党委管理的干部，同级党委没有决定权，但是，同级党委对院长有"提出选拔任用建议的权利"。[1]制度上虽只是规定了同级党委提出建议的权利，但在法院院长人选决定的实践中，上级党委会充分考虑本级党委的意见，所以本级党委的建议权对于院长人选的产生是有实质性意义的，而形成这一局面的原因是多方面的。

首先，体现在本级党委对法院内部的机构设置、人员编制、干部任免等事项的决定权。在法院历次编制扩充、庭室增设、干部高配中，最高人民法院的意见仅仅是指导性的，地方党委的支持与否是机构改革方案能否获准实行的决定性因素。例如，1999 年中共中央发布《关于转发〈中共最高人民法院党委关于解决人民法院"执行难"问题的报告〉的通知》之后，最高人民法院力图促进各级法院执行庭升格，执行庭长高配，但是地方党委的态度大相径庭，以至于最后各地法院执行机构名称及规格差别很大。

其次，副院长、纪检组长、政治部主任等副院长级干部的任免决定权由本级党委掌握，庭长、副庭长等内设机构的负责人由本院党组决定后，仍需本级党委组织部批准。而行政装备、经费预算、办公用地、工资福利、物质供应等事项通常也由本级党委决定。

最后，在法院的审判、执行等业务活动中经常会涉及到与公安、检察院、政府其他部门的协调。而在中国政治实践中，党委具有统筹全局，协调各方的能力，所以法院业务活动的正常开展必须要依赖本级党委。如执行难的问题，在多种措施无法解决此问题后，最高人民法院认识到"执行难是政治、经济、文化等各种因素相互交织所产生的社会综合性矛盾，要彻底解决执行难，单靠法院一家的努力是远远不够的，必须运用国家和社会的各种力量，多管齐下，形

---

[1]《党政领导干部选拔任用工作条例》第 35 条："选拔任用党政领导干部，应当按照干部管理权限由党委（党组）集体讨论作出任免决定，或者决定提出推荐、提名的意见。属于上级党委（党组）管理的，本级党委（党组）可以提出选拔任用建议。"

成合力，标本兼治"，"第一就是发挥好党委的领导作用"。[1]

在我国的政治生态中，"党委一元化领导"是国家治理的基本原则，而上级和本级党委对法院的领导是出于历史积累和现实政治的考量。如果在既有条件和现实情况下，让法院的人、财、物摆脱地方党委的控制，实施垂直化管理，则可能导致下级法院在审判业务上全面被上级法院支配。为学者长期诟病的"上定下审，审者不判，判者不审"只不过会换一个新的支配者，审级制度所试图实现的四级法院职能分化，事实审、法律审、上下级之间的制衡，都会被法院内部的纵向一体化所消融。未来的司法改革措施必须建立在尊重既有体制的前提下加以推进，否则就会失败。市、县两级法院的人事配置既要考虑法院系统一体化管理，又要坚持党的领导。广东省拟在 2016 年将全省法院的人员名额资源纳入省级统管，规定市级法院院长由省委管理，县区级法院院长由省委组织部管理，市、县两级法院其他班子成员委托当地市委管理，其机构编制调整由省级实施，逐步实现机构编制省级统一管理。[2]

二、上下级法院

依据《宪法》和《人民法院组织法》，上级法院对下级法院的审判工作进行监督。监督而非领导表明，区别于上下级检察院全面领导的体制，下级法院独立于上级法院行使审判权。然而，近年来，法院编制的不断膨胀，审判权的逐渐扩张，催生了上级法院与下级法院间诸如审判事务管理、行政事务管理等新的非审判工作关系。于是，上级法院建立起庞大的审判事务管理、行政事务管理机构，不断扩张自己的权力，导致了最高人民法院对全国法院、上级法院对下级法院在组织、人事、装备、财务等事项上的支配性愈加强烈。上级法院开始从审级上的上诉法院逐渐转变为在审判、行政事务上

---

[1] 黄松有："以社会主义法治理念为指导，力争在解决执行难上有所突破——在全国法院集中清理执行积案现场会上的讲话"，载《最高人民法院司法解释》，法律出版社 2009 年版。

[2] 参见"全省法院检察院明年都纳入司改试点"，载《南方都市报》2016 年 1 月 6 日。

具有支配地位的领导机关。

审判事务管理一般包括流程管理、质量评查和绩效评估三个方面。[1]最高人民法院的审判事务管理最初由办公室和业务庭室分担，2010 年成立审判管理办公室综合协调整个审判管理体系，并明确赋予其更大的职权。"在人民法院审判管理工作格局中，审判管理办公室是审判委员会、院长的参谋助手，是承上启下、连接各方的枢纽，是人民法院专事审判管理的综合审判业务部门"，[2]自此，各级法院纷纷成立审管办负责审判事务管理工作。在具体的流程节点管理上，上级法院并不会直接介入，但是上级法院会通过严格的质量评查和精细化的质效评估指标对下级法院的审判事务进行管理。而根据一系列的审判质效指标进行评估的结果会作为下级法院排名的重要依据，也会作为对下级法院领导干部进行考核的依据。

审判权的扩张，审判庭的大量增设，法官编制规模的膨胀，诱导了大量行政事务管理机构的涌现，以实现对法院各类人员的服务与监督。1982 年之前，法院的司法行政事务由司法部和地方司法厅负责。1983 年，全国人大常委会对《人民法院组织法》进行修改，删去第 17 条第 3 款"各级人民法院的司法行政工作由司法行政机关管理"，删去第 42 条"各级人民法院的设置、人员编制和办公机构由司法行政机关另行规定"。[3]此次修改通过控制人员配制和行政事务强化了法院内部在审判业务方面自上而下的管理和控制。

除了在审判事务管理和行政事务管理方面的领导化倾向外，在下级法院院长人选的确定过程中，上级法院的权重日益增加。前文已述，在法院院长的产生过程中，上级党委有决定权，本级党委有

---

〔1〕 胡夏冰："审判管理制度改革：回顾与展望"，载《法律适用》2008 年第 10 期。

〔2〕 参见《最高人民法院关于加强人民法院审判管理工作的若干意见》（法发〔2011〕2 号）。

〔3〕 参见《全国人民代表大会常务委员会关于修改〈中华人民共和国人民法院组织法〉的决定》第 5、11 条。

建议权，而上级法院拥有制度上规定的协管权。〔1〕上级法院的协管权是通过协商、提建议、参与考察以及任免调动时的征求意见体现的，在院长人选确定程序中上级法院只是一个被动的聆听者，最终的决定权并没有交到上级法院手中。然而，近年来，上级法院的协管权在实质意义上不断强化。

究其原因，首先是 2001 年修正的《法官法》在很大程度上堵死了其他党政机关、军转干部的领导担任法院院长的道路。2001 年《法官法》对法官任职资格最为关键的修改是要求法官必须从事法律工作满两年。全国人大常委会法工委对"从事法律工作"的解释是：从事国家和地区的立法工作；从事审判、检察工作；从事公安、国家安全、司法行政工作；从事律师、法律教学和研究工作；从事党的政法委员会以及政府部门的法律工作等。〔2〕规定中有"从事地区立法工作"的表述，那么在地方人大的工作经历也可被认为是从事地区立法工作，但对立法权，法律有着严格的限制，县和普通的地级市〔3〕是没有立法权的。在中国的现实政治中，地级市市委书记较多兼任市人大常委会主任，而县委书记兼任本县人大常委会主任的情形较少。于是，法律在中院一级排除了县委书记出任中院院长的道路；在基层法院，排除了乡镇党委书记出任基层法院院长的道路。

其次，我国法律知识密度的急剧增大使得法院系统外的人员进入法院担任院长的难度不断加大。2011 年宣布建成的中国特色社会主义法制体系包括法律 239 件，行政法规 690 件，地方性法规 8600件。〔4〕如此之多的规范性文件，以及日益复杂的社会生活，对于法

---

〔1〕　1979 年，中共中央恢复上级公、检、法协管权，地方党委对公、检、法党员干部的调配应征得上级公、检、法机关的同意。参见《中共中央关于坚决保证刑法、刑事诉讼法切实实施的通知》（中发〔1979〕64 号）。

〔2〕　胡康生主编：《中华人民共和国法官法释义》，法律出版社 2001 年版，第 21 页。

〔3〕　省、自治区、直辖市的人民政府所在地的市，经济特区所在地的市以及国务院批准的较大的市具有立法权，参见《立法法》第 63~73 条。

〔4〕　参见周婷玉等："依法治国的坚固基石——写在中国特色社会主义法律体系形成之际"，载《海南人大》2011 年第 6 期。

官、院长这一职位的知识分工提出了更高的要求，非专业出身、非法院系统的领导干部很难再像以前那样轻易进入法院，担任法院院长。

经历多年的制度渐进，上级法院在下级法院院长的选任上将抽象规范所涵盖的权力空间充盈到极大。[1]2008 年，28 名全国高级人民法院院长交流、轮岗时，最高人民法院民四庭庭长和办公室主任分别担任重庆市高级人民法院院长和贵州省高级人民法院院长，而在 31 名高级人民法院院长中，从法院系统内部产生了 21 人，从法院系统外调任了 10 人。[2]而广东、浙江、河南、陕西等省份的一些城市的基层法院院长大多是由中院下派的庭长或原有中院下派的副院长转正。[3]由此，法官系统内部的司法人员实现了上下级交流、迁转的机制，其目的在于通过法院员额的内部控制提升司法人员的专业化和精英化程度。

改革开放以来，中国现代化进程进入了快车道，旧有社会结构开始解体，社会流动性增大，利益诉求多元化，矛盾日益凸显，案件呈爆炸式增长。为了应对急剧增长的案件数量和解决案多人少的矛盾，审判庭大量增设，法官编制激增，审判事务管理机构和行政管理机构大幅增加。随着公众对裁判结果认同的降低以及不断提升的司法需求，进一步促使法院不断增加这两类机构的设立。此外，法治进程的不断推进，使得法院系统外人员进入法院担任法官或院长的难度增大，上级法院对下级法院院长人选协管的权力空间在现实中被充盈到极大。上级法院在上述非审判关系上对下级法院的领导化倾向，毫不意外地影响到了审判工作。宪法和法律中所确定的上下级法院间的监督关系逐渐被现实侵蚀，上级法院对下级法院的领导化倾向愈加明显。

---

〔1〕刘忠："条条与块块关系下的法院院长产生"，载《环球法律评论》2012 年第 1 期。

〔2〕参见李飞："以改革创新精神加强地方法院班子建设——全国法院院长换届工作综述"，载《人民法院报》2008 年 3 月 4 日。

〔3〕参见周婷玉等："依法治国的坚固基石——写在中国特色社会主义法律体系形成之际"，载《海南人大》2011 年第 6 期。

第三节 法院内部构架与法治化

从第一个人民法院五年改革纲要颁布起，我国法院已经进行了近20年的司法改革。这20年间，三大诉讼制度不断朝着正当程序论的目标前进，然而，在深层结构上，法院内部的治理却出现了反方向运动的趋势。结果，法院的审判改革日益表象化，法律内部的治理形态不仅未被撼动，反而愈加牢固。

目前，我国法院的治理形态是：法院内部建立起细密的层级体系，通过竞争上岗制度激活整个层级体系，从而建立起以"命令——服从"为特征的内部控制机制。[1]这种内部控制机制也就是学界经常诟病的"行政化"，其实质是韦伯所称的"官僚制"。[2]

法院内控系统的行政化特征与党委、人大、政府等其他机关一致，只是在具体细节上有所不同，具体情形如下：

首先，格。格是法院的规格，我国四级普通法院的设置严格对应中央——省——市——县的行政区划设置，四级法院类似于同级政府的职能部门。由此，法院的规格确立，分别为省部级、地厅级、县处级、乡科级。

其次，职。法院内的职务序列分为三类：一是审判管理职务，即院长、副院长、审判委员会专职委员、庭长、副庭长、审判长（常任）；二是非审判管理职务，即正副局长、正副主任、正副处长、正副科长；三是党内职务，即党组书记、党组副书记、党组成员、机关党委书记、党支部书记。

最后，级。法院内的级别序列也分为三类：一是对应公务员领导和非领导序列的级别，在此不再赘述；二是审判职称，即审判委员会委员、审判员、助理审判员、法官助理；三是法官等级，即首

---

〔1〕刘忠："格、职、级与竞争上岗——法院内部秩序的深层结构"，载《清华法学》2014年第2期。

〔2〕在1951年"三反"运动中的"反官僚主义"之后，"官僚制"中的"官僚"一词失去其中性含义，成了政治上极力避免的词汇，"官僚制"被替换为科层化、行政化等新表达。

席大法官、大法官（一至二级）、高级法官（一至四级）、法官（一至五级）。

法院的规格制约着职务的级别，而法官的职级则与工资、福利待遇以及社会认同直接挂钩。这套细密的层级体系最后被竞争上岗制度彻底激活。竞争上岗的一般程序是：公布职位、报名、资格审查、笔试、面试、民主测评、组织考察、党委（党组）集体讨论决定任命。[1]其中，民主测评的意见仅为党组了解某个候选人的民意基础提供参考，并不能作为决定性根据，竞争上岗获得任命的决定权仍在党委（党组）手中。在实际过程中，副院长对其所分管部门的正副职有建议权，最终的决定权还是掌握在党组书记、院长手中，普通法官的职级晋升、评优评先也与庭长、分管院长息息相关。因此，竞争上岗机制所激活的整个法院内部层级体系使得院长、副院长、庭长、审判员、助审员之间的关系成为政治性的控制、支配关系。

从而，院长对全院，主管院长对分管的庭室，庭长对整个庭的审判事务具有了超越程序法、组织法之外的支配力。法院内部重大疑难案件的审批机制，"承办人——合议庭——庭长——主管院长——院长——审委会"得以建立，审判权的运行模式就此固化。

我国法院的控制管理体系与学者理想中的体系存在冲撞。学者理想中的法院是以西方法院为模板，法院由原子化的法官组成，法官只是共享初审、上诉审、终审法官的符号，彼此之间不存在任何隶属关系。理想中的法官自主裁判，与现实中的案件审批机制的碰撞，一直是我国法院司法体制意图解决的难题。人民法院第四个五年改革纲要就曾明确提出"让审理者裁判，由裁判者负责"。然而如果为实现法官的裁判自主，削掉法院的综合部门，简单地取消案件内部审批制度，那么必然会培育出另一套内部控制秩序，而这种秩序在现有情况下仍然是会趋向于行政化的支配和控制模式。

---

〔1〕 根据《党政机关竞争上岗工作暂行规定》第6条的规定，竞争上岗一般应当经过下列程序：①制定并公布实施方案；②报名与资格审查；③笔试、面试；④民主测评、组织考察；⑤党委（党组）讨论决定；⑥办理任职手续。笔试、面试与民主测评的操作顺序，可根据实际情况确定。

　　一直以来，司法自主，或者说法官的裁判自主，都是学者们理想中的法院审判权运行模式。然而，学界对实现司法自主途径的关心更加集中于法院外部，认为应当理顺法院与外部党政机关的关系，呼吁改变地方党委、人大、政府对法院人、财、物的管理。第四个人民法院五年改革纲要里对此也进行了回应，准备推进省以下法院系统的人、财、物的统管。然而，"细密的域外比较法研究表明，实行分权体制的政制内，立法、行政分支和基于政党因素对法院人员的塑造，较之其他法域并无差异，真正差异的是法院内部组织方式"。[1]在同一地区的同一法院内，理论上应当享有平等审判权的法官由于职务、级别的不同在内部管理权力、工资福利待遇和社会认同等方面有着天壤之别；低职级法官的晋升由高职位的法官决定，于是，以院长为金字塔尖的法院内部法官之间的支配关系就此建立。

　　综上，在我国法院内部细密的层级制以及坚硬的科层制之下，法官之间的支配关系不可避免。我国法院外部党政机关对法院人、财、物的控制一直是理论界和实践界关注的重点，而法院的内部治理结构则往往为人忽视。或许，以我国法院内部治理为中心，着力理顺法院内部治理的关系，才是解决司法痼疾的正确路径。由此，建立一套相对完善的法官遴选制度和法院职业伦理，使法院内部形成自治管理的机制，是未来司法改革的重要内容和必然趋势。

---

　　[1]　参见周婷玉等："依法治国的坚固基石——写在中国特色社会主义法律体系形成之际"，载《海南人大》2011年第6期。